U0142832

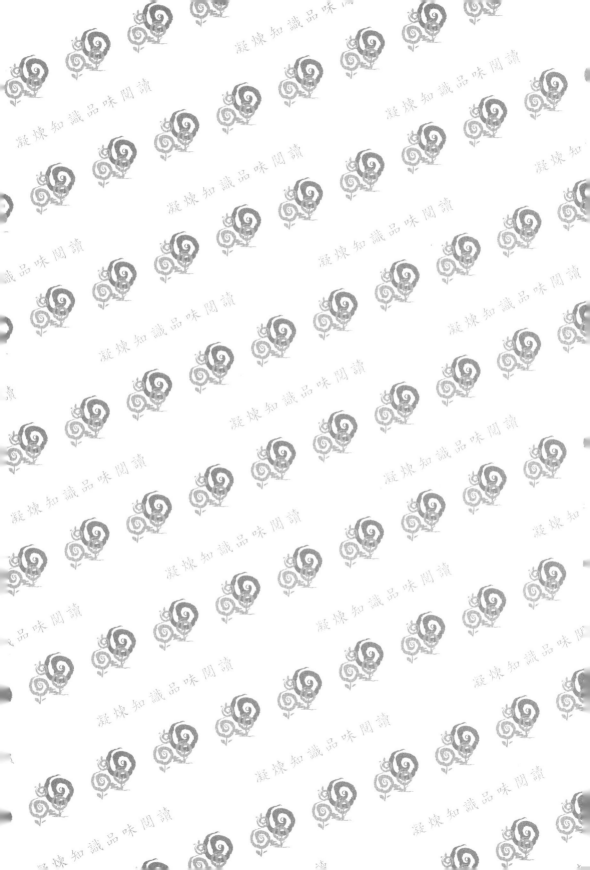

IFAD 勞工機靈點，雇主瞪大眼！【勘誤更正】

P121 第 4 章〈職災補償〉的表 4-1，失能的第二點，完全失能年金為：平均月投保薪資×70%

給付種類	給付額度	法條
失能	1. 失能一次金 2. 失能年金 　完全：平均月投保薪資×70% 　嚴重：平均月投保薪資×50% 　部分：平均月投保薪資×20%	災保法 第 43 條

勞工機靈點，雇主睜大眼！

第三版

搞定勞資關係的速成心法

派遣工要如何
保障自己呢？

責任制工作者是
有法律保障的喲！

蜂哥的
「職災保險」小祕笈！

蜂哥教您
計算特休假～

各種工時制度，
看完這本書您就是專家了～

美食外送員是蜂哥心裡
最偉大的人物！

作 者

程金龍
前勞動部職業安全衛生署勞動檢查員

蘇鵬翰
樂誠勞資顧問有限公司總經理

五南圖書出版公司 印行

序言

　　勞動基準法為規範各行業一致性勞動條件之基本法源依據，也是勞工朋友勞動權益的最基本保障。勞動力無疑是支持社會進步、經濟成長的重要基石，在現今勞工意識持續抬頭的年代，勞工對於自身權益之維護，可謂與日俱增，加上台灣勞工長年處在工時既長、薪資又不漲的大環境中，因此，催生了一波波的修法浪潮，從工時縮減為一週四十小時、消失的七天國定假日、落實真正週休二日的一例一休、特別休假日數增加與排定權回歸勞工以及107年再修正之勞動基準法，無不在立法院、行政機關以及各個民間勞工團體之間掀起一連串之修法爭議，足見國人對於各項勞動法令變革之重視。

　　美國勞工領袖亦是國際勞工組織發起人Jeffrey David Cox Sr.曾經說：「工人不是貨品也不是貨物，不能買賣；他有他的尊嚴、權利、自由與選擇」；所以，各已開發國家都將勞動者地位及勞動權益的提升，作為其社會進步的第一步，這勢必也是我們要跟進的唯一方向與目標。但這需要雇主具備更良善的企業經營理念，以及勞工擁有更成熟的自我價值認定，基此，勞資雙方都應該更為了解在勞動法令上之各自之權利與義務，才能加速雙方謀合、減少摩擦，以求更快地達到上述之理想境地。

　　根據經濟部106年度的統計資料顯示，台灣的企業合計約有147萬家左右，其中，中小企業占比高達97%，來到143萬家；另外，台灣目前的勞工人數約1,135萬人，其中，約有890萬人為中小企業之受僱勞工，比重也高達78.4%左右。也就是說，無論從家數或就業人口數來看，中小企業仍扮演台灣經濟發展的關鍵角色。然而，多數中小企業並無法如大型企業一般成立人力資源部門，專責處理企業內部人員之各項勞動條件議題，加以近年修法速度之頻繁，將使得中小企業難以有效掌握法令脈動，在此結

構下，時而有中小企業處於違法狀態而不自知，一旦遇上勞資關係生變，接踵而來的便是一連串的申訴、調解，甚至訴訟了。

以勞動部統計資料而言，106 年勞資爭議案件共計 27,174 件，較 105 年增加 6.2%，且為自 99 年以來爭議件數最多的一年，創下七年來的新高，可見，頻繁的修法是否已確實捍衛勞工權益尚不得而知，但勞資對立的升溫卻是不爭的事實，由此看來，暢通的申訴管道固然是保護勞工權益的必備措施，但肯定非改善勞資關係之良藥處方。

汽車大王亨利福特曾說過：「成功的祕訣在於能將自己的腳放進他人的鞋，以及能從他人的觀點考慮事物」，這句話可謂是良好勞資關係的最佳詮釋，因為無論雇主或勞工，若能設身處地為對方來著想，勢必能創造勞資雙贏的成功企業；然而，創造雙贏環境的第一步，仍應從法律面開始扎根，唯有當勞資雙方均對彼此權利義務有正確之認知時，才能在各種勞資事務中，掌握待人著想的契機，進而朝向更正向的勞資關係來發展。

若以法律面而言，規範各項勞動條件的勞動基準法與保障勞工就業安全及健康的職業安全衛生法為勞動法令的兩大主軸，亦是主管機關實施勞動檢查的兩大範疇；基此，本書於撰寫上，亦圍繞此兩大議題進行論述，分為第一篇「勞動條件」與第二篇「職業安全」。在勞動條件部分，本書以勞雇關係定義開啟序幕，讓讀者了解如何辨識真正的勞工與雇主，接著進入勞基法的核心——勞動條件，先探討試用期，再進入工時制度、一例一休、加班費的計算與工作時間的認定。

當工時制度的架構建立之後，下一步則是要帶著各位讀者深入認識工資與非工資，畢竟勞工之各項給付均與「工資」兩字息息相關，對於工資性質本應建立正確之概念；其次，在對於勞基法所規範之勞動條件有基礎之認識後，後續探討焦點則以常見之勞資爭議為主，包括：職業災害之補償、解僱爭議、請假以及特別休假，最後以「勞動事件法」之完整解析來作為總結。另外，在職業安全部分，首重如何針對勞工於就業場所中所延

伸的一切安全與健康事項進行有效的管理、企業如何依政府要求落實自主管理機制、如何加強企業主觀念及勞工個人基本預防概念以降低工作者職場工作安全風險，而唯有確實建立上述管理機制，才能落實工作者生命與健康保護。

　　本書希望由兩大篇共十八章的串聯，傳遞勞動相關法令之意涵與實務運作模式，同時再搭配法院判決、行政函釋與案例說明，讓各位讀者對於「勞」「雇」雙方均能建立法令面與實務面之正確認知，以期待能消弭勞工與雇主之間無謂之對立與爭議，進而杜絕一切違法或不當之勞動行為。

　　申言之，雇主可運用本書，建立合宜且適法之勞務管理機制；各行業的職場工作者也可以藉由本書了解如何保障自我勞動權益；在學學生，也可以透過本書作為進入職場的第一本工具書。末者，感謝所有曾經給與指導與傳遞正確勞動法令觀念之業界前輩與老師，有各位先進的指導才有本書的問世；相信在理論與實務兼備之前提下，本書必能作為一般民眾接軌勞動法令之實用書籍。

程金龍、蘇鵬翰

C 目錄
CONTENTS

PART 1

勞動條件

第 1 章

勞雇關係定義

01 / 上班路上有你有我不孤單

——前言

在專業分工的現代化社會之中，無法凡事皆親力親為，必須借重他人的長才或勞力，透過共同運作的機制，才能達成某項經濟目的，過程中，勢必伴隨一連串勞務供給與勞務使用的情節。而勞務提供者與勞務使用者往往會於事前洽定契約，以求法律上之安定，進而明確雙方權利與義務，此即為勞務契約。實務上，常見的勞務契約，有僱傭、承攬以及委任契約三種型態，各有不同之法律定義與適用範圍。

「稱僱傭者，謂當事人約定，一方於一定或不定之期限內為他方服勞務，他方給付報酬之契約。」「稱承攬者，謂當事人約定，一方為他方完成一定之工作，他方俟工作完成，給付報酬之契約。」「稱委任者，謂當事人約定，一方委託他方處理事務，他方允為處理之契約。」分別規範於民法第 482 條、第 490 條及第 528 條之中。觀諸各自之定義可知，僱傭著重於勞務之提供，一旦有提供勞務之事實，即取得請求報酬之權利；承攬則著重於勞務之完成，故雖有勞務提供之事實，但若未能完成工作，仍無法予以請求報酬；委任則著重於受委託處理一定事務，此處之委託可延伸解釋為「全權委託」或享有「高度決定權」。

在企業的日常運作之中，僱傭、承攬與委任關係可能同時並存。例如：A 公司為了生產產品，準時出貨，必須招募數名作業員投入產線工作，此為僱傭關係；同時，為了讓這些辛勤工作的作業員能隨時維持身體最佳狀態，因此，A 公司特別聘請了一位整復推拿師、一位精油按摩師駐廠，當這些作業員有人工作到肩頸僵硬時，就可以去進行筋絡調理以及肌肉放鬆，公司則是按人頭給付報酬給這兩位師傅。

雖然師傅的工作時間與作業員同步，但除此之外，師傅並無須遵守公司其他用以規範員工之守則或規章，故此爲典型按件計酬的承攬關係。

最後，爲使所有作業員能夠發揮他們最大的能力，在工作中投入百分之百的心力，公司特別委請「管理大師顧問有限公司」首席顧問師擔任現場最高指揮官以落實績效管理，指揮官可全權制定策略，以便有效控管所有員工之出缺勤狀況以及替代人力之調度，並且要根據員工每日投入時間與產出做精準掌控，隨時按現場實際狀況做出調整，以達最大之生產效率；同時指揮官也可適時安排各種軟性活動以激勵員工士氣，目標就是要能如期交貨且達成 100% 之妥善率。此時，首席顧問與 A 公司之間即爲委任關係，公司爲委託人，首席顧問爲受任人，負責公司該期間之生產績效管理，被賦予高度之決定權與行政權；其與承攬不同的是，承攬須「完成」一定的工作，才能領取報酬，

表 1-1　僱傭、承攬與委任比較表

勞務型態	法源	重要特質	代表類型
僱傭	民法第 482 條	1. 著重於勞務之提供，至於提供之結果爲何，尚非所問 2. 勞務給付具高度專屬性[1]	最典型的代表爲受僱於公司企業的勞工
承攬	民法第 490 條	1. 著重於勞務提供之結果，過程爲何，尚非所問 2. 無特定之雇主，與定作人間無從屬關係，其可同時與數位定作人成立數個不同之承攬契約	請水電師傅進行漏水屋頂的維修、請營造商進行頂樓鐵皮屋的加蓋工程
委任	民法第 528 條	1. 著重於事務之處理 2. 具有獨立之裁量權	委任律師進行訴訟，無論是否勝訴，都須支付律師費

1　民法第 484 條第 1 項：僱用人非經受僱人同意，不得將其勞務請求權讓與第三人，受僱人非經僱用人同意，不得使第三人代服勞務。

至於委任，則不在此限，只要受委任的一方確實履行必要的勞務，即能獲取一定之酬勞，而通常委任之報酬會與目標達成率間有高度之連結，以促使受任人盡其最大努力以達成目標。

由以上簡單的分析比較可知，承攬與委任性質上雖不相同，但均較僱傭具備更高之自由度，換言之，以此三種勞務契約型態而言，僱傭關係中之受僱者所受支配之程度大於其他兩者，因此，考量受僱人係居於從屬地位受僱主指示而服勞務，故除民法關於僱傭之規定外，立法者另以勞動基準法（以下簡稱勞基法）建構勞工之工時、工資、加班、請假、職災等權益之規範，因而發展出所謂的勞動契約，相對也令僱主承擔更多之法律責任。基此，勞務給付者與受領者間是否有勞基法之適用，勢必要先對勞工之定義有更進一步之認識，以下再就「勞工」之屬性進行論述。

02 勞工是我心中最軟的一塊？！
——勞工之定義

「領人錢財，替人工作」此乃天經地義之理，因此，對於付錢請我們做事的人，我們都習慣稱呼其為「老闆」；但是，是否只要發放報酬、給付工資，這位「老闆」就一定是勞基法上的僱主，而我們就一定是勞基法上所稱的勞工嗎？

我們都知道，勞動基準法為勞動條件的最低標準，而「勞工」與

「雇主」為勞基法所規範的兩大主角，因此，無論是否熟稔勞基法之規範內容，唯有當「勞雇關係」確立了，勞基法才有其適用之空間。也就是說，當我們確為公司所僱用之勞工時，才會受到勞基法之保護；就許多勞工朋友而言，對於自己具備勞工身分一事，或許不疑有他，但爭議往往就來自於「雇」與「勞」兩者在認知上的落差。希望藉由以下的說明，讓讀者清楚勞工與雇主在法律上之定義與定位。讓我們先來看看以下的案例：

案例一：

  小遠於某科技公司擔任機上盒裝機人員，和公司約定採按件計酬。小遠每天都固定於早上 9 點到公司報到，無須打卡，僅需等待公司派發工作後，即可前往客戶住處進行安裝作業，如果對於公司所派發的案件不滿意的話，可以不做，也可以要求公司重新派發；不論何種原因導致當天無法上工，也不用另外向公司辦理請假手續；安裝作業中所需使用到的工具與線材，都必須由小遠自行向公司購買，而當天派發的案件完成後，原則上需再回到公司填寫日報表，以便讓公司清楚其所派發案件之執行狀況。

  某日，小遠於前往裝機之出勤途中為閃避迎面而來的貨車而連人帶車摔倒在地，導致臉部撕裂傷及全身多處骨折，嗣後向公司提出職業災害補償，公司以其與小遠之間係按件計酬之承攬關係，非僱傭關係為由，斷然拒絕小遠之請求。請問，公司這樣的主張合理嗎？

案例二：

  大霖之職務為資訊產品銷售人員，與公司約定之計薪方式為純抽成制，即以大霖當月產品銷售業績計算獎金作為其報酬，抽成的比例是依照公司規定，為 25% 到 50% 間，但是如果大霖沒有賣到公司

指定的目標，則會有扣薪之懲戒措施。大霖每日上班時間均從早上 10 時至晚上 9 時，共計 11 小時；每月另有 5 日之排休。而除固定上班時間外，公司亦有制定員工遲到及休假天數等實施辦法，且有請大霖簽名後收回，另外還有全勤獎金制度，只要當月沒有事病假及遲到早退，可領全勤獎金 2,000 元。

某日大霖下班後，於等候紅綠燈時，遭疲勞駕駛之小客車從後方迎面撞上，造成大霖右側股骨骨幹中段骨折，右側第四、第五足蹠骨折等傷害；出院後向公司提出職災補償之請求，公司以兩造所定之契約為「承攬」契約，且大霖係由賣出產品之抽成比例折算獎金，未有底薪，應領得之報酬多寡均由大霖自行決定，所以大霖是為自己之利益而勞務，因此，公司和大霖之間未存在僱傭關係，因此，毋庸對大霖此次之職災事故負擔補償之責任。請問，公司的主張合理嗎？

▌ 從屬性之判斷

以此兩案例觀之，公司是否需負擔職災補償之責的關鍵即在於雙方是否為僱傭關係，究竟小遠和大霖是否為公司所僱用之勞工？抑或公司主張之承攬關係呢？針對如何判定其勞務給付之型態是否具有勞雇關係，目前勞動部和法院之一致見解均採「從屬性」理論。至於何謂從屬性呢？我們先以主管機關之行政函釋以及法院判決意旨加以定義並分析歸納於後。說明如下：

1. 勞動部民國 97 年 6 月 10 日勞資 2 字第 0970125625 號：
   公部門各業非依公務人員法制進用之臨時人員與各該機關（構）是否具有勞雇關係，以具有下列特徵判斷之：
   人格之從屬性：即負有勞務給付義務之一方，基於明示、默示或依勞動本質在相當期間內，對於作息時間不能自行支配，勞務給付內容不能自行支配，而係從屬於勞務受領者決定之。具體言之：即服從事業單位內之工作規則、服從指示、接受檢查及制裁之義務。

經濟之從屬性：即受僱人，非為自己之營業而勞動，而係從屬於他人，為他人之目的而勞動。

2. 最高法院96年度台上字第2630號參照：

按勞基法所規定之勞動契約，係指當事人之一方，在從屬於他方之關係下，提供職業上之勞動力，而由他方給付報酬之契約，就其內涵而言，勞工與雇主間之從屬性，通常具有：

人格之從屬性：即受僱人在雇主企業組織內，服從雇主權威，並有接受懲戒與制裁之義務；親自履行，不得使用代理人。

經濟之從屬性：即受僱人並不是為自己之營業勞動而是從屬於他人，為該他人之目的而勞動。

組織之從屬性：即納入雇方生產組織體系，並與同僚間居於分工合作狀態等項特徵，初與委任契約之受委任人，以處理一定目的之事務，具有獨立之裁量權者迥然不同。

3. 首重人格從屬：

上述內涵，首重人格從屬；以白話的方式來解釋，人格從屬指的就是受雇主之指揮監督，通常以下列的面向呈現出來：

工時與處所：上下班得打卡，上下班時間和工作地點等等，無法恣意為之，均需接受雇主之支配；因傷病或事故未能出勤時，則需履行請假的義務，此為最典型人格從屬之表現，當俱足此特徵時，大概就已經有一隻腳跨過勞工的門檻了。

勞務內容：對於勞務給付內容無法自行支配，而係從屬於勞務受領者。舉凡工作事項、工作內容、如何執行等層面，都得聽命於主管或上級之指示，始得為之，縱有若干事務可自行評估抉擇，但遇重大之決策時，仍無法獨立裁量者，皆為勞務給付上之從屬。

管理規章之適用：對組織所制定之工作規則、規章制度和各項管理辦法等行政規則均有服從指示、接受檢查或制裁（獎懲）之義務者，亦為其人格從屬之另一表徵。

4. 輔以經濟從屬：

至於經濟上是否從屬，可從以下兩項特質進行判斷：

是否需負擔營運成本：我們都知道，勞工毋庸承擔公司經營之風險，因此，對於其勞務提供過程所需之一切資源，自然也均由雇主為其置備，無須自行提供，而其唯一付出之成本，即為時間；反之，當工作所需之原物料、耗材或設備均得自行購置時，其經濟上之從屬性自然不若前者來得強烈，甚至可以進一步解釋為係為了自己事業而非他人利益而工作，此時自然背離了勞工身分應有之樣態。

報酬給付重在勞務給付過程抑或勞務給付之結果：由於勞工係從屬於雇主，依雇主之指示而勞動，因此，勞工係以勞務給付過程為其請求報酬之依據，至於雇主能否由其勞動中得到預期之工作成果，在所不問。相反的，若僱用人僅著重於勞務給付之結果，並以此作為其是否需依約給付報酬之主要甚至唯一依據，而對勞務給付之方式未加以要求，甚至從不過問，此勞務給付型態常見於「承攬」關係中，自然不為勞工之範疇。

以上所述即為從屬性之判定要領，但各位讀者不要誤會，認為必須完全具備上述各項從屬性者，才符合勞工之定義；也非未具備任何從屬性者，才有存在承攬或委任關係之可能；當各項從屬性均具備時，肯定為勞工，但若僅部分符合，仍不得立即否定其勞工身分之可能，按目前法院判決之實務見解，基於保護勞工之立場，一般就勞動契約關係之成立，均從寬認定，只要有部分從屬性，即應成立 [2]。

再者，現在企業之經營，多將所謂非核心業務，例如：保全警衛、包裝、運送、清潔，甚至教育訓練、人事管理、法務、會計、總務庶務、電線電纜安裝等業務外包由專業人員承攬，企業則專注於其核心業務，以提升其市場競爭力。該等交付承攬之特定業務，雖原本係由企業僱

2　最高法院 81 年度台上字第 347 號判決意旨參照。

用勞工從事，但於交付承攬之後，不能因工作性質及內容與原本受僱勞工從事者相同，即認承攬工作者與企業之間係成立僱傭契約而非承攬契約。

　　且企業經營者對於受僱勞工或承攬人，為收統合之功，必然具有相當之指揮權限，亦有組成工作組織，以利分工合作者，例如：建築工地，除廠商自行直接僱用之勞工外，常有承攬部分工作之下游承包商協同工作，廠商即有由負責人對各施工者組織統合之必要，對各施工者亦須有指揮施工人員配合之權限，而且，雖對下游承包商任用之勞工無解僱之權，然而，其勞工違反工地內相關規定時（例如：工地內有關勞工安全衛生規定等），具有處罰或命其退出工地、禁止進入工地等制裁權限。是當事人間所存在之法律關係究係僱傭或承攬，不能以其外貌定之，須探究其契約之真正目的 [3]。

▌ 小遠和大霖與公司間是否具備勞雇關係？

　　透過上述關於從屬性之分析，相信各位讀者已經具備基本之判斷能力了；以本節前述小遠和大霖之案例而言，兩者雖都遭遇職災，但卻是命運大不同：

1. 以小遠而言，雖然其有固定之報到時間，也有類似受指揮而執行職務之外觀，但公司對於小遠提供勞務之過程並未予以約束或監督，亦未對小遠施以時間與地點之掌控，至於下班填寫日報表之動作，僅為公司須了解並掌握勞務提供之最後結果，以作為其發給報酬、派發數量與回報客戶進度之依據，並無對小遠有任何人格上之束縛。反觀，小遠施工用所使用之線材與工具，均為其自行購買，故小遠係自行負擔營運成本，係屬為自己之利益而勞動，因此，小遠與公司之間不但沒有人格從屬，亦無經濟從屬，基此，公司對於小遠於通勤過程中所發生之交通事故，自然也就沒有負

3　台灣高等法院 106 年度勞上字第 55 號判決意旨參照。

擔職災補償之義務了。

2. 反觀大霖則完全相反，單以其有固定之上班時間、休假天數，未到班須辦理請假手續，受遲到、早退以及其他懲戒規定之管理等現象，就可以直接斷定其與公司之間具備充分的人格從屬，而這樣的事實，當然不受所定契約名目爲承攬所撼動；至於大霖採純抽成制之部分，則無關僱傭與承攬，其僅爲工資計算之一種方式罷了。基此，大霖公司與大霖之間因存在僱傭關係，因此，公司對於大霖之職災，須負起勞基法所定補償之責。

▌食品平台外送人員，與平台業者爲僱傭關係？抑或承攬關係？

前一陣子因爲接連數起食品平台外送員於送餐途中發生交通事故導致重傷或死亡，而牽扯出美食平台業者未替外送員加保勞工保險之爭議；在該事件中，所有的爭議都圍繞在外送員與平台業者之間究竟屬僱傭關係，抑或承攬？若爲僱傭，則平台業者即應負擔加保之義務；若爲承攬，則應由外送員自行尋覓相關之職業工會進行加保，與平台業者無關。

爲了順應民情，勞動部隨即針對數家食物外送平台業者進行勞動檢查，並依檢查之結果將外送員與平台業者間之關係定調爲「僱傭」，並在以僱傭關係爲前提下就業者之違規事實加以開罰；之所以如此認定，主要依據如下[4]：

1. 平台規範外送員應親自履行外送作業，且未經平台同意不得自行或以其他方式轉讓訂單或合約。

2. 外送員行爲完全受到平台指揮監督，且有明確的規範與管制制度，具有拘束性。

---

4 中央通訊社，《9 美食外送平台勞檢 foodpanda 等 5 家與外送員爲僱傭關係》。連結網址：https://www.cna.com.tw/news/firstnews/201910300169.aspx。

3. 棄單需受平台規範並懲處，雙方屬於不對等的地位。

4. 外送員納入平台業者的生產組織體系，與其他同僚居於分工合作狀態。

　　從這洋洋灑灑的四大「罪狀」看起來，這些平台業者似乎還真無視勞工之權益，連最基本的勞保都要規避，但勞動部所羅列的這幾項事實，亦是人格從屬性與經濟從屬性之重要表徵嗎？一旦未具人格與經濟之從屬，或所具之從屬性程度低弱，即便外送員須遵循之規定再多，其與平台業者之間仍無具備僱傭關係。

　　前已述及，人格從屬首重工作時間與處所之限定及規範，一旦勞務提供者可以自由決定勞務提供之時間、地點與服務對象，那麼，人格即已不再從屬，而可全然順應自己之心志，換言之，只要外送員不上線、不接單，就毋庸遵循業者所制定之運送相關規則，想接單時再來遵守即可。外送員這個月雜務纏身，可能只有 5 天上線接單；下個月無事一身輕，可能整個月 30 天都在接單外送，而這 5 天或 30 天由誰決定？當然是外送員，那麼，又何來的人格從屬性呢？

　　另一方面，外送員進行外送所需之交通工具與相關成本（油資、車輛保養、維修等等），亦全數由其自行承擔，因此，想要速度、帥氣與安全兼具之外送員，可以騎大型重機進行外送；想要省錢兼具環保時尚之外送員，可以騎電動摩托車進行外送，而這又是何人決定呢？當然還是外送員，既然外送員可自行決定使用生財之工具及款式，也自行承擔其使用成本，那麼，又何來的經濟從屬性呢？

　　惟不論勞務契約之類型為何，勞務債權人（受領勞務之人）對於勞務債務人（提供勞務之人）有關業務之執行或勞務之提供，均具有一定之監督、違約懲處權限，因此於判斷勞動契約人格從屬性特徵時，自不應過度片面置重於勞務債權人是否具有勞務之監督、違約懲處權限（高雄高等行政法院 108 年訴字第 40 號判決意旨參照）。因此，勞動部所羅列諸項用以認定「僱傭關係」之事實，乃定作人（平台業者）對承攬人（外送員）於執行業務時，為確保外送服務品質所進行之約

定；就如同一般民眾家裡需要裝潢時，亦會與裝修公司進行簽約，合約中亦會要求裝修公司要按圖施工、維持環境清潔、採取適當安全措施、工程轉包之限制及規範作業時間、避免噪音干擾到附近住戶等遵循事項，然而，並不會因為裝修公司要遵循這些施工規範，而使其與客戶間之關係從承攬跳脫為僱傭，果真如此，客戶還得留意基本工資、加班費、超時、休息時間等勞基法規範，這絕非事理之平啊！

　　雖然到目前為止，外送員與平台業者究竟為僱傭或承攬關係，尚未有最終之結果[5]，但我們仍可以藉由類似的案件，來協助進行判斷與釐清，讓讀者對於「僱傭」與「承攬」可以建立更正確的認知。

　　曾經有郵局將郵件投遞工作透過公開招標外包給自然人進行承攬，對於郵局而言，外包郵務士與其之間為承攬關係，故郵局自然也未遵照勞基法之規定為其置備出勤記錄。而經勞工局實施勞動檢查後，卻認定該外包郵務士與郵局之間具有勞動契約關係，針對前述未置備出勤記錄之事實，依勞基法第 30 條第 5 項及第 79 條第 2 項裁處 9 萬元之罰鍰。

　　郵局為彰顯其與外包郵務士所訂勞務契約乃屬合法之承攬契約，非假承攬之名行僱傭之實，故經訴願不成後，再透過行政法院來進行權益主張，雖仍於第一審敗訴，但經上訴至最高行政法院後，法官審酌一切客觀事實後，認定外包郵務士與郵局並未存在勞基法所稱勞動契約關係，故將原判決廢棄，並撤銷訴願決定及原處分。將此案件之審理重點整理如下：

5　業者對於遭勞動部職業安全衛生署以僱傭關係為前提所做出之裁罰，業者提起行政訴訟，經台北高等行政法院（109 年訴字第 1046 號）審理後，仍認定業者與外送員兩者之間具僱傭關係；若美食平台業者有再進一步提出上訴，本書將於再版時就其最後審理結果予以摘錄。

客觀事實	第一審（高等行政法院）[6]	第二審（最高行政法院）[7]
一、上下班無須簽到退，每日將郵件遞送整理完畢，即可結束工作返家。 二、須親自履行遞送郵件工作，不得委託他人工作。 三、須遵守該契約規定之工作方式、工作態度。 四、投遞途中不得從事與履約無關之行為。 五、要求應穿著郵局制服並配戴郵局工作證、應按郵局規定路線逐戶投遞郵件、嚴格要求按鈴以及呼叫方式、儀容整潔且禁止喝酒、吃檳榔及抽菸等工作方式規範。 六、不受交通部頒布事業員工獎懲規定之約制，郵局無從對外包郵務士為考核及懲戒。 七、為履行投遞郵件工作，須自備機車，因車輛配備所生費用均由其等負擔。 八、履約品質未符契約約定之標準，郵局得按查獲次數或件數計罰違約金。	一、工作時間： 雖無須打卡且投遞工作完成後即可返家，但仍有一定範圍工作時間以及工作地點之限制。故人格獨立性高於從屬性之程度，並非相當明顯。 二、工作方式： 從須穿著制服、按鈴或呼叫均得依循一定方式、勞務必須親自履行等情形，認為工作方式受到相當程度之控制；故人格從屬性仍高於人格獨立性。 三、風險負擔： 外包郵務士用以遞送郵件之機車，屬一般人可輕易擁有之日常生活交通工具，非需投資鉅資之生財工具，且該機車亦同時作為其日常交通工具使用，則其修理保養之支出，亦非全部歸因於勞務工作所發生，故經濟上獨立性高於從屬性之程度，並非相當明顯。 四、結論： 外包郵務士無論在人格上、經濟上從屬性的程度，均明顯高於獨立性；故其等與郵局存在勞動契約關係。	一、無人格從屬性： 外包郵務士只須將每日郵件投遞整理工作完成即可獲得報酬，不受工作時間之限制，投遞郵件如有違反郵政法、郵件處理規則或系爭契約規範者，郵局除依約不給付價金、計罰違約金或終止契約外，亦不得對之懲戒或制裁，顯無人格上之從屬性。 二、無經濟從屬性： 外包郵務士履行投遞郵件工作，應自備機車及負擔車輛配備所生費用，且應自行承擔工作品質不良之業務風險，具有經濟上獨立性，對於郵局並無經濟上之從屬性。 三、工作方式並非判斷從屬性有無的重要依據： 勞務債務人（外包郵務士）所提供之勞務，要能符合勞務債權人（郵局）之需求，此勞務提供才有意義；因此，外包郵務士是否必須依郵局之指示為勞務之提供，並不足以作為勞動契約之類型特徵。故客觀事實中二、三、四、五等情形，僅是外包郵務士和郵局約定的履約方式，無從作為判斷從屬性有無的依據。 四、結論： 外包郵務士與郵局所成立之勞務契約，非屬於勞基法所稱之勞動契約。

6　高雄高等行政法院 106 年度訴字第 382 號判決。

7　最高行政法院 107 年度判字第 708 號判決。

從以上整理可知，是否存在人格從屬性，判斷的關鍵仍是勞務提供者對於工作時間、時段是否有支配的自由；而是否存在經濟從屬性，判斷的關鍵仍以報酬請求是按工作時間計算，抑或按工作成果優劣、預定目標是否達成作為請求之依據。至於是否須遵循一定的方式提供勞務，此特徵本就存在於任何形式之勞務契約，並不會因為勞務債務人須按照勞務債權人的指示提供勞務，而具備人格從屬性，進而成立勞基法之勞動契約關係。

但從郵局前後歷經訴願、高等行政法及最高行政法院的過程中，充分說明「勞動契約」與「承攬契約」在實務上經常難以簡單判斷或區隔，或者同一份契約同時兼具勞動契約與承攬的特徵，必須從中釐清其從屬性之高低，才能將之正確地定位。但畢竟從屬性本就是較為抽象的概念，不同的人來進行評價，可能就會得出不同的結果，就如同上述外包郵務士的行政訴訟，一審法官和二審法官針對相同的事實，卻得出不同的審判結果；是以，當企業要將日常的生產事務以承攬方式轉由企業外部的自然人來施作時，必須了解此類承攬契約本身就存在一定的法律風險，在具有全面且清楚的認知下，才能為企業做出最正確的選擇。

03 看清老闆的「真面目」
——雇主之定義

　　具備了從屬性概念，知悉勞雇關係中，勞工應具備之特質後，當我們確定自己為勞工之身分時，你是否會好奇，在這間公司裡，對我下達命令的諸位主管們，他們的一字一句都可以代表老闆嗎？如果不行，那這些命令的效力又該如何認定呢？

▌勞基法上之雇主定義

　　勞動基準法（以下簡稱勞基法）第 2 條第 2 款：「雇主：謂僱用勞工之事業主、事業經營之負責人或代表事業主處理有關勞工事務之人。」由此可知，勞基法上所謂的雇主，不僅僅是我們平常口中所稱的董事長；針對勞基法上雇主之定義，簡單論述如下：

1. 僱用勞工之事業主：即事業之經營主體，此為僱用勞工之真正主體，或為股份有限公司，或為有限公司，或為企業社，或為商號等等。

2. 事業經營之負責人：以公司架構而言，即為代表人或董事長；以企業社或商號而言，即為其營業人，或泛指對企業經營握有一般性、整體性之權限、責任者而言。

3. 代表事業主處理有關勞工事務之人：狹義來說，為負責公司人事之主管；廣義而言，各部門之部長、處長、廠長等，都有可能於其職務或職掌範圍內，涵蓋與勞工事務有關之工作內容。為了使其明確化，本書還是賦予它一定之定義，即為「泛指受雇主授權而就有關人事、薪資、勞務管理、福利、安全衛生等業務有處理權限之人。」

▌認識雇主定義之實益

　　第一個實益是確定公司主管對於勞工事務所進行之發言是否可代表公司，以及是否發生法律效力。請看以下實例：

　　曉明對於現有工作有點厭倦，想要換個跑道，體驗一下不同的人生，於是，他跟坐在他隔壁的同事美齡說：「我要離職」，請問，離職的效力發生了嗎？又如果他說的對象不是隔壁同事，而是部門的最高主管，那麼，離職是否就已經生效了呢？

　　由於同事美齡並未具備勞基法所稱雇主之身分，因此，即便美齡確實接收到曉明的意思表示，離職仍未發生效力；反之，若曉明意思表示之對象爲部門之最高主管，由於該主管屬於勞基法中所定義的第三類雇主（即代表事業主處理有關勞工事務之人），故曉明之離職即生效力，這即是確認雇主之實益所在。

　　另外，我們再以勞動部的函釋來看看勞動部對雇主之身分又是如何看待的。參照勞動部民國 101 年 9 月 6 日勞職業字第 1010501830 號函釋：

1.　按就業服務法第 2 條第 3 款規定，「雇主：指聘、僱用員工從事工作者。」性別工作平等法第 3 條第 3 款規定，「雇主：謂僱用受僱者之人、公私立機構或機關。代表雇主行使管理權之人或代表雇主處理有關受僱者事務之人，視同雇主。」勞動基準法第 2 條第 2 款規定，「雇主：謂僱用勞工之事業主、事業經營之負責人或代表事業主處理有關勞工事務之人。」

2.　函詢所指「代表雇主行使管理權之人或代表雇主處理有關受僱者事務之人」若涉就業服務法第 5 條之情事，如該等人員僅爲傳達雇主之意思表示，自應對雇主發生效力，而有就業服務法之適用。

3.　至該等人員係基於基於職務關係或代理權限範圍內對外所爲之意思表示，雇主本應負擔指揮監督之責，若涉及就業服務法第 5 條之情事，自難謂無故意或過失，而應以就業服務法第 5 條規定相繩。

勞工機靈點，雇主睜大眼！

可見，具備「一定層級」以上之主管對外所為各種處理勞工事務之行為，無論係直接受命於雇主或因其本身職務關係所致，在主管機關眼中，都會將其擴大認定為事業單位「雇主」所為之法律行為，自生法律效力。因此，在面對各種勞工事務時，企業應賦予各層級主管更完整之法律認知，謹言慎行。

第二個實益是避免企業藉由「脫法行為」來規避法律上應盡之雇主義務，所謂的「脫法行為」，意指以合法的手段，達到非法的目的，用迂迴的方式，逃避法律所禁止或應承擔之事項；因此，即使外觀上完全合法，實質上仍為違法。

實務上，有雇主為了減輕其履行之雇主義務，藉由成立多家公司，分散其所屬員工之配置，使每一事業單位人數始終控制在一定人數以下，如此將可免除工作規則核備義務、提高每月加班時數上限至 54 小時之備查義務、哺乳室及托兒設備之設置義務等；更有惡劣者，藉由多數公司之成立，以令勞工在不同企業間調動，影響勞工之工資請求對象、職位保障，甚至包括年資與退休金給付等勞工重大權益。另外，實務上亦見有雇主以自己或他人名義，另行成立人力派遣公司，再令其所屬勞工與該派遣公司簽定勞動契約或承攬契約後，再以「他」公司名義派遣至其原有公司，提供正常工作時間以外之相同勞務，藉以規避平日、休息日、國定假日甚至例假日之加班費，嚴重侵害勞工權益，這種「假派遣之名，行規避加班費之實」之作為，更屬典型之脫法行為，若無員工主動提出檢舉，一般勞動檢查將難以發現此重大瑕疵。

因此，明確雇主定義之第二個實益，即在於落實勞基法保障勞工權益，加強勞雇關係之立法目的。

於民國106年「一例一休」上路之際，知名連鎖飲料店「COMEBUY」遭指控其強迫員工簽署合約，將超過法定正常工作時間以外的加班，轉移到另一家公司「威顧集團」，並改以承攬制，使其合理脫離勞基法中加班費之相關規定；而當時媒體還刊登一份該集團致全體員工之

行政公告，公告上強調「係因一例一休上路，為兼顧各位同仁之勞動權益及飲品服務業的產業競爭力，故決議將法定正常工時以外之時段委由威顧集團來協助辦理承攬相關事宜……」等語云云，更足見其逃避勞基法加班費之心，昭然若揭。[8]

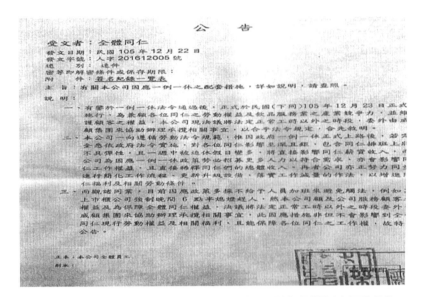

圖 1-1　COMEBUY 將勞工正常工時以外時段轉為承攬制之行政公告

（資料來源：《苦勞網》，https://www.coolloud.org.tw/node/87672）

很明顯的，當事件真相曝光後，沒有人會在意威顧集團是何許人也，也不會有人在意這些受人支配的員工究竟簽了什麼文件，因為，無論外觀上的樣態為何，實質上，COMEBUY 才是真正的雇主，而其轉包勞務的脫法行為當然不具法律上之效力，因此，對於員工的指控，COMEBUY 還是得負起法律上的責任。

另外，訴求以人為本，並提供多元高品質節目的公共電視，也曾

8　資料來源：《苦勞網》，〈轉讓勞務規避加班費 COMEBUY 遭批血汗工廠〉。連結網址：https://www.coolloud.org.tw/node/87672。

於 104 年遭離職員工控告「假派遣、真僱傭」[9]。兩位離職員工向法院主張，其分別從 100 年 5、6 月開始以月薪 4 萬元，任職於公視新聞部、製作部。但公視為節省成本，要求兩人與全球華人、東慧國際諮詢顧問公司簽訂勞動契約，改以兩公司名義派遣至「公視基金會」；實際上兩人從沒去兩公司應徵、報到，都是由公視主管面試、審核。兩人指公視以「假派遣、真僱傭」方式，達到規避僱主責任及節省人事成本目的。

法院查出，兩人受僱於公視，卻被要求與派遣公司簽約，已違反勞動派遣制度中，僱主不得指定特定人選，要求派遣公司僱用後再予派遣的基本原則。判決指出，公視的做法顯然為規避僱主責任之脫法行為，實質上兩人與公視之間有僱傭關係。

■ 派遣勞工「禁止轉掛」新制上路

雖然上述兩位公共電視離職勞工最終透過訴訟而獲得其遲來的正義，但實務上還是有不少企業以「先面試，後轉掛，再派遣」的脫法行為來規避勞動法令所規範僱主應負擔之責任與義務；有鑑於此，勞基法於 108 年 4 月 26 日、5 月 24 日分別完成關於派遣勞工權益之修法，並於同年 5 月 15 日及 6 月 19 由總統進行公布。修法的方向大致如下：

1. 明定派遣業者應與所僱用之派遣勞工簽定不定期勞動契約
   所擔任之職務或所從事之工作為僱主有意持續維持之經濟活動者，僱主均應與勞工簽定不定期契約，勞基法第 9 條定有明文；然而，同條亦明定臨時性、短期性、季節性及特定性工作得為定期契約[10]。故長期以來，派遣業者往往以客戶（要派公司）對於人

9　以下關於公共電視「假派遣、真僱傭」之敘述，均轉載自《聯合新聞網》，〈打官司爭權益小蝦米難贏大鯨魚〉之報導。連結網址：https://udn.com/news/story/12256/3215359。

10　勞基法第 9 條第 1 項：

力之需求為短期或特定為由，與所屬派遣勞工簽定定期契約，一旦合約所定期間屆至，雙方勞雇關係即告終，沒有資遣費，也無法有續約保證；但人力派遣實為派遣業者主要之經濟活動，為勞基法第 9 條所稱之「有繼續性工作」；基此，遂透過法令強制派遣業者應與其所屬派遣勞工成立不定期契約，終結過往派遣勞工「用過即丟」的不合理待遇。

也因為契約型態為不定期，故當要派公司與人力派遣業者終止服務關係時，派遣勞工與派遣業者間之勞雇關係依然存在，此時，雇主（派遣業者）若欲與派遣勞工終止勞動契約，仍得在符合勞基法相關規定之前提下辦理。

2. 派遣勞工遭派遣公司（僱用上的雇主）積欠工資時，可向要派公司（使用上的雇主）追討

派遣勞工係與派遣公司成立勞動契約，故其工資之請求對象本應僅限於派遣公司；然而，我國派遣公司素質良莠不齊，欠薪或惡性倒閉之亂象時有所聞，而實際受領勞務之要派公司在派遣制度的三角關係下，卻無須承擔任何責任，實非事理之平。

過去就曾有國立臺灣博物館所使用之派遣勞工遭不肖派遣業者積欠薪資，而身為勞工實際指揮監督者的臺博館，不願先行撥付遭欠薪資予派遣工之爭議事件 [11]；因此，此次修法要求，當派遣勞工遭派遣業

勞動契約，分為定期契約及不定期契約。臨時性、短期性、季節性及特定性工作得為定期契約；有繼續性工作應為不定期契約。派遣事業單位與派遣勞工訂定之勞動契約，應為不定期契約。

11　相關新聞連結：
《BuzzOrange 報橘》，〈派遣員工的血淚控訴：在被欠薪一年四個月後，我才知道台灣派遣制度多荒謬〉。連結網址：https://buzzorange.com/2016/12/09/poor-taiwan-temp-workers/。《焦點事件》，〈臺博館勞務外包欠薪逾一年公部門派遣荒謬劇再添一樁〉。連結網址：https://www.eventsinfocus.org/news/1290。《中時新聞網》，〈籲政府解決 明令公部門禁用 派遣工轟臺博館 放任欠薪〉。連結網址：https://www.chinatimes.com/newspapers/20161204000303-260114?chdtv。

者積欠工資，而求償未果時，可轉向要派單位提出請求[12]；如此將促使要派單位因要負擔連帶責任，進而慎選合作的派遣公司，使劣質不良的派遣公司逐漸被淘汰。

3. 端正「假派遣、真僱用」歪風的「轉掛」禁止條款

誠如本節開頭所述，許多企業為減輕或避免負擔雇主之法定責任，多以「先面試，後轉掛，再派遣」的方式來獲取勞工之勞務供給。為遏止此項損及勞工權益之歪風，立法者特別增訂勞基法第 17-1 條（俗稱「轉掛」禁止條款），明定要派單位不得於派遣事業單位與派遣勞工簽訂勞動契約前，有面試該派遣勞工或其他指定特定派遣勞工之行為。

若事業單位違反該項之規定者，除有可能面臨 9 ～ 45 萬元之行政裁罰外（勞基法第 78 條第 2 項），派遣勞工亦得依該條之規定行使以下權利：

(1) 派遣勞工得於要派單位提供勞務之日起九十日內，以書面向要派單位提出訂定勞動契約之意思表示（勞基法第 17-1 條第 2 項）。

(2) 對於派遣勞工依第 17-1 條第 2 項之規定所提出訂約之要求，要派單位應於十日內，與其協商訂定勞動契約。逾期未協商或協商不成立者，視為雙方自期滿翌日成立勞動契約，並以派遣勞工於要派單位工作期間之勞動條件為勞動契約內容（勞基法第 17-1 條第 3 項）。

(3) 派遣勞工依第 17-1 條第 2 項之規定與要派單位成立勞動契約者，其與派遣事業單位之勞動契約視為終止，且不負違反最低服務年限約定或返還訓練費用之責任；派遣事業單位亦應按勞基法或勞工退休金條例之規定發給派遣勞工退休金或資遣費

---

12 勞基法第 22-1 條第 1 項：派遣事業單位積欠派遣勞工工資，經主管機關處罰或依第 27 條規定限期令其給付而屆期未給付者，派遣勞工得請求要派單位給付。要派單位應自派遣勞工請求之日起三十日內給付之。

（勞基法第 17-1 條第 6、7 項）。

(4) 對於派遣勞工依第 17-1 條第 2 項之規定所提出訂約之要求，派遣事業單位及要派單位不得因此而予以解僱、降調、減薪，損害其依法令、契約或習慣上所應享有之權益，或其他不利之處分；若已發生者，則該處分無效，勞工可就其損害之權益向派遣業者或要派單位請求返還。

4. 要派單位、派遣單位負職業災害補償之連帶責任

當派遣勞工於發生職業災害時，除可向其雇主（派遣單位）請求勞基法第 59 條所規定之各項補償外，亦可向其使用者（要派公司）提出請求；此修法之目的係為確保派遣勞工之受領職業災害補償權利，因此明定應由要派單位與雇主（派遣單位）連帶負勞基法職業災害補償責任。

綜合以上所述，無論主管機關、法院實務，甚或近年立法者之修法方向，均對於勞基法上之雇主採取範圍較大之認定，就行政考量而言，當企業主管對外有損及員工利益之言論或舉措時，不因該主管未具掌管勞工事務之身分，或非為企業負責人而使企業免責；另一方面，也避免企業藉由不同法人主體之安排，來規避其對勞工所應承擔之雇主責任。兩者均以保護勞工為目的，以使勞基法之基本精神更得以彰顯。

勞工機靈點，雇主睜大眼！

蜂哥小筆記

第 **2** 章

勞動條件

約定試用期，真的合法嗎？
—— 「試用期約定」的作用

　　有新進員工來報到時，除了透過面試時的訪談以及員工的個人基本資料來了解其相關之工作能力之外，並沒有其他太多有效率之方式來協助企業對員工之工作能力做進一步之了解。因此，多數企業對於新進員工多會進行試用期之約定，希望藉由「試用期間」員工實際工作能力的表現，來決定該新進員工是否真正符合企業之人力需求。但與新進員工約定試用期真的合法嗎？需要注意哪些事項呢？

勞基法並無試用期之相關規定

　　現行之勞基法條文中，並無試用期之相關規定；然而，86 年 6 月 12 日修正前之勞動基準法施行細則（以下簡稱勞基法施行細則）第 6 條第 3 項規定：「勞工之試用期間，不得超過 40 日。」惟此規定係針對勞基法第 9 條所為行政上之補充規定，而勞基法第 9 條之內容，係

就勞動契約之種類加以定義，並未就勞工之試用期間做出規範，亦無授權施行細則得訂定有關勞工試用期間之意旨。因此，限制勞工試用期間不得超過 40 日之規定，並未經母法授權，不符合明確性原則，因此原「勞工試用期間，不得超過 40 日」之規定，於 86 年 6 月 12 日修法後即遭刪除。

▌試用期乃屬勞雇雙方自由締約之權利

　　承上，目前勞基法雖未有試用期之相關規定，但從上述之修法歷程可知，勞基法並未限制勞雇雙方進行試用期之約定，亦未限制試用期之天數多寡。筆者於協助企業處理勞工事務之過程中，時而聽聞部分民眾認為約定試用期為違反勞基法規定之主張，實屬不諳法令之見解，為避免以訛傳訛，特地於本書提出說明，以正視聽。

　　以現行企業之管理實務而言，為觀察求職者關於業務之能力、操守、適應企業文化及應對態度，進而判斷求職者是否為適格之員工，故約定試用期實則有其必要性，法院實務亦採相同之見解，此觀台灣高等法院 100 年度勞上字第 17 號之判決意旨：「勞動契約之種類繁多，勞動內容之差異性常屬天壤之別，就各種不同性質之勞動性質，其所需之勞動能力多屬不同，雇主需多久之試用期間始能考核確定所僱用勞工是否適任，尤難以一定之標準日數相繩。此一高度歧異化、個案化之情狀，本應委由當事人依其個別情形加以約定，故勞動契約有關試用期間之約定，應屬勞雇間契約自由之範疇，若其約定符合一般情理，並未違反公序良俗、誠信原則或強制規定，其約定應生契約法上之效力，而得拘束當事人可知。」

　　然而，雖勞基法並未針對試用期之天數做出限制，但並不代表雇主可以無限上綱，與新進人員訂定動輒數年之試用期間，此部分仍應回歸誠信原則，無論勞雇雙方，針對契約之洽定或履行，均不得有權利濫用之情形[1]；因此，雇主仍應就勞工所擔任職務之本質，洽定符合

1　民法第 148 條：

常情之試用期間；目前實務上常見之試用期約定時間為三個月，惟當情況特殊時，雇主當可隨之增加或減少[2]，但仍應以最大誠信為其約定之最高原則。

▍解僱試用不合格之勞工須具備法定事由嗎？

對於正式員工而言，若其工作表現不盡理想，雇主欲以勞基法第11條第5款「確不能勝任工作」之事由予以資遣之前，必須對員工施以改善機會、教育訓練、調任他職等保護手段，當窮盡一切方法仍無法期待員工之工作表現時，始能由雇主依勞基法第11條第5款終止勞動契約，此即為「解僱最後手段原則」。然而，就試用期勞工而言，試用期為正式勞動契約之前階試驗階段，員工尚未為企業之正式員工，若其表現不符期待，或未能通過試用考核，雇主欲予以資遣時，是否也該遵循「解僱最後手段原則」呢？在回答此問題前，我們應先對試用期之法律定位進行了解，常見之學說有二，簡單說明如下：

1. 定期契約說：

   此學說係將試用期合約視為定期契約的一種，故試用期期滿即等同定期契約到期，因此，於期滿後兩造關係自動解除，無須預告終止亦無須給付資遣費，自然也毋庸踐履「解僱最後手段原則」。

2. 附保留終止權契約說：

   即雙方當事人均保留對於契約之終止權，因此，若雇主在試用期間內發現勞工不適合該工作，或勞工在試用期間內發現企業之環境不適合其個人或與其期待不符者，雙方均得隨時行使其契約終止之權利。

   實務上，以附保留終止權契約說最為常見。蓋因勞雇雙方約定試

權利之行使，不得違反公共利益，或以損害他人為主要目的。

行使權利，履行義務，應依誠實及信用方法。

2　若勞工所擔任之職務為高階之主管，當可約定較長之試用期間；而若所招募對象為工作時間未滿一年之定期契約勞工，則與其約定之試用期間理應縮減，不宜再與之約定三個月。

用期之目的，不外乎企業可藉由試用期間勞工之具體表現來評估其適任性；對於勞工而言，其亦可就試用期間之任事情形加以判斷企業之環境與文化是否符合其個人之期待，因此，在未進入正式員工之僱用階段前，勞雇雙方本就處在試驗、審查甚至體驗之階段，彼此就此前行階段之勞動契約本應保留隨時終止之權利，故採附保留終止權契約說較能符合試用期之本質。

既然實務上多以「附保留終止權契約說」來定義試用期之法律關係，那麼，當雇主欲解僱不適任之試用期員工時，是否仍需具備勞基法解僱之法定事由呢？亦即符合「解僱最後手段原則」呢？由於解僱試用期勞工係屬試用期間雇主行使其保留之契約終止權，故自然不若正式員工須以解僱為最後手段為前提，僅需針對試用期員工之表現做出適度之考核即可；至於何謂適度之考核，法無明文，得由雇主自行設定考核標準，並確實執行，即符合附保留終止權契約之本質。值得注意的，雖說如何針對試用期員工適任與否進行評估，雇主本就可自斷定奪，但切莫因此而濫用權利，違反誠信原則；簡言之，對於不適任之試用期員工，雇主仍必須加以舉證，客觀上為「合理相當」，方可片面終止兩造之勞雇關係，而非僅單純主張附保留之終止權，即可對試用期員工予以解僱。否則，即便有試用期之約定，仍有被認定為違法解僱，終止契約無效之可能。此有台灣高等法院 98 年度勞上字第 98 號[3]與台灣桃園地方法院行政訴訟判決 106 年度簡字第 30 號[4]判決意

3　此外兩造雖曾簽有試用切結書，約定試用期間為六個月，試用不及格者，被上訴人得隨時通知上訴人解職，但被上訴人所稱上訴人在被上訴人一個月來沒有具體表現云云，並無法提出具體證據證明上訴人有試用不及格情形，是被上訴人以公司虧損及上訴人試用不及格為終止兩造勞動契約之事由，自屬無據，併此敘明。

4　惟因雇主之地位較勞工優越，為避免雇主以優越地位，不斷以訂定試用期間之勞動契約，藉以規避勞動基準法之適用，使勞工無從獲得勞基法之保障，並違反勞工於試用期間屆滿得以獲得正式任用之期待，因而放棄其他受僱之機會，解釋上雇主上開終止權，並非得任意行使，仍應受相當之限制，即仍應參酌勞動契約之內容，考量雇主拒絕正式任用之事由，與一般社會通念是否認為相當。

旨可稽。

▍ 與試用期員工終止契約，仍須給付資遣費，開立非自願離職證明書並進行資遣通報嗎？

當試用期員工經雇主施以適度考核後，遭認定不適任而不再繼續僱用者，係屬雇主行使其附保留之契約終止權，與勞基法第 16 條以及第 17 條雇主依第 11 條或第 13 條但書終止勞動契約須給與預告及資遣費之規定並不相同；基此觀點，與試用期員工終止契約並非勞基法上之資遣，故雇主無須負擔因「資遣」而生之法律義務，包括：給付資遣費、給與預告期間或預告工資、開立非自願離職證明予勞工及進行資遣通報；持同見解之法院判決包括：台北地方法院 102 年度勞簡上字第 7 號判決、台北地方法院 92 年度勞訴字第 29 號判決、台灣高等法院高雄分院 90 年度勞上字第 9 號判決。

然而，即便有部分法院判決對於上述論點予以支持，但勞動部對於與試用期勞工終止契約一事，亦曾以台勞資 2 字第 035588 號函釋予以闡明：「……勞資雙方依工作特性，在不違背契約誠信原則下，自由約定合理之試用期，尚非法所不容，惟於該試用期內或屆期時，雇主欲終止勞動契約，仍應依勞動基準法第 11、12、16 及 17 條等相關規定辦理。」可見，勞動部基於保護勞工之立場，仍將試用期員工因不適任而遭解僱定調為勞基法第 11 條之資遣，而令雇主應負擔預告與資遣費等法定義務。

在此分歧之見解下，本書建議企業在解僱不適任之試用期員工時，仍宜比照資遣之相關規定進行預告、給付資遣費、開立非自願離職證明以及履行資遣通報等義務，畢竟試用期員工之年資甚短，因資遣而生之勞動成本亦相當有限，為此微小之成本而與員工滋生爭議，並非明智之舉，此部分還有待企業主或人資工作者審慎評估。

勞工機靈點，雇主睜大眼！

02 什麼是「一例一休」？可以吃嗎？
──工時制度與一例一休

　　工時制度可謂是勞動法令的核心，唯有當工時制度明確後，企業才能在此架構下進行班表的排定、人員的配置以及薪資的規劃，可見其重要性。

　　工時制度就好比房屋的鋼筋與大梁一般，而不同鋼梁結構，也將搭建出不同的室內格局，就如同勞基法在「一天8小時、一週40小時」之基礎下，透由不同的組合方式，共發展出了五種型態之工時制度，包括：法定工時、二週變形工時、四週變形工時、八週變形工時以及責任制；除了法定工時以及二週變形工時可適用於各行各業之外，其餘制度均僅限於特定行業別或特殊之工作者，始可採用。而在各種工時制度內除了正常工作時間與延長工作時間之界定外，尚包括「例假」與「休息日」兩者不可或缺之必備元素，就是大家熟悉的「一例一休」。

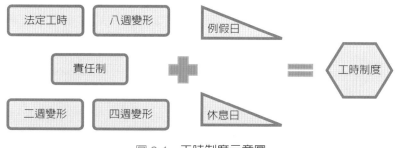

圖 2-1　工時制度示意圖

　　至於「一例一休」之概念爲何？勞基法第36條第1項規定：「勞工每七日中應有二日之休息，其中一日爲例假，一日爲休息日。」

由法律文字觀之，其立法之本旨[5]在於透過每七日至少兩日休息之強制規定，讓勞工可以落實真正的週休二日；但為了兼顧企業經營之彈性，勞基法允許雇主可在取得勞工同意之前提下，藉由負擔較為高額加班費之方式，使勞工於休息日出勤工作，關於休息日加班費之說明，後續將有專節進行討論。

至於國定假日與特別休假，則可依勞雇雙方約定之方式另行實施，此部分容後再論。先將工時制度與例假及休息日之關係歸納如下：

5　105 年 12 月 6 日勞動基準法第 36 條修正理由（轉載自立法院法律系統，https://lis.ly.gov.tw/lglawc/lglawkm）：

一、法定正常工作時間自 105 年 1 月 1 日起縮減為每週不得超過四十小時後，為落實週休二日，並考量例假僅限因天災、事變或突發事件等特殊原因始得出勤之嚴格規範，經衡平審酌勞資雙方權益，爰修正第 1 項規定，定明勞工每七日應有之二日之休息，其中一日為例假，另一日為休息日。

二、配合現行第 30 條第 2 項、第 3 項及修正條文 30 條之 1 有關二週、八週及四週彈性工作時間所定各項調整原則，增訂第 2 項規定，其中第 1 款與第 2 款所定二週及八週彈性工作時間之例假仍維持每七日至少一日，僅休息日可彈性調整，惟例假及休息日之總數不減損；至第 3 款所定四週彈性工作時間之例假與現行第 30 條之 1 第 1 項第 3 款規定相同，其例假與休息日亦可於例假及休息日總數不減損之前提下，彈性調整。

三、為落實休息日應使勞工休息為原則，工作為例外，另考量休息日出勤之時數性質上屬延長工作時間，爰增訂第 3 項，定明除受到一日不得超過十二小時之限制外，於核計是否超過一個月延長工作時間上限之四十六小時之時，亦併予列計，以避免勞工過勞（例如：勞工於休息日若僅工作二小時，依修正條文第 24 條第 3 項規定，應列計延長工作時數為四小時，並併入一個月延長工作時間上限之四十六小時計算）。

四、依現行解釋，現行第 32 條第 3 項規定延長勞工工作時間者，不受同條第 2 項所定時數之限制，爰休息日因天災、事變或突發事件等特殊情況使勞工於休息日工作之時數，參照該解釋之意旨，於第 3 項但書明文規範。

表 2-1 工時制度對應之例假與休息日

工時制度	例假 & 休息日
法定工時	一例一休
二週變形	二例二休
四週變形	四例四休
八週變形	八例八休
勞基法第 84-1 條工作者（責任制）	由勞雇雙方另行約定並報請主管機關核備

由表 2-1 可知，在不同的工時架構下，將對應不同的例假與休息日天數；而「休息日」與「例假日」是否一定得安排在週六與週日呢？法條並無限制，因此，可由勞雇雙方於勞動契約中另行約定；另一方面，在不同的工時制度下，例假日和休息日之排定應遵照勞基法之規定而有一定之法則，依循法則將例假日和休息日放對位置，才能確實維護勞工之權益，也令企業在制定班表時能合情合法。說明如下：

● 法定工時

1. 週期：一週。

2. 法源：

   勞基法第 36 條第 1 項：

   勞工每七日中應有二日之休息，其中一日為例假，一日為休息日。

3. 說明：法定工時是以每七日為一週期來進行排定的，每七日須給與勞工二日之休息，一日為例假日，另一日即為休息日。勞基法第 36 條所稱的一日，指的是連續 24 小時而言，連續 24 小時不一定非得是午前 0 時至午後 12 時不可，例如：夜班員工於週六凌晨 2 點下班，其連續 24 小時即為凌晨 2 點至翌日凌晨 2 點。

   至於其餘五日即為勞工之正常工作日，按照勞基法第 30 條之規定，勞工正常工作時間，每日不得超過 8 小時，每週不得超過 40 小時。因此，在法定工時前提下，勞工每日工作時間未超過 8 小時且享有完整之例假日與休息日者，即無加班之情形產生（期間未遇國定假日或特休）。

一	二	三	四	五	六	日
8	8	8	8	8	休	例

或

一	二	三	四	五	六	日
8	休	8	例	8	8	8

圖 2-2　法定工時

● **二週變形**

1. 週期：二週。
2. 法源：

   勞基法第 30 條第 2 項：

   前項正常工作時間，雇主經工會同意，如事業單位無工會者，經勞資會議同意後，得將其二週內二日之正常工作時數，分配於其他工作日。其分配於其他工作日之時數，每日不得超過二小時。但每週工作總時數不得超過四十八小時。

   勞基法第 36 條第 2 項第 1 款：

   依第 30 條第 2 項規定變更正常工作時間者，勞工每七日中至少應有一日之例假，每二週內之例假及休息日至少應有四日。

3. 說明：

   二週變形是以每二週為一週期來進行排定的，在週期內，仍須維持每七日要給與勞工一日例假之原則，但休息日卻可以在二週之週期內自由配置，打破在法定工時下，每七日要有一例和一休原則，如圖 2-3 所示。

	一	二	三	四	五	六	日
第 1 週	8	8	8	8	8	8	例
第 2 週	8	8	8	8	休	休	例

圖 2-3　二週變形 -1

另外，二週變形亦允許工時之調移，雇主在週期內可將二日內之正常工作時數分配至其他工作日，但每日以 2 小時為限；一旦工時進行調移，工作日之正常工作時數最多可達 10 小時，超過 10 小時後繼續工作，始認定為延長工時，雇主才有給付加班費之義務，如圖 2-4 所示。

而須留意的是，兩週變形的一日之正常工時雖可達 10 小時，但每週之工作總時數則以 48 小時為上限，因此若單週之工作日為五日，每日排定之工作時數為 10 小時者，就該週而言因已超過其每週總時數之上限，此時雇主就得依勞基法第 24 條之規定，進行加班費之給付了，如圖 2-5 所示。

在二週總工時（40×2 ＝ 80 小時）不變的前提下，正常工時 10 小時意味著勞工二週內僅需出勤八天，休息六天，此六天中包含二例二休的四日，其餘二日則形成所謂的空班日[6]。對勞工而言，其可享受更多完整一日之休息，因此，經常運用在需勞工進行日夜輪班之產業，或以假日為主要營業時段之服務業；常見的做二休二或做四休三，均係所謂的二週變形工時。

	一	二	三	四	五	六	日
第一週	8（+2）	8（+2）	8（+2）	8（+2）	8→0 空班日	休息日	例假日
第二週	10	10	10	10	空	休	例

圖 2-4　二週變形 -2

6　勞基法並無「空班日」此一名詞，惟筆者為賦予「空班日」更易於理解之定義，逐至勞動部以及各地勞工局之網頁進行查詢，於新北市勞工局「勞動基準法常見問答集：例假、休息日、國定假日、特別休假」搜尋到以下解釋：「因挪移正常工時至其他工作日致免出勤日」。盼此解釋能使讀者更理解「空班日」之意涵。

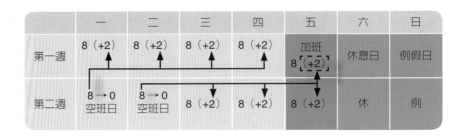

	一	二	三	四	五	六	日
第一週	8（+2）	8（+2）	8（+2）	8（+2）	加班 8（+2）	休息日	例假日
第二週	8→0 空班日	8→0 空班日	8（+2）	8（+2）	8（+2）	休	例

圖 2-5　二週變形 -3

勞工機靈點，雇主睜大眼！

● **八週變形：**

1. 週期：八週

2. 法源：

   勞基法第 30 條第 3 項：

   第 1 項正常工作時間，雇主經工會同意，如事業單位無工會者，經勞資會議同意後，得將八週內之正常工作時數加以分配。但每日正常工作時間不得超過八小時，每週工作總時數不得超過四十八小時。

   勞基法第 36 條第 2 項第 2 款：

   依第 30 條第 3 項規定變更正常工作時間者，勞工每七日中至少應有一日之例假，每八週內之例假及休息日至少應有十六日。

3. 說明：

   八週變形是以每八週為一週期來進行排定的，在週期內，仍須維持每七日要給與勞工一日例假之原則，休息日則可以在八週之週期內自由配置，跳脫一例一休之原則。若將八週內八天的休息日集中於始期或末期，串聯起來，將可使勞工在密集工作一段時間後，獲得較長的連續假期，因此，八週變形多運用於淡旺季明顯或季節性產業，如圖 2-6 所示。

   另外，民間企業比照政府行政機關辦公日曆表進行休息日與工作日對調，以形成連假，亦為實施八週變形之概念。以 107 年而言，

為使兒童節及民族掃墓節可以連假 5 天，即將 4 月 6 日（星期五）上班日與 3 月 31 日（星期六）休息日[7]對調為之；同樣的，由於108 年中華民國開國紀念日（1 月 1 日）適逢星期二，為與年底最後一週之禮拜六、日串聯形成 4 天連假，故調整 12 月 31 日（星期一）為放假日，並於前一週 12 月 22 日（星期六）補行上班。然而，由於適用八週變形工時規定的行業別有其限制，對於未具實施八週變形資格之企業[8]，即便係比照政府行政機關行事曆所進行之換班（假）[9]，仍有違法之虞。因此，為使各行各業均有比照公部門「一日換一日」之換班（假）之可能，減少勞資爭議，勞動部爰於 105 年 1 月 21 日以勞動條 3 字第 1050130120 號函釋指定依政府行政機關辦公日曆表出勤行業，為勞動基準法第 30 條第3 項規定之行業；而此處所稱依政府行政機關辦公日曆表出勤之行業，指尚未指定適用勞動基準法第 30 條第 3 項規定，且除五月一日勞動節外，事業單位依照政府行政機關辦公日曆表出勤，於需調整工作日與休息日以形成連假之行業。

然而，八週變形並不像二週變形般，可以將週期內正常工作日之時數調移至其他工作日，故每日之正常工時仍維持在 8 小時，而由於休息日可以與週期內其他工作日進行調移，因此，在每七日仍需維持一日例假之前提下，每週之工作總時數則以 48 小時為上限。

7　對於未實施變形工時之企業而言，多約定禮拜六為休息日，禮拜日為例假日。

8　目前仍有諸多產業僅能實施二週變形，例如：程式設計、系統分析、套裝軟體設計、室內設計等產業。

9　勞動部 106 年 3 月 13 日勞動條 3 字第 1060049558 號：
　　行政院人事行政總處公告之政府行政機關辦公日曆表僅適用政府行政機關。適用於勞動基準法之事業單位，仍應依勞動基準法相關規定辦理。勞雇雙方得自行協商決定是否有參酌之必要。

第一個八週

	一	二	三	四	五	六	日
第1週	8	8	8	8	8	8	例
第2週	8	8	8	8	8	8	例
第3週	8	8	8	8	8	8	例
第4週	8	8	8	8	8	8	例
第5週	8	8	8	8	8	8	例
第6週	8	8	8	8	8	8	例
第7週	8	8	8	8	休	休	例
第8週	休	休	休	休	休	休	例

第二個八週

	一	二	三	四	五	六	日
第1週	休	休	休	休	休	休	例
第2週	休	休	8	8	8	8	例
第3週	8	8	8	8	8	8	例
第4週	8	8	8	8	8	8	例
第5週	8	8	8	8	8	8	例
第6週	8	8	8	8	8	8	例
第7週	8	8	8	8	8	8	例
第8週	8	8	8	8	8	8	例

圖 2-6　八週變形

● 四週變形

1. 週期：四週

2. 法源：

   勞基法第 30-1 條：

   中央主管機關指定之行業，雇主經工會同意，如事業單位無工會者，經勞資會議同意後，其工作時間得依下列原則變更：

   一、四週內正常工作時數分配於其他工作日之時數，每日不得超

勞工機靈點，雇主睜大眼！

過二小時，不受前條第 2 項至第 4 項規定之限制。

二、當日正常工作時間達十小時者，其延長之工作時間不得超過
二小時。

三、女性勞工，除妊娠或哺乳期間者外，於夜間工作，不受第 49
條第 1 項之限制。但雇主應提供必要之安全衛生設施。

勞基法第 36 條第 2 項第 3 款：

依第 30 條之 1 規定變更正常工作時間者，勞工每二週內至少應有
二日之例假，每四週內之例假及休息日至少應有八日。

3.　說明：

四週變形可謂除責任制外，彈性最大之工時制度。其係以每四週
爲一週期來進行排定的，而其和二週與八週變形最大差異之處在
於，四週變形無須維持每七日須給與勞工一日之例假，而係採每
兩週內應有二日之例假，如圖 2-7 所示。

	一	二	三	四	五	六	日
第 1 週	例假日	例假日	8	8	8	8	8
第 2 週	8	8	8	8	8	8	8
第 3 週	8	8	8	8	8	例假日	例假日
第 4 週	8	8	8	休息日	休息日	休息日	休息日

圖 2-7　四週變形

每七日一例假，與每兩週二例假，有差嗎？看起來好像都一樣不
是嗎？在極端之情況下，各自最大的連續工作天數如下列各圖所
示：

	一	二	三	四	五	六	日
第1週	例	休息日加班	8	8	8	8	8
第2週	8	8	8	8	8	休息日加班	例
第3週	例	休息日加班	8	8	8	8	8
第4週	8	8	8	8	8	休息日加班	例

圖 2-8 於符合勞基法第 36 條第 4 項前提下，例假日於每七日週期內調整之最大極限

	一	二	三	四	五	六	日
第1週	例	例	8	8	8	8	8
第2週	8	8	8	8	8	8	8
第3週	8	8	8	8	8	8	8
第4週	8	休息日加班	休息日加班	休息日加班	休息日加班	例	例

圖 2-9 每兩週排定兩例假之最大極限

由圖 2-8 可知，在每七日一例假之前提下，勞工最多連續工作 12 日（當然仍須符合勞基法第 36 條第 4 項與第 5 項之規定，始為合法）；但在每二週二例假之前提下，勞工最多可連續工作 24 日，如圖 2-9 所示；在休息日數相同之前提下，連續工作 12 日與連續工作 24 日，實有天壤之別。

其次，四週變形和二週變形相同，均允許工時之調移，雇主可將四週內之正常工作時數分配至其他工作日，每日一樣以 2 小時為限；因此，在四週變形之架構下，每日未超過 10 小時之工作時數，均為正常工時。且由於四週變形之例假安排僅須符合每兩週內二日例假之規定，因此，對於適用四週變形行業之勞工而言，其每週工作總時數最高可以來到 70 小時，如圖 2-10 之第 2 週所示。

	一	二	三	四	五	六	日
第 1 週	例假日	例假日	10	10	10	10	10
第 2 週	單週 70 小時						
第 2 週	10	10	10	10	10	10	10
第 3 週	10	10	10	例假日	例假日	休息日	
第 4 週	休息日	休息日	休息日	空班日	空班日	空班日	空班日

圖 2-10　於四週變形下，每日正常工時均排定為 10 小時

另外，由圖 2-10 可知在四週總工時 160 小時不變之前提下，勞工僅需出勤 16 天，休息 12 天，此 12 天包含 8 日的 4 例 4 休，其餘 4 日則形成所謂的空班日。由於四週變形之架構可使勞工於某區間內密集出勤，例假日與休息日之規範也較具彈性，因此，經常運用在排休制之服務業。

責任制工作者

「責任制」是一個聽起來很沉重的名詞，意謂責任未了前，似乎無法停止或歇息；實際上，當然不可能令適用責任制之勞工漫無止盡地工作，但相對前述法定、二週、八週與四週變形之工作者，在責任制之框架下，除了工時結構可更為彈性外，實際從事工作之時數也更多。在此前提下，立法者不可能放任雇主與勞工自行約定，而是如同前揭八週與四週變形一樣，需經主管機關核定公告之工作者[10]，方能採用，而為進一步保障責任制工作者，勞基法另規範雇主需以書面與責

10　八週與四週變形均需為主管機關指定之行業，始可適用，而責任制並非以「行業別」作為適用與否之區隔，而是以「工作者」進行認定。也就是說，當某企業其所屬行業適用八週或四週變形時，則其所有受僱之勞工皆一體適用；而若某企業僅適用法定及二週變形工時，但其所僱用之勞工工作性質為主管機關核定公告之責任制工作者時，該企業仍得單獨與該位員工以責任制之架構進行勞動契約之約定，不受其業別僅適用法定或二週變形工時之限制。

任制工作者進行工時條件之約定，該書面約定並應送請主管機關核備，已達保護勞工之意旨。相關說明如下：

1. 法源：

勞基法第 84-1 條：

經中央主管機關核定公告之下列工作者，得由勞雇雙方另行約定，工作時間、例假、休假、女性夜間工作，並報請當地主管機關核備，不受第 30 條、第 32 條、第 36 條、第 37 條、第 49 條規定之限制。

一、監督、管理人員或責任制專業人員。

二、監視性或間歇性之工作。

三、其他性質特殊之工作。

前項約定應以書面為之，並應參考本法所定之基準且不得損及勞工之健康及福祉。

2. 說明：

(1) 合於法令之責任制人員，其成立之要件有三：

　A. 主管機關公告之工作者

　B. 書面約定工時條件

　C. 其約定需報請當地主管機關核備以上三要件需同時成立，才是合法之責任制。然而，筆者於進行企業輔導時，時常耳聞雇主告知其與員工有約定為責任制，是以，員工無論延後多久下班，均毋庸另計加班費；這樣的說法，不難想像其對於責任制的規範是一無所知的，當然其所稱的責任制自然也就不合法令，而屬於違法之責任制，這樣的想法或做法如同掩耳盜鈴，是不足採的，若企業有上述之情形，應盡快做出修正與調整，保障勞工之勞動權益才是。

(2) 責任制之工時條件如何約定

　責任制之工時條件，依勞基法第 84-1 條之規定，可不受勞基法第 30 條、第 32 條、第 36 條、第 37 條、第 49 條規定之限制；

是以，在這樣的前提下，責任制工作者之工時可以打破正常工時每天 8 小時、每週 40 小時之限制（第 30 條），也可以跳脫一例一休之架構（第 36 條），按照這樣的脈絡，雇主其實可與責任制工作者約定正常工時為每天 12 小時，每月 30 天，沒有一例一休，沒有國定假日，一年 365 天，除了特休之外（第 38 條並未遭排除），其餘的日子都得上班……天啊！果真如此，那還真是血汗中的血汗了！

當然，有讀者可能會說：「這麼苛刻的條件，沒有勞工會答應啦」；但是，「有錢能使鬼推磨」，如果雇主願意給付遠高於常情之工資報酬，想必還是會有要錢不要命的勞工會同意的，難道，勞基法真的就放任雇主可以恣意妄為地和責任制工作者進行約定嗎？

別忘了，合法責任制成立之條件包括「須報請主管機關核備」，且第 84-1 條第 2 項也明確指出工時條件之約定不得損及勞工之健康及福祉；所以，對於過分苛刻之工時條件，即便勞工礙於生計問題勉強同意，後續也還有主管機關予以把關，在主管機關沒有點頭同意之前，勞雇之間任何的約定都是無法合法執行的。

(3) 責任制工作者工時條件之審核

從前述可知，無論雇主與責任制勞工講定何種之工時條件，最終仍得通過主管機關之核備，方能合法執行。而理論上主管機關針對不同之個案，應有不同之審核依據與標準，但是，對於性質相同且數量眾多之工作者，主管機關仍有訂定審核標準，讓雇主與勞工有所依循，也避免不合理工時條件之出現，保障勞工之權益。而最常見的責任制工作者應為保全人員莫屬了，底下提供勞動部所公布之「保全業之保全人員工作時間審核參考指引」給與各位讀者做進一步了解。

保全業之保全人員工作時間審核參考指引

行政院勞工委員會 100 年 5 月 16 日勞動 2 字第 1000130894 號函訂定發布
勞動部 104 年 6 月 24 日勞動條 3 字第 1040130875 號函修正發布全文七點；並自 105 年 1 月 1 日起實施

一、保全業之保全人員業經核定公告為適用勞動基準法第 84 條之 1 規定之工作者，勞雇雙方得另行以書面約定工作時間、例假、休假、女性夜間工作等，並報請當地主管機關核備。為確保該等勞工之合理工作時間，人身保全及運鈔車保全相較於一般保全人員，勞動密度相對較高，爰為不同工時規範。為使各地方主管機關審核保全業之保全人員工作時間標準一致，特訂定本參考指引。

二、人員資格應符合規定

　　雇主報核之勞雇約定書，其保全人員應確認屬保全業法所稱之保全人員。

三、約定書應記載工作內容與工時安排

　　雇主報核之勞雇約定書，應包括職稱、工作項目、工作權責或工作性質、工作時間、例假、休假、女性夜間工作等有關事項。

四、工時安排應合理化

　　㈠ 每日正常工作時間不得超過 10 小時；連同延長工作時間，1 日不得超過 12 小時。2 出勤日之間隔至少應有 11 小時。

　　㈡ 保全業之一般保全人員每月正常工時上限為 240 小時，每月延長工時上限為 48 小時，每月總工時上限為 288 小時。

　　㈢ 人身保全及運鈔車保全，每 4 週內正常工作時間不得超過 168 小時。

　　㈣ 因天災、事變或突發事件，雇主有使勞工在正常工作時間以外工作之必要者，得將工作時間延長之。但應於延長開始後 24 小時內通知工會；無工會組織者，應報當地主管機關備查。延長之工作時間，雇主應於事後補給勞工以適當之休息。

五、確保例假休息

　　勞工每 7 日中至少應有 1 日之休息，作為例假。經由彈性約定，得於 2 週內安排勞工 2 日之休息，作為例假。雇主不得使勞工連續工作超過 12 日。

六、維持適度休假

　　紀念日、勞動節日及其他由中央主管機關規定應放假之日，均應休假，工資應由雇主照給。雇主經徵得勞工同意於休假日工作者，工資應加倍發給。但年度休假不宜均以加給假日出勤工資方式實施。

七、異常工作負荷促發疾病之預防，雇主應依職業安全衛生設施規則第 324 條之 2 規定，參考「異常工作負荷促發疾病預防指引」，採取必要之預防措施，其措施應列為勞雇約定之重要參考。

　　以上這份指引，就是目前保全業者欲與保全人員進行責任制工時約定之參考條文，但與其說「參考」，不如說是「準則」，因為，一旦條件低於指引內之規範，基本上主管機關就不會准予核備。

　　從指引可知，保全人員之每日正常工時為 10 小時，每月上限為 240 小時，在此前提下，一個月上班時間最多 24 天；另外，延長工時每月上限為 48 小時，也就是一天 2 小時（48÷24），一個月總工時上限為 288 小時（240+48）。是以，若為大月（31 日），勞工應休之日數至少為 7 天，若為小月（30 日），應休之日數至少為 6 天，按照指引第五點所示，保全人員每 2 週仍應享有 2 日之例假，故此應休之 7 天（或 6 天）中，有 4 日為例假日，3（或 2）日為「未定調之免出勤日」[11]；另外，指引中也明確指示應給與保全人員國定假日，因此，該

11　由於扣除例假後其餘 3 日或 2 日仍為保全人員應享有之休息日，但從指引中無法解讀其性質為勞基法第 36 條所定之休息日，且日數亦不相符（第 36 條之休息日每月至少應有 4 日），故只能以「未定調之免出勤日」稱之。

月遇有國定假日，應再另行給與休假，或者經合法程序實施國定假日之挪移調整。

末者，由於第 84-1 條並未排除適用勞基法第 38 條，因此，針對保全人員（或說所有的責任制工作者），雇主仍應依第 38 條之規定給與特別休假。

(4) 責任制工作者之基本工資該如何計算

以保全人員為例，由於其一日正常工時為 10 小時，一個月之正常工作時數為 240 小時，與非適用責任制之勞工（一日 8 小時，一週 40 小時）有所差異，因此，若以 111 年 1 月 1 日起實施之月基本工資 25,250 元來進行換算，其計算式如下：

A. 平日每小時工資額：25,250÷240=105.2084 元

B. 一般勞工每月總工時（含一例一休）：30 天 ×8 小時 =240 小時 / 月

C. 一般勞工每月實際工作時數（扣除一例一休）：
[40 小時 ×52 週（共 364 天）+ 8 小時（第 365 天）]÷12 = 174 小時 / 月

D. 責任制勞工每月總工時（含例假與免出勤日）：
240 小時（正常工時）+66 小時（240-174，即保全人員實際工時較一般勞工增加之部分）=306 小時 / 月

E. 按 A、B、C、D 之分析，保全人員之月基本工資如下：
105.2084 元 ×（240 小時 +66 小時）=32,194 元

F. 若雇主再與保全人員約定每日延長工時 2 小時，每月工作總時數為上限 288 小時，則其月基本工資應為：
32,194 元 +（105.2084 元 ×4/3×48 小時）=38,928 元

在了解各種工時制度之基本架構後，我們再就以下幾項由工時制度延伸出來的常見問題進行討論：

勞工機靈點，雇主睜大眼！

▎ 適用各種工時制度之行業別各為何？

　　除法定工時與二週變形工時適用於各行各業外，其餘工時制度須為勞動部指定之行業方可採用。至於適用八週或四週之行業別為何呢？讀者可上勞動部官網進行查詢，本書亦幫各位讀者整理如下：

1.　適用八週變形者：

　　適用八週變形之行業，依其適用時間的先後順序，整理如表 2-2[12]

表 2-2　用八週變形工時制度之行業

工時制度	指定適用日期	指定行業
八週彈性工時	92.3.31	指定所有適用四週彈性之行業得適用八週彈性工時
		製造業
		營造業
		遊覽車客運業
	92.5.16	航空運輸業
		港埠業
		郵政業
		電信業
		建築投資業
		批發及零售業
		影印業
		汽車美容業
		電器及電子產品修理業
		機車修理業
		未分類其他器物修理業
	92.10.8	洗衣業
		相片沖洗業
		浴室業
		裁縫業
		其他專業科學及技術服務業
		顧問服務業
		軟體出版業

12　勞動部連結網址：https://www.mol.gov.tw/1607/28690/2282/2284/2292/7231/。

工時制度	指定適用日期	指定行業
八週彈性工時	92.10.8	農林漁牧業
		租賃業
		自來水供應業
	105.1.21	依政府行政機關辦公日曆表出勤之行業
	106.6.16	汽車貨運業
	107.2.27	攝影業中婚紗攝影業及結婚攝影業
	107.2.27	大眾捷運系統運輸業

2. 適用四週變形者：

適用四週變形之行業，依其適用時間的先後順序，整理如表 2-3
所示[13]：

表 2-3　適用四週變形工時制度之行業

工時制度	指定適用日期	指定行業
四週彈性工時	86.5.15	環境衛生及汙染防治服務業
	86.6.12	加油站業
	86.7.3	銀行業
	86.9.18	信託投資業
	86.11.13	資訊服務業
	86.12.6	綜合商品零售業
	86.12.8	醫療保健服務業
	86.12.24	保全業
	87.1.12	建築及工程技術服務業
	87.1.20	法律服務業
	87.1.20	信用合作社業
	87.2.5	觀光旅館業
	87.2.5	證券業
	87.2.21	一般廣告業
	87.2.25	不動產仲介業
	87.3.4	公務機構
	87.3.7	電影片映演業
	87.3.26	建築經理業
	87.4.13	國際貿易業

勞工機靈點，雇主睜大眼！

13　連結網址：https://www.stat.gov.tw/ct.asp?mp=4&xItem=42276&ctNode=1309。

	87.4.15	期貨業
	87.4.17	保險業
	87.4.17	會計服務業
	87.5.4	存款保險業
	87.5.29	社會福利服務業
	87.10.9	管理顧問業
	88.1.6	票券金融業
	88.1.29	餐飲業
	88.2.3	國防事業
	88.2.19	娛樂業
四週彈性工時	88.3.3	信用卡處理業
	88.5.14	學術研究及服務業
	88.5.19	一般旅館業
	88.5.21	理髮及美容業
	88.5.21	其他教育訓練服務業
	88.5.28	大專院校
	88.7.14	影片及錄影節目帶租賃業
	88.7.26	社會教育事業
	88.7.26	市場及展示場管理業
	92.1.7	鐘錶、眼鏡零售業
	104.3.10	農會及漁會
	106.6.16	石油製品燃料批發業中之桶裝瓦斯批發業及其他燃料零售業中之桶裝瓦斯零售業
	106.7.25	農、林、漁、牧業

▌我的公司適用變形工時嗎？如何判斷？

　　四週與八週變形工時須主管機關公告指定之行業才可予以施行，已如前述。而實務上，有許多雇主並不清楚自家公司究竟應歸於何種業別，卻仍以變形工時之架構來排定員工之出勤班表，此行徑將承擔一定之法律風險。然而，企業如何判定自身於勞基法上所歸屬之行業別，並進一步確認是否有四週或八週變形工時之適用呢？請看以下之說明。

廖大姊的公司係以空調設備安裝、維修與保養為主，客戶多為連鎖店家或門市，因此，公司的技師必須隨時待命，以因應客戶突發的維修需求。因為這樣的工作性質，公司的技師們經常互相協調換班，以便能享受較為密集的假期，讓平常緊張疲勞的工作壓力得以釋放；廖大姊原本對於技師們這樣的協調換班不以為意，總以為只要大家講好就好；直到遇上勞動檢查，廖大姊才驚覺在未實施變形工時的前提下，這樣的任意換班，很容易牴觸一例一休的規定。但令廖大姊困擾的是：「公司可以實施變形工時嗎？適用哪一種呢？」

　　類似廖大姊公司的狀況，實務上經常可見；公司往往為了使員工排班方便，給與員工較為彈性的運作空間，但卻忽略了勞基法的相關限制。

　　然而，雇主總是希望在排班上能享有更多勞基法所賦予之彈性，而以案例中的廖大姊而言，其公司係以專門經營空調設備安裝、保養及維修業務為主之行業，究竟適用哪一種變形工時制度呢？首先我們應先確認公司之行業類別，才能進一步進行比對。首先要讓讀者了解的是，此處所稱的行業別，按勞基法施行細則第 3 條之規定，係依照中華民國行業標準分類進行認定，而中華民國行業標準分類則是由主計總處進行編訂與公布，同時為配合工業及服務業普查辦理週期，每 5 年修訂一次，最近一次公布版本為 110 年 1 月之第 11 次修訂版本。

　　由上可知，行業標準分類並非一成不變，那麼，在此前提下，各事業單位之行業別歸屬又應該依照哪一個版本呢？按勞動部台勞動一字第 0022451 號函釋之意旨，仍應以本會（即勞動部前身，行政院勞工委員會）歷次公告時應適用中華民國行業分類規定修訂版作為判斷之依據；也就是說，各事業單位行業別之歸屬，應以其適用勞基法當時所對應之中華民國行業標準分類作為認定之依據。因此，若事業單位清楚自身之勞基法適用期日，則可以適用當下所對應之行業標準分

類來進行認定，例如：以製造業而言，其於 73 年 8 月 1 日勞基法公布實施之日即爲適用勞基法之行業，故其所對應之行業標準分類則爲主計總處於 72 年 6 月所公布的第 3 次修訂版本。相對而言，若事業單位本身並不清楚的話，就得依照下列建議的步驟逐步確認：

1. 先透過查詢系統初步進行行業別歸屬：

   首先，先進入主計總處的行業分類查詢系統 [14]，此查詢系統爲民國 110 年第 11 次修訂之「中華民國行業標準分類」，在未能清楚判斷自身公司究竟歸屬於哪一行業類別之前，建議先以此查詢系統進行初步判斷；這裡要再次提醒讀者，並非直接以第 10 次修訂之版本來進行判斷，而是以適用勞基法之時所對應之中華民國行業標準分類修訂版本作爲判斷之依據 [15]。

   以廖大姊之公司爲例，若於關鍵字欄位鍵入「空調」，會出現諸多相關之類別，先以行業名稱來判斷，「4332 冷凍、空調及管道工程業」一項看來會比較符合廖大姊公司之性質，點選進入後可發現，該業別之詳細定義爲「從事冷凍、通風系統及空氣調節設備之安裝、維修……」，與廖大姊公司性質完全吻合，故以第 10 次修訂版本而言可先初步認定廖大姊公司之行業別應爲「F 大類—營建工程業，43 中類—專門營造業，433 小類—機電、管道及其他建築設備安裝業，4332 細類—冷凍、空調及管道工程業」，如圖 2-11、圖 2-12、圖 2-13。

2. 確認該業別適用勞基法日期：

   就上述廖大姊公司之查詢結果而言，無論爲大類、中類、小類或細類，均係其可能可以歸屬之行業別，但我們仍應再進一步確認此四類行業名稱適用勞基法八週、四週變形工時之日期，才可確定其確切之行業別爲何。

14　連結網址：https://mobile.stat.gov.tw/StandardIndustrialQuery.aspx。

15　勞動部 90 年 5 月 18 日台勞動一字第 0022451 號。

行業統計分類-綜合查詢

全部 | 空調 | 開始搜尋

搜尋關鍵字結果(空調)，共59筆

版次	分類編號	行業名稱
第11次修正	285	家用電器製造業
第11次修正	2851	家用空調器具製造業
第11次修正	2939	其他通用機械設備製造業
第11次修正	34	產業用機械設備維修及安裝業
第11次修正	340	產業用機械設備維修及安裝業
第11次修正	3400	產業用機械設備維修及安裝業
第11次修正	4220	公用事業設施工程業
第11次修正	433	機電、管道及其他建築設備安裝業
第11次修正	4332	冷凍、空調及管道工程業
第11次修正	4390	其他專門營造業
第11次修正	4561	家用電器批發業
第11次修正	4741	家用電器零售業
第11次修正	7112	工程服務及相關技術顧問業
第11次修正	9422	專門職業團體
第11次修正	9511	汽車維修業

圖 2-11　行業別查詢 -1

從勞動部網頁輸入「四週變形」之關鍵字後，可以快速得知目前勞動部已公告適用四週變形之行業別名稱，仔細比對後，並無與前述大、中、小、細類相吻合之行業名稱；若再改以「八週變形」為關鍵字進行查詢的話，可發現勞動部之前身行政院勞工委員會已於民國 90 年 5 月 16 日透過勞動二字第 0920028355 號函釋指定「營造業」為適用勞基法第 30 條第 3 項（即八週變形）規定之行業，而營造業適用勞基法之期日為勞基法施行之日，即民國 73 年 8 月 1 日。

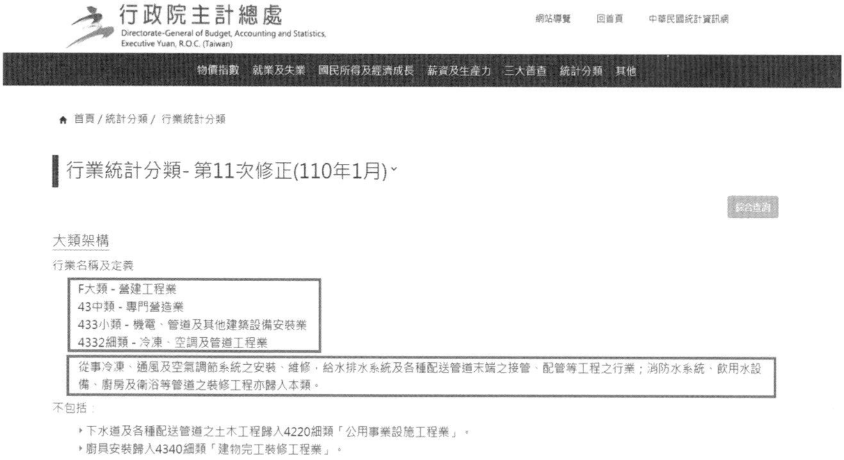

行政院主計總處
Directorate-General of Budget, Accounting and Statistics,
Executive Yuan, R.O.C. (Taiwan)

網站導覽　回首頁　中華民國統計資訊網

物價指數　就業及失業　國民所得及經濟成長　薪資及生產力　三大普查　統計分類　其他

♠ 首頁／統計分類／行業統計分類

▌行業統計分類- 第11次修正(110年1月)∨

綜合查詢

大類架構
行業名稱及定義

F大類 - 營建工程業
43中類 - 專門營造業
433小類 - 機電、管道及其他建築設備安裝業
4332細類 - 冷凍、空調及管道工程業

從事冷凍、通風及空氣調節系統之安裝、維修，給水排水系統及各種配送管道末端之接管、配管等工程之行業；消防水系統、飲用水設備、廚房及衛浴等管道之裝修工程亦歸入本類。

不包括：

▸ 下水道及各種配送管道之土木工程歸入4220細類「公用事業設施工程業」。
▸ 廚具安裝歸入4340細類「建物完工裝修工程業」。

圖 2-12 行業別查詢 -2

3. 以其適用日期所應對應之行業標準分類版本進行最終確認：

由於營造業係於 73 年 8 月 1 日適用勞基法，以民國 73 年而言，其對應之行業標準分類版本應爲 72 年 6 月之第 3 次修訂版本，故重新再以第 3 次版本進行查詢，廖大姊公司之行業別應爲第 5 大類—營造業中的「其他營造業」，編號爲 5900，如圖 2-13 所示。由此可知，廖大姊公司歸屬於營造業，並非四週變形指定適用之行業，至多僅能適用八週變形，雖可於週期內依公司排班需求將休息日調整，跳脫每七日須有一日休息日之規定，但仍得遵循每七日須有一例假日以及每日正常工時爲 8 小時之規定，在工時之運用上，仍不及四週變形來得彈性。然而，相關的法定流程仍應踐履，才具備實施之適法性。

大類	中類	小類	細類	各類定義及細類內容		
				凡從事建築物油漆、粉刷、裱糊、及疊蓆等裝設之行業均屬之。		
				油漆粉刷	房屋外部裝飾	疊蓆安裝
				室內裝潢	壁紙張貼	壁飾工程
	59	590	5900	其他營造業		
				凡從事51至53小類外其他營造業如建築物玻璃及金屬附件之裝設，淺井開鑿、冷凍系統、升降機、空氣調節設備等安裝之行業均屬之。但不包括廣告油漆及油漆家具。		
				公路號誌裝設	水處理工程	石作工程
				房屋遷移	路面鋪設工程	建築物拆除
				起重工程	建築骨材處理	焚化設備營建
				混凝土拌合	廚房設備承製	道路標示工程
				鎔爐裝設	噴水工程	瀝青拌合
				升降機工程	冷凍系統裝設	取暖系統安裝及修理
				電扶梯工程	空氣調節系統安裝及修配	重型機械安裝
				化糞池工程		

圖 2-13　第三次修訂版本行業分類表－營造業

「每七日至少應有一日之例假」與「七休一」，是否為相同之概念呢？

在法定工時、二週變形與八週變形之架構下，即便正常工作日之工時可以調移，休息日可以在週期內自由配置，然而，唯一不變的法則就是每七日至少應給與勞工一日之例假。

在 105 年 12 月 23 日一例一休上路之前，勞基法第 36 條僅規範勞工每七日中至少應有一日之休息，作爲例假。而此處所稱之每七日即指「每七日爲一週期」，故每週期內有賦予勞工一日例假即可；因此，在「每七日爲一週期，每一週期內至少應有一日例假」之前提下，若第一個週期以該週期之始日作爲例假，而第二個週期之例假位於該週期之末日的話，將形成勞工連續工作十二日之情形（如圖 2-14 所示）。

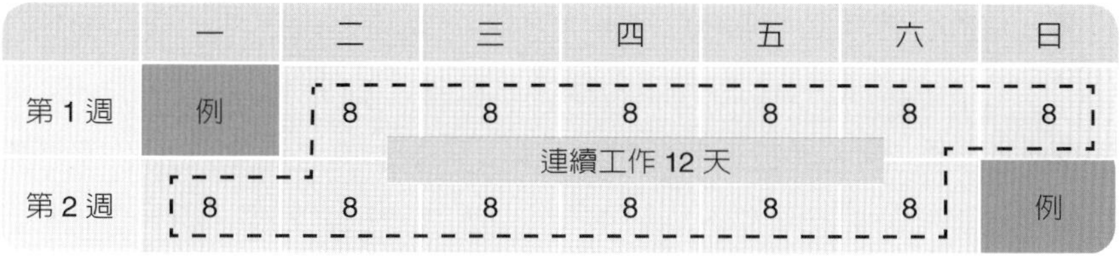

	一	二	三	四	五	六	日
第 1 週	例	8	8	8	8	8	8
第 2 週	8	8	8	8	8	8	例

連續工作 12 天

圖 2-14　連續工作 12 天示意圖

　　至於「七休一」，並非法律名詞，而是口語化之概念，意即「不得連續工作逾六日」之概念。可見，「每七日至少應有一日之例假」與「七休一」本質上並不相同。

　　然而，勞動部於 105 年 6 月 29 日爲順應部分勞團之要求，遂以勞動條 3 字第 1050131443 號令廢止了（75）台內勞字第 398001 號函釋（即內政部主管勞工事務時期所頒布之例假可於週期內酌情更動之函釋）[16]，並於 105 年 9 月 10 日以勞動條 3 字第 1050132134 號函釋明定，勞基法第 36 條所稱每七日至少應有一日之休息係指除特殊情形且經勞工同意外，勞工不得連續工作逾六日。此舉初衷雖在於保護勞工，但也造成當時部分行業排班上之困擾；且以行政命令來限縮法律本旨，該命令已牴觸母法，違反法律保留原則，故其效力自當有待商榷。即便在 105 年 12 月 23 日一例一休上路之後，勞基法第 36 條「每七日應有一例假」之意涵仍非爲「七休一」。直到 107 年 3 月 1 日再次修正

16　內政部 75 年 5 月 17 日台內勞字第 398001 號函釋（已廢止）：
　　二、前開例假日得依下列原則作適當調整：
　　（一）安排例假日以每七日為一週期，每一週期內應有一日例假，原則上前後兩個例假日應間隔六個工作日；如遇有必要，於徵得工會或勞工同意後，於各該週期內酌情更動。

之勞基法施行後，新增第 36 條第 4 項與第 5 項之規定[17]，明定雇主可使勞工之例假於每七日之週期內調整之依據，亦於勞基法施行細則新增第 22-3 條，闡明除符合第 36 條第 4 項與第 5 項之規定外，不得使勞工連續工作逾六日，至此，「每七日至少應有一日之例假」與「七休一」之意涵始趨於一致。

但若例假之排定須恪遵「七休一」之原則，那麼，對於企業而言，將發生如下之困擾：

企業原與員工約定每週日為例假日，每週一為休息日。但為了配合公司某次業務營運之需求，公司全體員工同意將當週之例假日與星期三之工作日進行對調，而當該週之任務完成後，次一週若公司欲將例假日回復為星期日，將面臨前（星期三）後（星期日）兩個例假日間隔超過六日之情形（如圖 2-15），但對企業而言，只要例假日曾經調移，就必須終身調移，似乎過於僵化與悖離企業運作之常情。

	一	二	三	四	五	六	日
第 1 週	休息日	8	8	8	8	8	例假日
第 2 週	休息日	8	例假日	8	8	8	8
第 3 週	休息日	8	8	8	8	8	例假日
第 4 週	8	8	8	8	8	休息日 加班	例

兩例假間隔超過六日，違反七休一？

圖 2-15　例假調移違反七休一？

勞工機靈點，雇主睜大眼！

17　勞基法第 36 條第 4 項、第 5 項：
經中央目的事業主管機關同意，且經中央主管機關指定之行業，雇主得將第 1
項、第 2 項第 1 款及第 2 款所定之例假，於每七日之週期內調整之。
前項所定例假之調整，應經工會同意，如事業單位無工會者，經勞資會議同意
後，始得為之。雇主僱用勞工人數在三十人以上者，應報當地主管機關備查。

好在，勞動部也預先察覺此不合理之處，因此，在一例一休正式施行之前，即以勞動條 2 字第 1050095121 號函釋做出說明，強調第 36 條所定例假，其意旨在於合理中斷勞工之連續勞動，例假之安排，以「每七日為一週期，每一週期內應有一日例假，勞工不得連續工作逾六日」為原則，所稱「勞工不得連續工作逾六日」，係指勞工之約定工作日不得連續逾六日，事業單位於各週期內安排休息日且確未使勞工出勤，因而未有使勞工連續工作逾六日者，尚屬可行。由此可知，前述所舉之案例中，只要雇主於前（星期三）後（星期日）間以休息日阻斷工作日，仍未違反「七休一」之原則 [18]。

　　當然，於此案例中，若企業具備勞基法第 36 條第 4 項與第 5 項之要件時，亦可合法地於週期內調整例假日，使勞工連續工作逾六日；為令民眾有所依循，故勞動部於 107 年 2 月 27 日以勞動條 3 字 1070130320 號函釋公告指定勞基法第 36 條第 4 項行業及各自所對應之特殊型態類別，並於 107 年 8 月 6 日再以勞動條 3 字第 1070131130 號函釋進行修正，現行最新之「勞動基準法第 36 條第 4 項行業」如表 2-4 所示：

18　若非以休息日阻斷連續工作六日，而係以國定假日、特別休假甚至勞工個人之事病假進行中斷者，雖然勞工並未實際出勤，但仍違反「七休一」之規定，提醒讀者予以留意。

表 2-4 勞基法第 36 條第 4 項指定之行業

特殊型態	得調整之條件	行業
一、時間特殊	配合年節、紀念日、勞動節日及其他由中央主管機關規定應放假之日，為因應公眾之生活便利所需	1. 食品及飲料製造業 2. 燃料批發業及其他燃料零售業 3. 石油煉製業
	配合交通部執行疏運計畫，於年節、紀念日、勞動節日及其他由中央主管機關規定應放假之日，為因應公眾之生活便利所需，並符合下列規定： （一）勞工連續工作不得逾九日。 （二）勞工單日工作時間逾十一小時之日數，不得連續逾三日。 （三）每日最多駕車時間不得逾十小時。 （四）連續二個工作日之間，應有連續十小時以上休息時間。	汽車客運業
二、地點特殊	工作之地點具特殊性（如海上、高山、隧道或偏遠地區等），其交通相當耗時	1. 水電燃氣業 2. 石油煉製業
三、性質特殊	（一）勞工於國外、航艦、航空器、闈場或歲修執行職務	1. 製造業 2. 水電燃氣業 3. 藥類、化妝品零售業 4. 旅行業 5. 海運承攬運送業 6. 海洋水運
	（二）勞工於國外執行採訪職務	1. 新聞出版業 2. 雜誌（含期刊）出版 3. 廣播電視業
	（三）為因應天候、施工工序或作業期程	1. 石油煉製業 2. 預拌混擬土製造業 3. 鋼鐵基本工業

勞工機靈點，雇主睜大眼！

特殊型態	得調整之條件	行業
	（四）為因應天候、海象或船舶貨運作業	1. 水電燃氣業 2. 石油煉製業 3. 冷凍食品製造業 4. 製冰業 5. 海洋水運業 6. 船務代理業 7. 陸上運輸設施經營業之貨櫃集散站經營 8. 水上運輸輔助業（船舶理貨除外）
	（五）為因應船舶或航空貨運作業	冷凍冷藏倉儲業
四、狀況特殊	（一）為辦理非經常性之活動或會議	1. 製造業 2. 設計業
	（二）為因應動物防疫措施及畜禽產銷調節	屠宰業
	（三）因非可預期性或緊急性所需，其調整次數，每年不得逾六次	鋼線鋼纜製造業
	（四）因非可預期性或緊急性所需，其調整次數，每年不得逾十次	金屬加工用機械製造修配業
	（五）因非可預期性或緊急性所需，其調整次數，每年不得逾十二次	1. 紡織業 2. 成衣、服飾品及其他紡織製品製造業 3. 人造纖維製造業 4. 食品及飲料製造業（限「食用油脂製造業」、「罐頭、冷凍、脫水及醃漬食品製造業」、「麵條、粉條類食品製造業」） 5. 電子零組件製造業 6. 電線及電纜製造業 7. 塑膠製品製造業 8. 印刷及有關事業 9. 金屬製品製造業（限「螺釘、螺帽、螺絲釘及鉚釘製造業」、「金屬製成品表面處理業」、「金屬模具製造業」、「鋁銅製品製造業」） 10. 非金屬礦物製品製造業（耐火材料製造業及石材製品製造業除外） 11. 紙漿、紙及紙製品製造業

▌符合勞動部所公告之行業別，即可實施變形工時嗎？

　　「我開餐廳的，我們公司可以適用四週變形」、「我經營診所的，我們診所可以適用四週變形」等等，在進行企業輔導的過程中，總是會聽到類似的聲音，然而，是否真如老闆們心裡所想的，只要行業別對了，所有的變形工時就可以任意運作嗎？實則不然，企業若想要實施變形工時，必須踐履兩道法律程序：

1. 公法上的程序：

   事業單位若有成立工會者，須經由工會同意；事業單位無工會者，則須由勞資會議同意後，始能實施變形工時；此可觀諸勞基法第30條第2、3項以及第30-1條之規定。

2. 私法上的程序：

   工時制度為勞動條件之一環，對勞工而言甚為重要，故勞動基準法施行細則第7條規定：「勞動契約應依本法有關規定約定下列事項：工作開始與終止之時間、休息時間、休假、例假、休息日、請假及輪班制之換班。」由此可知，勞工之上下班時間、班表、例假日、休息日以及休假日等最核心之工時條件本應透過勞動契約來加以約定，而變形工時原屬工時條件之範疇且勞雇雙方又為勞動契約之當事人，申言之，企業欲實施變形工時，除公法上得先經由工會或勞資會議同意外，私法上亦得於勞動契約中取得勞工之同意。

　　必須同時符合上述二者，企業才具備合法實施變形工時之資格，否則即便行業別符合，在未踐履前述公法與私法之程序前，勞工每日或每週之正常工作時間仍應受法定工時之限制，不得按變形工時之規則進行調移，此點還務必請讀者留意。

▌部分工時勞工也適用變形工時嗎？

　　所謂「部分工時」勞工係指其所定之工作時間，較該事業單位內之全部時間工作勞工（即全時勞工）工作時間（通常為法定工作時間

或事業單位所定之工作時間），有相當程度縮短之勞工。簡言之，就是出勤天數與時數甚低之人員，至於何謂「甚低」？何謂「相當程度縮短」？並無明確之定義，而實務上較常見之部分工時勞工，多為兼職人員或工讀生等工作型態。

▌ 類似兼職人員或工讀生這樣的部分工時勞工，是否還有變形工時之適用空間呢？

　　假設某餐廳合法地實施四週變形，將員工每日之正常工時排定為 10 小時；同時為了應付六、日兩天龐大的用餐人數，餐廳老闆另請了兩位假日工讀生，與其約定每小時工資 200 元，與其他正職人員一樣，一天工作 10 小時，因此，一天的工資為 2,000 元（如圖 2-16）。對老闆而言，在四週變形前提下，一天 10 小時正常工時，並未違法；對工讀生而言，因為一個禮拜只上班二天，一天工時雖高達 10 小時，但仍不至於過於勞累，只是超過 8 小時居然沒有加班費，權益好像被侵害了。

正職員工，月做 16 日，每日 10 小時，月薪 36,000 元

	一	二	三	四	五	六	日
第 1 週	例	例	10	10	10	10	10
第 2 週	10	10	10	10	10	休	休
第 3 週	例	例	10	10	10	10	10
第 4 週	空	空	空	空	休	休	10

兼職員工，固定排六、日，每日 10 小時，時薪 200 元，一日工資 2,000 元，沒有加班費？

	一	二	三	四	五	六	日
第 1 週	×	×	×	×	×	10	10
第 2 週	×	×	×	×	×	10	10
第 3 週	×	×	×	×	×	10	10
第 4 週	×	×	×	×	×	10	10

圖 2-16　部分工時人員也適用變形工時？

為了平息這樣的爭議，勞動部於 103 年 11 月 5 日以勞動條 3 字第 1030028069 函釋做出解釋：

　　「……三、次查勞動基準法第 30 條第 2 項、第 3 項及第 30 條之 1 規定制定時，係以每日正常工作時間八小時，兩週工作總時數八十四小時[19] 之全時工作勞工為規範對象，旨在使工時集中運用，減少勞工出勤次數，並減少企業排班問題；至部分工時勞工之工作時間，相較於全時工作勞工已有相當程度縮減，依勞動基準法第 30 條第 1 項規定，已足使雇主彈性安排勞工之出勤模式，爰部分工時勞工無得適用前開彈性工時規定。」由此可知，勞動部認為部分工時勞工並無變形工時之適用。

　　勞基法本身並未區分全時勞工與部分工時勞工，亦未排除部分工時勞工適用變形工時，勞動部僅以行政函釋來予以限制，是否有牴觸母法之虞呢？實務上，法院的判決均認同勞動部此一函釋。以台灣高雄地方法院行政訴訟判決 104 年度簡字第 64 號判決而言，法官認為，依勞基法第 30 條第 2、3 項以及勞基法第 30-1 條之文義解釋結果，部分工時勞工因其正常工作時間未達 8 小時（即全時工），二週未達行為時法律所規定之 84 小時，依前述法條規定，即無適用四週變形之可能，此為解釋適用勞動基準法第 30 條、第 30 條之 1 第 1 項第 1 款規定之必然結果，並無原告所稱如欲排除部分工時勞工適用四週變形工時制度，須以立法明文排除，否則即屬違反法律保留原則之情形。

　　因此，當企業為了因應短暫人力需求而進行部分工時人員之招募時，應另行針對部分工時人員之出勤時數與工資數額重新設定，若全然套用全時人員之制度，在有實施變形工時之前提下，企業或許已身陷違法泥沼卻仍不自知，不僅侵害勞工權益，亦免不了招致主管機關之裁罰，得不償失。

19　函釋發布時間為 103 年 11 月 5 日，當時法定工時為每日八小時，每兩週八十四小時。

勞工機靈點，雇主睜大眼！

03 早點下班，好去約會
——正常工時、延長工時與加班

▌「加班」之基本概念

　　加班費，一直以來都是勞動檢查的重點，也是勞工與雇主常見之爭執事項，因此，無論您的身分是雇主或勞工，都應該清楚加班費之計算方式，進而保障權益，避免爭執。然而，在探討加班費計算之議題前，須先對「加班」建立正確的認知。

　　事實上，勞基法並無「加班」一詞，雖然如此，「加班」一詞卻廣為社會大眾所使用，廣義地說，加班就是在原無須出勤之時段提供勞務，從而該時段也從非工作時間轉換為工作時間。以勞基法法條之文義觀之，勞工提供勞務之時段包括「正常工作時間」與「延長工作時間」。而從勞基法第 32 條第 1 項之規定可知，勞工正常工作時間，每日不得超過 8 小時，每週不得超過 40 小時，此即為正常工作時間之範圍，如圖 2-17 所示。

　　既然每日 8 小時，每週 40 小時為正常工作時間之範圍，則當勞工於此界限以外的時間工作時，即為前述之「延長工作時間」，所以，平日的第 8 小時以後（9 ～ 12 小時），為延長工作時間；每週的第 40小時以後（即休息日），亦為延長工作時間。

　　然而，前述概念係在法定工時之前提下，所定義的延長工作時間；若企業合法實施變形工時，則其正常工作時間範圍將因不同變形工時制度而異，超出此範圍者，即屬延長工作時間。關於延長工作時間之法律定義，讀者可以參考勞基法施行細則第 20-1 條之規定 [20]。

20　勞動基準法施行細則第 20-1 條。

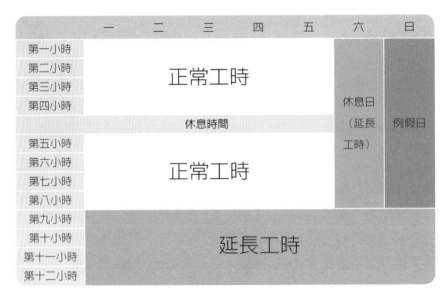

	一	二	三	四	五	六	日
第一小時							
第二小時			正常工時				
第三小時							
第四小時						休息日（延長工時）	例假日
休息時間							
第五小時							
第六小時			正常工時				
第七小時							
第八小時							
第九小時							
第十小時			延長工時				
第十一小時							
第十二小時							

圖 2-17　正常工時與延長工時範圍

勞工機靈點，雇主睜大眼！

　　於超出正常工作時間範圍提供勞務者，稱為延長工作時間，也是俗稱的加班；但在正常工作時間範圍內出勤時，是否也有構成加班之可能呢？勞基法第 39 條規定：「第 36 條所定之例假、休息日、第 37 條所定之休假及第 38 條所定之特別休假，工資應由雇主照給。雇主經徵得勞工同意於休假日工作者，工資應加倍發給。因季節性關係有趕工必要，經勞工或工會同意照常工作者，亦同」；由此可知，當正常工作日遇上國定假日或勞工排定特別休假時，當日即為勞工之休假日，法律上免除勞工之出勤義務，同時雇主須照給工資，一旦在雇主之要求下，勞工同意於是日出勤工作，那麼，該出勤對於勞工而言，亦為加班之型態。因此，在法定工時之前提下，若勞工於國定假日出勤工

本法所定雇主延長勞工工作之時間如下：
一、每日工作時間超過 8 小時或每週工作總時數超過 40 小時之部分。但依本法第 30 條第 2 項、第 3 項或第 30 條之 1 第 1 項第 1 款變更工作時間者，為超過變更後工作時間之部分。
二、勞工於本法第 36 條所定休息日工作之時間。

作 12 個小時，那麼，前 8 小時屬於正常工時時段之加班，後 4 小時則屬於延長工時時段之加班，雖然都叫「加班」，但加班費之計算方式卻不同，這將在以下之章節繼續討論。

■ 各類型加班費之計算

有了前述關於「加班」之概念後，接下來可以就加班費該如何計算進行探討了。

● 延長工作時間之加班費計算：

> **案例**
>
> 淳美為月薪 36,000 元的上班族，某日應公司要求於正常工作時間結束後繼續加班 2 小時，則該 2 小時的加班費公司應該如何計給呢？彥民為按時計薪之賣場人員，與公司約定之時薪為 200 元，某日應公司要求於正常工作時間結束後留下來幫忙製作宣傳文宣 2 小時，則該 2 小時的加班費公司該如何計給呢？

按勞基法施行細則第 20-1 條所示，每日工作時間超過 8 小時或每週工作時數超過 40 小時、超過變形工時之部分以及於勞基法第 36 條所稱之休息日出勤者，均屬於勞工之延長工作時間。當勞工於延長工作時間提供勞務，雇主有給付延長工時工資（加班費）之義務，關於各項延長工作時間之加班費計給方式，整理如下。

1. 超過平日正常工時：
    正常工時依工時制度不同而有不同。在法定工時與八週變形下，正常工時為 8 小時；二週變形和四週變形者，正常工時最多可為 10 小時；因此，當勞工於平日正常工時結束後，繼續工作時，雇主即須依法給付延長工時工資，其規範於勞基法第 24 條第 1 項第 1 款與第 2 款，分述如下：

(1)勞基法第 24 條第 1 項第 1 款：

延長工作時間在 2 小時以內者，按平日每小時工資額加給三分之一以上。無論在何種工時制度下，當雇主與勞工約定每日正常工時為 8 小時，而勞工於第 9 及第 10 小時繼續工作者，以及雇主合法實施二週或四週變形且與勞工約定每日正常工時為 10 小時，而勞工於第 11 及第 12 小時繼續工作者，均應按此規定加給三分之一以上。

(2)勞基法第 24 條第 1 項第 2 款：

再延長工作時間在 2 小時以內者，按平日每小時工資額加給三分之二。無論在何種工時制度下，當雇主與勞工約定每日正常工時為 8 小時，而勞工於第 11 及第 12 小時繼續工作時，均應按此規定加給三分之二以上。

此處有兩點須注意者：

所稱「加給」，係指於「本數」外，另再給與的意思。本數即勞工之每小時工資額，以月薪 36,000 元之勞工而言，其每小時工資額為 150 元（36,000÷30÷8）[21]；以時薪 200 元之勞工而言，其每小時工資額即為 200 元。故加班費之結構，應同時包含本數與加給部分，故加班費之正確計算方式應為（以月薪 36,000 元為例）：

前兩小時：150×[1（本數）+ 1/3（加給）]

後兩小時：150×[1（本數）+ 2/3（加給）]

因法條規定須加給三分之一及三分之二「以上」，而三分之一及三分之二若以數字來表示的話，為 0.33333 與 0.66666 無限循環，

21　勞動部 101 年 5 月 22 日勞動 2 字第 1010131405 號：
　　次查「按月計酬」且依法定正常工時提供勞務之全時勞工，其「平日每小時工資」時，允以每月工資（但不包括延時工資及假日出勤加給之工資）除以 30 再除以 8 核計；約定每月工資為基本工資者（現為 18,780 元），平日每小時工資依該公式推算為 78.25 元。

勞工機靈點，雇主睜大眼！

因此，許多企業在核給員工加班費時，多習慣將三分之一直接以 0.33 來表示，三分之二以 0.66 來表示，結合本數後，前兩小時以 1.33、後兩小時以 1.66 倍數計給加班費，低於法定標準的 1.33333……與 1.66666……，雖說兩者之間僅有微小之差距，但畢竟勞基法為勞動條件之最低標準，低於此一標準，即為違法；而實務上，亦有企業以 1.33 與 1.66 計算致短發 9 元之加班費而遭開罰之案例 [22]，故實務上多直接以 1.34 及 1.67 進行計算；是以關於加班費之計發標準，還請各位讀者多加小心留意。

因此，案例中淳美與彥民係於平常工作日結束後進行加班，則公司應核給淳美與彥民之加班費數額如下：

淳美：（36,000 ÷ 30 ÷ 8）× 2 × 1.34 = 402 元

彥民：200×2×1.34 = 536 元

2. 工作總時數超過各工時制度週期上限：

　　各種工時制度均有其對應之運作週期，已於前面章節所述，於此不再贅述。而每週期亦有其總工時之限制，一旦超過，即為延長工作時間，仍應按勞基法第 24 條之規定核給加班費。各工時制度及其所對應週期與工時上限，如下表 2-5 所示：

表 2-5　各工時制度與其對應週期工時上限

工時制度	對應週期	週期內工作時數上限
法定工時	一週	40 小時
二週變形	二週	80 小時
四週變形	四週	160 小時
八週變形	八週	320 小時

22　《中時電子報》，〈加班費要算對　少 9 元被罰 2 萬〉。

　　連結網址：http://www.chinatimes.com/realtimenews/20140926005274-260402。

關於超過各週期工作總時數上限者，加班費應該如何計算，說明如下：

⑴法定工時：

> 　　承前述案例，若淳美與彥民分別應公司之要求於「休息日」出勤工作 8 小時，則其各自之加班費該如何計算呢？若於「休息日」出勤工作 12 小時，各自之加班費又該如何計算呢？

法定工時以每一週為一週期來進行認定，因其範圍為一週，故其週期內之工時總數上限即為 40 小時，而在搭配每日正常工時 8 小時以及每週期內應有一例與一休之前提下，實施法定工時之企業若使員工當週之工作總時數超過 40 小時者，勢必形成休息日加班，故其應以勞基法第 24 條第 2 項所規定之標準計給勞工休息日加班費，說明如下：

勞基法第 24 條第 2 項：

雇主使勞工於第 36 條所定休息日工作，工作時間在二小時以內者，其工資按平日每小時工資額另再加給一又三分之一以上；工作二小時後再繼續工作者，按平日每小時工資額另再加給一又三分之二以上。

觀諸上述休息日加班費之計算標準，仍然可區隔兩部分：本數（平日每小時工資額）與加給，與平常工作日加班不同的是，休息日之加給倍率較高，分別為前兩小時的一又三分之一（即三分之四）以及兩小時以後的一又三分之二（即三分之五）。再者，本數部分，由於月薪制勞工之月工資已包含每月 30 日、每日 8 小時之工資在內，而時薪制勞工，只要雇主與其約定之每小時工資高於時薪之基本工資，則其時薪也已經包含勞基法第 39 條所定例假日與休息日應照給之工資[23]，即該工資已分別

---

23 勞基法並未排除按時計酬者適用休息日工資照給之規定。然而，基本工資審議

折算至按時計酬者之時薪當中，故勞工於休息日出勤在 8 小時以內者，雇主僅需計給前述應「加給」部分，本數部分無須再另行給與。以月薪 36,000 元之勞工為例，其於休息日出勤 8 小時之加班費應為：

前兩小時：$150 \times 2 \times [1\frac{1}{3}(加給)]$

後六小時：$150 \times 6 \times 2[1\frac{2}{3}(加給)]$

但無論是月薪制勞工之月工資，抑或時薪制勞工之每小時工資，其所內含例假日及休息日應照給之工資，均僅限於 8 小時以內之部分；因此，當勞工於休息日已工作 8 小時，嗣後繼續出勤至第 12 小時者，由於第 9～12 小時之本數未包含於原本之月薪或時薪當中，因此，就此段之加班費，雇主必須同時給付本數與加給部分，以月薪 36,000 元之勞工為例，其計算方式如下：

休息日第 9～12 小時：

$150 \times [1(本數)+1\frac{2}{3}(加給)]$，即 $150 \times 2\frac{2}{3}$。因此，若將上述休息日加班費之計算概念套用至案例中的淳美與彥民，則其各自於休息日出勤 8 小時與 12 小時之加班費數額分別如下：

出勤 8 小時：

淳美：$[(36,000 \div 30 \div 8) \times 2 \times 1.34] + [(36,000 \div 30 \div 8) \times 6 \times 1.67] = 1,905$ 元

彥民：$(200 \times 2 \times 1.34) + (200 \times 6 \times 1.67) = 2,540$ 元

出勤 12 小時：

淳美：1,905 元（前 8 小時）$+ [(36,000 \div 30 \div 8) \times 4 \times 2.67]$（9～12 小時）$=3,507$ 元

彥民：2,540 元（前 8 小時）$+ [200 \times 4 \times 2.67]$（9～12 小時）$= 4,676$

委員會在審議每小時基本工資時，已考量部分工時工作之特性，將例假日及休息日應獲得之工資，納入計算；易言之，按時計酬者享有例假及休息日照給工資之權利，該工資已分別折算到「每小時基本工資」中。

⑵八週變形：

八週變形係以每八週為一週期，八週之總時數為 320 小時。企業實施八週變形者，其每日之正常工時仍為 8 小時，每週之工作總時數最多為 48 小時，從而，八週變形著重於休息日與週期內其他工作日進行調移，故與前述法定工時相同，當實施八週變形之企業使員工於週期內之工作總時數超過 320 小時者，勢必屬於休息日加班，而應依前述之標準計給休息日加班費。

⑶二週和四週變形：

二週和四週變形的共同點，在於可將正常工作時數分配於其他工作日，使其他工作日之正常工作時間達 10 小時，在此架構下，勞工除法定休息日與例假日外，亦會因前述工時之調移而產生毋庸出勤之休息日（並非勞基法第 36 條之法定休息日），俗稱「空班日」，使勞工一整個月甚至一整年度之放假日數較法定工時勞工還來得多出許多。

因此，在二週和四週變形工時制度下，勞工工作總時數超過週期之上限時，多出的時數有可能落在法定休息日，亦有可能落在空班日；法定休息日之加班費我們已經知道如何計算了，於此不再重複討論；然而，若勞工於空班日出勤，使工作總時數超過週期上限，此時，加班費又該如何計算呢？讓我們從下面案例進行了解：

A 公司實施兩週變形工時，與勞工甲約定之班表如圖 2-18 所示；勞工甲每週排定四天工作日，每天工作時間為 10 小時，每週放假日數可達三日，這就是所謂的做四休三，在此前提下，勞工甲每週之總工作時數仍然為 40 小時，兩週合計則為 80 小時，符合二週變形之運作規則。

假設 A 公司因為業務需求，要求勞工甲在第二週的空班日出勤上班，若勞工甲之月薪為 36,000 元的話，那麼，空班日當日出勤之工資該如何計給呢？

勞工機靈點，雇主睜大眼！

首先，我們要先清楚空班日的形成，是將原本當日應出勤的 8 小時，切割成四個 2 小時，分別調移到週一至週四，使週一至週四工作時間變更爲 10 小時，因此，原本屬於空班日 8 小時的工資，已包含於月薪 36,000 元當中，且勞工甲也已經透過週一至週四每天多出勤 2 小時來履行此 8 小時之勞務提供；若此時勞工甲於禮拜五之空班日出勤，已超出兩週變形總工作時數之上限，依勞基法施行細則第 20-1 條之規定，爲勞工之延長工作時間，自應依勞基法第 24 條之規定，按勞工甲之平日每小時工資額，加給前兩小時 1/3 以上與兩小時以後 2/3 以上之加班費，且由於空班日之每小時工資（本數）未包含於原月薪所涵蓋之範圍，故 A 公司亦須另行給付予勞工甲。

因此，勞工甲於禮拜五空班日出勤時，其加班費之計給方式如下（以出勤 8 小時爲例）：

前兩小時：（36,000÷30÷8）×2×1.34 = 402 元

兩小時以後：（36,000÷30÷8）×6×1.67 = 1,503 元

合計：1,905 元

	一	二	三	四	五	六	日
第1週	8（+2）	8（+2）	8（+2）	8（+2）	8→0 分配至其他工作日形成空班	休息日	例假日
	一	二	三	四	五	六	日
第2週	10	10	10	10	空班日	休息日	例假日

圖 2-18　二週變形與空班日

> 再以前述淳美與彥民為例,若其分別應公司之要求於國慶日出勤工作 8 小時,則其各自之加班費該如何計算呢?若僅工作 4 小時,各自之加班費又該如何計算呢?

當工作日遇上國定假日與特別休假時,雇主應按照勞基法第 39 條之規定,免除勞工出勤義務,同時照給當日工資;而當雇主取得勞工同意於前述休假日工作時,按照勞基法第 39 條之規定,工資應加倍發給。關於勞工於休假日出勤,其加班費之計給方式,說明如下:

何謂「加倍發給」?

勞基法第 39 條所稱之加倍發給,究竟是本薪外再加給 1,抑或本薪外再給付加倍之工資呢?對此,勞動部曾以(87)台勞動二字第 039675 號函釋作出解釋:「……所稱『加倍發給』,係指假日當日工資照給外,再加發一日工資,……」因此,月薪 36,000 元之勞工,當其於國定假日出勤時,雇主應加發一日之工資,即 1,200 元(36,000÷30)。

至於時薪制之勞工,由於時薪僅內含例假日與休息日之工資,並未包含國定假日應照給之工資,因此,當時薪制勞工於國定假日出勤時,雇主應同時發給本數與加給部分,即 2 倍時薪之工資。

國定假日或特別休假出勤未足 8 小時,仍應加給一日工資?

勞動部(87)台勞動二字第 039675 號函釋規定:「勞動基準法第 39 條規定勞工於休假日工作,工資應加倍發給。所稱『加倍發給』係指假日當日工資照給外,再加發一日工資,此乃因勞工於假日工作,即使未滿 8 小時,亦已無法充分運用假日之故,與同法第 32 條延長每日工時應依第 24 條按平日每小時工資額加成或加倍發給工資,係於正常工作時間後再繼續工作,其精神、體力之負

荷有所不同。至於勞工應否延長工時或於休假日工作及該假日須工作多久，均由雇主決定，應屬於事業單位內部管理事宜，尚難謂有不合理之處。故勞工假日出勤工作於 8 小時內，應依前開規定辦理；超過 8 小時部分，應依同法第 24 條規定辦理。」

蓋因國定假日有其政治、教育、歷史與習俗之意義，故對於一般民眾而言，國定假日之意義在於使人民能於是日行使符合該紀念日之民俗活動，例如：端午節划龍舟、中秋節賞月吃月餅、國慶日參加升旗典禮等等，即便勞工於國定假日未整日出勤，但因已破壞其休假之完整性，使其無法遂行前述之民俗活動，因此只要勞工於國定假日出勤時數於 8 小時以內者，一律加給一日之工資；至於超過 8 小時之部分，由於已超出正常工作時間範圍，係屬延長工時，應按勞工實際提供勞務之時數，依勞基法第 24 條之規定，加給延長工時工資。

再者，特別休假之目的，在於使勞工可從日常之勞動生活中完全解放、抽離，用以休養其身心，亦可提供勞動者平日無法實行之休息、旅行、文化活動或學習知識技能等所需之時間，基此，當勞工於原定之特別休假日出勤工作，無論其時數多寡，似也無法發揮特別休假本質上應達成之效果，因此，按前述函釋之規定，出勤時數於 8 小時內者，均應加給一日之工資。

至於時薪制勞工，因其並無固定之出勤時數，即無固定之一日工時，自無一日工資之概念，故當此類勞工於國定假日出勤時，無論其出勤時數多寡，均依實際出勤時數換算其國定假日出勤工資，並無上述未滿 8 小時仍以 8 小時計給之適用。

按照上述休假日加班費之計算概念，案例中淳美與彥民各自於國慶日出勤 8 小時與 4 小時之加班費數額分別如下：

出勤 8 小時：

淳美：（36,000÷30）=1,200 元

彥民：200×2×8=3,200 元

出勤 4 小時：

淳美：未滿 8 小時仍應以 8 小時計給，故仍為 1,200 元

彥民：仍以實際出勤時數計算，故為 200×2×4 = 1,600 元

● 例假日加班

例假日可以加班嗎？若無勞基法第 40 條之所定天災、事變或突發事件等法定事由，即便勞工同意，雇主仍不得使勞工於例假日出勤。因此，針對例假日之加班，可區分為合法之例假日加班與違法之例假日加班，說明如下：

違法之例假日加班：

雇主若未具備勞基法第 40 條[24] 所定天災、事變或突發事件之法定事由，即便取得勞工同意，仍不得使勞工於該日出勤工作；倘若雇主違法使勞工於例假日出勤，出勤時數在 8 小時以內者，仍應加發 1 日工資，但不須補假；出勤時數逾 8 小時部分，則應依勞基法第 24 條第 1 項第 1 款及第 2 款所定標準給付加班費。

> 以淳美之條件為例，若她受公司之要求必須於例假日出勤工作，在當天僅出勤 2 小時，公司應計給之加班費為何？若出勤 8 小時與 10 小時，加班費又該如何計給？

淳美之平日每小時工資額：（36,000÷30÷8）=150 元

例假日出勤 2 小時：150×8=1,200 元，即（36,000÷30）

例假日出勤 8 小時：150×8=1,200 元，即（36,000÷30）

違法之例假日出勤，於 8 小時內，均加發一日之工資。

---

24 按勞基法第 40 條之規定：「因天災、事變或突發事件，雇主認有繼續工作之必要時，得停止第 36 條至第 38 條所定勞工之假期。但停止假期之工資，應加倍發給，並應於事後補假休息」；故雇主因天災、事變或突發事件等事由，可停止勞工之例假日、國定假日及特別休假。然國定假日與特別休假均可在取得勞工之同意後使其出勤，惟例假日必須於符合勞基法第 40 條之前提下，使得令勞工出勤，故此處僅以例假日進行討論。

例假日出勤 10 小時：1,200 元＋（150×2×1.34）＝1,602 元

合法之例假日加班：

因天災、事變或突發事件，雇主可依法強制勞工於例假日出勤，出勤時數在 8 小時以內者，應加發 一日工資，並應於事後補假休息，所謂事後補假休息，係指補給一日之例假日休息；若天災、事變或突發事件之處理於 8 小時內仍無法告終，逾 8 小時部分，則依勞基法第 24 條第 1 項第 3 款之規定[25]，雇主應按平日每小時工資額加倍發給，並應於加完班後給與勞工至少 12 小時休息時間。但若雇主已按勞基法第 40 條之規定補給勞工一日完整之例假時，因勞工已有足夠之休息，雇主可不再另安排 12 小時休息時間。是以，雇主如因天災、事變或突發事件，可要求勞工於例假日出勤，除加班費外，並應於加完班後之翌日給與完整一日之補假，即屬適法。但雇主亦應遵守勞基法第 40 條及第 32 條第 4 項所定程序，報請主管機關核備、通知工會，或報請主管機關備查。

因天災、事變或突發事件而強制員工停止假期進行加班之案例向來不多見，但在 107 年 8 月 3 日，台灣晶圓代工龍頭台積電驚傳最新的 7 奈米與 12 奈米製程產線遭病毒感染的消息，影響 3 晶圓廠產線運作；為此，台積電也緊急動員休假中的工程師回廠搶修。傳出有工程師幾乎不眠不休、連夜檢修機台設備，就是希望能及早讓產線恢復正常。而從事後之新聞報導中得知，勞動部表示，這屬於勞動基準法第 40 條的突發事件，「是對雇主有寬容的彈性」，台積電不但可以據此召回休假工程師，也不會因此而違反勞工七休一等規定[26]。

25　勞基法第 24 條第 1 項第 3 款：「依第 32 條第 4 項規定，延長工作時間者，按平日每小時工資額加倍發給」；勞基法第 32 條第 4 項前段：「因天災、事變或突發事件，雇主有使勞工在正常工作時間以外工作之必要者，得將工作時間延長之」。

26　《中時電子報》，〈台積電急召員工搶修 勞部：未違 7 休〉。連結網址：http://www.chinatimes.com/newspapers/20180807000319-260205。

前述兩點可推知，無論雇主係違法或合法使勞工於例假日出勤，於 8 小時以內者，無論出勤時數多寡，均應加給一日工資；至於逾 8 小時以後之部分，違法出勤者，僅須按勞工平日每小時工資額加給 1/3 或 2/3，合法出勤者，則係加倍發給，若再將事後是否須補假予以考量後，不難發現，雇主違法使勞工於例假日出勤所須承擔之勞動成本，反較合法出勤者來得低，本書認為，此為立法之疏漏，易使雇主以僥倖之心態而令勞工於不應出勤之例假日加班。然而，例假日具有使勞工朋友休息、解除疲勞、恢復身心健康之性質，係保護勞工政策之一環，雇主自當有遵守之義務。

▌ 責任制工作者之加班費計算（以保全人員為例）：

了解了一般勞工各類型加班費之計算方式後，再來看看保全人員之加班費計算與之有何差異。說明如下：

1. 在基本工資（25,250 元）架構下，用以計算保全人員加班費之平日每小時工資額仍為 105.2084 元／小時，與一般勞工無異，僅因其正常工作總時數較一般勞工高出許多，故保全人員之月基本工資至少應為 32,194 元（實際總工時 240 小時）或 38,928 元（實際總工時 288 小時）。

2. 保全人員平日延長工時加班費：

    在平日每小時工資額為 105.2084 元之前提下，其平日延長工時加班費之計算方式與一般勞工無異，均依勞基法第 24 條第 1、2 項之規定為之，即：

    前兩小時：105.2084 元 ×4/3（或 1.34）×2

    後兩小時：105.2084 元 ×5/3（或 1.67）×2

3. 保全人員國定假日加班費：

    在平日每小時工資額為 105.2084 元之前提下，於國定假日出勤之加班費計算方式仍然依勞基法第 39 條之規定，除當日工資照給外，應再加給一日工資，故在國假加班之倍率上與一般勞工無異；

不同的是，一般勞工的一日為 8 小時，而保全人員的一日為 10 小時。因此，保全人員於國定假日出勤之加班費金額為：

105.2084 元 ×10=1,053 元

加班換補休，可行嗎？

當勞工於延長工作時間或休假日完成勞務之提供後，即取得對雇主之加班費請求權，此時，雇主是否僅能以工資作為償還之對價？還是可以與勞工約定以補休方式來替代呢？

在 107 年 3 月 1 日新修正勞基法未正式上路之前，勞基法並無補休之相關規定，但即便如此，在過往勞動部已多次以行政函釋來就此事項進行說明[27]。參考過往函釋與實務上一致之見解，均認勞工之加班費請求權不得於事前拋棄，因此，雇主不得於加班事實發生前，即與勞工約定加班費一律以補休取代，此縱經勞工同意，仍屬無效；至勞工於加班事實發生後，如同意選擇補休而放棄領取加班費者，則為法所不禁。此外，關於補休標準、補休期限及屆期未休完之時數如何處置等事項，則回歸勞雇雙方自由約定，因此也容易衍生爭議；有鑑於此，

27　勞動部 98 年 5 月 1 日勞動二字第 0980011211 號函：「二、查雇主延長勞工工作時間者，其延長工作時間工資應依勞動基準法第 24 條所列標準加給之，此項延長工時工資，並應於事由發生最近之工資給付日或當月分發給。上開延長工時工資請求權勞雇雙方不得約定於事前拋棄；故凡雇主要求勞工或縱經勞工同意，於延長工時事實發生前，一次向後拋棄其延長工時工資之請求權，均屬無效。至勞工延長工作時間『後』，如同意選擇補休而放棄領取延長工時工資，固為法所不禁，惟上開權利之拋棄，應由個別勞工為之。勞雇雙方如就該等延時工資之請求權是否業經勞工拋棄有所爭議，應由雇主舉證。」
勞動部 105 年 6 月 16 日勞動條 2 字第 1050067987 號函：「三、至勞工於延時工作後，如同意選擇補休而放棄領取延時工資，固為法所不禁，惟有關補休日期、補休標準及年度終結或補休期限屆至時尚未補休完畢之時數應如何處置等事宜，應由勞資雙方自行協商約定；個別勞工如未曾表示拋棄工資之請求，事業單位尚不得片面規定勞工僅得申請『補休』，仍應依法給付延時工資。」
上述兩則函釋均已於 107 年 3 月 1 日停止適用。

於 107 年 3 月 1 日施行之新修正勞基法中，增訂第 32-1 條，將補休之規範正式入法。說明如下：

1. 加班後是否以補休替代工資，須經勞雇雙方同意：

   勞基法第 32-1 條第 1 項：「雇主依第 32 條第 1 項及第 2 項規定使勞工延長工作時間，或使勞工於第 36 條所定休息日工作後，依勞工意願選擇補休並經雇主同意者，應依勞工工作之時數計算補休時數。」由此可知，有關加班補休，於加班事實產生後，勞資任何一方均有提出加班補休要約之權利，而任何一方也都有拒絕之權利，惟勞雇雙方無法就加班補休達成協議時，雇主仍有依法定標準給付加班費之義務。

2. 加班補休換算比率為 1：1：

   勞基法第 32-1 條第 1 項末段：「應依勞工工作之時數計算補休時數」，是以，勞工於正常工作時間下班後，繼續工作 2 小時，按照勞基法第 24 條之規定，雖然雇主應依勞工每小時工資額給付 1.34 倍之加班費，但當勞雇雙方經協商後，均同意將加班費以補休來替代時，勞工嗣後可行使之補休時數，仍應以實際之加班時數為限，而非比照加班費計算標準亦給與 1.34 倍之補休時數。當然，勞基法本為勞動條件之最低標準，若雇主願意以優於法令之標準來進行補休時數之換算，亦屬可行。

3. 補休期限由勞雇雙方自行約定，但不得超過當年度特別休假之年度終結日：

   雖然勞基法第 32-1 條第 2 項明白寫著：「前項之補休，其補休期限由勞雇雙方協商」；但為避免雇主藉其較優勢之地位，迫使勞工接受不合理之補休期限，因此，勞動部最後還是透過施行細則將補休之期限設定了天花板。

   補休期限之天花板規定於勞基法施行細則第 22-2 條第 1 項後段：「補休之期限逾依第 24 條第 2 項所約定年度之末日者，以該日為期限之末日」；此處所稱第 24 條第 2 項約定年度之末日，即勞工

勞工機靈點，雇主睜大眼！

每年特別休假的年度終結日。依現況而言，勞工行使特別休假權利之期間，有下列五種型態[28]：

(1) 到職週年制：以勞工受僱當日起算，每一週年之期間，但其工作六個月以上一年未滿者，為取得特別休假權利後六個月之期間。

(2) 曆年制：每年1月1日至12月31日之期間。

(3) 教育單位之學年度。

(4) 事業單位之會計年度。

(5) 勞雇雙方約定年度之期間。

　　而年度終結日，指的就是上述五種期間之末日，也就是補休期限的天花板。舉例說明如下：

　　勞工乙於104年8月1日到職，月薪36,000元。以107年6月1日來計算的話，勞工乙的年資剛好為2年10個月；按勞基法之規定，勞工乙目前已取得滿2年的特別休假10天，而公司特休制度是採到職週年制；勞工乙於107年4月30日加班4小時，嗣後勞工乙向公司提出補休之申請，也獲公司同意，假設公司和員工約定補休期限為6個月，則此4小時之補休，最遲應於何時完成補休呢？

　　乙於104年8月1日到職，因公司特別休假之計算期間採到職週年制，故乙滿2年所取得10天之特別休假，行使之區間為106年

28　勞基法施行細則第24條第2項：

依本法第38條第1項規定給與之特別休假日數，勞工得於勞雇雙方協商之下列期間內，行使特別休假權利：

一、以勞工受僱當日起算，每一週年之期間。但其工作六個月以上一年未滿者，為取得特別休假權利後六個月之期間。

二、每年1月1日至12月31日之期間。

三、教育單位之學年度、事業單位之會計年度或勞雇雙方約定年度之期間。

8月1日～107年7月31日，而107年7月31日即爲該區間之末日，也是4小時加班換補休之期限。

雖公司與勞工約定之補休期限爲6個月，以6個月計算的話，最後期限爲107年10月29日，這樣一來，便違反了法律強制之規定，故仍須以107年7月31日爲執行補休之最後期限，方屬適法。

4. 補休期限屆期或契約終止未補休之時數，應依延長工作時間或休息日工作當日之工資計算標準發給工資：

當補休期限屆至或因契約終止未休畢之補休時數，雇主必須按照加班當時之計算標準給付勞工原本之加班費。以前面的例子而言，若勞工乙至107年7月31日止仍未將其4小時之補休時數使用完畢，則雇主必須發給原應給付之加班費：

前兩小時：（36,000÷30÷8）×1.34×2=402元

後兩小時：（36,000÷30÷8）×1.67×2=501元

雇主應發給402＋501＝903元之加班費。

至於903元之加班費應於何時給付呢？勞基法施行細則第22-2條第2項規定：「前項補休期限屆期或契約終止時，發給工資之期限如下：一、補休期限屆期：於契約約定之工資給付日發給或於補休期限屆期後三十日內發給。二、契約終止：依第九條規定發給」，因此，雇主可於原約定之發薪日或期限屆期後30日內給付；但爲使公司之人事管理制度明確化，建議公司於規章中訂定確切之給付時點，以令員工有所依循。

5. 勞基法第32-1條規範之範圍僅包括延長工時與休息日之加班，若勞工於國定假日或其他休假日加班時，是否還能申請補休？其換休標準又該如何認定呢？

107年3月1日施行之新修正勞基法，雖將補休正式納入勞基法之規範，但卻僅針對延長工時與休息日加班，並未提及國定假日之加班，那麼，勞工於國定假日出勤後，若提出補休申請，是否依然可行呢？

勞基法第 1 條第 1 項後段：「本法未規定者，適用其他法律之規定」；因此，在勞基法未明文禁止國定假日加班補休之前提下，解釋上應允許勞雇雙方援引其他法律之規定進行協商。

當勞工因於國定假日提供勞務，而取得請求加班費之債權，相對的，雇主也因之負擔給付加班費之債務，若雙方合意以「補休」（新債）來取代原本的加班費（舊債），那麼，此即為民法上所稱「新債清償」之概念，規範於民法第 320 條：「因清償債務（加班費）而對於債權人（勞工）負擔新債務（補休）者，除當事人另有意思表示外，若新債務（補休）不履行時，其舊債務（加班費）仍不消滅。」

在勞基法尚未有補休規定的年代（即 107 年 3 月 1 日之前），民法第 320 條都是勞雇雙方約定以補休取代加班費之法律依據，按民法第 320 條之法律文字觀之，新債清償的前提必須有舊債之存在，若舊債尚未成立，何來新債之有？因此，雇主若於加班事實發生前，片面要求或縱經勞工同意一次向後拋棄其加班費之請求權，係屬無效，其法理在此。

再者，新債與舊債之間是否仍須具備對價性、新債未履行、舊債是否消滅等事項[29]，可由當事人雙方自行約定，民法第 320 條均未加以限制，也因此，過去關於補休標準、補休期限以及屆期未休畢該如何處理等事項，無論勞動部函釋或法院判決，均同意回歸勞雇雙方自行約定，其理在此。

既然現行勞基法第 32-1 條已將延長工時與休息日加班之補休事宜加以規範，勞雇雙方當然得從其規範，自無民法第 320 條之適用，

29　若當事人（雇主與勞工）雙方未另行約定，則當新債（補休）未履行時，舊債務（加班費）仍不消滅，此為新債清償；然而，若債權人（雇主）負擔新債務（補休），有使舊債務（加班費）消滅之意思表示者，該項意思表示，即為民法第 320 條所稱「當事人另有意思表示」之除外規定，其因此而成立之契約，稱之為債之更改。

相對的，國定假日之加班補休既未同步訂定於新修正之勞基法中，那麼，本就可回歸民法第 320 條之規定，於加班事實發生後，由勞雇雙方自行約定，本屬適法。

04 老闆，在家 ON CALL 算不算工作時間？

——工作時間之認定

前面兩節均圍繞在工時制度與加班費之議題進行探討，熟悉了各種工時制度之框架後，便能從中區隔出正常工作時間與延長工作時間或休假日之加班，進而作為是否須另行核給加班費之依據，此為理解工時制度與加班之具體實益。另一方面，當勞工實際接受雇主之命令出勤提供勞務時，雇主即負擔給付工資之義務，該出勤時段即為勞工之工作時間；相反的，勞工雖有出勤之事實，但若該時段並非勞工之工作時間者，那麼，雇主自無給付工資之義務。因此，勞工之出勤是否屬於工作時間，如何判斷，此為本節之探討重點，說明如下。

▋工作時間之基本概念

勞基法並未針對工作時間做出詳細明確的規定，對此，主管機關多次做出解釋：

勞動部 98 年 12 月 30 日勞動 2 字第 0980036521 號函釋：

「勞動基準法中所謂之工作時間係指勞工在雇主指揮監督之下，於雇主之設施內或指定之場所，提供勞務或等待提供勞務之時間，

但不包括不受雇主支配之休息時間。」

勞動部 104 年 5 月 14 日勞動條 3 字第 1040130857 號函釋：

「查勞動基準法所稱工作時間，指勞工在雇主指揮監督之下，於雇主之設施內或指定之場所，提供勞務或受令等待提供勞務之時間。」

工作時間如何認定，按上述函釋之說明，以是否具備「提供勞務或受令等待提供勞務」事實作為判斷之依據。提供勞務係指勞工實際上從事身體的勞動或作業的時間；受令等待提供勞務，係指勞工在雇主指揮監督下，處於特定之隨時準備提供勞務狀態的待命時間，此時勞工已喪失非工作時間所擁有的「時間主權」與「空間自主」之權利，性質上當然是工作時間之一。

▋ 在家 ON CALL 是否為工作時間？

隨著科技的進步以及通訊軟體的發達，人人手上都擁有一台智慧型手機，它帶給我們生活的許多便利，也提高人與人之間的溝通效率。然而，此項便利有時卻讓部分勞工於下班後仍不得安寧，必須保持手機暢通，隨時待命之狀態，一旦公司或客戶有狀況發生，就得透過手機解決問題，甚至立即到達現場支援，以隨時因應突發之狀況，此時，雖然已是下班時間，雖然已回到家裡休息，但精神仍處於隨時戒備的緊張狀態，這樣的在家待命，是否為正常工作時間之延伸？勞工可否向雇主請求加班費呢？

從工作時間認定的要件中可知，「時間自主」與「空間自主」為兩大關鍵，「時間自主」說穿了就是想幹嘛就可以幹嘛，「空間自主」就是想去哪就去哪；因此，以在家待命而言，在未有任何指令下達之前，勞工雖然處於等待之狀態，但畢竟已經回到家中，狀態上確實已經脫離雇主之指揮監督，勞工可以吃飯、休息、與家人談天、從事各式各樣的休閒活動，如此看來，純粹的在家等待，或俗稱的在家「ON

CALL」，是無法被認定為正常工作時間的延續，而作為加班費之請求依據。

　　然而，一旦命令下達，狀況發生，勞工必須透過電話或通訊軟體從事與平常上班內容相同之工作，甚至出門處理公務，此時由於勞工之自主權開始受限，因此便符合了工作時間之定義，而必須以加班進行認定。

　　為使上述工作時間之認定得以明確，勞動部訂定了「勞工在事業場所外工作時間指導原則」[30]，其中第 2 條第 7 項：「勞工正常工作時間結束後，雇主以通訊軟體、電話或其他方式使勞工工作，勞工可自行記錄工作之起訖時間，並輔以對話、通訊記錄或完成文件交付記錄等送交雇主，雇主應即補登工作時間記錄」；由此可知，並非整段在家待命時間皆為工作時間，而是當雇主下達命令時，始為勞工之工作時間。而按此指導原則所述，勞工自行記錄工作起訖時間後，雇主應予以認定並核給應得之加班費。

▌值班是否為工作時間[31]？

　　所謂值班或值日（夜）係指勞工於下班後或假日至雇主提供的場所，從事接聽電話、收轉文件、視察廠房等相較於平日工作內容勞力負荷為低之事務。雖然以現今之工作型態而言，多數公司均將此項事務外包由保全公司代為管理，但對於仍維持此傳統值班機制之企業而言，該段值班時間，其屬性又該如何認定呢？

勞工機靈點，雇主睜大眼！

30　「勞工在事業場所外工作時間指導原則」，連結網址：https://laws.mol.gov.tw/FLAW/FLAWQRY03.aspx?lsid=FL076813&keyword=%E5%9C%A8%E5%A4%96。

31　編者按：值日（夜）之規定已於 111 年 1 月 1 日停止適用，故自 111 年 1 月 1 日開始，若企業仍以「值日」或「值夜」名義要求勞工出勤者，就其出勤時數超過勞基法所定之正常工作時間部分，一律以「加班」視之，惟其所生之加班費該如何認定，則按其加班屬性（平日延長工時、休息日、國定假日或例假日出勤等）進行判斷。

　　而值日（夜）制度自民國 74 年起即存在，此制度雖已廢止，但卻行之有年，故本書仍保留此章節，供對值日（夜）制度之沿革有興趣之讀者進行了解。

與工作時間定義互相比對，傳統的值班似乎因雇主指定處所的關係，導致勞工喪失了空間自主的權利，而應以工作時間來予以認定；但若值班期間所從事之活動均為勞力負荷程度低，持續時間短暫，迥異於工作時間所提供勞務之內容，且多數時間勞工可於場所內自行休息、飲食或進行私人事務，那麼，若將整段時間均以工作時間加以認定，是否又稍嫌過當了呢？

關於上述值班時間之認定疑義，內政部早在 74 年 12 月 5 日即制定了「事業單位實施勞工值日（夜）應行注意事項」，將傳統值班與工作時間做出區隔，而勞動部於 108 年 3 月 11 日針對現階段常見實務疑義進行修正，現行全文如下：

1. 本注意事項所稱值日（夜），係指勞工應事業單位要求，於工作時間以外，從事非勞動契約約定之工作，如收轉急要文件、接聽電話、巡察事業場所及緊急事故之通知、聯繫或處理等工作而言。
2. 事業單位為因應其業務需要，經徵求勞工之同意，得要求勞工值日（夜）。
3. 前項之要求，得經由團體協約、或勞資會議決定或規定於工作規則。規定於工作規則者，應檢附該事業單位工會或勞工半數以上之同意書。
4. 值日（夜）之報酬、補休及週期，依附表規定。但工作日不得同時值日復值夜。

    附表：

    ⑴ 工作日值日夜週期：每週不超過一次（但經勞工同意不妨礙其正常工作者不在此限）。

    ⑵ 例（休）假日值日夜週期：每月不超過一次（但經勞工同意不妨礙其正常工作者不在此限）。
5. 值日（夜）津貼應由勞雇雙方議定，宜不低於每月基本工資除以 240 再乘以值日（夜）時數之金額，並應遵守同工同酬之原則。
6. 事業單位對值日（夜）勞工應供應適當之飲食、休憩及睡眠設備。

7. 事業單位應充分考慮勞工之年齡、體能及處事能力等安排值（日）夜事宜。

8. 事業單位不得使童工從事值日（夜）；女工從事值夜，雇主應提供必要之安全衛生設施或措施，但妊娠或哺乳期間仍不得從事值夜。此注意事項即為事業單位在實施值班時可據以參考之原則，在合乎該注意事項之前提下，傳統之值班時間即非工作時間，此亦有行政法院之判決予以支持。

此注意事項即為事業單位在實施值班時可據以參考之原則，在合乎該注意事項之前提下，傳統之值班時間即非工作時間，此亦有行政法院之判決予以支持：

台中高等行政法院 104 年簡上字第 28 號行政判決：

74 年 12 月 5 日（74）台內勞字第 357972 號函（事業單位實施勞工值日（夜）應行注意事項）規定：「……。」上開函令係主管機關本於職權所作成之解釋性行政規則，符合勞動基準法等相關規定意旨，且未增加法律所無之限制，依司法院釋字第 287 號解釋意旨，應自所解釋法律之生效日起有其適用。

台北高等行政法院 105 年訴字第 666 號行政判決：

按內政部 74 年 12 月 5 日（74）台內勞字第 357972 號函訂之事業實施勞工值日（夜）應行注意事項第 1 條規定：「本注意事項所稱值日（夜），依指勞工應事業單位要求，於工作時間以外，從事非勞動契約約定之工作，如收轉急要文件、接聽電話、巡察事業場所及緊急事故之通知、聯繫或處理等工作而言。」同注意事項第 5 條規定：「值日（夜）津貼應由勞雇雙方議定，並應遵守同工同酬之原則。」又按「……工作時間係指勞工在雇主指揮監督之下，於雇主之設施內或雇主指定之場所提供勞務或受令等待勞務之時間，但不包括不受雇主支配之休息時間……」，「勞動基準法中所謂之工作時間係指勞工在雇主指揮監督之下，於雇主之設施內或指定之場所，提供勞務或等待提供勞務之時間，但

不包括不受雇主支配之休息時間。」業經勞動部 86 年 4 月 23 日台（86）勞動 2 字第 015845 號函及 98 年 12 月 30 日勞動 2 字第 0980036521 號函釋在案。而上開二函釋，乃主管機關即勞動部基於法定職權就前揭法令概念之認定作成解釋性行政規則，其從勞工受雇主之指揮監督與否之角度，闡釋勞動基準法工作時間之概念，合於勞動基準法之所以限制最高工作時數，符合勞動基準法保護勞工之利益及兼顧雇主經營管理上之必要之規範意旨，並無牴觸母法意旨，自得予援用。

由以上兩則判決可知，勞工於工作時間以外於雇主指定之處所進行值班，值班期間之活動內容均具備工作負荷低、時間不連續及勞力不密集之性質，其餘時間勞工可從事休息、看電視、睡覺等自由意志之活動，則可認定非為正常工作時間之延伸，除值班津貼外，並無另行再為請求加班費之權利。然而，須提醒的是，雇主能否僅以「值班」而非「工作時間」認定之關鍵仍在於值班期間所從事之內容，若其從事內容與平時工作性質過於相近，甚至一模一樣，那麼，就背離了「事業單位實施勞工值日（夜）應行注意事項」所定義之值班內涵，而應以工作時間來進行認定了。此時，除值班之津貼外，仍須再加給工作時間所對應之加班費 [32]，這點還請雇主多多留意。

若進一步思考，即使雇主確實交付值日（夜）勞工非勞動契約所約定之工作，且為前述值日（夜）應行注意事項中列舉之收轉急

32　《今周刊》，764 期，2011 年 8 月 11 日，〈獨家揭露「一天工作 22 小時」工安內幕〉。本篇報導揭露當年台塑石化使員工於下班後繼續擔任值班工作，使員工連續上班高達 22 小時；雖然台塑石化強調值班並非正常工作延伸，亦非從事勞動契約約定工作，且值班室備有休憩與睡眠設備等語，但經勞委會（當時主管機關）調查後發現，值班人員之工作內容，多為安全衛生管理事項，而非勞力低度密集且負荷程度低的值班內容，故予以開罰，也揭開這一起工安管理問題的背後真相。連結網址：https://www.businesstoday.com.tw/article-content-80392-2523。

要文件、接聽電話等勤務，但頻率高低或擔負責任輕重之不同，所產生之辛勞程度也勢必大相逕庭，若一概以值日（夜）視之，而僅發給值日（夜）之津貼，不難想像會有慣老闆們藉值日（夜）之名，使勞工行工作之實等投機行為產生，進而衍生出無謂之勞資爭議。

有鑑於此，勞動部於 108 年 3 月 11 日針對現行注意事項酌作修正的同時[33]，亦預告將於 111 年 1 月 1 日停止適用「事業單位實施勞工值日（夜）應行注意事項」，並於新聞稿中做出以下之說明：

勞工縱於值日（夜）時段，仍難脫免雇主之指揮監督，將逐步回歸《勞動基準法》對於「工作時間」之意涵，惟現階段經綜合考量勞工健康福祉及事業單位人力增補需求，酌予適度緩衝期間，因此，於本次修正一併訂定落日條款，預告該注意事項將自 111 年 1 月 1 日起停止適用。呼籲事業單位應妥予補充人力，預為因應。

可見，勞動部也體察到值日（夜）制度於實務運用上所引發之弊端，而針對該注意事項作出修正並訂定落日條款；是以，事業單位若仍有使勞工於正常工作時間外從事值日（夜）勤務者，須留意於此注意事項落日之前，盡速將企業所需之值日（夜）之勤務做好妥適之安排，以合於法令之規範。

33　勞動部 108 年 3 月 11 日勞動條 3 字第 1080130222 函釋：

一、鑑於事業單位多有實施勞工值日（夜）之情況，民國 74 年間內政部主管勞工事務時期特訂定旨揭注意事項實施至今，衡量部分事業單位仍有安排勞工值日（夜）之需求，爰針對現階段常見實務疑義，酌作修正。

二、勞工值日（夜）工作非屬正常工作之延伸，基此，勞工並無從事值日（夜）之義務；事業單位如確有必要要求勞工值日（夜），須徵得個別勞工同意，復基於勞資合作之精神，勞工應盡量與雇主配合。

三、考量勞工健康福祉，旨揭注意事項自 111 年 1 月 1 日起停止適用，請輔導所轄事業單位妥予補充人力，預為因應。

▌教育訓練是否為工作時間？

勞工參加公司所舉辦之教育訓練活動，若此活動係於勞工下班後或假日進行舉辦，那麼，究竟是否應認列爲勞工之工作時間呢？

1. 民國 80 年 6 月 8 日台勞動二字第 14217 號函釋：
    事業單位於正常工作時間外辦理訓練或集會，如該訓練係屬勞工教育訓練，或該訓練、集會係屬自願性參加者，則該時段不屬工作時間。

2. 民國 81 年 8 月 18 日台勞動二字第 25381 號函釋：
    事業單位舉辦之各項訓練，如係由勞工自由參加，其不參加雇主亦未予以不利待遇，或其訓練內容與勞工工作無直接關聯，或不參加訓練亦不對勞工工作之遂行產生具體妨礙，則其訓練時間毋庸計入工作時間。

基此，教育訓練活動時間，能否認列爲工作時間，其關鍵在於參加該活動是勞工自願抑或公司強制，若爲前者，自非屬工作時間；若爲後者，依然需以工作時間來認定，若與其他工作時間合計逾勞基法所定正常工時，則應按照勞基法第 24 條之規定計給勞工延長工時工資。

另外，雖然公司未有強制參加之要求，但卻對不予參加之員工不利之待遇時，仍爲強制之概念，而應以工作時間加以認定。至於何謂不利待遇，就得從個案事實來加以判斷了。

▌因出差額外增加之交通時間，是否為工作時間？

勞工奉命出差，有時必須提早從家裡出發至車站或機場搭乘交通工具，若地點較遠時，有時甚至得前一日就先行出發；或者禮拜一一大早須至國外總公司開會，此時就必須提前於禮拜天搭機前往，這樣等於變相地剝奪了勞工之休息時間或休假時間，那麼，因爲出差而增加的交通時間，該以工作時間來認定嗎？

勞基法施行細則第 19 條：「勞工於同一事業單位或同一雇主所屬不同事業場所工作時，應將在各該場所之工作時間合併計算，並加計往來於事業場所間所必要之交通時間」，因此，就出差之性質而言，

僅限於兩事業場所間之交通往返時間須計入工作時間[34]，至於因地點過遠必須提前出發而占用原本之休息日、例假日時，雖然該段交通時間係為因應出差而生，但由於係從家裡出發，且該段交通時間無論耗時多久，過程均未受雇主之指揮監督，因此，在認定上，並無法將交通時間計入工作時間；否則，倘若員工奉命至紐約出差，飛機一趟就超過12小時了，若此交通時間也須計入工作時間，那豈不形成一旦出差就構成違法超時之怪異現象了嗎？實務上，為了補償勞工因出差額外耗費交通時間所產生的疲勞以及減少與家人的相處時間，多數企業會發給差旅費或差旅津貼以資慰勞，而這樣的一筆差旅津貼雖非屬加班費性質之工資，卻可舒緩員工受命出差的心情衝擊與身體負擔，建議雇主應就此機制建立明確制度，甚至可進一步訂定適用於企業之差旅津貼相關辦法或規章，以令公司所有員工均能有所依循，而避免因出差而生的無謂爭議。

蜂哥小筆記

---

34 此處所稱事業場所，勞基法並未賦予明確之定義。然就實務上之見解，事業場所除包括事業單位之主營業處所外，亦包含於主營業處所外從事業務之固定場所，雖不以具有獨立之人事、財務為必要，但其與事業單位間應具有隸屬關係，而非所有勞工從事勞務之場域皆可視為事業單位之事業場所。

除事業場所應符合前述之定義外，若於出差前僅先至事業場所從事報到、集合、取物等與工作無關之事務，隨後出發前往出差地者，仍不能主張為兩事業場所間之往返而要求認列為工作時間；出差後返回事業場所，若無工作事實者，亦同。

第 **3** 章

工資與非工資的差異性

若說工時制度是勞動條件的骨幹或架構的話，那麼，工資就是將此骨幹或架構加以填充的核心物質；就如同蓋房子一樣，要先將鋼筋予以固定綁紮，再灌入水泥，進而完成一棟我們所需的建築物。工時制度好比建築物的鋼筋，而工資好比水泥，兩者一同打造「勞動條件」這幢建築物；因此，除了鋼筋（工時制度）要穩固外，水泥（工資）也不能偷工減料，否則只要強震（勞檢）來襲，房子就會搖搖欲墜，不堪一擊。究竟工資之重要性為何？如何定義？實務上常見爭議有哪些？都將是本章欲予以探討的重點。

01／我相信每到月底就吃土的，不只我

——工資之基本概念

薪資為稅法上之概念，也是一般人對於收入之統稱；但在勞基法的世界裡，則是以「工資」作為勞工提供勞務之對價。因而，勞基法稱勞工為「受雇主僱用從事工作獲致工資者」（勞基法第 2 條第 1 款），工資則為「勞工因工作而獲得之報酬」（勞基法第 2 條第 3 款前段），是以，雇主之各項給與無不以工資作為其計算之核心；舉凡用於計算資遣費、退休金、職災失能補償、職災死亡補償與工資終結補償的平均「工資」，勞工因職災所致醫療中不能工作期間所得請求的原領「工資」補償，作為計算加班費基礎的平日每小時「工資」額，資遣勞工未依規定給與預告期間或預告期間不足時所應發給的預告「工資」，休假日、休息日、例假日以及婚假、喪假、公假、陪產假、產檢假、產假、謀職假等雇主應照給之「工資」，勞保投保薪資[1]、健保投保金

1　勞工保險條例施行細則第 27 條前段：「本條例第 14 條第 1 項所稱月薪資總額，以勞動基準法第 2 條第 3 款規定之工資為準。」

額[2] 以及勞退提繳工資[3]，均以勞動基準法之「工資」為其認定依據，工資對於勞工勞動條件之影響，可謂牽一髮而動全身，稍有變異，都將對於勞工權益產生影響，因此，無論雇主或勞工，都應對於工資有更明確的認知，才能減少勞資爭議的產生。

▌工資的定義

工資的重要性已如前述，然而，要減少因對工資認知上的誤差而衍生之問題，首當其衝的，是必須對於工資之範圍做出明確之界定。關於工資之定義，規範於勞基法第 2 條第 3 款：「工資：謂勞工因工作而獲得之報酬；包括工資、薪金及按計時、計日、計月、計件以現金或實物等方式給付之獎金、津貼及其他任何名義之經常性給與均屬之。」說明如下：

● 工資為工作報酬

工資為勞工因工作而獲致之報酬，是判定是否為工資最重要之依據，因此，只要符合此一要件，無論名目為何，皆應納入工資之範圍；衡諸勞動部 84 年 1 月 24 日勞動 2 字第 102126 號函釋：「凡因勞工擔任之職務、工作內容、達成效率、出勤狀況等與工作有關而發給之獎金、津貼均屬工資」，亦可得到相同概念。故只要雇主以勞工提供勞務在質或量上之結果作為給付報酬之對價，均應列入工資範圍。

● 經常性

「經常性」是一個相當抽象的名詞，畢竟何謂經常，法無明文，故每個月發放一次是為經常，每季發放一次，也是一種經常；甚或每年發放一次，仍可認定為一種經常，因此，有部分學者認為，「經常性給與」只是用來解釋「勞工因工作而獲得之報酬」的補充規定而已。

2　全民健康保險法施行細則第 46 條第 1 項第 2 款第 2 目：「前目以外之受僱者，應以合於勞動基準法規定之工資計算其投保金額。」

3　勞工退休金條例第 3 條：「本條例所稱勞工、雇主、事業單位、勞動契約、工資及平均工資之定義，依勞動基準法第 2 條規定。」

也就是說，在判斷是否爲工資性質之給與時，仍應先以「勞務對價」作爲認定標準，一旦符合「勞務對價」之要件時，即便爲一年給付一次，仍應歸屬於工資之範疇。

主管機關在工資認定之判斷上，多採此種見解，有勞動部 85 年 2 月 10 日勞動二字第 103252 號函釋可稽：「……，工資定義重點應在該款前段所敘『勞工因工作而獲得之報酬』，至於該款後段『包括』以下文字係例舉屬於工資之各項給與，規定包括『工資、薪金』、『按計時……獎金、津貼』或『其他任何名義之經常性給與』均屬之，但非謂『工資、薪金』、『按計時……獎金、津貼』必須符合『經常性給與』要件始屬工資，而應視其是否爲勞工因工作而獲得之報酬而定。又，該款末句『其他任何名義之經常性給與』一詞，法令雖無明文解釋，但應指非臨時起意且非與工作無關之給付而言，立法原旨在於防止雇主對勞工因工作而獲得之報酬不以工資之名而改用其他名義，故特於該法明定應屬工資，以資保護。」

而在法院實務上，對於工資之判斷則同時著重於「勞務對價」與「制度上、時間上或次數上」之經常，參考如下：

1. 台灣高等法院 106 年度勞上易字第 17 號民事判決：
   所謂經常性之給付，縱在時間上、金額上非固定，只要在一般情形下經常可以領得之給付即屬之。舉凡某種給與係屬工作上之報酬，在制度上有經常性者，均得列入平均工資計算。

2. 最高法院 106 年度台上字第 2533 號民事判決：
   又工資係勞工因工作而獲得之報酬，包括工資、薪金及按計時、計日、計月、計件以現金或實物等方式給付之獎金、津貼及其他任何名義之經常性給與均屬之，即在一般情形下經常可以領得之給付，應以某項給付是否具勞務對價性及給與經常性，依一般社會通念判斷，名稱並非所問。

3. 最高法院 105 年度台上字第 2274 號民事判決：
   該所謂「因工作而獲得之報酬」者，係指符合「勞務對價性」而

言，所謂「經常性之給與」者，係指在一般情形下經常可以領得之給付。判斷某項給付是否具「勞務對價性」及「給與經常性」，應依一般社會之通常觀念為之，其給付名稱為何？尚非所問。是以僱主依勞動契約、工作規則或團體協約之約定，對勞工提供之勞務反覆應為之給與，乃僱主在訂立勞動契約或制定工作規則或簽立團體協約前已經評量之勞動成本，無論其名義為何？如在制度上通常屬勞工提供勞務，並在時間上可經常性取得之對價（報酬），即具工資之性質。

上述所列舉之法院判決，若讀者有興趣的話，可以自行就判決全文進行了解，將有助於吾人對於工資與非工資概念之釐清。然而，法律畢竟為社會科學，而非自然科學，以「工資」一詞而言，即便勞基法已賦予文字上之定義，亦旁徵博引各項行政函釋與法院判決，但針對實務上有可能出現的各種情形，仍舊無法面面俱到，有時只能以工資或非工資成分的多寡來加以歸屬，亦即，工資成分多一點，就歸類於工資科目；反之，就歸類於非工資科目了，這與本書第一章在探討「僱傭」及「承攬」之判斷有異曲同工之妙。但若要為工資與非工資在判斷上訂定標準的話，本書認為，它的次第是「先看有無勞務對價，再看有無經常性」，也就是說，勞工所受報酬是否為勞基法第 2 條第 3 款所稱之工資，應優先評斷是否為勞工因提供勞務而由僱主獲致之對價而定，亦即是否具備「勞務對價性」要件，而於無法單以勞務對價性明確判斷是否為工資時，再輔以「經常性給與」作為補充性之判斷標準。在下一節中，本書將套用此項標準來針對實務上較常出現之給付項目進行評價。

02 ／ 希望年終獎金跟我的體重一起直線上升
——常見的各種工資與非工資項目

以下列舉數項常見之工資與非工資項目，並就其各自之勞務對價性與經常性進行探討，再輔以相關之行政函釋或法院判決，俾使各位讀者對於工資之概念有更清楚之認知。

▌工資類

● 全勤獎金

1. 勞務對價：全勤獎金通常是以勞工於受評價之期間內，有無請假、遲到、早退或曠職等情形，作為是否核給之依據，與勞工提供勞務之品質有關，因此，具有勞務對價性。

2. 經常性：通常雇主會在勞動契約或薪資辦法中與勞工進行全勤獎金給付之約定，故無論勞工是否符合領取之資格，亦不論勞工領取之頻率或次數，均已具備制度上經常之性質。

3. 行政函釋：

   勞動部 87 年 9 月 14 日台勞動二字第 040204 號函：

   勞動基準法第 2 條第 3 款工資定義，為勞工因工作而獲得之報酬，故全勤獎金若係以勞工出勤狀況而發給，具有因工作而獲致報酬之性質，則屬工資範疇。至平均工資之計算，同條第 4 款訂有明文。

● 職務加給、主管加給

1. 勞務對價：職務加給或主管加給意謂當勞工擔任特定職位或職務時，所另外獲得之報酬，代表勞工有額外工作負擔之情形產生，

故屬於因工作而獲得之報酬，具備勞務對價性。

2. 經常性：通常雇主會在勞動契約或薪資辦法中與勞工進行職務加給之約定，故具備制度上之經常性。

3. 行政函釋：

勞動部 84 年 1 月 24 日台勞動二字第 102126 號函：

勞動基準法第 2 條第 3 款規定「工資謂勞工因工作而獲得之報酬；包括工資、薪金及按計時、計日、計件以現金或實物等方式給付之獎金、津貼及其他任何名義之經常性給與均屬之」，故凡因勞工擔任之職務、工作任內、達成效率、出勤狀況等與工作有關而發放之獎金、津貼均屬工資。

● 駐外津貼

1. 勞務對價：通常係為補償勞工常駐於國外而無法每日返家與家人相聚之特殊辛勞及生活上之不便，所另行給與之報酬，故駐外津貼係駐外人員在國外不同環境下提供勞務所應得之對價，因而具備工資之性質。

2. 經常性：駐外津貼之給付辦法通常為企業工作規章之一部，甚至直接於勞動契約中與勞工進行約定，因此，具備制度上之經常性。

3. 行政函釋：

勞動部 89 年 2 月 15 日台勞保字第 0006121 號：

查勞動基準法第 2 條第 3 款工資定義：謂勞工因工作而獲得之報酬。故員工派駐海外子公司就職，海外子公司支付之海外任職薪資如係勞工因提供勞務而獲得之報酬，自屬工資，亦應併入計算申報勞保投保薪資。

● 證照加給、執照加給

1. 勞務對價：當勞工具備雇主所需或所要求之特定執照時，將令人期待其可提供更佳之勞務品質，故勞工因具備特定執照而獲額外加發之報酬，應屬其勞務給付之一部分，具備勞務之對價性。

2. 經常性：因具備何種執照始符合企業任用之資格，或因具備何種

執照而符合調薪或加給之前提，通常為企業工作規則或人事規章之一環，故具備制度上之經常性。

3. 法院判決：

台灣高等法院台中分院 92 年度勞上易字第 68 號民事判決：

然勞動契約之內容既為勞務之給付，實為具有身分性質之契約，尤其在高度專業性之工作領域中，關於受僱勞工之專業技能及從業資格，更屬於其勞務給付之一部分，而被上訴人丁○○所擔任放射技師乙職，即為須經國家考選合格並核發證照之職業，其放射技師執照為其提供勞務給付所必須之資格證明，應屬其勞務給付內容之一部分，故上訴人每月均按時發給之執照費用應可視為被上訴人丁○○因工作而獲得之報酬。至於其餘本俸、工作津貼、全勤獎金、單位津貼、技術津貼、簽約金之部分，核其性質均為經常性之給與，且為因工作而獲得之報酬，均應納入平均工資之計算，應無疑問。

● 定額給付之伙食津貼

1. 勞務對價：單從「伙食津貼」四個字來看，實在很難解讀出其係勞工因工作而獲致之報酬，反倒比較像是雇主對於勞工餐費的補助，應屬雇主單方面之恩惠給與，而將之歸類於非工資科目才是。但是，多數企業發給勞工的伙食津貼，多為一定額之給付，且係配合營利事業所得稅查核準則第 88 條第 2 項[4]「伙食費免視為員工薪資所得」之規定，而將其設定為 2,400 元 / 月。然而，實際上員工是否在外用膳、花費金額多寡，均未探究；尤以月薪制員

4　營利事業所得稅查核準則第 88 條第 2 項：

二、營利事業實際供給膳食或按月定額發給員工伙食代金，在下列標準範圍內，免視為員工之薪資所得。其超過部分，如屬按月定額發給員工伙食代金者，應轉列員工之薪資所得；如屬實際供給膳食者，除已自行轉列員工薪資所得者外，不予認定：

（一）一般營利事業列支標準：職工每人每月伙食費，包括加班誤餐費，自中華民國 104 年 1 月 1 日起最高以新台幣 2,400 元為限。

工而言，2,400 元 / 月似乎與 80 元 / 日劃上等號，故當員工請事假一日而遭扣減一日工資時，當月之伙食津貼亦隨之扣發 80 元（意謂請事假當天可以不用吃飯？）；員工請病假而遭扣半薪時，當日伙食津貼亦隨之減半而為 40 元（意謂生病當天較沒胃口，吃不多，所以補貼減半？）；或員工請婚假但工資照給，故伙食津貼也全額發給（沒來上班依舊繼續補貼？）。此種運行方式已使「伙食津貼」原有之「補助」或「補貼」性質遭扭曲，反倒形成與勞工出勤狀況高度連結所獲致之報酬，進而構成其勞務對價性。

2. 經常性：因定額給付之伙食津貼與勞工出勤狀況互相連結，故在制度上當然屬勞工提供勞務即可獲取之對價，即具備制度上之經常。

3. 行政函釋：

　　勞動部 76 年 10 月 16 日台勞動字第 3932 號函：

　　勞動基準法第 2 條暨施行細則第 2 條、第 10 條關於平均工資之計算及工資中非經常性給與項目中，均未將勞工定期固定支領之伙（膳）食津貼排除於工資之外，故事業單位每月按實際到職人數，核發伙（膳）食津貼，或將伙（膳）食津貼交由伙食團辦理者，以其具有對每一在職從事工作之勞工給與工作報酬之意思，應視為勞工提供勞務所取得之經常性給與，於計算平均工資時，自應將其列入一併計算，不因給付方式不同而影響其性質。

◉ 定額給付之交通津貼

1. 勞務對價：交通津貼本質應與勞工提供勞務之間無關聯性，純為雇主為體恤勞工自較遠之住所往返公司所給與之費用補貼；但只要勞工有出勤事實，不論住所遠近，全體員工均給與相同額度之交通津貼，甚至以與交通成本無關之職等或職級為額度之核定依據，則形同前述定額伙食津貼般與提供勞務產生高度之連結，而構成勞務對價性。

2. 經常性：既已與提供勞務產生高度連結，則在一般情形下勞工皆

可獲取該給付，故具備制度上之經常。

3. 行政函釋：

勞動部 78 年 9 月 1 日台勞動二字第 21518 號函：

事業單位以勞工實際居住所距離之遠近，核實發給交通補助費或汽車定期月票，其性質與提供交通車接送勞工上下班相似，而與一般雇主按月發給全體勞工定額之交通津貼不同，除勞雇雙方另有約定外，可不列入平均工資計算。

● 夜勤津貼、輪班津貼

1. 勞務對價：從事小夜或大夜班之輪值勞工，因其作息與日間之工作者相反，對健康及其家庭生活影響甚巨，因此，為使從事相同工作之夜班與日班勞工在待遇上有所區隔，以補償其日夜顛倒之特殊辛勞，實務上通常會於勞工輪值夜班時另行核給夜勤津貼或輪班津貼，而於其輪替至日班時，則予以取消。此種給付由於與勞工之工作辛勞有直接關聯，故當然具備勞務對價性。

另一與夜勤津貼性質相近之給付科目則為夜點費，不同的是，夜點費本應為雇主體恤夜間輪班工作之勞工，給與購買點心之費用，故就其性質而言，並非勞基法第 2 條第 3 款所稱之工資。然而，過往有許多雇主為了規避夜勤津貼併入工資所因而增加之人事成本，故刻意將原有之「夜勤津貼」或「輪班津貼」以夜點費之名義發放。但真的假不了，假的不能真，畢竟真正的夜點費金額與夜勤津貼之數額本就所有差距，故往往從不合理的夜點費金額即可判定其本質為夜勤津貼，最後還是會遭主管機關或法院將該筆不合理之「夜點費」逕以工資進行認定。

2. 經常性：輪班津貼之金額多寡、如何發放以及調整依據，通常應為雇主與勞工於契約上或規章上之既存約定，故具備制度上之經常性。

3. 法院判決：

最高法院 92 年度台上字第 2108 號民事判決：

勞工機靈點，雇主睜大眼！

查上訴人就系爭夜點費係發給於操作現場輪值中、晚班之員工，其金額每次固定，不因職階或工作內容而有差別。操作現場作業方式係採早、中、晚三班二十四小時輪班制，員工工作六天休息二天後換班，依序輪班，此工作型態，在被上訴人等受僱時即知悉，並為勞動契約之內容等情，亦為兩造所不爭。依該夜點費發放之情形觀之，凡輪值中、晚班之操作人員均得領取，輪值並為固定之制度，此種因環境、時間等特殊工作條件而對勞工增加給與之現金給付，其本質應係勞務對價，且屬經常性之給與。況於夜間工作，不利於勞工之生活及健康，故就工作內容相同之日、夜間勞工，給與不同工資，應屬合理，亦不違反勞基法關於薪資平等原則之規定。〔此判決摘錄中所稱之夜點費，係本案上訴人（雇主）將原本之輪值津貼進行更名之結果。〕

● **保障年薪下之年終獎金**

1. 勞務對價：當公司與員工所約定之薪資結構除十二個月的固定薪資外，亦包括兩個月之年終獎金時，此時，該筆年終獎金應以雇主之恩惠性給付來看待，抑或應視為勞工因提供勞務所獲致之報酬來認定呢？倘若未再以其他條件作為發放依據，固定於農曆春節前或年中某一時點進行發放，雖其名為年終（中）獎金，但本質上為勞工提供勞務，在通常情況下即可獲取之報酬，那麼，仍然具備勞務對價性，而歸屬於工資範疇。

2. 經常性：保障之年終獎金為雇主在訂立勞動契約或制定工作規則時即已與員工約定之勞動成本，性質或樣態上均具備制度上之經常性。

3. 法院判決：

最高法院 93 年度台上字第 1605 號民事判決：

被上訴人計算上訴人之資遣費時，亦係以每年十四個月之薪資為基準，上開「bonus」既明白約定係固定每年發給二次，每次發給一個月之基本薪資，並無以公司盈虧或勞工表現為前提，而由公

司於結算後給付之，自非勞基法第 29 條所定之獎金或紅利，參諸被上訴人自承業界為給勞工保障，常於勞動契約裡約定十四個月的薪資等情，顯然該兩個月薪資給付，仍為勞務的對價，屬於經常性之工資給付，亦非勞基法施行細則第 10 條所稱之年終獎金，該項給付之本質實際上應屬上訴人因工作所得之報酬。

● **單純以「工作表現」為發放依據之績效獎金、業績獎金、目標獎金、生產獎金**

1. 勞務對價：若以勞工工作是否有效率、目標是否如期達成等作為獎金之核給依據，則該獎金即為勞工因工作而獲致之報酬，當然具備勞務對價性。[5]

2. 經常性：各類獎金在發放上通常有其依據或辦法，因此，獎金本為企業制度之一環，具備制度上之經常性。

3. 行政函釋：

   勞動部 84 年 1 月 24 日台勞動二字第 102126 號函：

   勞動基準法第 2 條第 3 款規定：「工資謂勞工因工作而獲得之報酬；包括工資、薪金及按計時、計日、計件以現金或實物等方式給付之獎金、津貼及其他任何名義之經常性給與均屬之」，故凡因勞

---

5 台北高等行政法院 106 年度簡上字第 168 號行政判決（績效獎金具勞務對價性）：

該診所薪資結構為本薪加上固定薪及變動薪，變動薪包括績效獎金、夜點費、全勤獎金、伙食費及加班費，其中績效獎金部分，係以當月透析病人人數計算當月獎金數額，再按所有受僱人員當月總工時計算每人每小時可分得之獎金，並依其個人當月工作時數計算當月可領得之績效獎金，與業績無關，只要當月有上班就可領得該績效獎金，亦經證人吳○○陳證明確在卷；復觀諸證人呂○○提出之上訴人 104 年度薪資明細所載，上訴人除 104 年 7 月因整月為系爭工傷期間外，其餘各月確均有領得績效獎金；換言之，若上訴人於 104 年 7 月有到勤上班，即可獲得三豐診所發給之績效獎金，依此，系爭績效獎金似應屬三豐診所對於依約到勤工作之員工，按其工作時數發放之經常性給與，即具工資性質，與勞動基準法第 29 條所指「獎金」、「紅利」，係雇主非經常性給與勞工之勉勵性、恩惠性給與之情形有別。

工擔任之職務、工作任內、達成效率、出勤狀況等與工作有關而發放之獎金、津貼均屬工資。

勞動基準法第 2 條第 3 款規定：「工資謂勞工因工作而獲得之報酬；包括工資、薪金及按計時、計日、計件以現金或實物等方式給付之獎金、津貼及其他任何名義之經常性給與均屬之」，故勞雇雙方議定，視勞工工作之產量或工作出勤狀況以發給之效率獎金、生產獎金、全勤獎金，該項獎金仍屬上開規定所稱之工資。

勞動部 87 年 8 月 20 日台勞動二字第 035198 號函：

績效獎金如係以勞工工作達成預定目標而發放，具有因工作而獲得之報酬之性質，依勞動基準法第 2 條第 3 款暨施行細則第 10 條規定，應屬工資範疇，於計算退休金時，自應列入平均工資計算。

▋非工資類

所謂工資，係指勞工因工作所獲得之報酬，只要是與勞務有對價關係，不論其名目為何，仍屬工資，已如前述；相反的，雇主之給付並非勞工單純完成勞務之提供即可獲得，或給付與勞工勞動力之付出完全無關，而係雇主基於恩惠性或勉勵性所為之給付，縱屬經常性給與，如不具勞務對價性，即與勞基法第 2 條第 3 款所規定之工資定義不合，不得認屬工資。

為了讓雇主與勞工對於工資及非工資項目能進一步釐清，勞基法施行細則第 10 條還針對非工資之給付加以列舉，內容如下：

勞基法施行細則第 10 條：

本法第 2 條第 3 款所稱之其他任何名義之經常性給與係指左列各款以外之給與。

一、紅利。

二、獎金：指年終獎金、競賽獎金、研究發明獎金、特殊功績獎金、久任獎金、節約燃料物料獎金及其他非經常性獎金。

三、春節、端午節、中秋節給與之節金。

四、醫療補助費、勞工及其子女教育補助費。

五、勞工直接受自顧客之服務費。

六、婚喪喜慶由雇主致送之賀禮、慰問金或奠儀等。

七、職業災害補償費。

八、勞工保險及雇主以勞工爲被保險人加入商業保險支付之保險費。

九、差旅費、差旅津貼及交際費。

十、工作服、作業用品及其代金。

十一、其他經中央主管機關會同中央目的事業主管機關指定者。

看似寓意良善的立法，卻成爲雇主巧立勞工薪資名目的幫兇，因爲，透過施行細則刻意將非工資性質之薪資科目列出，會使得不熟悉工資概念之雇主，誤以爲只要所約定之薪資科目與施行細則第 10 條所述之名稱相同，即非屬工資性質之給付，可以不用列入各項社會保險之投保薪資、加班費、平均工資及職災原領工資補償之計算基礎，也因此產生許多爭議與糾紛。

基此，每當遇有工資認定之爭議時，無論主管機關或是法院判決，都不斷三令五申地提醒雇主，對於勞工之各項給付究竟爲工資或非工資，係採實質認定[6]，至於其給付名稱爲何，尚非所問。具備這樣的認

6　台灣高等法院 90 年度勞上字第 73 號民事判決（工資採實質認定之論述）：
　「本法第 2 條第 3 款所稱其他任何名義之經常性給與，係指左列各款以外之給與：『獎金：指年終獎金、競賽獎金、研究發明獎金、久任獎金、特殊功績獎金、節約燃料獎金及其他非經常性給與』。『醫療補助費、勞工及其子女教育補助費』……」，核其所舉各項給與，均係雇主為激勵勞工勤奮工作、努力研究、節約物料等行為所為具有勉勵性質之給與，或為改善勞工生活所為具有恩惠性性質之給與。故雇主於勞工有服勞務以外其他節約物料、特殊功績，或有子女在學等偶發性事由時所發與勞方之具有恩惠性或勉勵性質之給與始與上開施行細則所定各項給與該當。反之，倘只要勞工服以勞務，不必繫乎其他個別條件之發生，即可獲得之經常性給與，即屬勞工勞動之報酬，縱以該施行細則第 10 條所定各款給與名目定之，仍不能謂為工資。故雇主之給與究屬工資抑或上開

知後，我們就可針對常見的非工資項目來進行探討了，說明如下：

● 與工作無關的各種津貼或補助

1. 交通津貼：真正合於非工資性質之交通津貼是要以勞工住所距離遠近來進行核定，或讓勞工可直接以加油單據來進行報帳，都可認定係雇主為改善勞工生活所進行之恩惠性給與，甚至每隔一段期間即重新調查所有勞工現行之居住地點，以達交通津貼之真正目的；在此前提下，給付與提供勞務之間已無存在關聯性，故無論此項給付是否經常，均非屬工資範疇。

2. 教育補助：為了讓勞工在面對學齡子女之教育問題或學齡前孩子之託管問題能有所依靠，讓為人父母之在職勞工皆能無後顧之憂地專注於工作，有時企業會給與員工教育費用的補助，這當然是一項雇主恩惠性的給與，但是，如果無論是否為人父母，皆發給固定額度之教育補助，這就失去補助之本質，而形成與勞工提供勞務或出勤狀況產生連結之工資給付了[7]；因此，標準的教育補助，至少要針對有小孩的員工來執行，而非全體人員均適用，再者，可進一步再針對不同求學階段的子女，給與不同的補助數額，同時，也不應因職級或事病假天數而影響教育補助之數額，如此方符合非工資給付之本質。

3. 伙食津貼：在討論各工資項目中，已針對伙食津貼進行論述，實

施行細則所定之給與，仍應具體認定，不因形式上所用名稱為何而受影響。

7 台灣高等法院 90 年度勞上字第 73 號民事判決（名為教育補助費，實為工資）：按教育補助費係資方為改善勞工生活，於勞工或其子女受教育時，所為之恩惠性給與，理當隨個別勞工現行受教育子女人數及其所受教育花費情形之差異，而有不同數額之給付。惟被上訴人自認該補助費項目為二個月發一次，其基數為 66 元，以二個月內實際出勤日數乘以該基數，即為該員工該期所可得之教育補助數額，且與兩造不爭執形式真正之上訴人二人於被上訴人公司 87、88 年度之薪資計算表教育補助費項目所載相符，此有該薪資計算表附卷可稽，可見被上訴人公司該項給與，雖名為教育補助費，實係只要勞工服勞務，即可依出勤日數比例獲得，顯係勞動之對價，且制度上有其經常性，而非因勞工本人或其子女受教育所為之恩惠性給與，故此項給與自屬工資。

務上，多數公司均發給員工定額之伙食津貼，並與稅法連動，固仍屬員工因工作而獲致之報酬，而應以工資視之，已如前述；究竟可歸屬於非工資範疇之伙食津貼應該具備哪些條件呢？參酌勞動部 76 年 10 月 16 日台勞動字第 3932 號函略以：「事業單位如係免費提供勞工伙（膳）食費，或由勞工自費負擔，事業單位酌予補助，且對於未用膳勞工不另發津貼或不予補助者，應視為事業單位之福利措施，不屬工資範疇」，由此可知，只要勞工確有用膳，而雇主針對勞工真實之用膳花費全額或部分吸收，那麼，即符合「補助」或「恩惠給與」之性質，自然就可以歸屬於非工資之範疇。

4. 夜點費：在討論各工資項目中，有提到夜勤津貼或輪班津貼，無論夜勤或輪班，均與勞工之辛勞有關，故當然屬於工資範疇。但若是於夜班值勤期間，給與勞工於休息時間享用點心之夜點費補助，或者直接由公司提供點心予勞工使其於疲累之夜班值勤中可藉由享用餐點稍獲休息，都可視為雇主對於勞工之勉勵性或恩惠性的給付，而以非工資來加以認定；然而，有時企業為了節省人事成本，故刻意將補償勞工夜班辛勞之夜勤津貼或輪值津貼改以夜點費之名義給與，使勞工薪資結構中工資成分之比例下降，進而侵害勞工權益。因此，主管機關對於夜點費之認定，多半採取較為嚴格之態度，只要金額或發放型態與單純之發放點心或點心代金有明顯之落差時，都會傾向以「工資」類別予以重行認定；此有勞動部民國 94 年 6 月 20 日勞動 2 字第 0940032710 號函釋可參：「事業單位發給之夜點費如係雇主為體恤夜間輪班工作之勞工，給與購買點心之費用，誤餐費如係因耽誤勞工用餐所提供之餐費，則非屬該法所稱之工資。鑑於事業單位迄有將『輪班津貼』或『夜勤津貼』等具有工資性質之給付，以『夜點費』或『誤餐費』名義發放，以減輕雇主日後平均工資之給付責任，實有欠妥，爰修正刪除勞動基準法施行細則第 10 條第 9 款之『夜點費』或『誤

餐費』規定，嗣後有關夜點費及誤餐費是否為工資，應依該法第2條第3款規定及上開原則，個案認定。」

● 與工作相關的津貼或補助

1. 在外工作者之交通補助：對於業務人員、維修人員等必須外出工作人員為接洽與服務客戶所提供的油錢補助，無論係按加油單據實報實銷，或在合理範圍內核給之定額給付，均非來自於勞工因工作所獲之報酬，自可以歸屬於非工資之範疇。

2. 在外工作者之電話補助：和前述交通補助相同，業務人員或維修人員為聯繫客戶，勢必較內勤同仁在電話費用支出上高出許多，雇主本就有義務對此額外支出給與補貼，畢竟與客戶聯繫產生之電話費用，應為企業基於營業獲利本應負擔之營業成本，不宜轉嫁由勞工承擔，因此，電話補助之給付，亦與勞工因工作所獲報酬之性質迥異，故可視為非工資性質之給付項目。

● 基於傳統習俗

　　三節節金、開工紅利金、尾牙摸彩等均屬此類，就性質而言，為雇主勉勵性之給與，本就與勞工工作內容無關，故不具勞務對價性，其理甚明；然而，過往亦有少數企業為節省人事成本，將勞工每月之固定薪資拆解部分金額，再以節金名義重新包裝後，與剩餘之本薪加總形成勞工每月薪資按月發給，因此，形成月月均有節金之不合常情現象。此部分通常亦容易被放大檢視，一旦雇主無法提出合理適切之說明與佐證資料時，所有的節金都將被視為因勞工工作所獲致之報酬[8]，而以工資來進行認定，同時也須賠償勞工因此而致權益上之損

8　台灣高等法院 106 年度勞上易字第 107 號民事判決（與常情不符之三節獎金）：然觀諸兩造不爭之薪資單，上訴人每月固定領有「三節獎金分攤」項目之款項，並無中斷，且金額高達 27,000 元，已逾本薪 23,000 元，此種常態性之高額給付，顯非視公司之盈餘狀況及員工表現，不固定發放之恩給性或勉勵性給與。且依被上訴人所提出之新進業務主管工作事宜，關於業績獎金計算辦法，如上訴人十二個月內開發業績達 70 萬元，尚可取得開發獎金與績效獎金，上訴人於 105

失，並面臨行政上之裁罰，如此不智之舉，實在不值得企業冒險嘗試。

● 不具工資性質之績效獎金、目標獎金或業績獎金

單純以工作表現或目標是否達成、甚至僅以出勤狀況進行核定之績效獎金，仍應以工資進行歸屬，前已述及；然而，若企業所設定之各式獎金，除勞工必須展現一定之工作成果之外，還必須輔以其他要件共同評價，唯有各方條件均具足時，勞工始符合該筆獎金之領取資格，這樣的獎金結構，因非單純以勞工提供勞務為換取之對價，甚或包含諸多無法僅憑勞工一己之力即可達成之條件，因此，在性質上，其內含之工資元素已被大量稀釋，進而較能合理地將其歸屬於非工資之範疇。

以業績獎金而言，若只要勞工業績達標，即符合領取資格者，毫無疑問的，此為勞工因工作獲致之報酬，應屬工資；倘若企業所設定之條件除業績外，尚包括勞工個人之積極度、配合度、客戶滿意度、評價期間有無過失記錄、所屬部門或團隊整體表現、企業獲利高低等要件，經綜合評價後，始決定勞工是否具備領取資格以及其對應之獎金數額，在此前提下，雖名稱仍為業績獎金，但卻有相當高的機會將此筆給付以非工資來進行認定。

上述概念廣泛應用於汽車銷售員或銀行理財專員，而近期也有銀行業者因其所發給理財專員之「業務獎勵金」是否具工資性質引發爭議，於勞檢後遭主管機關開罰，訴願未果後，提起行政訴訟，透過法院之審理使其獲得平反，並撤銷罰鍰。其中，關於業務獎勵金是否為工資，法官做出如下之心證：

台北高等行政法院 106 年度訴字第 1494 號判決：

又查，原告業務獎勵金發給要點第 3 條載明有關業務獎勵金之計

年 9 月薪資單亦顯示領有業績獎金，益見被上訴人給付 5 萬元之薪資，與上訴人是否有達到業績之因素無關。是該三節獎金分攤項目之給付乃上訴人於被上訴人工作所可以固定每月領得之給付，屬經常性給與，符合「勞務對價性」及「經常性給與」兩要件，不因其給付名目為三節獎金而成為恩惠性之非經常性給與。故上訴人主張每月薪資為 5 萬元，應屬可信。

算方式：「業務獎勵金發給以『月』為計算期間，且須完成財務及非財務指標考核後，始得發放。獎勵金計算說明如下：一、業務獎勵金＝個人淨貢獻 × 財務與非財務指標考核結果。」由該要點第 5 條有關財務與非財務指標考核之規定，可知財務指標包括：(1) 手續費收入：係指整體手續費收入之達成情形，與原告制定之政策性達成目標相關。(2)AUM（Assets under Management）：係指理專下客戶資產增量達成情形，此項內容以「存投保總 AUM」、「投保 AUM」兩指標取其優者計算增量達成率。(3) 客戶數：係指理專轄下經營客戶數增量達成情形，客戶數依客戶資產等級分為「私人銀行客戶之 AUM 達 1,500 萬以上」、「白金理財客戶之 AUM 介於 300 萬到 1,500 萬」、「個人理財戶之 AUM 介於 100 萬到 300 萬」3 類，達成率以 3 類合計增量計算，以上均係整體性的參考指標，非全然與勞務提供有關。至非財務指標，指理財專員於其銷售行為若有下列違失項目，原告將直接於當月或於其他各月業務獎勵金中扣減：(1) 客戶滿意度：係依客戶之評價評分。(2) 法令遵循：係指原告要求員工必須遵循法令，以符合主管機關之相關規範。(3) 稽核缺失：稽核查核有高度缺失，例如幫客戶代填或代簽文件等缺失項目。(4) 認識客戶作業落實（KYC）：理財專員對弱勢及禁銷客戶等特定客戶未經簽准即銷售商品便屬缺失，亦多與員工之勞務提供無關，甚且為避免金融風險，銀行對於重大金融違規得不予發放或追回獎金有所規範。換言之，計算業務獎勵金之考核標準，顯非繫於勞工一己勞務之付出，即得取得獎金，而認獎金具勞務對價之性質……足見業務獎勵金之發給，除前述財務與非財務指考核結果外，須視加減後計績收益而定，其中包含金融商品收益、市場變化、扣款情形、違失懲處等非員工勞務因素。若理專未達基本門檻致原告未能獲利，縱有勞務之付出，亦無法獲得業務獎金，與工資所具「勞務對價性」之要件未合（本案後續經台北市政府勞動局提起上訴，

仍遭最高行政法院駁回，維持原判）。

可見，當決定獎金發給與否之干擾因素愈多時，該筆給付距離工資即愈遙遠，而愈往非工資方向靠近；當然，究竟有哪些干擾因素、雇主是否明定確切之辦法以及實際上執行之情形，才是最後應歸屬於工資或非工資之主要判斷依據，也就是本章一直強調的「實質認定」精神。

● 特休未休獎金

按勞基法第 38 條第 4 項規定：「勞工之特別休假，因年度終結或契約終止而未休之日數，雇主應發給工資」，此處所稱工資，即為實務上之「特休未休獎金」，按法條之意旨，其發放時點為年度終結與契約終止；其是否具備勞基法第 2 條第 3 款之工資性質，攸關平均工資之計算基礎，對於資遣費或退休金之數額影響甚巨。

若因勞動契約之終止而無法休完，所發給之特休未休獎金，按勞動部 77 年 9 月 19 日台勞動二字第 20649 號函釋[9]之意旨，由於其屬終止勞動契約後之所得，於計算平均工資時，毋庸併入計算。然而，若於計算平均工資之區間內，有因年度終結而領得特休未休獎金時，是否應併入該區間之工資總額內進行計算，須就特休未休獎金之本質是否具備「工資」性質來進行探討，分述如下：

1. 特休權利之取得，按勞基法第 38 條之規定，係因勞工繼續工作滿一定期間，即便勞工全年未履行其之特休之權益，其全年仍按正常班表出勤，並未有「特別辛勞」之情形產生，因此，特休未休獎金為雇主就其未休之事實所進行之補償，並非勞工因提供勞務

9　勞動部民國 77 年 9 月 19 日台勞動二字第 20649 號：
　勞動基準法第 2 條第 4 款規定，平均工資係計算事由發生之當日前六個月內所得工資總額除以該期間之總日數所得之金額。故勞工於終止勞動契約前六個月依法取得之工資，均應併入平均工資計算。至於雇主依該法施行細則第 24 條第 2 款規定，經與勞工協商排定之特別休假於終止勞動契約時仍未休完，所發給之應休未休特別休假工資，因屬終止勞動契約後之所得，於計算平均工資時，毋庸併入計算。

所獲之報酬，故不具備工資之性質。

2. 其給付週期爲按年給與，非按計時、計日、計月、計件，且特休之取得與否及其日數多寡，與勞工之年資有關，而勞工之年資數額將因其是否持續在職，是否申請留職停薪或遭公司處以停職停薪而處於不確定之狀態，故其不具備給付上之經常性，亦不具備工資之性質。

3. 特別休假的目的，是使過去辛苦一整年的勞工，可藉此得到休息、娛樂之機會，故爲勞工疲勞累積釋放之出口，因此，本質上應爲鼓勵勞工「放假」而非用以換取報酬；是以，若將特休未休獎金視爲工資，藉此墊高其工資數額，於平常期間，可拉高勞工之勞保及勞退之投保金額，將來享受更高之老年給付；於退休或非自願離職當下，亦可領取較高金額之退休金或資遣費。如此一來，等於變相鼓勵勞工透過不休假換取更高之金錢給付，將與特別休假爲鼓勵勞工多休息之立法本意相衝突。

4. 支持特休未休獎金不具備工資性質之法院判決：

最高法院 93 年度台上字第 1481 號判決：

乃對於依其未休日數發給之獎金，與加班費性質不同，性質上屬改善勞工生活之勉勵性給與。

最高法院 100 年度台上字第 170 號判決：

惟不休假獎金係雇主爲改善勞工生活，或爲其單方之目的，具有勉勵、恩惠性之給與。

台灣台北地方法院行政訴訟判決 102 年度簡字第 103 號：

但如勞工未排定休假，至年度終結仍未能休畢，則屬勞動基準法施行細則第 24 條第 3 款之情形，雇主應按勞工未休日數發給日薪。亦即勞工於該年度既未排定特別休假，其繼續工作僅能認爲係在正常工時內提供勞務，不能指爲在特別休假日工作，而雇主既已依勞動契約給付勞工薪資，其於年度終了再就勞工未休畢特別休假給與之金錢，當非勞工於年度內繼續工作之對價，僅能認係補償勞工未能享受特別休假所給與之補償金。

5. 按勞動部（80）台勞動二字第 01747 號函釋之意旨：「……惟事業單位如採由勞工自行擇日休假之方式，則於年度終結雇主發給之應休未休日數工資，係屬勞工全年度未休假而工作之報酬，故於計算平均工資時，上開工資究有多少屬於平均工資之計算期間內，法無明定，應由勞資雙方自行協商。」可知，即便承認特休未休獎金為勞工因未休假而工作所獲之報酬，於計算平均工資時，亦非全數計入，而係由勞資雙方自行協商約定該特休未休獎金有多少數額係落在平均工資之計算區間，舉例說明：

> 勞工甲君 105.01.01 即取得 30 天之特別休假，甲君全年均未排定特休，故於 105.12.31 年度終結時，雇主給付 30 日之特休未休獎金；甲君於 106.04.01 遭雇主合法資遣，故於計算甲君資遣費所採計之平均工資計算區間為 105.10.01 ～ 106.03.31，而甲君於 105.12.31 所取得之特休未休獎金，若勞資雙方協商依所經日數比例計算的話，至多僅須計入 7.5 日〔30×（3÷12）〕，並非全數計入。

　　綜合上述，本書也傾向支持特休未休獎金並未具備工資之性質，故無論其座落平均工資計算區間之比例為何，均不須予以採計，此見解或許與主管機關之認知有所出入，故若擔心就此區塊與勞工產生爭議，或遭未究特休未休獎金本質之勞檢員開罰的話，可按前述第 5 點所引用函釋之意旨與勞工約定其計算方式，以杜絕爭議之發生。

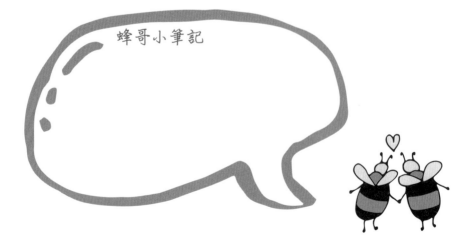

蜂哥小筆記

03 / 將心比心，共創雙贏

————結論

認識勞基法工資，對於雇主與勞工產生之最主要實益，在於令雙方清楚究竟有哪些薪資項目與金額於計算平均工資時應予以計入，於計算各項加班費時，究竟有哪些項目與金額應作為計算之基礎，這些都是雇主與勞工之日常中，最常發生爭議之區塊。

但平心而論，雇主與勞工所約定之各種薪資項目，通常均由雇主事先予以設定與設計，而多數勞工在求職之當下，亦僅能就此既定結構表示同意與否，而無擅改或重新議定之空間，更遑論要求勞工本身對於工資與非工資之差異有著通盤之了解，因此，本書認為，對於工資或非工資之各項給付，仍應由雇主秉持誠信原則，在合法且合理之範圍內予以制定，當遇有勞工質疑或產生爭議時，雇主當然也有說明與舉證之責任，如此才是正確且良善之經營思維。

而觀諸本章前述各節所論可知，工資與非工資在界定上本身就存在諸多模糊之空間，而本章所提供之判別方法亦僅為參考主管機關行政函釋與法院判決所得出之結論，或許具備一定之參考價值，但仍無法達到「放諸四海皆準」之完美境界。更精確而言，在界定工資與非工資這門領域當中，大概很難有放諸四海皆準的教戰手冊令讀者可不假思索，直接套用。

因此，本書建議各位老闆們在與員工議定薪資時，還是應回到「提供勞務」之本質加以思考，在我們願意給付的諸多薪資項目中，究竟有哪些項目真的是勞工以其辛勞或額外負擔所換取而來，又有哪些項目真的是身為老闆的我們基於獎勵、照顧、激勵之意所為之給付，並

在釐清之後，用客觀的文字加以制定與約定，同時讓員工能有所知悉與了解，我想，這都是杜絕無謂勞資爭議的好方法，也是本章協助讀者釐清工資與非工資差異之最終目的。

勞工機靈點，雇主睜大眼！

蜂哥小筆記

第 4 章

職災補償

01 / 職災補償莫疏忽

——前言

　　達賴喇嘛曾說過：「『意外』與『明天』不知哪一個會先到？」的確，個人亦然，企業更是如此；蓋企業經營實屬不易，稍有錯估市場情勢，忽略了消費者喜好，生產技術稍未提升，都可能令企業產生致命的危機，而使企業整體運作陷入困頓，這是所有企業經營者都會主動關心且鑽研的議題，無須太多提醒。然而，魔鬼藏在細節裡，有些時候，一味地追求營業額的提升固然重要，但也不可輕忽天災人禍可能導致之危險，有時亦足以令企業付出慘痛之代價。

　　在勞雇關係中，勞工與雇主因加班費爭議、工資爭議、解僱爭議等對簿公堂者，時有所聞；類似的爭議固然頻繁，但對勞工而言，至多就是權益上之受損，但仍可正常工作，賺錢養家；對企業而言，也不致因此類常見爭議，令企業須付出龐大的和解金或賠償金，而使其無法運作甚至被迫歇業。然而，若因職災爭議而對簿公堂，那可就不能等閒視之了，畢竟職災情節可大可小，有重有輕，輕者住院開刀，重者終身癱瘓，皆有可能；勞工發生職災，工作能力有可能因此喪失，雇主遭遇員工職災，巨額補償甚至賠償亦有可能令企業無法繼續經營。

　　因此，本書認為，在各類型的勞資爭議中，就屬職災爭議對勞雇雙方之影響最為巨大。但以筆者輔導企業至今，面對此項足以撼動企業永續經營與勞工職業生涯之議題時，無論勞工或雇主，對於法令上職災之相關規定多為一知半解，因此，每當職災事故發生時，雇主往往給付不足或未即時給付，而勞工在未獲足額補償之前提下，亦經常直覺認定雇主刻意逃避責任，爭議於是就此產生了。有鑑於此，身為

企業經營者或人資工作者，均有義務就勞動法令中關於職災所衍生之議題多所了解，俾使雇主在面對職災事故發生前，即可做好完善之準備，當事故發生時，能夠依法善盡雇主之法定責任，若能如此，對職災勞工而言，也才能給與他們應有之保障。

02 / 不管啦！我覺得上班害我下半身肥胖也算職災 ——職災之定義

▌ 勞基法之職災定義

　　勞基法第 59 條第 1 項前段規定：「勞工因遭遇職業災害而致死亡、失能、傷害或疾病時，雇主應依左列規定予以補償。」由此可知，當勞工發生職業災害時，須由雇主負起補償之責，而在探討雇主職災補償責任之前，必須先針對勞基法上所稱之職災賦予明確定義之後，雇主始能按勞基法第 59 條之規定對勞工做出補償。然而，勞基法本身並未定義何謂職災，因此，按勞基法第 1 條後段之規定[1]，必須仰賴其他法律之規定來加以釐清。

　　參照台灣高等法院 104 年度勞上易字第 125 號民事判決略以：而勞基法就何謂「職業災害」並未規定，依勞工安全衛生法（102 年 7 月 3 日修正為職業安全衛生法）第 2 條第 4 項規定（現已修正為第 2 條第 5 款）[2]：「本法所稱職業災害，謂勞工就業場所之建築物、設備、原料、

---

[1]　勞基法第 1 條第 1 項：規定勞動條件最低標準，保障勞工權益，加強勞雇關係，促進社會與經濟發展，特制定本法；本法未規定者，適用其他法律之規定。

[2]　職業安全衛生法第 2 條第 5 款：

材料、化學物品、氣體、蒸氣、粉塵等或作業活動及其他職業上原因引起之勞工疾病、傷害、失能或死亡。」是所謂職業災害係指勞工因執行職務或從事與執行職務相牽連之行為，而發生勞工之疾病、傷害、失能或死亡，兩者間具有相當因果關係者即屬之。是以，目前多以職業安全衛生法第 2 條第 5 款所定之「職業災害」作為勞基法上之職災定義，此即為目前法院實務上之主流見解。

衡諸職業安全衛生法（以下簡稱職安法）第 2 條第 5 款關於職業災害之定義後，大致可歸納出兩要件，說明如下：

1. 業務遂行性：

    職安法第 2 條第 5 款中所提及之勞動場所，係指於勞動契約存續中，由雇主所提示，使勞工履行契約提供勞務之場所[3]；既為雇主所提示，當然受雇主所監督管理與支配，再與作業活動與其他職業上原因連結，即為所謂的「就勞過程」，整合來看，職安法第 2 條第 5 款「因勞動場所之建築物、設備等或作業活動及其他職業上原因」，這一段話可直接翻譯為「勞工基於勞動契約在雇主支配下的一切就勞過程」，而此受支配狀態下的就勞過程，大致可包含以下三種情形：

    (1) 在雇主的監督、管理與支配下，於工作時間中在工作場所執行業務發生之災害。

    (2) 在雇主的監督、管理與支配下但未從事工作所發生之災害，例如：開始工作前、休息時間或工作結束後之活動所發生之災害。

    (3) 雖未實際受雇主監督，但係在雇主支配下執行職務所生之災害，例如：至外地出差、外出拜訪客戶等等。

    上述各款受支配之狀態，即為業務遂行性之概念。

「五、職業災害：指因勞動場所之建築物、機械、設備、原料、材料、化學品、氣體、蒸氣、粉塵等或作業活動及其他職業上原因引起之工作者疾病、傷害、失能或死亡。」修正前之就業場所現已修正為勞動場所。

3 職業安全衛生法施行細則第 5 條第 1 項參照。

2. 業務起因性：

職安法施行細則第 6 條：「本法第 2 條第 5 款所稱職業上原因，指隨作業活動所衍生，於勞動上一切必要行為及其附隨行為而具有相當因果關係者。」是以，勞工依勞動契約在雇主支配之狀態提供勞務，而發生之疾病、傷害、失能或死亡，二者間具有相當因果關係；簡言之，即職務與災害間須具備相當因果關係。至於「相當因果關係」係指伴隨著勞工提供勞務時所可能發生之危險已經現實化（即已經實現、形成），且該危險之現實化為經驗法則或一般通念上可認定者[4]。簡言之，必須勞工所擔任之職務本身伴隨潛在之危險，且此危險已實現，致勞工發生災害，則謂職務與災害具相當因果關係。故台灣高等法院 99 年度保險上字第 11 號民事判決陳稱：「是『職業災害』非泛指與執行業務有關之所有災害皆可稱之，必須該業務與災害間具有『相當因果關係』始足當之。」

以貨車司機而言，其之所以必須駕車運送貨物，係基於雇主給與之命令，因此，駕車送貨本身具備業務遂行性；倘若在運送過程發生交通事故，由於交通事故對於擔任司機之勞工而言，本屬其內在或通常伴隨的潛在危險，是以，交通事故與運送貨物兩者之間具有業務起因性。因同時具備業務遂行性與業務起因性，故貨車司機駕車送貨發生交通事故，即為勞基法上所稱之職業災害。我們可以將前揭邏輯套用於任何勞工傷病事件之上，便可加以研判是否為勞基法所稱之職業災害，進而確認雇主應否負起勞基法所規範之補償責任。

▊ 勞工職業災害保險及保護法之職災定義

勞工職業災害保險及保護法（以下稱災保法）於 111 年 5 月 1 日施行，該法係將原規範於勞工保險條例中的職業災害保險以及職業災

4　台灣高等法院 105 年度勞上易字第 44 號民事判決意旨參照。

害勞工保護法加以整合，而形成此獨立之專法。該法擴大納保的範圍與適用對象，同時也提高了投保薪資的上下限，增加各項保險給付的額度，使職災勞工與其家人之生活得以獲得更完整之照顧。關於災保法，後面將有專章進行介紹，於此不再多所贅述。

然而，釐清了勞基法之職災定義後，為何還要再了解災保法之職災定義呢？觀諸災保法第 36 條第 2 項規定：「投保單位已依前項規定繳納者，其所屬勞工請領之保險給付得抵充其依勞動基準法第 59 條規定應負擔之職業災害補償。」說明了勞工依災保法之規定所領得之相關職災給付，可用以抵充勞基法中雇主之補償責任，是以，有部分專家以及學者則據以主張勞基法之職災定義應該比照災保法之規定；因此，在探討勞基法職災補償之相關議題時，實有必要進一步了解災保法中各項職災給付之規範。

災保法第 27 條規定：「被保險人於保險效力開始後停止前，遭遇職業傷害或罹患職業病（以下簡稱職業傷病），而發生醫療、傷病、失能、死亡或失蹤保險事故者，被保險人、受益人或支出殯葬費之人得依本法規定，請領保險給付。」是以，我們可將災保法職災給付簡單[5]歸納如下表所示：

從表 4-1 可知，針對被保險人之職災事故，災保法依其職災情節，分別給與醫療、傷病、失能、死亡及失蹤等給付，是以，勞工因工作而發生之災害，亦有可能為災保法中所規範之職業傷病，而獲得相關之保險理賠。然而，是否只要獲得災保的職災給付，即等同勞基法之職災，而應由雇主來進行相關補償呢？以下將就此問題繼續探討。

■ 勞工職業災害保險之職災定義為何？與勞基法所涵蓋之範圍是否有所不同？兩者之關係為何？

1. 勞工職業災害保險主管機關在母法的授權下訂定了「勞工職業災害保險職業傷病審查準則」（以下簡稱審查準則），用以界定災

勞工機靈點，雇主睜大眼！

---

5 由於本書第 18 章有專章針對災保法進行討論，故於此僅就給付內容做簡略之整理。

表 4-1　災保法各項給付彙整

給付種類	給付額度	法條
醫療	1. 部分負擔醫療費用 2. 職業傷病住院膳食費 30 日内之補助 3. 經醫師認定有醫療上需要而選用全民健康保險法第 45 條第 1 項所定自付差額特殊材料品項者，於先行墊付自付差額後，得向勞保局申請核退差額費用 4. 職災勞工如選用全自費之醫療材料（即非前述自付差額品項），仍須由選擇使用之勞工自行負擔。	災保法第38 條 勞工職業災害保險醫療給付項目及支付標準第 4 條
傷病	1. 自不能工作之第 4 日開始給付 2. 前 2 個月：平均月投保薪資×100% 3. 第 3 個月起：平均月投保薪資×70%，最多 2 年	災保法第 42 條
失能	1. 失能一次金 2. 失能年金 　完全：平均月投保薪資×100% 　嚴重：平均月投保薪資×50% 　部分：平均月投保薪資×20%	災保法第 43 條
死亡	1. 喪葬津貼（有遺屬）：平均月投保薪資×5 2. 喪葬津貼（無遺屬）：平均月投保薪資×10 3. 遺屬年金（符合請領條件）：平均月投保薪資×50% 4. 遺屬一次金（不符合請領條件）：平均月投保薪資×40 5. 遺屬津貼（舊制年資被保險人）：平均月投保薪資×40	災保法第 49 條、第 51 條
失蹤	平均月投保薪資×70%，於每滿 3 個月之期末給付一次	災保法第 55 條

　　保法之職災範圍，也使勞保局於審核保險給付時能有所依循。因此，相較於勞基法而言，災保法對於職災則有更明確之定義。

2. 在本質上，勞基法之職災補償雖非以雇主有過失爲前提，而係在維護職災勞工及其家屬之生存權，以生活保障爲目的之照顧責任，但仍應以職災事故本身與勞工所擔任職務具備相當因果關係時，雇主始負有補償之責，即以「業務遂行性」與「業務起因性」作爲職災事故之認定依據，已如前述。然而，勞工職業災害保險本質爲社會保險，其係依據社會安全制度所欲保障之範圍劃定保險事故之種類與範疇，以擴大保障範圍爲職志，非以事件本質作爲保險事故認定之唯一標準；申言之，勞工職業災害保險對於職業

傷病之認定，並不以勞工於執行職務所致為限，而係擴及與工作相關者，皆有可能為其保障範圍，故與勞基法著重災害與執行職務存在相當因果關係之本質並非完全相同。

3. 承上，勞動部於 106 年 9 月 29 日以勞動條二字第 1060131987 號函所示進一步闡釋，勞工保險條例之職業災害給付與勞動基準法之職業災害補償係屬不同制度。

4. 若進一步探究審查準則可知，其中所制定之職災範圍，除因執行職務所致外（審查準則第 3 條），亦擴及非執行職務所致之傷害（審查準則第 13、14 條、第 15 條第 2 款）與通勤災害（審查準則第 4、9、10 條、第 15 條第 1 款、第 16 條）。由此看來，基於社會保險保障勞工生活安全之目的，勞工職業災害保險之職災適用範圍較勞基法為廣。

5. 綜合上述可得出一重要結論，即災保職災不一定為勞基職災，但勞基職災必定為災保職災。倘若勞工發生之事故具備「業務遂行性」與「業務起因性」者，即為勞基法所定義之職災，雇主自當負起職災補償之責，勞工亦同時可向勞保局請求勞工職災保險給付；相反的，若勞工發生之事故脫離「業務遂行性」與「業務起因性」之範疇，則非屬勞基法所定義之職災，雇主毋庸負擔補償責任；但是否為災保職災，端視是否符合審查準則所規範之認定範圍而予以判定。

▌通勤災害為災保職災，亦為勞基職災？

審查準則中將通勤災害納入災保職災之給付範圍，但通勤災害是否為具備業務遂行與業務起因之勞基職災，實務上多有爭議，分析如下：

1. 通勤災害不為勞基法所稱之職業災害：

通勤災害一般泛指勞工在上下班途中遭遇交通意外等事故而導致之死傷或失能，以勞基法而言，由於勞工在通勤途中並非屬執行職務，自不受雇主所監督或支配，不具有「業務遂行性；同時，

於通勤途中，亦無伴隨勞工執行職務存在之潛在危險已實現之可能，故亦不具「業務起因性」[6]，因此，通勤災害並不在勞基法職災補償之範圍之內，即非勞基法所稱之職業災害。

2. 通勤災害為災保之職業災害，且有一定之適用範圍：

另再從審查準則中職災適用之情形觀之，勞工職業災害保險所涵蓋之通勤災害範圍如下：

審查準則第 4 條：被保險人上下班，於適當時間，從日常居、住處所往返勞動場所，或因從事二份以上工作而往返於勞動場所間之應經途中發生事故而致之傷害，視為職業傷害。

前項被保險人為在學學生或建教合作班學生，於上下班直接往返學校與勞動場所之應經途中發生事故而致之傷害，視為職業傷害。

審查準則第 9 條：被保險人因公出差或其他職務上原因於工作場所外從事作業，由日常居、住處所或工作場所出發，至公畢返回日常居、住處所或工作場所期間之職務活動及合理途徑發生事故而致之傷害，視為職業傷害。

被保險人於非工作時間因雇主臨時指派出勤，於直接前往勞動場所之合理途徑發生事故而致之傷害，視為職業傷害。

審查準則第 10 第 1 項：被保險人經雇主指派參加進修訓練、技能檢定、技能競賽、慶典活動、體育活動或其他活動，由日常居、住處所或勞動場所出發，至活動完畢返回日常居、住處所或勞動場所期間，因雇主指派之活動及合理途徑發生事故而致之傷害，視為職業傷害。

審查準則第 15 條：被保險人因職業傷病，於下列情形再發生事故而致傷害，視為職業傷害：

一、經雇主同意自勞動場所直接往返醫療院所診療，或下班後自

6　勞工上下班途中是否會發生交通事故，與勞工住所離公司遠近、搭乘何種交通工具、勞工自身駕駛習慣等因素有直接且密切之關聯，反倒與勞工擔任或執行何種職務無涉，故不具業務起因性。

勞動場所直接前往醫療院所診療，及診療後返回日常居住處所之應經途中。

二、職業傷病醫療期間，自日常居住處所直接往返醫療院所診療之應經途中。

審查準則第 16 條：被保險人於工作日之用餐時間中或為加班、值班，如雇主未規定必須於工作場所用餐，而為必要之外出用餐，於用餐往返應經途中發生事故而致之傷害視為職業傷害。

由審查準則第 4、9、10、15、16 條之規定可知，勞工職業災害保險基於保障勞工生活，促進社會安全之立法目的，特將職業災害之適用範圍擴及與執行職務無相當因果關係之通勤災害，意即通勤災害本身並非職業災害，係立法者基於保護勞工目的，透過立法技術將其「擬制」為職業災害，此由審查準則第 4、9、10、15、16 各條之法律文字均採用「視為職業傷害」[7]之立法技術，即可知悉。

既然通勤災害本身並非職業災害，而係基於保護目的，強制將其擬制為勞工保險職業傷害之範圍，故為避免因恣意擴大保障範圍，加重社會保險之負擔，審查準則亦對通勤災害之適用做出限制[8]。

▌通勤災害符合下述各要件時，始為勞工保險之職業傷害

1. 適當時間。
2. 應經途中，合理路徑。
3. 通勤過程若有從事私人行為，必須是日常生活所必須。
4. 無審查準則第 17 條所列八種重大交通違規事項[9]。

7　視為，立法者衡量利益、價值，特將符合某種要件之事實，擬制（以明文強制規定之）成為特定之法律事實。

8　如果通勤災害為勞基法之職業災害，在職災補償為無過失責任主義之前提下，本不應加以限制其肇因為何；因此，由此角度論之，更可印證審查準則所定之通勤災害，並非勞基法之職業災害。

9　勞工職業災害保險職業傷病審查準則第 17 條：
被保險人於第 4 條、第 9 條、第 10 條、第 15 條及第 16 條之規定而有下列情

勞工機靈點，雇主睜大眼！

因此，當勞工於審查準則第 4、9、10、15、16 條所稱之通勤途中發生交通事故，且符合前述四項要件時，即符合災保法所定之職業傷害，可向勞保局提出各項職災給付請求。

▌法院實務多數見解：上下班通勤災害為勞基法所稱之職業災害

　　看到這個標題，相信讀者會以為本書作者是在鬼打牆，前面的論述大力強調通勤災害非勞基法職業災害，但讀到此處，卻似乎又推翻前述之結論，而讓通勤災害重回勞基法職災範圍之懷抱？

　　其實，這並非本書見解前後不一，實則長久以來，實務上將錯就錯之結果。若純以法理而言，通勤災害肯定非為勞基法所稱之職業災害，前已論及，不再贅述；然而，在眾多通勤災害之類型中，唯獨上下班通勤災害自過往至今，於多數法院判決中，均肯認其勞工上下班必經途中之交通事故，倘非出於勞工私人行為而無審查準則第 17 條各款之情事者，應認屬勞基法之職業災害，雇主仍應負起職災補償之責。以行政函釋與法院判決加以說明如下：

1.　內政部 75 年 6 月 23 日台內勞字第 410301 號：

　　勞工上下班必經途中之意外事故，應包括交通事故及其他偶發意外事故，此類事故非出於勞工私人行為而違反法令者，應屬職業

事之一者，不得視為職業傷害：

一、非日常生活所必需之私人行為。

二、未領有駕駛車種之駕駛執照駕車。

三、受吊扣期間、吊銷或註銷駕駛執照處分駕車。

四、行經有燈光號誌管制之交叉路口違規闖紅燈。

五、闖越鐵路平交道。

六、酒精濃度超過規定標準、吸食毒品、迷幻藥、麻醉藥品及其他相關類似之管制藥品駕駛車輛。

七、未依規定使用高速公路、快速公路或設站管制道路之路肩。

八、駕駛車輛在道路上競駛、競技、蛇行或以其他危險方式駕駛車輛。

九、駕駛車輛不按遵行之方向行駛或不依規定駛入來車道。

災害，但仍應就個案發生之事實情況予以認定。

2. 勞動部 80 年 5 月 22 日台勞安三字第 11901 號：

「職業災害」一詞，依勞工安全衛生法第 2 條第 4 項定義為「勞工就業場所之建築物、設備、原料、材料、化學物品、氣體、蒸氣、粉塵等或作業活動及其他職業上原因引起之勞工疾病、傷害、失能或死亡。」勞工於上下班途中所生之災害，並非一概認定為職業災害，必須具備「上下班時間必經途中，無私人行為及違反重大交通法令」，有「相當因果關係」始視為「職業上原因」，而認定為職業災害，此已有屢次之行政解釋，嚴格排除私行為。勞工上下班之作為確基因於就業，故將前開解釋視為職業災害，自不違背責任歸屬原則。

3. 勞動部 106 年 9 月 29 日勞動條 2 字第 1060131987 號：

二、查勞工保險條例之職業災害給付與勞動基準法之職業災害補償係屬不同制度，合先述明。

三、次查內政部主管勞工行政事務時期以 75 年 6 月 23 日（75）台內勞字第 410301 號函釋示，勞工上下班必經途中之意外事故，應包括交通事故及其他偶發意外事故，此類事故非出於勞工私人行為而違反法令者，應屬職業災害，但仍應就個案發生之事實情況予以認定。所稱「上下班」係指由日常居住處所出發與返回日常居住處所而言。

四、基上，從事二份以上工作之勞工於甲公司下班，欲至乙公司上班途中發生車禍，因非屬勞動基準法之職業災害，尚無勞動基準法職業災害補償規定之適用。

五、由上三則函釋可知，長久以來，主管機關均認定上下班通勤災害與執行職務間具有相當因果關係，但僅限於上下班之通勤，未擴及審查準則所定其他類型之通勤災害，如此解釋，雖有將審查準則所定之通勤職災割裂認定之矛盾，但足見欲將上下班通勤納入勞基法職災補償之用意。

4. 最高法院 99 年度台上字第 178 號民事判決：

而勞基法就「職業災害」雖未加以定義，但依上開條文（指勞基法第 59 條）觀之，關於雇主抵充規定、職業病種類或醫療範圍及失能補償標準等，皆依勞工保險條例有關之規定，其中第 4 款亦同列與勞工保險條例相同之「職業傷害」用語；又勞工如申請職業災害勞工保護法第 6 條第 1 項、第 8 條第 1 項、第 2 項、第 9 條第 1 項及第 20 條之補助申請時，申請補助機關爲勞保局，勞工職業災害之認定及補償標準，則比照勞工保險被保險人因執行職務而致傷病審查準則（下稱勞工傷病審查準則）、勞工保險職業病種類及中央主管機關核准增列之勞工保險職業病種類之規定，顯見勞基法與勞工保險條例關係密切且互爲援用。又勞基法與勞工保險條例，均係爲保障勞工而設，勞基法對於職業災害所致之傷害，並未加以定義，本於勞基法所規範之職業災害，與勞工保險條例所規範之職業傷害，具有相同之法理及規定類似，並參酌勞工傷病審查準則第 4 條規定：「被保險人上下班，於適當時間，從日常居、住處所往返就業場所之應經途中發生事故而致之傷害，視爲職業傷害」，顯見所謂職業災害，不以勞工於執行業務時所生災害爲限，應包括勞工往返工作職場提出勞務之際所受災害。被上訴人係於下班返家途中發生車禍事故，自屬勞基法第 59 條規定之職業災害。

結合前揭各點之論述，本書認爲，勞基法上所稱之職業災害，仍應以職業安全衛生法第 2 條第 5 款「職業災害」爲其定義，意即在同時具備「業務遂行性」與「業務起因性」之前提下所生之災害，始爲勞基法第 59 條之職業災害；另針對勞工上下班途中所發生之通勤災害，在符合適當時間、應經途中、無從事非必要私人行爲及無重大交通違規之要件下，基於保護勞工立場，採取較寬之解釋，亦將其納入勞基法職災補償之範圍。故當勞工有上述二種情事發生時，雇主均應負擔勞基法職災補償之責。

▌案例解析

案例一：

　　大明為大興貨運所僱用之送貨員，一日大明於送貨途中為趕時間闖紅燈，導致發生車禍身亡，請問，大興貨運是否應負起勞基法上之職災死亡補償責任？為什麼？

解答：

大興貨運應負職災死亡補償之責；因為大明係於執行職務過程中發生事故，非屬通勤災害，故不受審查準則第 17 條所列各款要件之限制，因此，即便大明有闖紅燈之事實存在，其仍屬勞基法第 59 條所之職業災害。

案例二：

　　小夫為茂欣公司所僱用之員工，一日小夫於騎車上班途中因未兩段式左轉而與對向來車發生對撞，導致全身多處骨折；事後小夫向茂欣公司提出職災補償之申請時，公司以小夫違反交通規則為由而主張非屬職災，不予補償。請問茂欣公司之主張是否合理？為什麼？

解答：

不合理；小夫於上班途中發生交通事故，屬通勤災害，為勞基法第 59 條之職業災害。而小夫雖然違規在先，但其違規事項並非屬審查準則第 17 條所列各款重大違規項目，故小夫若係在適當時間，從日常居住處所出發，於應經途中，且無從事非必須之私人行為者，茂欣公司仍須負起職災補償之。

案例三：

　　阿虎離鄉背井隻身來到北部工作，擔任採購人員，在公司至今已有五年的時間了，為了節省平日之開銷，阿虎一直借住在親戚家中。三個月前，透過同事的介紹認識了現在的女友小美。某日在小美熱情的呼喚下，阿虎於小美住家留宿了一晚；隔天阿虎騎車上班時精神恍惚，就在離公司不遠處撞上了路邊電線桿，造成全身多處骨折，請問，阿虎可否主張該起事故為職業災害，進而向公司申請職災補償呢？

解答：

不可以。阿虎於上班途中發生交通事故，屬通勤災害，為勞基法第 59 條之職業災害。但阿虎之日常處所應為親戚家，即便其於適當時間、必經途中發生事故，且無審查準則第 17 條所定重大交通違規情形，但由於未從其日常居住處所出發，不符合審查準則第 4 條第 1 項之規定，故公司無須負擔職災補償之責。

03 你要對人家負責啦！
──雇主之職災補償責任

　　當勞工因執行職務導致傷病發生，而確定為勞基法上之職災時，雇主之補償責任又為何呢？說明如下：

雇主之職災補償責任規範於勞基法第 59 條：

　　勞工因遭遇職業災害而致死亡、失能、傷害或疾病時，雇主應依左列規定予以補償。但如同一事故，依勞工保險條例或其他法令規定，已由雇主支付費用補償者，雇主得予以抵充之：

一、勞工受傷或罹患職業病時，雇主應補償其必需之醫療費用。職業病之種類及其醫療範圍，依勞工保險條例有關之規定。

二、勞工在醫療中不能工作時，雇主應按其原領工資數額予以補償。但醫療期間屆滿 2 年仍未能痊癒，經指定之醫院診斷，審定為喪失原有工作能力，且不合第 3 款之失能給付標準者，雇主得一次給付 40 個月之平均工資後，免除此項工資補償責任。

三、勞工經治療終止後，經指定之醫院診斷，審定其遺存障害者，雇主應按其平均工資及其失能程度，一次給與失能補償。失能補償標準，依勞工保險條例有關之規定。

四、勞工遭遇職業傷害或罹患職業病而死亡時，雇主除給與 5 個月平均工資之喪葬費外，並應一次給與其遺屬 40 個月平均工資之死亡補償。

可知，雇主所負擔之職災補償項目，包括必需之醫療費用、原領工資補償、失能補償、死亡補償以及工資終結補償，且勞保給付可予以抵充（於 111 年 5 月 1 日後，應改為以勞工職業災害保險之給付進行抵充）。關於勞基法職災補償之本質、各補償項目之內涵、計算方式、抵充規則等議題，說明如後。

▌勞基法職災補償係採無過失責任主義

勞基法第 59 條所規範之雇主職業災害補償責任，並不以雇主有故意或過失或其他可歸責事由存在為必要，即非在對於違反義務、具有故意過失之雇主加以制裁或課以責任，而係在維護勞工及其家屬之生存權，係以生活保障為目的之照顧責任，並非損害賠償責任之性質。基此，當勞工發生職業災害時，不論是否可歸責於雇主，亦不論勞工本身有無過失，雇主均應依勞基法第 59 條各項規定予以補償，此即為無過失責任主義。而若職災之發生，可歸責於雇主時，應由雇主負擔民事之賠償責任；此時，若雇主依勞基法第 59 條之規定補償予勞工之數額仍不足以抵充勞工因職災所生之損失時，勞工仍可再就其差額向

雇主提出民事求償，如圖 4-1 所示。

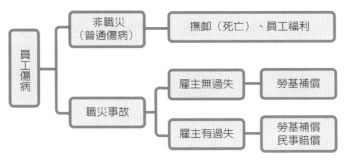

圖 4-1　雇主於勞工傷病時所需承擔之責任

█ 必需之醫療費用

1.　性質：

根據勞基法第 59 條第 1 款的規定，勞工受傷或罹患職業病時，雇主應補償其必需之醫療費用。而所謂必需之醫療費用，係指與醫療行為直接相關且有助於傷病復原之費用，例如：診察費、藥費、住院費、醫療用品費用，及其他醫師認為治療所必要之費用等。至於證明書費、看護費用及就醫交通費用，係屬民法第 193 條所稱增加生活上需要之費用，非屬必要之醫療費用；其中，關於看護費用部分，時常會有勞工誤以為看護費用係屬於必需之醫療費用，應由雇主進行補償，但就醫療之角度觀之，看護費用多於治療終止後，因疾病或傷害致身體仍存有殘疾，而無法自理日常生活，須他人扶助時所發生，故就其性質應屬「日常生活之需要」，作用在於延續其生命，而非回復原有器官功能，非必需之醫療費用。本書將常見之醫療費用及其性質整理如表 4-2。由表 4-2 可知，病房費差額、伙食費以及看護費並不屬於必要之醫療費用，除非能出具醫師診斷書證明其必要性或勞雇雙方有優於法令之約定時，始可認列；至於健保不給付而須由勞工自行負擔之材料費、

表 4-2　常見醫療費用性質

項目	必要費用	備注
掛號費	是	勞工保險列為不給付項目，因此掛號費均需由雇主進行補償
證明書費	否	非醫療項目
伙食費	否	非醫療項目，但管灌飲食除外
病人運輸費	是 / 否	需以緊急、必要為前提
病房費差額（單人或雙人房）	否	除非醫師可出具必須入住差額病房之證明
看護費	否	屬維持生活所需費用，而非醫療項目
自費之各項藥品、檢驗、材料、治療費用	由醫師認定	自費醫材、器材等健保不給付項目可由醫師認定其必要性或勞雇雙方自行協商

藥費等自費項目則需由醫師依據病情來評估其必要性，若符合醫療上之必要時，該自費項目仍為雇主所必須吸收與返還之範圍。最後要提醒的是，是否為職災必需之醫療費用，是以該花費是否具備治療上之必要為唯一之考量，至於是否為勞保或全民健保之醫療給付範圍，在所不問。

2. 災保之抵充：

勞工遭遇職業傷害或罹患職業病，應持職災門診單或住院申請書向全民健康保險醫事服務機構申請診療，如此即可免繳交健保規定之部分負擔醫療費用，另享有住院期間三十日內膳食費之補助。由於膳食費本身並不屬於必需之醫療費用，因此，就職災醫療費用而言，災保可予以進行抵充之項目，以健保規定之部分負擔為主。另外，掛號費本為就醫之自費項目，且屬必需醫療費用，因此，不在災保醫療給付之範圍內，應由雇主自行吸收，無法透過災保抵充。至於職災勞工其他的自費醫療支出，過去勞保職災保險是不予給付的，但於 111 年 5 月 1 日災保法上路後，針對職災醫療給付的部分，另定有「勞工職業災害保險醫療給付項目及支

付標準」，作為給付之依據；而在醫師認定有需要的前提下，選用全民健康保險法第 45 條第 1 項所定自付差額特殊材料[10] 品項者，可於事後向勞保局申請核退差額費用，此部分亦可作為雇主職災醫療補償之抵充。惟若職災選用全自費之醫療材料，因屬健保署未納入全民健保給付之項目，故不在災保醫療給付之範圍內，若該自費項目確實有醫療上之必要性的話，仍得由雇主來進行補償。

▌ 原領工資補償

1. 性質：

當勞工因遭遇職業災害而致傷病，在醫療中不能工作時，為保障受職業災害勞工之生計，勞動基準法第 59 條第 2 款前段規定，雇主應按勞工原領工資數額予以補償。因此，原領工資補償性質上並非勞工之工資，而為補償金之性質[11]，為所得稅法第 4 條第 3 款賠償性質之給付，免視為薪資所得，即免納所得稅。而原領工資該如何認定，說明如下：

⑴計算方式：

原領工資之計算方式規範於勞基法施行細則第 31 條：「本法第 59 條第 2 款所稱原領工資，係指該勞工遭遇職業災害前一日正常工作時間所得之工資。其為計月者，以遭遇職業災害前最近

10　全民健保自付差額特材共有以下類別：義肢、特殊功能人工心律調節器、冠狀動脈塗藥支架、陶瓷人工髖關節、特殊功能人工水晶體、特殊材質生物組織心臟瓣膜、腦脊髓液分流系統、治療淺股動脈狹窄之塗藥裝置、治療心房顫動之冷凍消融導管、特殊功能及材質髓內釘組、添加抗氧化劑之超高分子量聚乙烯全髖臼內襯、具壓力感應功能之 (3D) 電燒導管。參考網址：https://www.nhi.gov.tw/Content_List.aspx?n=B4C82377B16A9C73&topn=5FE8C9FEAE863B46。

11　勞動部民國 87 年 11 月 19 日台勞動 3 字第 050602 號：

勞工在醫療中不能工作，雇主依勞動基準法第 59 條第 2 款規定，按原領工資數額予以補償，係補償金性質，非屬工資，有關免稅疑義，因係屬財政部業務職掌，應逕向該部洽詢。

一個月正常工作時間所得之工資除以三十所得之金額，為其一日之工資。罹患職業病者依前項規定計算所得金額低於平均工資者，以平均工資為準。」

時薪或日薪人員：

當時薪或日薪勞工發生職業災害時，發生當日不予計入，而係以前一日正常工作時間所得之工資為其原領工資；此乃因發生職災之當日，或為上班途中，或為工作進行當中，均尚未取得當日之完整工資，故以職災當日工資作為原領工資，對勞工而言，將產生不利之結果，故規定以前一日正常工作時間之工資為其認定標準。

月薪人員：

月薪制人員係以「最近一個月」正常工作時間所得工資除以三十予以計算其原領工資，而此處所稱「最近一個月」究該如何認定呢？參照勞動部82年7月13日台勞動3字第38915號函釋：查勞動基準法施行細則第31條規定：「本法第59條第2款所稱原領工資，係指該勞工遭遇職業災害前一日正常工作時間所得之工資。其為計月者，以遭遇職業災害前最近一個月工資除以三十所得之金額為其一日之工資。」其中所稱「最近一個月工資」，係指領月薪之勞工於發生職業災害前已領或已屆期可領之最近一個月工資而言。嗣後該勞工之工資如有調整，其工資補償應自工資調整當日起隨之調整。

依此可知，所謂「最近一個月」即為已領或已屆期可領之最近一個月工資，以下面案例來說明。

A 公司與員工約定每月 5 日發放上個月之薪資，勞工甲於 8 月 24 日發生職災，勞工乙於 9 月 1 日發生職災，其各自之原領工資應以哪一個月分之工資來進行認定？

勞工甲：

已　　　領：7 月分工資

已屆期可領：7 月分工資

勞工乙：

已　　　領：7 月分工資

已屆期可領：8 月分工資

以「最近一個月」之法律文字而言，勞工甲之原領工資為 7 月分工資除以三十；而勞工乙則為 8 月分工資除以三十。

正常工作時間：

正常工作時間定義於勞基法第 30 條第 1 項，為每日不得超過 8 小時，每週不得超過 40 小時之範圍。因此，於計算職災勞工之原領工資時，無論係月薪、日薪或時薪人員，均應將其職災發生前一日或最近一個月所得之工資扣除延長工時或休假日加班部分，方為正確。

(2)給付時點：

原領工資補償應於何時發給呢？按勞基法施行細則第 30 條之規定，雇主依本法第 59 條第 2 款補償勞工之工資，應於發給工資之日給與。因此，雇主須於原發薪日給付職災勞工之原領工資補償，且在勞工未獲災保傷病給付之前，雇主不得自行扣除勞保給付，而僅給與勞工差額部分，此舉即屬違反勞基法第 59 條之規定，依勞基法第 79 條第 1 項第 1 款之規定，可處新台幣 2 萬元以上 100 萬元以下罰鍰，不可不慎。

(3)原領工資須補償至何時？

此議題於實務上經常發生爭議，以下面案例進行說明。

案例：

筱茹（化名）104 年 9 月 1 日到禾銘公司（化名）報到上班，擔任會計人員。104 年 9 月 30 日至公司倉庫清點庫存之布匹時，因布匹擺放不穩自高處掉落，雖然筱茹機警閃過，但還是被掉落的布匹砸中手指，導致其左手無名指粉碎性骨折，公司隨即派人送筱茹至醫院急診。由於醫師於診斷書上囑附宜休養至 104 年 11 月底，公司遵照醫師指示，給與筱茹 104.09.30 ～ 104.11.30 之公傷病假，並依其原領工資按日給與全額薪資補償；就在接近 11 月底，公司正準備迎接筱茹回來上班之際，筱茹又請同事提供一份「宜再休養三個月」之醫師診斷證明，要求公司繼續給與公傷病假與工資補償至隔年 2 月底。公司不解，為何區區的無名指骨折，居然需要休養將近半年的時間，難道只憑一份診斷書，公司就應該繼續給與補償嗎？

解析：

(1) 勞基法第 59 條第 2 款前段：「勞工在醫療中不能工作時，雇主應按其原領工資數額予以補償」；是以，雇主須負擔原領工資補償之要件為勞工在「醫療中」且「不能工作」，兩者缺一不可。

(2) 何謂「醫療中」：

A. 勞動部 78 年 8 月 11 日勞動 3 字第 12424 號函：

勞動基準法第 59 條所稱醫療期間係指「醫治」與「療養」。一般所稱「復健」係屬後續之醫治行為，但應至其工作能力恢復之期間為限。

B. 認殘：當勞工遭遇職災，經診斷符合災保失能給付標準規定，而請領災保失能給付（無論為失能年金或失能一次金），即為認殘。按災保法第 43 條第 1 項之規定，此時勞工症狀已固定，再行治療仍不能改善其治療效果，故實務上一般均認其治療已經終止，自非勞基法第 59 條第 2 款所稱醫療中。

C. 綜合上述，職災勞工一經認殘，即屬醫療終止，雇主無須再給與原

領工資補償；但勞工傷病程度未達失能，且仍持續進行醫療時，此時雇主應否繼續給與原領工資補償，則應以勞工身體是否已復原至可工作之程度進行判斷，故底下接續討論「不能工作」之定義。

(3) 何謂「不能工作」：

A. 勞動部 85 年 1 月 25 日台勞動 3 字第 100018 號：

查勞動基準法第 59 條第 2 款所稱勞工在醫療中不能工作，係指勞工於職災醫療期間不能從事勞動契約中所約定之工作。至於雇主如欲使勞工從事其他非勞動契約所約定之工作，應與勞工協商。

B. 台灣高等法院台中分院 95 年度重勞上字第 5 號：

再謂可工作之能力，除指勞工可從事勞動契約原所約定之工作外，並兼指勞工得從事勞動契約原未約定，但依勞工當時傷勢可負擔之工作在內。

查上訴人之傷勢，經長庚醫院治療至 93 年 7 月 22 日止，病情已屬穩定，可從事輕便工作，為兩造所不爭執，復有被上訴人沅昱公司所提之診斷證明書一紙附卷可按，並經兩造聲請原法院函詢長庚醫院查覆「另本院於 93 年 7 月 22 日開立診斷證明書時，當時病人病情已屬穩定，應可從事輕便工作」。故上訴人 93 年 7 月 22 日症狀已固定，可從事輕便工作，應屬醫療終止。

則上訴人自此時起即得受被上訴人沅昱公司之指示，從事其他適宜之工作（如從事電話聯絡等簡易行政工作），亦即上訴人於 93 年 7 月 22 日已恢復可從事輕便工作之能力，其應於隔日辦理復職，縱其日後仍有復健之需要，須應診而無法上班，亦須依其實際需要，另行向被上訴人沅昱公司申請公傷病假，經被上訴人沅昱公司核准後，而依核准日數個別予以核計工資補償費用。

C. 台灣高等法院 106 年度重勞上字第 5 號民事判決：

是所謂「勞基法第 59 條規定之醫療期間」，乃指勞工因職業災害接受醫療，而不能從事原勞動契約所約定之工作，抑或勞工未能從事原定工作，且未經雇主合法調動勞工從事其他工作者而言。

倘勞工於職災傷害醫療期間，如經雇主合法調整其工作，或勞工已堪任原有工作，而其工作已無礙於職災傷害之醫療者，勞工仍有服從雇主指示提供勞務之義務。

D.綜合勞動部函釋與法院判決之意旨，可得出以下概念：

  (a) 勞基法第 59 條第 2 款所稱「不能工作」，應指「不能從事勞動契約中所約定之工作」，方能符合勞基法第 59 條保護職災勞工之意旨，而當勞工處於「醫療中且不能從事原有工作」期間，雇主都應依該條規定給與原領工資補償。

  (b) 然而，在勞工不能從事原有工作期間，若其傷病已復原達一定程度，可從事不影響其傷病復原之輕便工作，且亦經雇主合法調整其工作後，勞工應本於勞動契約所內含之忠誠勤勉義務與最大誠信原則，返回公司對雇主提供勞務給付。

  (c) 當勞工返回公司從事輕便工作，在其身體未回復至可從事原有工作之前，雇主仍負有繼續給付原領工資補償之義務，其數額為輕便工作與原有工作工資之差額。例如：

  勞工丙原從事 A 工作，月薪 40,000 元；嗣後發生職災，經治療與休養後，已恢復部分工作能力，同意返回公司從事不影響傷病復原之 B 工作，若 B 工作之月薪為 30,000 元，則雇主仍須按月給付勞工丙 40,000 元，直至其工作能力完全恢復為止。其中，30,000 元係屬勞工丙因工作所獲致之報酬，屬工資性質；10,000 元仍屬原領工資補償，為補償金性質。

(4)結論：

  A.雇主對於職災勞工之原領工資應補償至：

    (a) 勞工醫療終止或認殘。

    (b) 勞工可從事原有工作。

    (c) 雇主按勞基法第 59 條第 1 項第 2 款但書規定給付工資終結補償之際。

  B.雇主對於職災勞工之原領工資仍應補償至可從事原有工作為止，

勞工機靈點，雇主睜大眼！

但若勞工於醫療期間中已可從事輕便工作，仍有提供勞務之義務。因此，針對案例中筱茹出具之診斷書所載與常情不合之休養期間，並無須過度在意，只需掌握給付原領工資補償之兩要件「醫療中且不能工作」加以判斷即可；以此案例而言，因手指頭骨折之情形不會導致失能，因此，應以手指復原情形是否已可從事輕便工作為訴求，據此協商雙方均可接受之休養期間，或由筱茹單方面提供更具說服力之證明文件，或由雇主陪同筱茹至設有職業醫學專科之院所進行復工評估[12]，以釐清返回公司提供勞務之合理休養期間；倘若筱茹有不配合之情形，雇主自當也有不准假之權利，畢竟任何假別的申請，都是要出具證明文件的。

2. 災保之抵充：

勞工職業災害保險針對被保險人因發生職災無法工作且未能取得原有薪資時，將發給傷病給付，而傷病給付因具有薪資補償之性質，故可作為原領工資補償之抵充，相關之規定如下：

災保法第 42 條：

被保險人遭遇職業傷病不能工作，致未能取得原有薪資，正在治療中者，自不能工作之日起算第四日起，得請領傷病給付。

前項傷病給付，前二個月按被保險人平均月投保薪資[13]發給，第三

---

12 勞工職業災害保險及保護法針對職災勞工之復工評估，有相關規定如下：

第 66 條第 1 項：

為使職業災害勞工恢復並強化其工作能力，雇主或職業災害勞工得向中央主管機關認可之職能復健專業機構提出申請，協助其擬訂復工計畫，進行職業災害勞工工作分析、功能性能力評估及增進其生理心理功能之強化訓練等職能復健服務。

第 67 條第 1 項：

職業災害勞工經醫療終止後，雇主應依前條第 1 項所定復工計畫，並協助其恢復原工作；無法恢復原工作者，經勞雇雙方協議，應按其健康狀況及能力安置適當之工作。

13 勞工職業災害保險及保護法關於平均月投保薪資之規定如下：

第 28 條第 1、2、3 項：

個月起按被保險人平均月投保薪資70%發給，每半個月給付一次，最長以2年為限。

由災保法之規定可知，傷病給付係從被保險人無法工作之第四日起開始給付，前二個月給付金額為平均月投保薪資之100%，第三個月起給為70%，最長以2年為限。基此，我們大致可以彙整之概念如下：

(1)第1至3天之原領工資、2個月後原領工資超過平均月投保薪資70%之部分，皆為雇主應自行負擔之部分，由此可知，即便雇主足額替勞工投保職業災害保險，在原領工資補償的區塊，仍無法完全獲得災保之抵充。

(2)當雇主將勞工災保之投保薪資以多報少或勞工之實領工資高於災保最高之級距時（目前最投保薪資為 72,800 元），雇主須自行負擔之缺口將更大。

(3)災保傷病給付以2年為限，但當勞工發生職災，只要持續處於醫療中不能工作之狀態，雇主就得持續予以原領工資補償，因此，一旦補償時間超過2年，雇主將無法再獲得災保傷病給付之抵充。

(4)以災保法第 42 條觀之，災保傷病給付之領取資格必須不能工作且未取得原有薪資，而雇主經常對此產生疑惑，認為一旦先行給付原領工資補償，即等於勞工仍取得原有薪資，就失去領取勞保傷病給付之資格，以致無法抵充，因而不願先發給原領工資補償，此係屬對法令之錯誤認知；蓋原領工資補償之本質為補償金性質，非為工資[14]，當然非屬災保法第 42 條所稱之原有

以現金發給之保險給付，其金額按被保險人平均月投保薪資及給付基準計算。前項平均月投保薪資，應按被保險人發生保險事故之當月起前六個月之實際月投保薪資，平均計算；未滿六個月者，按其實際投保期間之平均月投保薪資計算。

保險給付以日為給付單位者，按前項平均月投保薪資除以三十計算。

14 勞動部民國 89 年 2 月 21 日台勞保 3 字第 0005758 號：

薪資，故不會因雇主先行給與原領工資補償而令員工喪失傷病給付之請領資格。

失能補償

1. 性質：

(1)須於治療終止後，始得認定失能：

按勞基法第 59 條第 3 款之規定：「勞工經治療終止後，經指定之醫院診斷，審定其遺存障害者，雇主應按其平均工資及其失能程度，一次給與失能補償。失能補償標準，依勞工保險條例有關之規定。」因此，治療終止係為失能認定之始點，然而，治療終止之定義為何，勞基法並無明文規定，但一般實務上，皆參酌災保法第 43 條第 1 項之規定，即勞工之傷病，經治療後，症狀固定，再行治療仍不能其治療效果者，而非以勞工形式上有無赴醫院追蹤診療為斷。

(2)失能補償標準，依勞工職業災害保險及保護法有關規定辦理：

勞基法第 59 條的條文雖仍以「勞工保險條例」作為失能補償標準之認定，但自 111 年 5 月 1 日開始，應回歸至災保法之規定辦理才是。而在災保法第 43 條第 5 項及第 46 條第 5 項規定授權下，主管機關也另行訂定「勞工職業災害保險失能給付標準」（以下簡稱失能給付標準）；根據失能給付標準第 4 條第 2 項，失能等級共分為十五等級，各等級之給付標準，整理如下表 4-3。各個等級所對應之日數，在請領勞工保險失能一次金時，係乘上日平均

另勞動基準法第 59 條第 2 款規定，勞工因職業災害在醫療中不能工作時，雇主應按其原領工資數額予以補償。上開所稱「按其原領工資數額」係指補償費用之標準，與工資不同，故非屬勞工保險條例第 34 條之「原有薪資」。準此，勞工雖已受領雇主依勞動基準法給與原領工資數額補償，仍得依勞工保險條例相關規定請領職災傷病給付。惟如同一事故，依同條例或其他法令規定，已由雇主支付費用補償者，雇主得予以抵充之。

投保薪資（平均月投保薪資 ÷30）；在計算勞基法失能補償時，係乘上勞工之日平均工資。

(3)失能補償係以平均工資來做計算：

勞基法之失能補償，需先計算出勞工之平均工資後，再乘上失能等級所對應之日數，已如前述；而此處的重點在於平均工資，按勞基法第 2 條第 4 款之規定，平均工資之計算方式如下：

表 4-3　失能補償日數對照表

等級	日數（普通事故）	日數（職業災害）
第 1 等級	1,200	1,800
第 2 等級	1,000	1,500
第 3 等級	840	1,260
第 4 等級	740	1,110
第 5 等級	640	960
第 6 等級	540	810
第 7 等級	440	660
第 8 等級	360	540
第 9 等級	280	420
第 10 等級	220	330
第 11 等級	160	240
第 12 等級	100	150
第 13 等級	60	90
第 14 等級	40	60
第 15 等級	30	45

A. 事由發生之當日前六個月內所得工資總額除以該期間之總日數所得之金額。

B. 工作未滿六個月者，謂工作期間所得工資總額除以工作期間之總日數所得之金額。

C. 工資按工作日數、時數或論件計算者，其依上述方式計算之平

均工資，如少於該期內工資總額除以實際工作日數所得金額 60% 者，以 60% 計。

接著再藉由以下案例，讓讀者清楚平均工資之計算方式，並了解其對失能補償數額之影響：

案例一：

　　某丁為月薪制人員，每月工資為 42,000 元，災保投保薪資亦為 42,000 元。於 111 年 8 月 1 日發生職災致成第 6 等級失能，則某丁之雇主應給付之失能補償金額為何？

　　前六個月內所得工資總額：（4.2 萬 ×6）

　　總日數：（31 + 30 + 31 + 30 + 31 + 28）= 181 日

　　某丁平均工資 =（4.2 萬 ×6）÷181 = 1,393 元／日

　　第 6 等級失能對應之補償日數：810 日

　　災保失能一次金：（4.2 萬 ×6÷6÷30）×810 = 1,134,000 元

　　勞基法之失能補償責任：1,393×810 = 1,128,330 元

　　雇主實際給付金額：0 元（全數由災保抵充）

案例二：

　　某戊為部分工時人員，一週上班 2 日，日薪為 2,400 元，災保投保薪資為 25,250 元。於 111 年 8 月 1 日發生職災致成第 6 等級失能，則某戊之雇主應給付之失能補償金額為何？

　　某戊之平均工資：

　　算式一：以工資總額除以總日數

　　平均工資 =（2,400×2×26）÷（31+30+31+30+31+28）= 690 元／日

　　算式二：以工資總額除以實際工作日數之 60%

　　平均工資 =（2,400×2×26）÷（2×26）×60%=1,440 元／日

因此，應以 1,440 元／日作為某戊之平均工資。

災保失能一次金：

（2.525 萬 ×6÷6÷30）×810=681,750 元

勞基法之失能補償責任：1,440×810=1,166,400 元

雇主實際給付金額：1,166,400 － 681,750=484,650 元（災保無法全額抵充）

由上述兩則案例之比較可知，部分工時人員因平均工資計算方式的特殊規定，於進行失能補償時，即便在足額投保之前提下，仍有可能無法透過災保全數抵充。

2. 災保之抵充：

自 98 年 1 月 1 日之後，勞保便開始朝年金化之方向發展，而由勞保抽離之勞工職業災害保險，自也銜接此制度，故其給付型態可分為失能年金與失能一次金，說明如下。

(1)失能年金：

災保法第 43 條第 2 項：

前項被保險人之失能程度，經評估符合下列情形之一者，得請領失能年金。

一、完全失能：按平均月投保薪資 70% 發給。

二、嚴重失能：按平均月投保薪資 50% 發給。

三、部分失能：按平均月投保薪資 20% 發給。

至於完全、嚴重及部分失能之判定條件，則規範於勞工職業災害保險失能給付標準第 3 條，其判定方式為：

A. 完全失能：

符合失能標準附表所定失能等級第 1 等級或第 2 等級之失能項目，且該項目狀態列有「終身無工作能力」者。例如：勞工保險失能給付標準第 3 條附表項目 2-1 之失能狀態為：

「中樞神經系統機能遺存極度失能，終身無工作能力，為維持

生命必要之日常生活活動，全須他人扶助，經常須醫療護理及專人周密照護。」

上述失能狀態為第 1 級失能，且狀態列有終身無工作能力，因此，當勞工因職災符合該項目時，方可請領完全失能年金。

B. 嚴重失能：

(A) 符合失能標準附表所定失能等級第 3 等級之失能項目，且該項目狀態列有「終身無工作能力」者。

(B) 失能程度符合第一級失能至第九級失能，並經個別化之專業評估，其工作能力減損達 70% 以上，且無法返回職場者。

C. 部分失能：

失能程度符合第一級失能至第九級失能，並經個別化之專業評估，其工作能力減損達 50% 以上者。

(2)失能一次金：

A. 失能狀態符合失能給付標準附表規定，但未達「終身無工作能力」之給付項目者，共計 201 項。

B. 經個別化專業評估整體工作能力減損達未達 70%，或仍可返回職場工作者。

C. 失能狀態符合「終身無工作能力」之給付項目者，且於 98 年 1 月 1 日勞保年金施行前有保險年資者，亦得選擇一次請領失能給付 [15]。

3. 給付金額：

(1)失能年金：

完全失能：平均月投保薪資 ×70%

嚴重失能：平均月投保薪資 ×50%

部分失能：平均月投保薪資 ×20%

---

15 勞工保險條例第 53 條第 4 項：

本條例中華民國 97 年 7 月 17 日修正之條文施行前有保險年資者，於符合第 2 項規定條件時，除依前二項規定請領年金給付外，亦得選擇一次請領失能給付，經保險人核付後，不得變更。

(2)失能一次金：

（平均月投保薪資÷30）×失能等級所對應之補償日數關於失能補償之日數，可參考本章表 4-3「失能補償日數對照表」。

4. 領取災保失能年金之抵充疑義：

當勞工因職災而致失能，且雇主有為其投保勞工職業災害保險時，按照勞基法第 59 條前段之規定，災保之給付可用以抵充雇主失能補償之責，甚至在足額投保之前提下，原應由雇主給付之補償金可全數由勞保予以抵充。但是，倘若勞工符合領取失能年金之條件，而領取失能年金時，在勞工按月領取年金之情形下，災保抵充之金額應該如何認定呢？

按災保法第 90 條第 3 項規定：「被保險人遭遇職業傷病致死亡或失能時，雇主已依本法規定投保及繳納保險費，並經保險人核定為本保險事故者，雇主依勞動基準法第 59 條規定應給與之補償，以勞工之平均工資與平均投保薪資之差額，依勞動基準法第 59 條第 3 款及第 4 款規定標準計算之。」

因此，當勞工之月平均工資為 30,000 元，勞保之平均月投保薪資為 30,300 元，在勞工發生職災致成第 1 等級失能（1,800 日），則雇主應給與之補償金額，為兩者之差額，依勞基法第 59 條第 3 款規定之標準計算之，即〔（30,000－30,300）÷30〕×1,800=0 元（負值故以 0 表示）。是以，不論勞工因失能所獲領之災保失能給付為年金或一次金，於計算雇主應負擔之補償金額時，均不受其影響。

▌死亡補償

1. 性質：

(1)死亡補償順位為強制規定：

「勞工遭遇職業傷害或罹患職業病而死亡時，雇主除給與五個月平均工資之喪葬費外，並應一次給與其遺屬四十個月平均工資之

死亡補償。」此爲勞基法第 59 條第 4 款前段規定；而其遺屬受領死亡補償之順位依同條之規定爲：（一）配偶及子女。（二）父母。（三）祖父母。（四）孫子女。（五）兄弟姊妹；此順位爲強制規定，故一旦未依此順位予以死亡補償之給付，即屬違反法令之強制規定，除有可能遭受行政上之裁罰外，對於應獲補償之人仍得予以補足之。此問題經常於雇主進行團體商業保險之規劃時，將身故受益人約定爲法定繼承人，而發生賠了夫人又折兵之遺憾。

以下面案例來進行說明：

阿光今年剛新婚，在食品公司擔任司機，目前與妻子和父母同住，未育有子女。上個月在運送貨品的途中，因貨車失控打滑，高速衝撞路旁的電線桿而斷送了生命。食品公司的陳老闆在惋惜之餘，仍然得面對阿光職災死亡的相關責任，由於阿光一個月薪水 4 萬元，因此，按照勞基法規定，陳老闆須一次給與 45 個月平均工資的死亡補償；好在陳老闆有替所有員工規劃團體職災保險，保險公司在確認無誤之後，迅速地將 180 萬的死亡保險金理賠給阿光的法定繼承人，也就是阿光的太太和爸媽。沒想到，一個月之後，阿光的太太居然在律師的陪同下，向陳老闆要求 90 萬的職災死亡補償，一開始陳老闆當然無法接受，但經過律師引用相關的法條之後，陳老闆只好摸摸鼻子再另外開了張 90 萬的支票給阿光的太太，並當場簽定和解書，陳老闆大嘆，半桶水的保險業務員，真的把他給害慘了！究竟是發生了什麼事，讓陳老闆多承擔了 90 萬的損失呢？

解析：

勞基法職災死亡補償之受領順位：

一、配偶及子女。二、父母。三、祖父母。四、孫子女。五、兄弟姊妹。

民法第 1138 條所規定之法定繼承人：

除配偶外，依下列順序定之：

一、直系血親卑親屬。（和配偶均分）

二、父母。（配偶 1/2，父母 1/2）

三、兄弟姊妹。（配偶 1/2，兄弟姊妹 1/2）

四、祖父母。（配偶 2/3，祖父母 1/3）

由此可知，勞基法規定的順位和民法的順位是不一樣的，勞基法為規範勞動條件的特別法，係屬強制規定，故因職災造成的死亡補償應按照勞基法規定的順位給付給員工之遺屬。

90 萬差額產生緣由：

勞基法：由阿光太太一人獨自領得 180 萬元的死亡保險金。民法：阿光太太領得 90 萬元，阿光爸媽領得 90 萬元。因此，本案例中，阿光太太有權利再向陳老闆要求 90 萬元的死亡補償金。

⑵職災死亡補償非死亡勞工之遺產：

職災死亡補償並非勞工之遺產，故即使受領人亦為繼承人，且辦理拋棄繼承，仍不影響其職災死亡補償受領權之行使，說明如下：

勞動部民國 81 年 7 月 2 日台勞保 2 字第 17095 號：

查勞工保險條例係政府為保障勞工生活與健康等而制定之特別法，勞工保險給付應依據勞工保險條例規定辦理。又遺屬津貼並非遺產，不適用民法有關繼承之規定，被保險人遺屬雖依民法規定拋棄其一切繼承權，但並非拋棄勞保給付請領權，故遺屬津貼原則上仍應由其受益人按同條例第 65 條規定依序請領，不受拋棄繼承權與否之影響。惟為達成保障勞工遺屬生活之目的，遺屬津貼之當序受益人若因拋棄民法上之繼承權而確不為遺屬津貼之請領並且由其本人出具同意書者，得依序由其餘受益人具領。

最高法院 87 年度台上字第 1253 號民事判決：

按勞動基準法第 59 條第 4 款規定之喪葬費係勞工死亡後始發生之費用，死亡補償費則係勞工死亡後對遺屬所為之給付，均非已故勞工之遺產，自無繼承之可言。上訴人於原審抗辯喪葬費及死亡補償費，並非已故勞工黃奇子之遺產，且依勞動基準法第 61 條第 2 項之規定，受領補償費之權利不得讓與，黃奇子死亡時，遺有配

勞工機靈點，雇主睜大眼！

偶及一子四女，被上訴人提出其他繼承人出具之拋棄繼承書，請求向其一人給付，於法不合云云。

2. 災保之抵充：

勞保之死亡給付共有「喪葬津貼＋遺屬年金」、「喪葬津貼＋遺屬一次金」及「喪葬津貼＋遺屬津貼」三種模式，說明如下：

(1)喪葬津貼：

請領資格（災保法第 49 條第 1 項）：

被保險人於保險有效期間，遭遇職業傷病致死亡時，支出殯葬費之人，得請領喪葬津貼。其給付標準如下：

給付標準（災保法第 51 條第 1 項第 1 款）：

按被保險人平均月投保薪資一次發給 5 個月。但被保險人無遺屬者，按其平均月投保薪資一次發給 10 個月。

(2)遺屬津貼：

請領資格（災保法第 49 條第 5 項）：

被保險人於中華民國 98 年 1 月 1 日勞工保險年金制度實施前有保險年資者，其遺屬除得依第 2 項規定請領遺屬年金外，亦得選擇請領遺屬津貼，不受第 2 項各款所定條件之限制，經保險人核付後，不得變更。

給付標準（災保法第 51 條第 1 項第 3 款）：

遺屬一次金及遺屬津貼：按被保險人平均月投保薪資發給 40 個月。

(3)遺屬年金：

請領資格：

勞工發生職災死亡者，遺有符合災保法第 49 條第 2 項各款規定條件[16]之配偶、子女、父母、祖父母、受其扶養之孫子女或受其扶養

16　各順位遺屬得請領年金之條件如下：

一、配偶符合災保法第 44 條第 1 項第 1 款或第 2 款規定者。

二、子女符合災保法第 44 條第 1 項第 3 款規定者。

三、父母、祖父母年滿 55 歲，且每月工作收入未超過投保薪資分級表第一級者。

四、孫子女符合災保法第 44 條第 1 項第 3 款第 1 目至第 3 目規定情形之一者。

之兄弟姊妹者，得依第 52 條所定順序，請領遺屬年金。

第 52 條所定順序為：

一、配偶及子女。二、父母。三、祖父母。四、受扶養之孫子女。五、受扶養之兄弟姊妹。前順序已領取給付者，後順序不得再為請領。

給付標準（災保法第 51 條第 1 項第 2 款）：

依第 49 條第 2 項規定請領遺屬年金者，按被保險人之平均月投保薪資 50% 發給。

依前條第 1 項規定請領遺屬年金者，依失能年金給付基準計算後金額之半數發給[17]。

(4)遺屬一次金：

請領資格（災保法第 49 條第 3 款）：

前項當序遺屬於被保險人死亡時，全部不符合遺屬年金給付條件者，得請領遺屬一次金，經保險人核付後，不得再請領遺屬年金。

給付標準（災保法第 51 條第 1 項第 3 款）：

遺屬一次金及遺屬津貼：按被保險人平均月投保薪資發給 40 個月。

案例：

　　柏霖於公司擔任廠務人員，某日於執行職務之過程中，不慎觸碰高壓電而遭電擊身亡，若柏霖平均月投保薪資均為 30,300 元，遺有配偶，無子女，則其配偶可向勞保局申請之死亡給付金額為何？

狀況一：柏霖 98 年 1 月 1 日前無勞保年資，配偶符合請領年金

五、兄弟姊妹符合下列條件之一：

（一）有災保法第 44 條第 1 項第 3 款第 1 目或第 2 目規定情形。

（二）年滿 55 歲，且每月工作收入未超過投保薪資分級表第一級。

17 該給付係針對請領失能年金者，於領取期間死亡時，其符合請領資格之遺屬，可再按失能年金之半數續領（災保法第 50 條第 1 項）。

勞工機靈點，雇主睜大眼！

資格

喪葬津貼：30,300 × 5 = 15.15 萬

遺屬年金：30,300 × 50% = 15,150 元／月

狀況二：柏霖 98 年 1 月 1 日前無勞保年資，配偶不符合請領年金資格

喪葬津貼：30,300 × 5 = 15.15 萬

遺屬一次金：30,300 × 40 = 121.2 萬

狀況三：柏霖 98 年 1 月 1 日前有勞保年資，配偶符合請領年金資格

喪葬津貼：30,300 × 5 = 15.15 萬

遺屬年金與遺屬津貼可擇一請領：

遺屬年金：30,300 × 50% = 15,150 元／月

遺屬津貼：30,300 × 40 = 121.2 萬

狀況四：柏霖 98 年 1 月 1 日前有勞保年資，配偶不符合請領年金資格

喪葬津貼：30,300 × 5=15.15 萬

遺屬一次金與遺屬津貼可擇一請領：

遺屬一次金：30,300 × 40=121.2 萬

遺屬津貼：30,300 × 40=121.2 萬

⑸死亡補償受領人之遺屬年金之抵充疑義：

與前述職災失能年金相同，當職災死亡補償之受領人領取遺屬年金時，雇主仍可依災保法第 90 條第 3 項之規定，按勞工月平均工資與月平均投保薪資之差額乘上 45 個月，即為雇主應再給付之死亡補償金；但若遺屬本身正在領取勞保老年年金，例如：勞工因職災死亡，其無配偶及子女，父母親為符合請領資格之受益人，而父母親本身也正領有勞保老年年金，則父母親還可以申領遺屬年金嗎？讀者或許疑惑為何要針對此問題進行探討？主要是因為在災保法施行之前，勞工保險對於同時具備不同年金請領資格之被保險人

或受益人，限定其僅能擇一請領[18]，因此，就上例而言，因為父母親正在領取勞保老年年金，故對於子女因職災死亡而產生之遺屬年金，僅能與老年年金擇一請領，對於父母親而言，是否符合社會保險保障勞工之意旨，甚有疑慮；更重要的是，站在雇主立場，其已按法令規定為勞工投保勞工保險，本期待可藉由勞保之職災死亡給付抵充其雇主補償責任，但卻因勞保條例本身之限制，使父母親選擇續領老年年金，放棄遺屬年金，進而使雇主無從抵充[19]，必須負擔全額之職災死亡補償，對依法繳交勞保職災保費之雇主而言，何其無辜呢？

針對此不公平之現象，災保法已進行修正，不但使雇主可行使其抵充權，亦使被保險人或受益人可同時領得不同保險事故所生之年金給付，相關規定如下：

災保法第 58 條第 1、2 項：

被保險人或其受益人因不同保險事故，同時請領本保險或其他社會保險年金給付時，本保險年金給付金額應考量被保險人或其受益人得請領之年金給付數目、金額、種類及其他生活保障因素，

18　勞工保險條例第 65-3 條：
　　被保險人或其受益人符合請領失能年金、老年年金或遺屬年金給付條件時，應擇一請領失能、老年給付或遺屬津貼。

19　勞動部 105 年 2 月 23 日以勞動條 2 字第 1050130149 號函釋：
　　三、綜上，勞工遭遇職業災害死亡，雇主依勞工保險條例規定為其投保，經保險人核定為職業災害保險事故，且勞工遺屬因「同一事故」已領取勞保給付或依其他法令由雇主支付費用所得之保險給付時，雇主始得抵充其依勞動基準法所應給與之死亡補償。倘勞工遭遇職業災害死亡，其遺屬符合請領遺屬年金之資格，並依勞工保險條例第 65 條之 3 規定續領其自身之老年年金給付，致未領取遺屬年金給付，尚不符同一事故已領取勞工保險給付之情形；亦即非屬已由雇主支付費用補償者，爰雇主仍須依勞動基準法給付遺屬 40 個月平均工資之死亡補償及 5 個月平均工資之喪葬費。惟遺屬倘依勞工保險條例第 63 條之 2 第 1 項第 1 款但書規定，領取 10 個月平均月投保薪資之喪葬津貼者，雇主得就此部分主張抵充勞動基準法之喪葬費及死亡補償，不足之部分仍應由雇主補足之。

予以減額調整。

前項本保險年金給付減額調整之比率，以 50% 為上限。

勞工職業災害保險年金給付併領調整辦法第 4 條：

本法第 58 條第 1 項所定本保險年金給付之減額調整，以被保險人或其受益人請領本保險與其他社會保險年金給付之合計金額，超過本保險年金給付所採計之平均月投保薪資數額部分，為應扣減金額，由保險人於本保險年金給付中予以扣減。

前項應扣減金額，於被保險人或其受益人同時請領本保險二個以上年金給付之情形，平均月投保薪資數額應以最高者為準，並按本保險年金給付金額比例，分別由保險人於各該年金給付中予以扣減。

前二項所定應扣減金額，以本保險年金給付金額之 50% 為上限。

案例：

　　大華（化名）無配偶亦無子女，與母親相依為命；大華日前因職災而致死亡，其災保之平均月投保薪資為 40,000 元，母親是唯一的受益人，但母親目前領有其自身之勞保老年年金 24,000 元／月，假設母親符合遺屬年金之請領資格，則她可以領取之遺屬年金金額為何？

解析：

原遺屬年金金額：40,000×50%=20,000 元

母親可領之年金總額：20,000+24,000=44,000 元

超過計算遺屬年金之平均月投保薪資金額：44,000-40,000=4,000 元

遺屬年金減額調整後金額：20,000-4,000=16,000 元

母親實際可領年金總額：24,000+16,000=40,000 元

案例：

　　建華（化名）無配偶亦無子女，與母親相依為命；建華日前因職災而致死亡，其災保之平均月投保薪資為 40,000 元，母親是唯一的受益人，但母親本身亦為職災勞工，因職災導致完全失能，目前領有其自身之完全失能年金 29,400 元／月（平均月投保薪資為 42,000 元），假設母親符合遺屬年金之請領資格，則她可以領取之遺屬年金金額為何？

解析：

原遺屬年金金額：40,000 × 50% = 20,000 元

母親可領之年金總額：20,000 + 29,400 = 49,400 元

超過「最高」之平均月投保薪資金額：49,400 - 42,000 = 7,400 元

失能年金應扣減金額：7,400 × (29,400÷49,400) = 4,404 元

遺屬年金應扣減金額：7,400 × (20,000÷49,400) = 2,996 元

失能年金減額調整後金額：29,400 - 4,404 = 24,996 元

遺屬年金減額調整後金額：20,000 - 2,996 = 17,004 元

母親實際可領年金總額：24,996 + 17,004 = 42,000 元

▌工資終結補償

　　當勞工於醫療中不能工作時，雇主須依勞基法第 59 條之規定予以原領工資補償，已如前述；然而，若職災勞工持續處在治療階段，無法工作，亦無法符合失能之認定標準，為使雇主可提早終結其原領工資補償之責，勞基法第 59 條第 2 款後段賦予雇主可一次給付勞工四十個月平均工資，免除其工資補償責任。關於工資終結補償之各項內涵，說明如下。

1. 性質：

⑴工資終結補償係專屬雇主之權利：

　　工資終結補償之發動權在雇主，因此，當職災勞工醫療期間屆滿

二年仍未能痊癒，經指定醫院診斷，審定爲喪失原有工作能力，且不符合失能給付標準時，仍不能由勞工進行主張，要求雇主一次給付四十個月平均工資。此法理可就以下判決進行參考。

台灣高等法院 93 年度勞上字第 1 號民事判決：

按勞基法第 59 條第 1 項第 2 款規定：勞工在醫療中不能工作時，雇主應按原領工資予以補償，但醫療期間屆滿二年仍未能痊癒，經指定醫院診斷審定喪失原有工作能力，且不合於第 3 款失能給付標準者，雇主得一次給付四十個月之平均工資，免除此項工資補償責任。但書規定（即終結工資）係雇主免責之規定，其發動權及決定權在雇主，非謂雇主必須付出終結工資。

⑵雇主未進行工資終結補償之前，仍應繼續給付原領工資補償：

內政部 75 年 10 月 18 日台內勞字第 437910 號函：

勞基準法第 59 條第 2 款但書之宗旨在免除工資補償責任，但應具備「醫療期間屆滿二年仍未痊癒，經指定之醫院診所，審定爲喪失原有工作能力，且不合同條第 3 款之失能給付標準」之前提，雇主始得爲主張，否則應繼續爲「原領工資」之補償。

⑶喪失工作能力係指喪失原有之工作能力：

最高法院 101 年度台上字第 1919 號民事判決：

按原有工作能力，係指適任原有工作之能力而言，故勞基法第 59 條第 2 款但書所定喪失原有工作能力，應指不能從事勞動契約所約定之工作。至職業災害發生後變更勞動契約所約定之工作，則係勞工能否拒絕從事該工作，依上開條款請求雇主補償工資之問題，與其是否喪失原有工作能力無涉。查上訴人第一次職災傷病尚未痊癒，爲原審認定之事實，且成大醫院職業及環境醫學部之永久性失能評估報告及成大職能治療學系工作強化中心之工作能力評估報告，亦認定上訴人目前無法從事彎腰、搬運重物、攀爬樓梯等動作，或不適合返回職場等，在此情形下上訴人已否喪失原有工作能力，依上說明，即應以其能否從事勞動契約所約定之

工作爲判斷基準。

乃原審以第一次職災後上訴人之工作內容已變更爲束橡皮筋工作，仍有負重搬運能力，認其未喪失原有工作能力，自有未當。復未說明上訴人因工作內容已變更，不得依勞基法第 59 條第 2 款但書規定請求被上訴人補償工資之理由，而爲上訴人不利之判決，亦有判決不備理由之違誤。

⑷雇主給付工資終結補償後，勞動契約仍未終止：

雇主給付勞工四十個月之工資終結補償，僅免除原領工資補償之責，但與勞工之間之僱傭關係，仍然存在；若於給付工資終結補償後，雇主欲與勞工終止勞動契約，仍應遵照勞基法關於終止契約之相關規定，也就是說在未具法定事由之前提下，雇主不得因已給與勞工工資終結補償即可片面終止與勞工間之勞動契約。

2. 災保之抵充：

勞工職業災害保險並無工資終結之相關給付，故就勞基法第 59 條第 2 款但書之工資終結補償而言，雇主必須全數自行負擔，因此，是否在各項條件均成就之際，立即執行此項權利，雇主應謹慎考量，三思而後行。

最後，將本節所述各補償項目之計算與災保之抵充，彙整於表 4-4 和表 4-5，以利讀者能快速學習與記憶，進而融會貫通。

表 4-4　各項職災補償

項目	內　　容
醫療補償	有治療上之必要者，即為醫療補償之範圍；災保給付與否，僅作為能否由雇主主張抵充之判斷，並非衡量是否為必需醫療費用之依據。
工資補償	勞工在醫療中不能工作，雇主應按其原領工資數額依曆予以補償。 假設勞工每月工資均為 9 萬元，則其原領工資為 3,000 元／日，依曆補償。
工資終結補償	勞工醫療期間屆滿二年仍未能痊癒，經指定之醫院診斷，審定為喪失原有工作能力，且不合第三款之殘廢給付標準者，雇主得一次給付四十個月之平均工資後，免除此項工資補償責任。 假設勞工每月工資均為 9 萬元，則其月平均工資即為 9 萬元，工資終結補償金額則為：9×40=360 萬元。
失能補償	勞工經治療終止後，經指定之醫院診斷，審定其遺存障害者，雇主應按其平均工資及其失能程度，一次給與失能補償。失能補償標準，依勞工保險條例有關之規定。 假設勞工每月工資均為 9 萬元，則其月平均工資即為 9 萬元，日平均工資為 3,000 元，若因職災導致第 10 級失能，失能補償金額為：3,000 元 ×330 日 = 99 萬元。
喪葬費及死亡補償	勞工遭遇職業傷害或罹患職業病而死亡時，雇主除給與五個月平均工資之喪葬費外，並應一次給與其遺屬四十個月平均工資之死亡補償。 假設勞工每月工資均為 9 萬元，則其職災死亡補償為：9×45 = 405 萬。

表 4-5 　職災補償與災保抵充

事故類型 ／ 補償項目	員工 A 發生職災，在醫院住了 20 天，回家繼續療養了 15 天。	員工 B 發生職災，左手食指與中指均遭機器碾斷（10級失能），在醫院住了 15 天，回家繼續療養了 30 天。	員工 C 因不堪其部門主管長期言語辱罵與責難，而罹患重鬱症，經鑑定後，確定為職業病；期間經過 2 年的調養仍無法繼續回到職場上班，雇主最後決定予以薪資終結，以結束遙遙無期之工資補償義務。	員工 D 發生職災，於事故現場當場死亡。
醫療費用補償	必需醫療費用	必需醫療費用	必需醫療費用	必需醫療費用
災保給付	健保部分負擔與自付差額特殊材料品項	健保部分負擔與自付差額特殊材料品項	健保部分負擔與自付差額特殊材料品項	健保部分負擔與自付差額特殊材料品項
原領工資補償	$3,000 \times 35$ = 10.5 萬	$3,000 \times 45$ = 13.5 萬	$3,000 \times 730 =$ 219 萬	－
災保給付	抵充 $2,400 \times (35\text{-}3) \times 100\%$ = 7.68 萬	抵充 $2,400 \times (45\text{-}3) \times 100\%$ = 10.08 萬	前 2 個月： $2,400 \times (60\text{-}3) \times 100\%$ = 13.68 萬 第 3 個月~2 年屆滿： $2,400 \times 670 \times 70\%$ = 112.56 萬 抵充	－
薪資終結補償	－	－	9 萬 $\times 40$ = 360 萬元	－
災保給付	－	－	0；無此項目	－
失能補償	－	$3,000 \times 330$ = 99 萬	－	－
災保給付	－	抵充 $2,400 \times 330$ = 79.2 萬 （無年金化可能）	－	－
喪葬及死亡	－	－	－	9 萬 $\times 45$ = 405 萬 抵充
災保給付	－	－	－	7.2 萬 $\times 45$ = 324 萬
雇主補償責任	2.82 萬元	23.22 萬元	452.76 萬元	84 萬

※ 假設員工 A、B、C、D 之約定月薪皆為 9 萬，月平均工資亦為 9 萬，災保平均月投保薪皆為 72,000 元。

04 團體保險是轉嫁職災風險
的最佳利器

——介紹團體保險

企業為何需要團體保險

觀諸勞基法第 59 條之規定，其雇主之補償項目包括：必需之醫療費用、醫療期間不能工作之原領工資補償、持續兩年無法工作亦無法認定失能之薪資終結補償、失能補償以及死亡及喪葬費用補償。雖然雇主之職災補償責任明定於勞基法第 59 條，但因職業災害所衍生之勞資爭議總是不厭其煩地經常上演，究其原因，不外乎下列二者：

1. 對於職災相關法令未有正確之認知：

   「法律不保障睡著的人」，而睡著的人往往在事故發生時才會從夢中驚醒，這雖是老生常談，但也真實；因此，對於職災之認知，當然也不例外。必需醫療費用之定義？原領工資如何計算？應補償至何時？在不影響傷病復原前提下，能否從事輕便工作？失能後該如何重新安置工作？如此繁複之法律問題，若非具勞動法令之專業，自無法正確因應，這也是普遍存在於多數中小企業的問題。

2. 職災補償所費不貲：

   即便具備足夠之勞動法令專業，但知道是一回事，執行又是另一回事，也就是說，雇主是否願意負起應負之法律責任，還得倚賴雇主本身之法治觀念與財務能力。從另一個角度來看，根據前面章節的論述，各位讀者都知道，企業是否足額來替員工加保勞工職業災害保險，亦是另外一個影響補償能否落實之重要關鍵，然而，以台灣的中小企業而言，能善盡此法定義務之企業仍屬有限，

雖然有人會說，勞工職業災害保險保費相當便宜，如果能藉此抵充雇主之職災補償責任，應該沒有雇主會低保才是。但實際上，勞工保險、就業保險、勞退提繳、健保以及勞工職災保險之投保薪資是連動的，一旦雇主想要足額替員工投保勞工職災保險，勢必也會牽動勞退以及健保之保額跟著提高，進而增加雇主之人事成本，讓雇主望之卻步。因此，時至今日，應該還是有不少勞工未享有足額的勞工職災保險之保障，這些問題都有賴企業與政府共同努力來進行改善。

▌避免職災爭議之最佳利器──團體保險

面對上述各項職災爭議，最徹底的解決之道非「團體保險」莫屬了。這也是筆者時常積極跟諸多企業主宣揚的觀念。而團體保險之所以可以解決職災爭議，係依據以下的法令規範與法院實務見解：

1.　勞基法第 59 條第 1 項：
   依勞基法第 59 條之規定，同一事故，依勞工保險條例或其他法令規定，已由雇主支付費用補償者，雇主得予以抵充之。

2.　勞動部台勞動 3 字第 017676 號函釋：
   「由雇主負擔保險費為勞工投保商業保險者，勞工所領之保險給付，雇主得用以抵充勞動基準法第 59 條各款所定雇主應負擔之職業災害補償費用，惟不足之部分雇主仍應補足。」

3.　最高法院 95 年台上字第 854 號判決：
   末查由雇主負擔費用之其他商業保險給付，固非依法令規定之補償，惟雇主既係為分擔其職災給付之風險而為之投保，以勞動基準法第 59 條職業災害補償制度設計之理念在分散風險，而不在追究責任，與保險制度係將個人損失直接分散給向同一保險人投保之其他要保人，間接分散給廣大社會成員之制度不謀而合。是以雇主為勞工投保商業保險，確保其賠償資力，並以保障勞工獲得相當程度之賠償或補償為目的，應可由雇主主張類推適用該條規

定予以抵充，始得謂與立法目的相合。

因此，由雇主全額負擔費用為其員工所規劃之團體保險，其因應保險事故之發生所給付之保險金，即具備抵充勞基法第 59 條所規範之各款雇主補償責任之效果。

▊ 團體保險之規劃要領

既然團體保險為解決職災爭議之最有效工具，那麼，究竟該如何規劃，才能徹底抵充勞基法第 59 條之雇主補償責任呢？其規劃要領如下：

1.　善盡雇主應有的責任，確實幫員工足額投保各項社會保險：
　　因發生職災所衍生出之雇主補償責任，除商業保險可予以抵充外，更別忘了還有最基本的勞工職業災害保險，而要替員工投保足額的勞工職災保險，就必須連同其他社會保險一起保足，前已述及。至於商業保險之角色，本應定位為補充勞工職災保險給付與勞基法雇主職災補償責任兩者之落差，目的在減輕雇主因勞工職災所生之負擔，絕非用以取代強制性之社會保險，否則，將誘發雇主捨社會保險而改商業保險之投機心態，此舉絕非勞工之福。另外，就實務面來看，保險公司也不受理未加保勞工職災保險之勞工進行團體職災保險或職災補償保險之投保，因此，確實替員工投保勞工職災保險，會是減少職災爭議的首要之務。

2.　團保規劃，首重職災保險：
　　各家保險公司均有其各自之團保商品，雖稱不上艱澀難懂，但也足以讓一般民眾眼花撩亂；如此眾多之團保相關商品，若以其規劃目的加以分類，可分成兩類，一為「單純抵充雇主責任」，另一則為「抵充雇主責任與員工福利並存」。
　　「單純抵充雇主責任」之類型者，在壽險公司為職災團體保險，在產險公司則為雇主責任險所附加之職業災害補償保險。
　　「抵充雇主責任與員工福利並存」之類型者，項目眾多，常見有：團體傷害保險、團體住院醫療保險、團體實支實付醫療保險、團

體防癌險等。

對多數的公司而言，將勞基法第 59 條之職災補償責任轉嫁給保險公司，應為進行團保規劃最主要的目的，因此，在團保險種的配置上，當然還是先就職災保險區塊先行安排，行有餘力，再來針對與員工福利有關之險種進行挑選，會是比較正確的流程。

3. 產、壽險公司之職災保險應同時規劃：

勞基法第 59 條之補償項目計有：醫療費用、原領工資、薪資終結、失能與死亡，而企業所規劃的團體保險，理應將此五項全數涵蓋才是，而具此功能之首選險種當然是職災保險了。然而，以壽險公司之團體職災保險而言，僅包含了醫療費用以外的其他四項，也就是說，因職災所致之高額醫療費用，均非該險種之保障範圍，這一點別說企業之人資工作者或雇主不知道，就連多數之保險從業人員也未必清楚。從以下之判決可知，職災醫療費用也可能是一筆可觀的金額：

台灣高等法院 102 年勞上字第 32 號民事判決：

……（一）依前段說明，被上訴人所支出必要醫療費用，得請求雇主依勞基法第 59 條第 1 款補償之。經查，被上訴人自 100 年 7 月 29 日至 101 年 10 月 28 日，在台北市立聯合醫院和平院區等處支付醫藥費用共計 43 項，金額達 47 萬 6,881 元，此為上訴人所不爭執。

從上述判決可知勞工因職災所致必需醫療費用高達 47 萬元，這金額對於許多雇主而言，相信應該都是一筆沉重的負擔。好在，「部分」[20] 產險公司之職業災害補償責任保險就有針對超過全民健康保險給付之醫療費用列入其保障範圍；因此，若要將雇主補償責任完整移轉給保險公司者，勢必得同時規劃壽險公司以及產險公司之職災保險。看完上述之說明後，腦筋動得比較快的讀者，或

勞工機靈點，雇主睜大眼！

---

20 之所以強調「部分」，係因並非所有產險公司之職災補償責任保險均包含職災醫療費用。

許會反問：「如果壽險公司之團體職災保險均未承保職災醫療費用，而產險公司職災補償責任保險卻有涵蓋的話，那麼，就直接規劃產險公司的方案就好了，不是嗎？」確實，就保障的項目而言，只要認真篩選，產險公司的方案有時的確會較壽險公司完整，但是，無論再怎麼優良的產險方案，都無法包含因疾病所造成的職業災害，也就是職業病並不在產險公司職災補償責任保險的承保範圍之內，因此，若希望將雇主之職災補償責任做最徹底的轉嫁，產、壽險公司之職災保險同時規劃仍然是勢在必行的策略。

4. 另行規劃「雇主意外責任保險」：

勞基法第 59 條所訂之各款補償項目固然為雇主對於職災勞工所需盡之法定義務，但畢竟第 59 條之補償前提並非以過失為基礎，倘若今天職災之發生有可歸責於雇主之情形時，勞工除了可依勞基法第 59 條之規定向雇主請求補償外，一旦勞工之損失超過其依第 59 條可請求之金額時，勞工仍可再依民法第 184 條、第 192 ～ 195 條，向雇主請求民事上的損害賠償。而前述保險公司之職災保險其保障範圍僅局限於勞基法第 59 條所訂各款雇主補償項目與災保職災給付之差額，並未包含民事上之賠償責任，基此，事業單位仍有必要針對職災所衍生之雇主民事賠償責任，另行規劃「雇主意外責任保險」。

5. 留意雇主應負擔之撫卹責任：

勞基法第 70 條規定：「雇主僱用勞工人數在三十人以上者，應依其事業性質，就左列事項訂立工作規則，報請主管機關核備後並公開揭示之：……八、災害傷病補償及撫卹」，由此可知，勞工因為普通事故所導致之身故，雇主負有撫卹之責，至於金額為何，則應由雇主於工作規則之福利章節中加以約定。雇主當然可以選擇以企業之自有資金作為撫卹金之來源，但相較起來，團體定期壽險或許會是更好的選項，理由無非是小小成本就可以換取大大保障，對企業不但不會構成財務上之負擔，更可令往生者之家屬

感受到雇主妥善照顧員工的那份心意。此區塊無關職災，而是提醒讀者可透過團保強化企業內部之撫卹制度。

6. 留意死亡給付之受益人約定：

在勞基法第 59 條第 4 款中，有明定死亡補償受領人身分與順位，其與民法第 1138 條關於「法定繼承人」之規定並不相符，因此，一旦將團體保險之身故保險金受益人約定為「法定繼承人」，將有可能導致應受領之人未獲應得之補償，此時，該受領人仍依據勞基法第 59 條第 4 款向雇主提出求償，進而失去團保規劃之意義。詳細說明可參考本章第 3 節中「死亡補償」所列舉之案例，將可獲得更清楚的概念哦！

7. 團保協議書：

在替企業員工進行團保規劃的同時，建議可另行與員工簽訂「團保協議書」。有哪些事項應再透過此協議書再行約定呢？列舉如下：

⑴ 規劃此份團體保險之目的。

⑵ 各項保險金之抵充約定。

⑶ 員工同意以保險金償還雇主先行墊付金額之約定。

⑷勞資同意在雇主先行墊付各項補償金額之前提下，保險公司可將保險金直接匯予雇主（須視所投保之保險公司本身有無此項給付機制）。

以上各項規劃要點，還需各位讀者細細鑽研，更有甚者，應搭配商品條款一併進行理解，才能有效地將商品與法令予以結合。然而，團體保險，看似簡單，實則複雜；除須具備完整之勞動法令專業外，更應備有保險規劃之相關知識，才能見微知著，進而設計出具有實益之團體保險，徹底地將職災所可能導致的勞資爭議降至最低。

▋「雇主補償契約責任保險」真能完全解決雇主之職災補償責任？

團體保險內容多樣，非同時具備勞動法令與保險專業之人，無法

給與企業主可以完全解決職災問題之保險規劃；而近年在保險市場上，非常流行以「雇主補償契約責任保險」（以下簡稱雇補險）作為企業職災補償之轉嫁工具，筆者也常常在檢視企業團體保險內容時，發現諸多企業都有進行雇補險之規劃，當問及老闆為何會想接受業務員建議規劃此險種時，所有老闆的回答幾乎都如出一轍，就是「雇主補償」的字眼，讓老闆深信其可解決職災所衍生出的各種補償問題。然而，雇補險是否誠如其名，可以解決所有職災衍生出的雇主補償責任？為了讓各位讀者了解此一問題，筆者特地將現行市場上數家產險公司的雇補險商品整理如表 4-6，以下提供幾點說明：

1. 雇補險本質為意外險：

   雇主補償契約責任保險，說穿了，其實就是以勞工保險失能給付標準第三條附表之失能等級（15 級 221 項）作為失能補償依據的意外險，再搭配意外身故、意外醫療實支實付、意外住院日額、住院慰問金以及重大燒燙傷保險金等保障項目，儼然就是一個意外險專案。這樣的說法並沒有要強調雇補險的「優」或「劣」，只是要讓讀者了解此商品之主要架構，不要一味地被「補償」兩字給誤導了。

2. 仍須附加「職災補償險」及「雇主意外責任保險」，才能彰顯其「補償」價值：

   如果只有雇補險主體，而未附加職災補償險及僱責險的話，由於其如同意外險一樣為定額給付性質，是以，在一些特定情況下，就會無法有效填補職災補償缺口。例如：勞工發生職災，不論其狀態為住院、復健、門診甚至在家休養，只要符合「醫療中且不能工作」之要件，皆可向雇主提出原領工資補償之請求。但除住院外，雇補險針對未住院的門診、復健及在家休養，是沒有任何給付的，因此，即便在有投保災保之前提下，一旦不能工作期間超過 2 個月，或者雇主有以多報少之情形存在時，勢必都將產生原領工資補償之缺口；因此，唯有透過職災補償險的附加，才可

以避免此類問題的發生。

3. 無法有效填補「職災醫療費用」：

原領工資補償、失能補償，或許是在職災補償議題上，最常被討論的區塊，但別忘了，醫療費用補償，也是法定的補償項目之一；雖然每個國民都享有健保之保障，但勞基法中所規範的職災醫療費用補償，係以「必需之醫療費用」為前提，而所謂「必需」，並無區分健保給付或自費項目，而應以實際情形來進行判斷，因此，醫療費用補償之數額小至數百元，大至數十萬甚至數百萬，均有可能。

然而，表 4-6 中各家雇補險之醫療費用補償上限，均落在 3 萬至 5 萬元左右，至多為 10 萬元。面對勞工因職災而致之高額醫療花費時，仍易產生缺口；而由於並非所有雇補險所能附加的職災補償險均包括「必需醫療費用補償」[21] 的給付，所以即便附加了職災補償險，仍無法完全解決因職災而衍生的高額醫療費用，最後還是得由雇主自行吸收。

4. 雇補險若使用得宜，可快速與職災勞工達成和解：

這裡所謂的搭配得宜，指的是雇補險附加含醫療給付的職災補償險、足額投保勞工職業災害保險以及規劃適當的雇主意外責任保險。於此前提下，倘若勞工發生嚴重或完全失能等重大職災，且雇主就職災之發生需承擔一定比例之過失責任時，由於雇補險如同意外險一樣具備定額給付之性質，故只要勞工檢附診斷書及就醫收據，即可向保險公司提出理賠申請，快速獲得保險金給付，不用等待較為冗長的災保給付審定（職災補償險係以災保給付之結果作為其給付與否及給付金額多寡之依據，故其理賠作業等待時間會更長），且若涉及失能之補償及賠償問題時，只要保險公司可以透過失能診斷書確認勞工之失能狀態，即可按其失能等級對應之金額直接給付失能保險金，不必像雇主意外責任險必須於

---

21 是否包含必需醫療費用之補償，須以實際附加職災保險之條款而定。

表 4-6　雇主補償契約責任保險比較表

公司別	兆豐產物	泰安產物	泰安產物	明台產物	國泰世紀產物	安達產物	富邦產物	富邦產物	華南產物
專案名稱	兆權頭家	頭家御守	雇主御守	雇主的好險	業主補償契約保險	雇主補償契約責任保險（專案A）	好頭家	謝老闆	安心保雇
計畫別	計畫A～E	計畫A～E	計畫A～E	計畫一～五	計畫A～E	計畫一～四	計畫一～五	計畫一～五	計畫一～五
執行職務期間									
死亡及失能補償金（15級221項）	100～300 萬	50～300 萬	50-500 萬	50-500 萬	50-500 萬	100-500 萬	50-500 萬	50-500 萬	50-500 萬
醫療費用補償金（實支實付）	3-5 萬	3-5 萬	3-5 萬	3-5 萬	3-5 萬	3-5 萬	3-10 萬	3-10 萬	3-10 萬
住院費用補償金（日額）	1000～2000 元	1000～2000 元	1000～2000 元	1000～2000 元	1000～2000 元	2000～3000 元	1000～2000 元	1000～2000 元	1000～2000 元
加護病房日額補償金	1000～2000 元	1000～2000 元	1000～2000 元	1000～2000 元	1000～2000 元	2000～3000 元	1000～2000 元	1000～2000 元	1000～2000 元
住院慰問金	3000～5000 元	3000～5000 元	3000～1 萬元	住院：3000～1萬元 傷害：3000 身故：1萬元	3000～5000 元	住院：5000元 失能：1.5萬元 身故：5萬元	3000～1 萬元	3000～1 萬元	3000～1 萬元
重大燒燙傷補償金	100～300 萬	50～300 萬	50～300 萬	50～500 萬	50～500 萬	100～500 萬	50～500 萬	50～500 萬	50～500 萬
燒燙傷病房補償金									
意外事故門彭手術慰問金									
非執行職務期間									
雇主意外責任保險		200 萬（計畫C～E）	200 萬	200 萬	200 萬		200 萬	200 萬（計畫二～五）	
身故及失能補償金（11級80項）	100～200 萬	50～300 萬		50-500 萬	50～200 萬	100～200 萬	50-500 萬	50～200 萬	50-500 萬
醫療費用補償金（日額）		3-5 萬		3-5 萬		3-5 萬	3-10 萬	3-10 萬	3-10 萬
住院費用補償金（日額）		1000～2000 元		1000～2000 元			1000～2000 元		1000～2000 元
加護病房日額補償金		1000～2000 元		1000～2000 元			1000～2000 元		1000～2000 元
住院慰問金		3000～5000 元		3000～1 萬元			3000～1 萬元	3000～1 萬元	3000～1 萬元
重大燒燙傷補償金		50～300 萬		50～500 萬			50～500 萬	50～500 萬	50～500 萬
燒燙傷病房補償金									
每人年繳保費	850~1950 元	900~3410 元	750~3900 元	950~4900 元	900~4000 元	1990~5480 元	1010~5540 元	855~4490 元	894~5289 元

說明：
1. 商品內容係以網路所搜尋取之 DM 資料進行彙整。
2. 保費係顯示 1-50 人投保人數之費率。

釐清雙方責任比例後，再就勞工之損失逐項盤點後，方能決定最後之理賠金額，有時雙方可能爲了一點金額僵持不下，延誤了和解的時機；因此，在雇補險的保額足以塡補職災勞工在勞基法或民事上可主張之數額時，往往能加速勞資雙方和解之速度，這確實是雇補險在作爲雇主職災責任抵充上很大的優勢所在。

透過本章的探討，除了希望雇主或勞工對於職災相關權益能有更進一步的認識之外，更希望藉此喚醒所有雇主對於職災預防的重視，畢竟唯有建立妥善的預防機制，才能將執行職務過程中的所有傷害降至最低；最後，還是要不厭其煩地提醒雇主，無論是否有建構完善的職災防範機制，切記好好重新審視公司現有的團保規劃，以確保在風險發生後，能善盡雇主之責，給與員工應有的照護與補償。

勞工機靈點，雇主睜大眼！

蜂哥小筆記

第 5 章

解僱

01 / 解僱須符合最後手段性原則
——前言

「天下無不散的筵席」，人們總是希望和身邊每一位曾經共事或同行之人達到「好聚好散」的最佳境界，是否能做到，端視個人的智慧與修練，人生如此，企業亦然；在企業經營的過程中，「人」總是扮演最核心也最關鍵的角色，畢竟，產品再好，沒有適任的人來加以生產與銷售，也只能孤芳自賞；制度再好，沒有適任的人來推動與管理，也只是畫餅充飢，永遠嚐不到真正的美味。然而，鐵打的營舍，流水的兵，在企業運作的過程中，總是人進人出，來來往往，有人不著痕跡，有人發光發熱，卻也有人格格不入，難以相處。對於不喜歡的人，我們可以敬而遠之，但企業遇上問題員工，就得好好來面對與處理，免得群起效尤，最後反倒劣幣逐良幣，令企業得不償失。但就是在這面對與處理的過程中，企業往往忽略了法律的規範與精神，進而也侵害了勞工的權益，而又掀起了無謂的糾紛。

不論雇主或勞工，相信沒有人希望走到解僱一途，但是，一旦非執行不可的時候，就得好好來研究勞基法上對於解僱之定義、規範與事由，了解的目的不僅在於別讓企業避免做出錯誤的人事決策，招來不必要的麻煩，最重要的還是希望達到「好聚好散」的最佳境界。

勞基法並無「解僱」之名詞，而是終止契約。而此處所稱之契約，所指當然是「勞動契約」；再看到勞基法第 2 條第 6 款可知，勞動契約為約定勞雇關係之契約，亦即約定勞雇之間各種權利義務關係之契約，至於究竟該約定哪些事項呢？勞基法施行細則第 7 條有明文規定，其中包括應遵守之紀律及獎懲，而從其延伸而來的，即為勞工違反相關規範之法律效果，一旦違反之情形日益頻繁或愈趨嚴重時，終止契

約自然也就在所難免了。

而終止契約之型態，除了雇主對勞工之外，亦包含勞工對雇主行使終止權，也就是說，勞基法賦予雇主與勞工各自之終止契約權利，專屬於勞工之契約終止權規範於勞基法第 14 條以及第 15 條，第 14 條俗稱「勞工對雇主之資遣」，亦即雇主有該條所列各款侵害勞工勞動權益，或置勞工於不安全之工作環境，或對勞工之身體或人格做出侵害時，勞工均可據此作為終止勞動契約之法定事由，並進而向雇主請求資遣費；而第 15 條俗稱勞工之「自請離職」，無須任何法定事由，只須勞工以意思表示方式為之即可。

然而，本章探討的重點當然還是著重於專屬於雇主之契約終止權區塊，包括勞基法第 11 條之「資遣」，以及勞基法第 12 條之「開除」；而實務上所稱之解僱，即指雇主單方面資遣以及開除勞工；然而，無論資遣或開除，對勞工而言，無疑都會令其頓失經濟依靠，且勞工屬於僱傭關係中經濟及地位弱勢之一方，雇主對於勞工關於工作知識及能力之提升，本應負有教育或改善之義務；同時，為保障勞工之工作權，避免雇主恣意解僱勞工，故勞工工作能力一時或輕微之不足，應不足以構成雇主資遣勞工之條件，雇主欲行使其解僱權之際，應思考是否還有可令勞工能力予以改善或提升之機會，果真窮盡一切方法，仍然無法改善而必須走上解僱一途，始符合解僱為不得已之最後手段原則。

再參照最高法院 96 年台上字第 2630 號判決要旨，所謂解僱最後手段係指當勞工所提供之勞務，無法達成雇主透過勞動契約所欲達成之客觀上合理經濟目的時，自無法期待雇主繼續該勞動契約，應允許雇主終止勞動契約，而勞工所提供之勞務不能達到雇主客觀上合理經濟目的，其事由當包括勞工在客觀上之學識、品行、能力、身心狀況不能勝任工作，及勞工主觀上能為而不為，可以做而無意願做，違反勞工應忠誠履行勞務給付之義務者，且須雇主於其使用勞動基準法所賦予保護之各種手段後，仍無法改善情況下，始得終止勞動契約。此

即雇主欲行使解僱權所須具備之最重要前提。

02 / 最後的疼愛是手放開

——資遣

▌資遣相關規範

1. 資遣法定事由：

   關於資遣之規範及其所需之法定事由，規範於勞基法第 11 條，條文內容如下。

   非有左列情事之一者，雇主不得預告勞工終止勞動契約：

   一、歇業或轉讓時。

   二、虧損或業務緊縮時。

   三、不可抗力暫停工作在一個月以上時。

   四、業務性質變更，有減少勞工之必要，又無適當工作可供安置時。

   五、勞工對於所擔任之工作確不能勝任時。

   觀諸勞基法第 11 條之前 4 款乃係「經濟性解僱」、「整理解僱」或「資遣」，而企業因歇業、轉讓、虧損等事由而須終止勞動契約時，為保護無辜勞工乃規定雇主須預告並支付資遣費；而關於第 5 款不能勝任工作，實務上有採僅包括不能歸責於勞工事由之客觀事項，亦有兼具客觀（不可歸責勞工）與主觀（可歸責勞工）事由之見解。

2. 資遣費與資遣預告：

   當雇主對於勞工進行合法資遣後，雇主仍有給與預告期間、謀職假或預告工資以及資遣費之義務，規定如下。

勞基法第 16 條：

雇主依第 11 條或第 13 條但書規定終止勞動契約者，其預告期間
依左列各款之規定：

一、繼續工作三個月以上一年未滿者，於十日前預告之。

二、繼續工作一年以上三年未滿者，於二十日前預告之。

三、繼續工作三年以上者，於三十日前預告之。

勞工於接到前項預告後，為另謀工作得於工作時間請假外出。其
請假時數，每星期不得超過二日之工作時間，請假期間之工資照
給。

雇主未依第一項規定期間預告而終止契約者，應給付預告期間之
工資。

資遣費：

(1) 勞基法第 17 條（舊制年資）：

每滿一年發給相當於一個月平均工資之資遣費。

(2) 勞工退休金條例第 12 條（新制年資）：

每滿一年發給二分之一個月之平均工資；最高以發給六個月平
均工資為限，此即為勞基法所賦予雇主資遣勞工之法定事由與
因資遣而衍生之各項法律規定。其中，第 1 款至第 4 款皆屬雇
主本身之經濟條件下降，業務緊縮等為資遣之依據；而第 5 款
則不能勝任在解釋上可僅包括客觀的不能勝任，亦可同時涵蓋
主觀的能為而不為、可以做而無意願做等，已如前述。然而，
資遣是否合法，除須符合勞基法第 11 條所列之各款事由外，亦
得同時通過解僱最後手段之檢驗，因此，本書列舉以下數種情
形，使讀者更易於釐清何種條件下，係屬符合解僱最後手段之
資遣。

不能勝任工作之法院判決列舉

1. 員工考績連續未達公司標準，是否可據以為資遣之理由？

台灣高等法院高雄分院 100 年度勞上字第 21 號民事判決：

被上訴人查悉上訴人有不適任工作之情事後，已採取調任不同部門、施以補強教育或輔以同事團隊協助，並考績評列丙等之方式予以輔導、監管及警示，惟上訴人仍未改善，則被上訴人以上訴人符合勞基法第 11 條第 5 款「不能勝任工作」之事由，終止與上訴人間之勞動關係，並無違於解僱之最後手段性原則，而屬合法。

台灣高雄地方法院 97 年度勞訴字第 47 號民事判決：

〔本件原告（即勞工）於 2007 年以前各年度之考績皆屬優良〕故原告於 96 年上半年之考核結果雖主因「職場行為」之人事問題而考列 5 等第，然基於現代企業績效考核制度之最大目的乃在激勵、增進員工之士氣、能力以創造組織更大之績效而非單僅適於淘汰員工之作用，是勞工偶有考核結果不盡理想者，除其經協助仍無法改善而再次如此，或其能力、態度確有無法期待雇主應再繼續該勞動關係之可能性的情況下，採取管理措施之給與協助改進缺陷、再受教育訓練以求發展，或予適當之懲戒如記過、調職、降職等手段而予其改進缺點之再一次機會，應屬考績制度合理性原則之適當要求，且如此始符勞基法之立法本旨，……縱被告位高雄地區之各分行、單位於斯時並無適其職等之職缺，以其專業能力，應不可能無任何可為懲戒降調，或適其稽核專業、教育訓練之職缺存在，被告應不得以原告拒絕調任無任何地緣關係之台中地區分行的職務，即以為其已盡考績合理性要求之條件，則原告所為既應未符勞工不能勝任工作之要件，且其亦無不能期待被告之雇主再繼續該勞動關係之可能性，而被告並未盡其考績合理性要求之予其改進機會的迴避措施，被告主張原告有不能勝任工作之情事而終止兩造間之勞動契約逕予資遣，此應未符法定要件而非適法，兩造間之勞動關係依法自仍存在，被告所辯尚無足採。

結論： 考績評定之目的係以之作為輔導改善或調整之依據，或依考績辦法中調職、降薪等懲處措施適度施以懲戒後，若情形仍未

勞工機靈點，雇主睜大眼！

改善，始符合最後手段原則，而得予以資遣。由第二則高雄地院之判決理由可知，當員工過去之績效表現皆屬正常或優良時，不可僅因某一年度之表現下滑而隨即以之作爲資遣之依據，此點請所有的雇主或人資工作者須特別留意。

2. 銷售業績不佳？

台灣台北地方法院 91 年度勞訴字第 152 號民事判決：

原告（員工）90 年上半年度之考評均在乙等以上，90 年下半年度之考核評語則皆爲業務表現不佳，考列丙等。即導致原告七人 90 年度考績爲丙等之原因，爲原告七人 90 年下半年度之考績列爲丙等，且被告係以原告七人於 90 年下半年度之業績表現，作爲 90 年下半年度之考評標準。

惟查，原告主張自調任消費金融部行銷專員後，每日均用心招攬，自行出資印製宣傳文宣，代墊信用查詢費用等情，並提出文宣、收據、名片、申請書數份爲證，被告對該文件之眞正亦不爭執，足見原告確曾投注心力招攬業績。

次查，原告七人於 90 年 8 月調任消費金融部前，雖曾兼銷被告之金融商品，惟皆非專任行銷業務，本不熟稔各項五花八門之金融商品，亦不諳於行銷技巧，且缺乏行銷人脈。被告雖提出在職訓練課程表、簽名表、講義，證明有爲原告事前爲行銷訓練。然行銷技巧，並非一、二小時課程學習即能專長，須一段時間實地磨練與經驗累績。又行銷人脈，須於各區基層深耕數月，甚至半載後，才可能由陌生轉爲信賴，接受行銷之商品，之後之行銷成果，必能快速增加，被告要求原告於五個月間，即交出行銷成績，已忽略行銷人脈之建立之道，……。由被告所提年 90 年 8 月至 12 月消金部行銷推廣科行銷專員之業績資料觀之，30 位行銷專員中，僅 9 位達到五十點之標準，獲得留任，且其中 3 位均爲低空飛過，即能勝任被告所定業績標準者，僅五分之一，加上勉強勝任者，僅十分之三。足認被告所定銷售成績，並非單方受行銷人員之勤

奮影響，亦與被告之商品特質、行銷策略、時間、客戶清償能力及擔保品是否能為被告接受等因素，息息相關。自不能僅以受上述各種因素影響，且五分之四比例之行銷人員，皆難以達成之業績標準，認定原告客觀上不能勝任工作，主觀上亦能為而不為，可以做而無意願做，違反忠誠履行勞務給付之義務。被告以所定業績標準未達成，辯稱原告七人確實不能勝任工作云云，自不足取。

台灣高等法院 98 年度勞上字第 90 號民事判決：

上訴人公司於 97 年 6 月間猶考量被上訴人之業績達成率偏低而調整其職務，卻於調整職務不及三個月，未待被上訴人具體表現，即予以未附具體事由之負面考評，參以該評核表係不定時提出，及其提出之時間為 97 年 9 月 10 日，距上訴人於同年月 24 日終止系爭勞動契約不過 14 日等情，益徵評核表之提出應是為配合解僱被上訴人之需要而提出，欠缺其客觀性，尚難作為認定被上訴人有不能勝任工作之證明。綜上，被上訴人 94 年度及 95 年度考績評等為乙等，96 年度考績評等為丙等及提出之評核表等情，尚不足認被上訴人有客觀上之能力、學識、品行或主觀上有違反忠誠履行勞務給付義務而有無法達到客觀上合理經濟目的之情事，是上訴人據以證明被上訴人確已不能勝任工作，自無可採。從而，上訴人依勞基法第 11 條第 5 款及工作規則第 12 條第 5 款之規定，終止兩造之勞動契約，洵屬無據，於法不合。

結論：產品良莠、訂價策略、公司形象、業績目標、過往經歷（內勤轉外勤）等等，都會影響業績銷售之結果，無法僅以業績不佳構成勞工不能勝任工作之主張，即便公司人事規章有明定業績未達標準即予以解僱者亦然。當然，若勞工長期均未達成業績目標，且無法達標之主因多為其個人主觀上之「能為而不為」、「可以做而無意願做」，仍然還是可以構成勞基法第 11 條第 5 款之不能勝任工作之要件，而為合法之資遣，然而，這部分當然還是必須

由雇主來負舉證之責任。

3. 員工工作過程時而出包，品質時好時壞？

台北地方法院 96 年度勞訴字第 198 號民事判決：

按我國勞動基準法係基於鼓勵終身僱用制之思想而立法，此自同法第 57 條關於勞工工作年資之規定自明，故雇主對於勞工關於工作知識及能力之提升，應負有教育或改善之義務，勞工工作能力一時或輕微的不足，並不足以構成雇主終止契約之事由。

台灣台北地方法院 96 年度勞訴字第 173 號民事判決：

至工作上偶爾疏忽，乃人情之常，工作品質之高低，亦因人而異，必該勞工工作疏忽或工作品質低落之情形，達於不能勝任工作之情形，始符合勞動基準法第 11 條第 5 款規定勞工對於所擔任之工作確不能勝任之要件，尚難僅因雇主主觀上片面認定勞工工作偶有疏忽，或工作品質比工作同仁低落，遽認不能勝任工作而准雇主終止勞動契約

結論：對於每次之疏忽或出包，都應該詳加記錄與面談，並協助進行改善或教育之措施，並輔以考核制度加以管制及約束；若經過長期之培養後，仍無法改善勞工時而出包之習性、態度或能力時，始可由雇主以勞基法第 11 條第 5 款之規定予以資遣，如此才符合解僱最後手段性原則。

蜂哥小筆記

▌開除之法定事由

關於開除之規範及其所需之法定事由，規範於勞基法第 12 條，條文內容如下：

勞工有左列情形之一者，雇主得不經預告終止契約：

一、於訂立勞動契約時爲虛僞意思表示，使雇主誤信而有受損害之虞者。

二、對於雇主、雇主家屬、雇主代理人或其他共同工作之勞工，實施暴行或有重大侮辱之行爲者。

三、受有期徒刑以上刑之宣告確定，而未諭知緩刑或未准易科罰金者。

四、違反勞動契約或工作規則，情節重大者。

五、故意損耗機器、工具、原料、產品，或其他雇主所有物品，或故意洩漏雇主技術上、營業上之祕密，致雇主受有損害者。

六、無正當理由繼續曠工三日，或一個月內曠工達六日者。

雇主依前項第 1 款、第 2 款及第 4 款至第 6 款規定終止契約者，應自知悉其情形之日起，三十日內爲之。

與勞基法第 11 條資遣事由之規定相較起來，勞基法第 12 條之開除事由均爲可歸責於勞工之事項，且以勞工之態度或行爲不友善、不善良、蓄意而爲甚至帶有惡意之作爲與意圖爲認定；簡單來說，資遣事由以雇主經濟條件因素與勞工個人能力因素爲主，故若回歸至勞工個人來予以評價的話，勞基法第 11 條第 5 款之確不能勝任工作隱含勞

工「能力差」、「資質不足」，至多再加上「怠忽、散漫與不思進取」等消極態度；反觀勞基法第 12 條各款法定開除事由，則隱含勞工個人之「劣根性」、「不道德」、「圖謀不軌」等消極之負面作為。

是以，法律上對於遭雇主資遣之勞工，係以基於補償之角度而賦予雇主給付資遣費、預告期間或預告工資、謀職假、開立非自願離職證明書以及進行資遣通報之法律義務，而對於符合勞基法第 12 條各款事由而遭開除之員工，雇主無須為其踐履任何補償行為，可不經預告逕自終止契約，於此可知，兩者不適任之程度差異甚大。

再參以台灣台北地方法院 106 年度勞訴字第 331 號民事判決之法理說明：「按勞基法第 12 條第 1 項第 4 款規定，勞工有違反勞動契約或工作規則，情節重大者，雇主得不經預告終止契約。而判斷是否符合『情節重大』之要件，應就勞工之違規行為態樣、初次或累次、故意或過失違規、對雇主及所營事業所生之危險或損失、商業競爭力、內部秩序紀律之維護，勞雇間關係之緊密情況、勞工到職時間之久暫等，衡量是否達到懲戒性解僱之程度。倘勞工違反工作規則之具體事項，係嚴重影響雇主內部秩序紀律之維護，足以對雇主及所營事業造成相當之危險，客觀上已難期待雇主採用解僱以外之懲處手段而繼續其僱傭關係者，即難認不符上開勞基法規定之『情節重大』之要件，以兼顧企業管理紀律之維護（最高法院 105 年度台上字第 1894 號、104 年度台上字第 1227 號判決意旨參照）。」

以此觀之，雇主欲行使其勞基法第 12 條之解僱權時，仍應符合「解僱最後手段性」原則，然情節重大之樣態不勝枚舉，究竟應給勞工一次或多次之改善機會，抑或其情節實屬罪大惡極不可原諒，只要一犯即予以開除，實難予以明確之標準規範，因此，本書以下列真實案例來進行說明，俾能使讀者對於懲戒開除之最後手段有更清楚之認識。

兩年遲到 97 次遭解僱，逆轉勝訴獲賠 333 萬

1. 案例事實 [1]

> 社會中心／綜合報導
>
> 　　一名郭姓女子先前在旅行社工作，擔任韓國旅遊業務部長一職，月薪有 9 萬，不過因為常常遲到，甚至用手機遠端先打卡，讓李姓老闆不滿，錄取的第二年就遲到 54 次，2013 年 4 月將人解聘，她認為自己表現良好，又多次加薪卻被解職，提告要求確認僱傭關係，最高法院認為，公司沒有勸導就解聘，判決應該要復職，並賠償 333 萬的薪水。
>
> 　　判決書指出，郭姓女子在擔任部長期間，月薪 9 萬元，不過卻常常遲到，讓李姓部長不滿，認為她 2011 年和 2012 年間，一年就遲到 54 次和 43 次，甚至還用手機遠端打卡，因此在 2013 年將人解聘，引起她不滿，認為只有私下告知又沒有處罰，甚至還多次因為表現優異加薪，因此要求確認僱傭關係和薪水。
>
> 　　一審法官認為，郭女兩年就遲到 78 天，還拿手機打卡，已經違反了勞動契約，因此判決敗訴；但二審法官卻認為，她遲到次數雖然多，但是一次都是 5 至 15 分鐘，不算很嚴重，如果公司認為有損紀律，應該要照依勞基法，循序告知甚至處罰扣薪，判決勝訴該讓她復職，要從三年多解僱日按月支付至復職日，約 333 萬薪水，經最高法院駁回上訴後，全案定讞。

2. 法律爭點 [2]：

　　⑴兩年遲到 97 次，為何仍無法構成開除之合法事由？

1　此案例事實係轉載自《ETtoday 新聞雲》。連結網址：https://www.ettoday.net/news/20160614/716067.htm。

2　本案各審判決或裁定字號如下：

　　(1) 台北地方法院 102 年度重勞訴字第 28 號判決

　　(2) 台灣高等法院 103 年度重勞上字第 18 號判決

　　(3) 最高法院 105 年度台上字第 986 號裁定

⑵多次在家中以手機及電腦偽造出勤記錄以掩蓋其遲到之事實，
為何無法構成開除之合法事由？

⑶刻意將公司熱門商品下架、拖延、敷衍提出週工作報告、嗆上
司滾回南韓打仗等影響公司運作、破壞公司秩序之不當行為，
為何亦無法構成合法開除之要件？

3. 判決意旨：

⑴兩年遲到 97 次，為何仍無法構成開除之合法事由？

被上訴人公司如認遲到係屬重大影響公司秩序之事，惟就該等
事由均並未加以處罰，亦未使用罰薪、降職等懲戒手段處理，
自難認上訴人之遲到情形對被上訴人而言，已構成違反勞動契
約情節重大之情事。被上訴人公司在解僱上訴人前，皆未先對
上訴人為告誡、減薪等其他較輕微之懲戒手段，而遽將上訴人
解僱，已違反解僱最後手段性原則。

⑵多次在家中以手機及電腦偽造出勤記錄以掩蓋其遲到之事實，
為何無法構成開除之合法事由？

被上訴人就偽打卡之不當行為，本可利用確認上線打卡之 IP 位
址之認定，重新加以明確規範後，於公開會議中以告誡、罰薪、
降職或調職之方式漸進處理，就該等情事亦非屬被上訴人無法
管理之狀況，但被上訴人均未為之，遽以此為由片面終止其與
上訴人間之勞動契約，參諸前開說明，其以此為由而終止兩造
之勞動契約自無理由。

⑶刻意將公司熱門商品下架、拖延、敷衍提出週工作報告、嗆上
司滾回南韓打仗等影響公司運作、破壞公司秩序之不當行為，
為何亦無法構成合法開除之要件？

綜上所述，上訴人縱有前揭有關遲到、偽打卡、產品下架爭議
和發言不遜之事實，然而衡諸其對公司之投入情形、工作性質
係屬業務部門之工作，於公司之職位較高且所領受薪資不低，
就前開不當之行為，本可於公開會議中加以告誡、調查究責求

償，並以罰薪、減薪、降職或調職等合於比例原則之方式為漸進處理，但被上訴人均未為之，亦未證明為何無法為前開之漸進處理之情，其逕行於 102 年 4 月 30 日依勞基法第 12 條第 1 項第 4 款規定，公告於同日終止與上訴人間僱傭契約關係，該等終止顯然違反首揭之「解僱最後手段性」原則，自不生終止契約之效力。

4. 結論：

　　無論違反雇主所制定之管理規章或懲戒辦法之事實如何具體且明確，當雇主欲以勞基法第 12 條第 1 項第 4 款「違反勞動契約或工作規則，情節重大者」之名義予以開除者，除有既定事實存在之外，雇主本身是否對此類行為予以適度懲戒，實為開除有效與否之關鍵；懲戒之意義除了令勞工知所警惕外，更象徵公司對是類影響管理秩序甚至營運機制行為的重視，否則，何以昭告天下其乃企業所稱之「情節重大」。因此，「施以懲戒」與「給與改善」即是「開除」與「資遣」在解僱最後手段適用上，最大的差異。

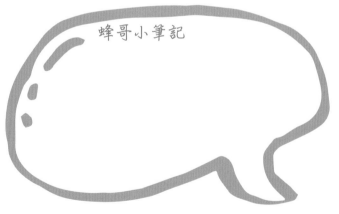

蜂哥小筆記

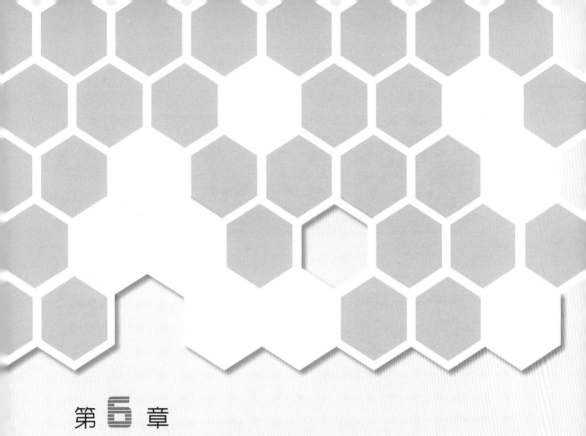

第 **6** 章

請假

01 天有不測風雲
——請假程序

　　勞務管理的議題何其多，其中，相信又以「請假」是最經常面對的事務。就勞工而言，結婚時會用到婚假；懷孕了，會用到產檢假；孩子生了，會用到陪產假與產假；孩子生病了，會用到家庭照顧假；有親人過世了，會用到喪假；日常工作中，會用到病假與事假；工作累了，還有特別休假可用以消除疲勞；萬一有天不幸被公司資遣了，還有謀職假可請。可見，請假和勞工的日常息息相關，因此，對於公司而言，若沒能針對各項假別制定一套合宜且合法的請假辦法，勢必會讓公司在員工出缺勤的管理上出現很多的狀況。

　　另外，各個假別都有其法律上之成就要件與行使權限，勞工在行使其請假權益前，應當對其法律規定稍作了解，才能在假別之運用上更切合己意，例如：婚假的行使範圍應該與後續宴客及蜜月有很大的關聯，又或者陪產假的行使範圍為何，應該也會影響太太坐月子及新生兒照護等事項。

　　當然，若是站在企業的立場，更應熟稔各個假別在法律上之規範，才不至於侵害勞工請假權益，或讓勞工放了不該放的假而不自知。如此看來，請假這項議題確實在勞雇關係中扮演著非常重要的角色，有鑑於此，本章將針對各個假別之法律要件與行使權限逐一說明，以令雇主與勞工能有所依循。

　　「程序不備，實體不論」為吾人行使法律權利之重要認知與前提。而請假為勞工之重要權益，倘若事實明確，但卻因疏忽而未履行應有之程序時，即便事證再充分，雇主都有權利拒絕受理，甚至形成曠職，因此，在逐一探討各項假別之前，先針對請假程序進行說明。

▋ 法定程序與要件

請假之法定程序規範於勞工請假規則第 10 條:「勞工請假時,應於事前親自以口頭或書面敘明請假理由及日數。但遇有急病或緊急事故,得委託他人代辦請假手續。辦理請假手續時,雇主得要求勞工提出有關證明文件。」由此法律文字觀之,完整之請假程序應包括:

1. 提出時點:

原則上所有假別均應於事前提出申請,至於何謂「事前」,法無明文,可由勞雇雙方自行協商議定,但不可有悖離常情或權利濫用之情事;另外,在遇有急病或緊急事故時,始可於事後提出或委由他人代為辦理。

2. 請假之主體:

原則上為勞工本人,急病或緊急事故時,始可委由他人代為辦理。

3. 請假方式:

可以口頭或書面為之。以書面而言,為填寫假單或假卡,若為口頭,除了親自當面告知之外,亦可包含以電話進行告知。另外,向何人告知,亦為關鍵;因告知乃意思表示之意,按民法第 94 條之規定:「對話人為意思表示者,其意思表示,以相對人了解時,發生效力」,此處所指之相對人,在勞務管理上,應指勞基法第 2 條第 2 款所稱之「雇主」,包括:僱用勞工之事業主、事業經營之負責人、代表事業主處理有關勞工事務之人[1]。因此,如果以口頭向警衛室之管理員進行請假告知的話,因未傳達至相對人,故仍未發生請假之效力。

4. 敘明事由及請假日數:

不同事由,當然有其對應之不同假別與法定天數,於底下各節有詳細說明,於此暫先不論。

5. 證明文件:

證明文件應以何種型態呈現,法無明文,可由勞雇雙方自行約定:

1　於本書第 1 章〈勞雇關係定義〉中,有詳盡之說明。

但原則上，應具備使雇主在客觀上可判斷之程度；有以下函釋可參：

勞動部 98 年 7 月 27 日勞動 3 字第 0980078535 號函：

三、另，依勞工請假規則第 6 條規定，勞工因職業災害而致失能、傷害或疾病者，其治療、休養期間，給與公傷病假。該公傷病假之期間，依實際需要而定。雇主若對勞工請假事由有所質疑時，可依同規則第 10 條規定，要求勞工提出有關證明文件。又，上開證明文件應足顯勞工之實際需要醫療期間。

以上各點，均為勞工請假規則第 10 條所規範之法定要件，原則上缺一不可，否則都有程序不備之虞，進而無法予以准假；而企業通常也應將請假相關程序與要件訂定於公司規章或辦法之中，並公開揭示予全體員工，以使員工能有所遵循。

▌未符請假程序之法律效果

請假應備程序如前所述，然而，一旦勞工未踐履該程序時，雇主將可做何處置呢？有以下判決及新聞案例可參。

1. 最高法院 97 年度台上字第 13 號：

   勞工於有事故，有必須親自處理之正當理由時，固得請假，惟法律既同時課以勞工應依法定程序辦理請假手續之義務。則勞工倘未依該程序辦理請假手續，縱有請假之正當理由，仍應認構成曠職，得由雇主依法終止雙方間之勞動契約，始能兼顧勞、資雙方之權益。申言之，勞工縱有請假之原因，仍應依法定程序辦理請假手續，雇主始得知悉勞工請假事由是否正當而予以准假。

2. 台灣高等法院 101 年度重勞上字第 25 號：

   準此，勞工於有事故，必須親自處理之正當理由時，固得請假，然法律既同時課以勞工應依法定程序辦理請假手續之義務。則勞工倘未依該程序辦理請假手續，縱有請假之正當理由，仍應認構成曠職，得由雇主依法終止雙方間之勞動契約，始能兼顧勞、資

雙方之權益。而被上訴人之工作規則第 34 條給假規定亦規定九種不同之假別，准假日數及薪資依該規定辦理，足見勞工請假應有正當理由，並依一定程序辦理，除有緊急狀況外，應於事前親自以口頭或書面敘明請假理由及日數，向雇主請假，雇主得要求勞工提出相關之證明文件以准、駁。非謂有正當理由即可不按請假手續辦理，亦非謂有正當理由即當然得請假，雇主無合理准駁權利。不按請假手續辦理，或雇主未准駁前，即不告而別難謂已完成請假程序。

3. 台灣高等法院 104 年勞上易字第 121 號：

依被上訴人系爭規則第 38 條規定：「員工請假時應於事前親自填寫請假申請表，並檢附有關證明文件，但遇急病或緊急事故，得委託他人代辦請假手續，員工未經請假或假滿未經續假而擅不到職者，均以曠職論。」等語，可知被上訴人員工請假有於事前填寫申請表，並檢附相關證明文件以向被上訴人提出辦理之義務。惟上訴人自原病假期滿後翌日即 103 年 9 月 18 日起訖至同年月 30 日止，均未填寫任何申請表並檢附相關診斷證明書，以供被上訴人審核是否准予延長其病假，堪認上訴人確未依系爭規則第 38 條規定，向被上訴人申請展延病假，復未於上開期間依兩造間勞動契約向被上訴人提出勞務，揆之前揭說明，上訴人所爲自該當勞基法第 12 條第 1 項第 6 款所定無正當理由繼續曠工三日之情形，則被上訴人以此爲由而爲系爭終止行爲，於法核無不合。

4. 新聞案例：《中時電子報》，〈用 LINE 請假，法官認定曠職〉[2]

台中一連鎖超商陳姓麵包師傅，前年 7 月間以手機通訊軟體 LINE 先後三次向店長請病假，對方回覆「YES」，但請假第 10 天就被公司以曠職逾 3 天解僱，陳男提告要求給付資遣費、加班費；台中地院審理後，認定陳男以 LINE 請假不符公司規則，確爲曠職，判決公司僅需給付 22 萬 7 千元加班費。

---

2   連結網址：http://www.chinatimes.com/newspapers/20150414000404-260114。

陳男提告求償加班費及工作 4 年的資遣費 10 萬餘元，他指控，工作多年，每天上班 12、13 個小時，因連續熬夜加班，前年 7 月 1 日他因胸口痛，到中國醫藥大學附設醫院心臟科求診，並拍下藥單透過 LINE 傳給邵姓店長，店長回覆：「在家好好休息」，他認定對方已經同意他請病假；同月 5 日、12 日他到台中醫院掛診，仍透過 LINE 請病假，店長均回覆「YES」。

陳男表示，當時他以為請假獲准，沒想到 10 日當天人事課長在公司 LINE 群組發布他因曠職遭解僱訊息，還將他從公司 LINE 群組剔除，認為公司開除他不合法。

公司方面則強調，因多次打電話找不到陳男，陳男又未依公司規則檢附證明請病假，且是他自行退出公司 LINE 群組，並另在外籌備開設烘焙坊兼營副業，遲到 18 日才請他人轉交請假申請，是因為他請假不符規定，無故曠職才被解僱。

台中地院認為，陳男雖曾經以 LINE 委請邵姓店長代請病假，但是事後均未補提請假申請書並檢附醫院診斷證明書；再以其病歷資料顯示，其身體未達重大疾病狀態，而陳男也提不出證明其請假當時，身體有急症致無法及時請假，認定陳男未完成請假手續確為曠職，判決雇主僅須支付陳男先前未領的加班費 22 萬 7 千元。

由上述各則判決與新聞案例可再次確知，請假程序優先於請假的事實主體，當程序不完備時，事實為何也就毋庸探討了；因此，各位讀者於請假之當下，一定要詳加確認公司針對該假別所訂定之相關規定與流程為何，才不會因忽略程序而自陷曠職的風險之中。

勞工機靈點，雇主睜大眼！

02 人有旦夕禍福
——勞動基準法所規範之假別

　　勞基法的假別規範於勞工請假規則，而勞工請假規則是由勞基法第 43 條授權由主管機關制定而來的，包括婚假、喪假、普通傷病假、公傷病假、事假、公假等，逐一說明如下：

▌ 婚假

1. 法律條件：勞工結婚者，給與婚假八日，工資照給。
2. 行使權限：過去婚假應將八日一次連續請足，但此規定已遭廢止，故目前已無須一次連續請足；而依照勞動部 104 年 10 月 7 日勞動條三字第 1040130270 號函釋規定，婚假的行使期限應自結婚之日前十日起三個月內請畢。但經雇主同意者，得於一年內請畢。意即若勞工於 4 月 20 日結婚，則其八日婚假可於 4 月 10 日至 7 月 9 日這三個月內進行安排，如下所示。

三個月內請畢

4 月 10 日　　4 月 20 日　　　　　　　　7 月 9 日

圖 6-1　婚假請假期限

3. 其他說明：
   (1) 依民法第 982 條規定，婚假之生效要件已從儀式婚改採登記

婚，因此，建議雇主可以戶政機關的登記證明文件為准假之依
據。

(2) 員工於到職前結婚者，無婚假之適用。

(3) 勞工離婚後再婚，因有結婚之事實，仍應給與婚假[3]。

喪假

1. 法律條件：

(1) 父母、養父母、繼父母、配偶喪亡者，給與喪假八日，工資照
給。

(2) 祖父母、子女、配偶之父母、配偶之養父母或繼父母喪亡者，
給與喪假六日，工資照給。

(3) 曾祖父母、兄弟姊妹、配偶之祖父母喪亡者，給與喪假三日，
工資照給。

2. 行使權限：

依內政部民國 74 年 6 月 28 日台內勞字第 321282 號函釋規定，喪
假基於禮俗原因，可以分次申請，無須一次連續請足；另外，勞
工請假規則並未規範喪假之行使期限，實務上，可參考公務人員
請假規則第 3 條第 1 項第 6 款之規定，要求勞工於親屬死亡之日
起百日內請畢。

3. 其他說明：

(1) 到職前喪亡亦可給假：

民國 94 年 10 月 11 日勞動 2 字第 0940056125 號：

勞工如有勞工請假規則所定之親屬於到職前喪亡，如勞工於到
職後基於禮俗原因必須請喪假者，事業單位可視實際情形給假。

(2) 與配偶離婚或配偶死亡，配偶之父母、養父母、繼父母或祖父
母喪亡者，雇主應否給假[4]？

3　內政部民國 75 年 12 月 26 日台內勞字第 467204 號。

4　勞動部民國 81 年 7 月 8 日台勞動 2 字第 20034 號：

與配偶離婚：婚姻關係因離婚而消滅，故無論是否再婚，當前述配偶親屬喪亡時，均無申請喪假之資格。

配偶死亡：無論是否再婚，前述配偶之親屬仍為姻親，如死亡時，勞工可依法申請喪假。

⑶勞工養父母之子女與勞工本生父母之子女，均為勞工之兄弟姊妹，有喪亡者，勞工均可依勞工請假規則第 3 條之規定辦理喪假[5]。

⑷勞工養父母之父母與勞工本生父母之父母，均為勞工之祖父母，有喪亡者，勞工均可依勞工請假規則第 3 條之規定辦理喪假[6]。

⑸勞工之子女過繼給他人收養，該子女死亡，勞工本人與該子女之養父母均可依勞工請假規則第 3 條之規定辦理喪假[7]。

⑹外籍勞工喪假疑義：

勞動部民國 83 年 1 月 4 日勞動 2 字第 80275 號：

依勞工請假規則第 3 條之規定，勞工之親屬喪亡應給與一定日數之喪假。查喪假之給與除為處理親屬喪葬事宜，尚有平復心中哀慟之目的。本案外籍勞工如確因父喪，雖無法返國，並不需處理喪葬事宜，但為體恤勞工喪父之慟，事業單位於勞工提出請求時仍應給與喪假。

▊ 普通傷病假

1. 法律條件：

勞工因普通傷害、疾病或生理原因必須治療或休養者，得在下列

民法第 971 條前段規定，姻親關係因離婚而消滅。準此，勞工與配偶離婚後無論有否再婚，其前配偶之祖父母或父母死亡，應無勞工請假規則第 3 條所定喪假之適用。至於勞工於配偶死亡之後無論有否再婚，前配偶之祖父母或父母仍係勞工之姻親，其如死亡，則可依勞工請假規則第 3 條規定辦理。

5　勞動部民國 101 年 11 月 8 日勞動 2 字第 1010132734 號。

6　勞動部民國 89 年 8 月 21 日勞動 2 字第 0027058 號。

7　勞動部民國 89 年 7 月 12 日勞動 2 字第 0029416 號。

規定範圍內請普通傷病假：

一、未住院者，一年內合計不得超過三十日。

二、住院者，兩年內合計不得超過一年。

三、未住院傷病假與住院傷病假兩年內合計不得超過一年。

經醫師診斷，罹患癌症（含原位癌）採門診方式治療或懷孕期間需安胎休養者，其治療或休養期間，併入住院傷病假計算。

普通傷病假一年內未超過三十日部分，工資折半發給，其領有勞工保險普通傷病給付未達工資半數者，由雇主補足之。

2. 普通病假各項疑義說明：

普通傷病假一年未超過三十日部分，工資折半發給。此處所稱「三十日」，係指工作日，以下面案例進行說明：

⑴梅西月工資 36,000 元；近日因身體不適，向公司申請一個星期的未住院病假在家休養，請問公司該如何計薪呢？

梅西僅需於工作日辦理病假申請，且工資折半發給，而原排定之休息日與例假日（假設為禮拜六、日）則照常給薪，不併計於病假期間內，如圖 6-2 所示。

一	二	三	四	五	六	日
上班	上班	600	600	600	1,200	1,200
600	600					
		實際病假日數：5 天				

圖 6-2　勞工普通傷病給薪說明

⑵假設梅西身體情況仍未好轉，繼續向公司提出未住院病假之申請，當三十日未住院病假用畢後，公司可依照下列方式辦理：

A. 依勞工請假規則第 5 條規定辦理：

勞工普通傷病假超過前條第 1 項規定之期限，經以事假或特別休假抵充後仍未痊癒者，得予留職停薪。但留職停薪期間以一

年爲限。

因此，可先請勞工以其自有之特休或事假予以抵充，若抵充後仍未痊癒而有繼續請假之需求者，可由勞工向雇主提出留職停薪之要求，經雇主同意後[8]，始能辦理留職停薪，但期限以一年爲限

B. 在特休與事假抵充完畢後，以辦理留職停薪之方式而言，固然爲法律所允許，但對勞工而言，當然是比較不利的做法，因此，雇主也可以優於法令，繼續准假，其結果會如圖 6-3 所示。

一	二	三	四	五	六	日
上班	上班	600	600	600	1,200	1,200
600	600	600	600	600	1,200	1,200
600	600	600	600	600	1,200	1,200
600	600	600	600	600	1,200	1,200
600	600	600	600	600	1,200	1,200
600	600	600	600	600	1,200	1,200
600	600 （30 日用畢）	0	0	0	1,200	1,200
繼續准假，請假期間未包含休息日例假日						
0	0	0	0	0	1,200	1,200
0	0	0	0	0	1,200	1,200

圖 6-3　未住院病假超過 30 日繼續准假（休息日與例假日未併入）

C. 繼續准假雇主將繼續給付休息日與例假日之工資，或許沒有太多雇主願意承擔這樣的額外成本，但其實優於法令的准假，是可以將休息日與例假日一併計入請假期間的，參考以下函釋：

勞動部民國 99 年 8 月 17 日勞動 2 字第 0990131309 號函：

另按勞工請假規則定有勞工可請假之日數，至事業單位優於法

8　勞動部民國 76 年 12 月 11 日台勞動字第 9409 號：勞工依勞工請假規則第 5 條規定申請留職停薪，雇主得否拒絕，可由事業單位於工作規則訂定，或由勞資雙方於勞動契約、團體協約中預先訂定；若對該項未明文規定者，則於勞工提出申請時，由勞資雙方自行協商。

令規定所給與之請假期間，如遇例假、紀念日、勞動節日及其他由中央主管機關規定應放假之日，是否計入請假期內，法無明定，併予指明。

因此，為避免勞工受留職停薪之不利對待，又得顧及雇主之人事成本，按上述函釋之意旨，只要勞工在申請病假時，將原本毋庸請假的休息日與例假日包含進來，即可一併計入病假期間，如圖 6-4 所示。

一	二	三	四	五	六	日
上班	上班	600	600	600	1,200	1,200
600	600	600	600	600	1,200	1,200
600	600	600	600	600	1,200	1,200
600	600	600	600	600	1,200	1,200
600	600	600	600	600	1,200	1,200
600	600	600	600	600	1,200	1,200
600	600（30 日用罄）	0	0	0	0	0
繼續准假，且申請之病假期間包含休息日與例假日						
0	0	0	0	0	0	0
0	0	0	0	0	0	0

圖 6-4　未住院病假超過 30 日繼續准假（休息日與例假日併入）

(3) 若嗣後梅西因病情惡化而辦理住院，且一次住院超過三十天，那麼，休息日和例假日之工資，公司是否必須照付呢？由於住院病假行使上限為兩年內合計不得超過一年，且未住院病假與住院病假合計亦然，因此，梅西因住院而向公司申請住院病假，公司必須准假，而不能不准假或再以優於法令之概念給假。至於該期間遇有休息日、例假日或國定假日時，工資應否照給，亦可參考民國 99 年 8 月 17 日勞動 2 字第 0990131309 號函釋：「是以，勞工如於一年內請普通傷病假之天數已達三十日者，其後仍須請假一次連續超過三十日以上（即之後）之期間，如

遇前開例、休假日始計入請假期間內。」以梅西之狀況而言，由於其有薪病假三十日已全數用畢，再加上此次申請之住院病假期間一次連續超過三十天，因此，期間之休息日、例假日或國定假日均應併入病假期間，毋庸給薪。

(4)勞保普通傷病給付能否抵充雇主應付之普通傷病半數工資？

A. 勞工請假規則第 4 條第 3 項：

普通傷病假一年內未超過三十日部分，工資折半發給，其領有勞工保險普通傷病給付未達工資半數者，由雇主補足之。

B. 勞動部民國 82 年 4 月 2 日台勞動 2 字第 17586 號：

有關勞工因普通傷病住院，所申領之傷病給付，雇主如已依勞工保險條例施行細則第 59 條規定辦理代墊手續，則該項給付得抵充依勞工請假規則第 4 條第 2 項規定應發給之工資。如勞工不願填具勞工傷病診斷書申請普通傷病給付，雇主得就原工資二分之一與傷病給付之差額給付之。

根據上述，當勞工因普通傷病住院，其所獲勞保給付之普通傷病給付，可用以抵充雇主應付之半數工資，如有不足，再由雇主補足。

▌公傷病假

1. 法律條件：

   勞工因職業災害而致失能、傷害或疾病者，其治療、休養期間，給與公傷病假。

2. 行使權限：

   有關於職災勞工公傷病假之行使權限，讀者可參考本書第 4 章第 3 節〈雇主之職災補償責任〉。

▌事假

1. 法律條件：

   法律條件：勞工因有事故必須親自處理者，得請事假，一年內合

計不得超過十四日。

事假期間不給工資。

2. 行使權限：

由於事假期間雇主不予支薪，且多數企業對於勞工事假之申請，均會給與全勤獎金扣發或考績負評之不利對待，因此，除非萬不得已，否則一般勞工也不至於輕易提出事假之申請。

然而，勞工所提之事假，是否能獲得准假，關鍵還是在於本章第1節所論及之「請假程序」；因此，除了勞工請假規則所提到的緊急事故外，其餘事由之事假申請，都得於事前提出申請，才符合法定之程序。以出國旅遊而言，應該沒有雇主可以接受勞工在出發的前一天才告知隔天要出國吧！若確為如此，那麼雇主就應該將何謂「事前」加以規範並令員工知悉，以杜絕爭議之發生。

▌公假

1. 法律條件：

勞工依法令規定應給與公假者，工資照給，其假期視實際需要定之。

2. 行使權限：

由法律文字觀之，勞基法中所稱之公假，必須以法令規定為前提。因此，本書將相關之法定公假資訊整理如下：

工會法第 36 條：

工會之理事、監事於工作時間內有辦理會務之必要者，工會得與雇主約定，由雇主給與一定時數之公假。企業工會與雇主間無前項之約定者，其理事長得以半日或全日，其他理事或監事得於每月五十小時之範圍內，請公假辦理會務。企業工會理事、監事擔任全國性工會聯合組織理事長，其與雇主無第 1 項之約定者，得以半日或全日請公假辦理會務。

兵役法施行法第 43 條：

受教育召集、勤務召集、點閱召集之學生及職工，應給與公假。

徵兵規則第 37 條：

依本規則規定接受兵籍調查、徵兵檢查、複檢、抽籤之役男，其就業單位或就讀學校應給與公假。

民防法第 8 條第 2 項：

前項人員接受訓練、演習、服勤期間，其所屬機關（構）、學校、團體、公司、廠場應給與公假。

消防法第 29 條第 2 項：

前項人員接受訓練、演習、服勤期間，其所屬機關（構）、學校、團體、公司、廠場應給與公假。

災害防救法第 25 條第 3 項：

參與前項災害防救訓練、演習之人員，其所屬機關（構）、學校、團體、公司、廠場應給與公假。

勞資會議實施辦法第 12 條第 3 項：

勞資會議代表依本辦法出席勞資會議，雇主應給與公假。

勞動部民國 85 年 1 月 13 日台勞動 2 字第 100419 號：

有關勞工與雇主因勞資爭議事件出席主管機關加開之協調或調解會議或經法院之傳喚出庭時，可先請事假或特別休假，如該爭議事項經有權機關（法院或主管機關）判（認）定係出自於雇主違法所引起，雇主應改給公假。

蜂哥小筆記

照顧每個不同的需求
——性別工作平等法所規範之假別

　　除了勞基法之外，性別工作平等法（以下簡稱性平法）也基於性別平等考量規範了數項勞工之請假事由，包括：生理假、產假、產檢假、陪產檢及陪產假、家庭照顧假，除此之外，性平法第 16 條也規範了勞工經常向雇主提出申請的「育嬰留職停薪」（育嬰留停），雖然育嬰留停本身並非假的一種，但因其也是屬於性平法裡的重要規範，故本書也在此章節一併進行討論。

生理假

1.　法律條件：

女性受僱者因生理日致工作有困難者，每月得請生理假一日，全年請假日數未逾三日，不併入病假計算，其餘日數併入病假計算。前項併入及不併入病假之生理假薪資，減半發給。

2.　行使權限：

⑴生理假仍歸屬於病假，故須併入病假計算，由於未住院病假之天數無論男性或女性勞工，均為 30 天，故在生理假併入病假計算之前提下，女性受僱者將因生理假而使年度病假額度變相減少，影響到女性受僱者之請假權益；因此，於 102 年 12 月 11 日性別工作平等法修正時，即新增全年有三次生理假是無須併入病假計算之規定；也就是說，一個女性勞工全年須核給半薪的生理假加上未住院病假之日數，最高可以來到 33 天。

⑵當 3 天無須併入病假之生理假以及 30 天未住院病假均用畢時，勞工還能請生理假嗎？勞工依然可以請生理假，但雇主毋庸給

付薪資。有以下函釋可參：

勞動部 104 年 9 月 8 日勞動條 4 字第 1040131594 號：

核釋性別工作平等法第 14 條生理假規定，受僱者全年度所請併入病假之生理假連同病假之日數，已屆受僱者所適用相關法令所定病假之日數上限者，如年度內再有請生理假之需求，仍可依性別工作平等法第 14 條規定請生理假，但雇主得不給付薪資。

(3)生理假須提供證明文件嗎？

在 103 年 1 月 16 日性別工作平等法施行細則修法之前，第 13 條之規定為：「受僱者依本法第 14 條至第 20 條規定為申請或請求者，必要時雇主得要求其提出相關證明文件」；其中，第 14 條為生理假之規範。但現行條文已將「第 14 條至第 20 條」修正為「第 15 條至第 20 條」，基於「法律未規定者，視為有意疏漏」之法理，依照現行之條文，當女性勞工提出生理假之申請時，雇主已無權再要求提供證明文件，但一個月仍然以一次生理假為限。

(4)生理假以「日」為請假單位，有以下函釋可參：

勞動部 104 年 10 月 26 日勞動條 4 字第 1040130819 號函：

四、另性別工作平等法第 14 條規定：「女性受僱者因生理日致工作有困難者，每月得請生理假一日，全年請假日數未逾三日，不併入病假計算，其餘日數併入病假計算。前項併入及不併入病假之生理假薪資，減半發給。」係基於女性生理上之特殊性，明定女性受僱者之生理假，爰每次以一曆日為原則。

3. 生理假案例說明：

案例一：

慧潔至今年 9 月底已經請畢三十天之未住院病假（未含生理假），則其後續可再提出生理假之申請嗎？有薪或無薪？

解答：

由於不併入病假之三日生理假均未使用，故 10、11、12 月可以再各請一日半薪之生理假。

> 案例二：
>
> 　　瑞妍至今年 6 月底已請畢三十天之未住院病假（含六天生理假），則後續可再提出生理假之申請嗎？有薪或無薪？

解答：

因全年有三日之生理假可不併入病假計算，故後續之六個月當中，有三個月可享有半薪之生理假；若其餘三個月仍有生理假之需求時，依然可提出，雇主須同意，但為無薪。

> 案例三：
>
> 　　小美某日上班至下午 3 點時，因生理期因素導致腹痛難耐，向公司請了 2 小時的生理假，提早下班回家休息；豈料隔日上班至同一時間，又因腹痛而向再次提出生理假之申請，請問公司能否拒絕？

解答：

可以拒絕，因生理假係以「日」為請假單位，故即使前一日只請休 2 小時之生理假，但該月「一日」之生理假已用畢。而若小美身體確實痛楚無法工作，則應另依病假之規定辦理請假。

▌產假

1. 法律條件：

雇主於女性受僱者分娩前後，應使其停止工作，給與產假八星期；妊娠三個月以上流產者，應使其停止工作，給與產假四星期；妊娠二個月以上未滿三個月流產者，應使其停止工作，給與產假一

星期；妊娠未滿二個月流產者，應使其停止工作，給與產假五日。產假期間薪資之計算，依相關法令之規定。

2. 行使權限：

產假並非僅規範於性平法，於勞基法第 50 條中亦見產假之規定；但勞基法僅規範分娩與妊娠三個月以上流產之產假，並未及於妊娠二個月以上未滿三個月以及妊娠未滿二個月流產之產假。基此，本書遂將產假歸類於性平法之假別。關於產假之重點，說明如下：

⑴產假期間必須停止工作：

無論係因分娩或流產而形成之產假，雇主都應強制勞工停止工作，即便勞工自願提前銷假上班，雇主也都不得受理，即使在公司遭遇勞基法第 40 條所稱之天災、事變或突發事件，都不得要求勞工出勤；此乃因產假之立法目的係為貫徹憲法第 156 條母性保護之精神。並有以下函釋可參：

勞動部民國 80 年 1 月 18 日台勞動 3 字第 01622 號：

勞動基準法第 50 條第 1 項規定女工分娩前後，應停止工作，給與產假八星期係為保護母性法律明定停止工作之強制性規定，不得以個別勞動契約方式拋棄。

曾經有知名成衣廠之勞工在生產後，自認坐月子 40 天已足夠，主動要求回廠上班，而使廠長吃上刑事官司，遭法官判科罰金（刑罰）45,000 元的案例 [9]，不可不慎。

⑵產假期間之計算方式，係依曆連續計算：

依曆計算係指產假期間遇例假日、休息日或國定假日均不扣除。有性平法施行細則與行政函釋可參。

性平法施行細則第 6 條：

本法第 15 條第 1 項規定產假期間之計算，應依曆連續計算。

勞動部 79 年 1 月 25 日台勞動 3 字第 01425 號：

9　資料來源：《自由電子報》，〈產假期間女工自願上班，廠長觸法〉。連結網址：http://news.ltn.com.tw/news/focus/paper/420646。

勞動基準法第 50 條所定之產假旨在保護母性之健康，該假期內如遇星期例假、紀念日、勞動節日及其他由中央主管機關規定應放假之日，均包括在內毋庸扣除。

(3)產假最早可於預產期前四週提出申請，最遲則為分娩當日：

勞動部民國 88 年 1 月 18 日台勞動 3 字第 000246 號：

查勞動基準法第 50 條規定，勞工分娩前後，應停止工作，給與產假八星期，女工如於產前四週請產假亦屬適當，如勞資雙方協商決定，妊娠期間女性員工得於產前分次請產假，亦無不可。

勞動部民國 89 年 10 月 3 日台勞動 3 字第 0046941 號：

依勞動基準法第 50 條規定，女工妊娠六個月以上分娩者，應停止工作，給與產假八星期，以利母體調養恢復體力。又，產假最遲自生產之日起算。

(4)到職前生產仍有產假之適用：

勞動部民國 79 年 3 月 3 日台勞動 3 字第 30557 號：

適用勞動基準法之勞工或公務員兼具勞工身分者，如於到職前生產或流產，但仍在該法第 50 條所定之給假期限內到職者，應依該法所定假期扣除自分娩或流產事實發生之日起至到職前之日數，給與剩餘日數之假期。

(5)產假期間工資：

工資照給或減半發給：

八星期與四星期之產假。按勞基法第 50 條之規定，女性勞工受僱工作在六個月以上分娩或妊娠三個月以上流產者，分別可享有八星期與四星期之產假，期間工資照給；未滿六個月者，減半發給。

無薪產假：

一星期及五日產假。性平法第 15 條所定妊娠二個月以上未滿三個月以及妊娠未滿二個月流產之產假，雖可享有一星期與五日之產假，但無論性平法或勞基法均無相關給薪之規定，因

此，雇主無給薪之義務；而勞工亦可改申請普通傷病假，在一年內未超過三十日之部分，按勞工請假規則之規定，可享有半數工資。此可參考勞動部民國 91 年 7 月 10 日勞動 3 字第 0910035173 號函釋 [10]。

計給方式：

「停止工作期間工資照給」，係指女性勞工分娩前一工作日正常工作時間所得之工資。其為計月者，以分娩前已領或已屆期可領之最近一個月工資除以三十所得之金額，作為計算產假停止工作期間之工資。

關於已領與已屆期可領之差異，可參考本書第 4 章第 3 節原領工資補償之說明。

(6)分娩與流產之定義：

分娩：係指懷孕二十週以上產出胎兒。

流產：係指懷孕二十週以下有胎兒及其附屬物排除於母體之事實。

▌產檢假

1. 法律條件：

   受僱者妊娠期間，雇主應給與產檢假七日。

2. 行使權限：

   (1)產檢假申請得以全日、半日或小時方式為之：

   勞動部民國 111 年 1 月 18 日勞動條 4 字第 1110140008 號令：

10　女性受僱者妊娠二個月以上未滿三個月流產或妊娠未滿二個月流產者，可依兩性工作平等法第 15 條規定請一星期及五日之產假，雇主不得拒絕。惟產假期間薪資之計算，依相關法令之規定。以勞動基準法而言，該法並無一星期及五日之產假規定，基此，適用勞動基準法之勞工，如依兩性工作平等法請求一星期或五日之產假，雇主並無給付薪資之義務，但受僱者為此項請求時，雇主不得視為缺勤而影響其全勤獎金、考績或為其他不利之處分。惟若勞工依勞工請假規則請普通傷病假，則雇主應依勞工請假規則第 4 條第 2 項規定，就普通傷病假一年內未超過三十部分，折半發給工資。

核釋性別工作平等法第15條第4項及第5項規定：「（第4項）受僱者妊娠期間，雇主應給與產檢假七日。（第5項）受僱者陪伴其配偶妊娠產檢或其配偶分娩時，雇主應給與陪產檢及陪產假七日。」受僱者有產檢之事實及需求，或有陪伴其配偶妊娠產檢、分娩之事實及需求，選擇以「半日」或「小時」為請假單位，雇主不得拒絕。

前開請假單位若以小時計，「七日」之計算，得以每日八小時乘以七，共計五十六小時計給之；受僱者擇定以「半日」或「小時」為請假單位後，不得變更。

(2)產檢假期間，薪資照給：

產檢假之薪資應由雇主照給，惟按性平法第15條第7項之規定，雇主在給與勞工第6日、第7日產檢假並發給全額薪資「後」，即可向勞保局申請薪資補助。

(3)另外，產檢假之證明文件法無明文，可由勞資雙方自行約定為「媽媽手冊產檢記錄」及「產檢掛號收據」等可證明產檢事實之合理文件。

(4)「配偶」之定義與民法規定相同。

▋陪產檢及陪產假

1.　法律條件：

受僱者陪伴其配偶妊娠產檢或其配偶分娩時，雇主應給與陪產檢及陪產假七日。

2.　行使權限：

(1)性平法於111年1月12日進行修法，將原本的陪產假修正為陪產檢及陪產假，讓懷孕的婦女不用再一個人孤伶伶地去醫院產檢，其配偶可以在總數七日之額度內，自行決定陪產檢請假的日數及陪產請假的日數。

(2)陪產檢假應於配偶懷孕期間進行請休，而陪產假則應於「配偶分娩之當日及其前後合計十五日期間內為之」（性平法施行細

則第 7 條），前開文字可以簡化為以下公式：

前 14 日＋分娩當日＋後 14 日，在此 29 日期間中之連續 15 天之區間內，至多擇其中 7 日請休

　　如圖 6-5 所示。

(3) 案例說明：

　　假設浩南已於 5 月 1 日請陪產假，則其配偶最晚哪一天分娩，浩南 5 月 1 日方具備請陪產假之資格？

解析：

依圖 6-5 所示，浩南的太太最晚須於 5 月 15 日分娩。

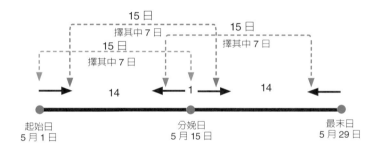

於 29 日之連續 15 天期間內，至多擇其中 7 日

圖 6-5　陪產假圖示

家庭照顧假

1. 法律條件：

　　受僱者於其家庭成員預防接種、發生嚴重之疾病或其他重大事故須親自照顧時，得請家庭照顧假；其請假日數併入事假計算，全年以七日為限。

　　家庭照顧假薪資之計算，依各該事假規定辦理。

2. 行使權限：

　　(1)家庭成員定義：

另查民法第 1123 條規定：「家置家長。同家之人，除家長外，均爲家屬。雖非親屬，而以永久共同生活爲目的同居一家者，視爲家屬。」爰有關前開規定所稱之「家庭成員」，爲免過度限縮立法意旨，其屬民法第 1123 條規定之家屬或視爲家屬者，亦屬之。

依上函釋，家庭照顧假所稱之家庭成員，非以親屬爲限，而係以具有永久共同生活爲目的之人，所謂「以永久共同生活爲目的而同居」，係指以永久同居之意思，持續的經營實質共同生活，而具有永久共居之事實而言；倘暫時異居，而仍有歸回以營實質共同生活意思者，亦屬之。

(2)是否爲「嚴重之疾病」及「其他重大事故」，依個案事實加以認定：

勞動部民國 96 年 1 月 10 日勞動 3 字第 0950074373 號：

「……於其家庭成員預防接種、發生嚴重之疾病或其他重大事故須親自照顧時，得請家庭照顧假，其請假日數併入事假計算，全年以七日爲限。」上開規定旨使受僱者得同時兼顧家庭照顧責任與職場工作。故有關「家庭成員」、「嚴重之疾病」及「其他重大事故」之定義，爲免限縮立法意旨，不另加以定義。至勞工請假事由是否符合兩性工作平等法第 20 條之規定，應依個案事實認定。

(3)家庭照顧假全年以七日爲限，且併入事假計算，但不得扣發全勤獎金。

蜂哥小筆記

04 　為了最重要的人
——育嬰留職停薪

在現在這個生育率逐年降低的年代，各界對於鼓勵生育等相關措施均不遺餘力，而育嬰留職停薪津貼，就是其中之一；對於許多想在家裡照護孩子，卻又希望能暫時維持基本收入的父母而言，此筆津貼確實能對家庭提供不少助益。然而，對事業單位而言，當有員工提出育嬰留職停薪之申請時，又有哪些需要多留意的地方呢？

▌申請資格

只要有扶養孩子的員工，都可以提出育嬰留停之申請嗎？按性別工作平等法第 16 條第 1 項之規定，大致可歸納以下兩點的申請條件：

1. 年資滿六個月以上。
2. 於每一子女滿 3 歲前，方得提出申請。

▌申請期間

按照性別工作平等法第 16 條第 1 項之規定，育嬰留停之期間最多至該子女滿 3 歲止，但不得逾二年；假設員工甲在孩子 A 滿 3 個月大時提出育嬰留停之申請，其可申請之期間最長為二年，即孩子 A 滿 2 歲 3 個月；員工乙在孩子 B 滿 1 歲半時提出育嬰留停之申請，其可申之期間最長就只能到孩子 B 滿 3 歲為止。

▍若同時撫育兩名以上子女時，育嬰留停期間又該如何認定呢？

按性別工作平等法第 16 條第 1 項後段之規定，同時撫育子女二人以上者，其育嬰留職停薪期間應合併計算，最長以最幼子女受撫育二年為限。此處的「同時撫育」又該如何認定呢？以下面案例來做說明。

假設員工丙在小孩 C1 滿 2 個月時，即提出育嬰留停之申請，申請期間為二年；小孩 C1 滿 1 歲 2 個月時，丙的第二個孩子 C2 出生，丙在 C1 育嬰留停期滿後，即接續申請小孩 C2 之育嬰留停，則 C2 可申請之育嬰留停期間最長為幾年？

按勞動部 99 年 1 月 14 日勞保 1 字第 0980140644 號函釋之說明，最幼子女出生時，即可視為同時撫育，因此，就本案例而言，同時撫育期間應自 C2 出生時起算至 C1 育嬰留停結束，共計一年，由於必須合併計算，扣除重疊部分後，C2 可再申請育嬰留停之期間最長以一年為限。

▍申請預告與申請期間之限制？

雖然受僱者於子女滿 3 歲前均可以提出育嬰留職停薪之申請，但如果員工於留停前一天才通知雇主，或者提出留停之期間過於短暫（例如：僅申請 3 週之育嬰留停），在育嬰留停為勞工法定權益雇主不得恣意准駁之前提下，勢必造成雇主人力運用與事業經營上之困擾。基此，育嬰留職停薪實施辦法第 2 條第 3 項做出如下之規定：

> 前項育嬰留職停薪期間，每次以不少於六個月為原則。但受僱者有少於六個月之需求者，得以不低於三十日之期間，向雇主提出申請，並以二次為限。

由上可知，雇主可與勞工約定少於十日之預告天數，惟不得約定超過十日之天數，十日係以日曆天計算。

另外，關於勞工少於六個月但不低於三十日之育嬰留停申請次數以 2 次為限的部分，是指每位小孩 2 次之申請機會，但若有同時撫育 2

勞工機靈點，雇主睜大眼！

名以上未滿 3 歲小孩的情形，則次數即應合併計算。

此處所稱的「同時撫育」，應可比照前述勞保 1 字第 0980140644 號函釋之說明，係以最幼子女出生時，即視為同時撫育；因此，「2 次」之計算，應以最幼子女受撫育期間申請 2 次為限。以下面案例來做說明：

員工丁有 2 位小孩，D1 和 D2，員工丁於 D1 滿 1 歲 5 個月（此時 D2 剛好出生）時，甫提出育嬰留職停薪之申請，期間為 3 個月；復於 D1 滿 2 歲（此時 D2 滿 7 個月）時，提出第二次育嬰留停申請，期間亦為 3 個月。對 D2 而言，其「受撫育期間」2 次權限已用畢，故員工丁不得再以 D2 之名義申請少於 6 個月之育嬰留停，但在 D2 滿 3 歲前，仍可申請期間多於 6 個月之育嬰留職停薪。

▌夫妻能否同時申請育嬰留職停薪呢？

性平法自 111 年 1 月 18 日起，已刪除第 22 條配偶未就業者不得申請育嬰留停之相關規定，而就業保險法也刪除第 19-2 條父母同為被保險人者，應分別請領育嬰留職停薪津貼之相關規定。因此，不論配偶是否就業，夫妻雙方可自行考量整體經濟狀況及家務分工，選擇是否同時申請育嬰留職停薪，即便只有一個小孩，也可以同時申請育嬰留職停薪並領取育嬰留職停薪津貼。

▌社會保險處理原則

關於育嬰留停員工的勞保、健保以及勞退提繳，又該如何處理呢？按性別工作平等法第 16 條第 2 項之規定，受僱者於育嬰留職停薪期間，得繼續參加原有之社會保險，原由雇主負擔之保險費，免予繳納；原由受僱者負擔之保險費，得遞延三年繳納。由此可知，育嬰留停員工之勞工保險與全民健保，於育嬰留停期間仍可繼續，且原應由雇主繳納的七成勞保保費與六成健保保費，均可全數免繳；而原應由勞工自行負擔的二成勞保保費與三成健保保費，則可遞延三年繳納。

另外，依勞工退休金條例第 20 條第 1 項之規定，勞工留職停薪、入伍服役、因案停職或被羈押未經法院判決確定前，雇主應於發生事由之日起七日內以書面向勞保局申報停止提繳其退休金。故員工育嬰留停期間之勞退部分，雇主可暫停提繳。

▍優於法令之育嬰留職停薪，社會保險處理原則

雖然性平法第 16 條第 1 項明確規定，受僱者必須任職滿六個月，始可提出育嬰留職停薪之申請；且若同時撫育子女二人以上時，育嬰留職停薪期間得合併計算。但畢竟育嬰留停之立法目的乃在保障父母之工作權益，使其得以同時兼顧工作與家庭之責任，因此，對於任職未滿六個月之員工，雇主仍可優於法令之規定而同意其育嬰留停之申請；相同的，對於同時撫育兩名子女之勞工，雇主亦可優於法令而個別計算其育嬰留職停薪之期間，不予合併。然而，在前述優於法令之前提下，社會保險又該如何處理呢？

按勞動部 104 年 04 月 27 日勞動條 4 字第 1040130693 號函釋規定，雇主同意受僱者任職未滿六個月申請育嬰留職停薪者，該等人員育嬰留職停薪期間社會保險及原由雇主負擔之保險費，仍然適用性別工作平等法第 16 條第 2 項之規定。另按勞動部 105 年 11 月 08 日勞動條 4 字第 1050132607 號函釋之規定，雇主如同意受僱者同時撫育子女二人以上，其育嬰留職停薪期間不予合併計算者，優於法令之育嬰留職停薪期間，受僱者仍可繼續參加原有社會保險，原由雇主負擔之保險費，同樣可免予繳納。

可見，即便雇主優於法令同意員工申請育嬰留停，社會保險之處理原則並無二致。值得注意的是，無論雇主在育嬰留職停薪一事願意給與勞工多大的優惠，在社會保險雇主保費免予繳納或勞工遞延繳納部分，仍以「每一子女滿 3 歲且不得逾二年」之規定作為期限。

▌關於育嬰留職停薪者復職事宜

當員工於其育嬰留停期限屆至且提出復職之申請時，雇主能否予以拒絕呢？答案是不一定。蓋因若雇主可恣意拒絕育嬰留停者之復職要求，將與育嬰留職停薪之立法本旨相悖，因此，對於育嬰留停者之復職申請，雇主原則上不得拒絕。然若雇主確有經營上之困難時，再經主管機關同意後，始可拒絕員工之復職。此處所稱「確有經營上之困難」，按性別工作平等法第 17 條之規定，包括：

一、歇業、虧損或業務緊縮者。

二、雇主依法變更組織、解散或轉讓者。

三、不可抗力暫停工作在一個月以上者。

四、業務性質變更，有減少受僱者之必要，又無適當工作可供安置者。

▌育嬰留職停薪復職需恢復原職嗎

對於育嬰留停之員工，雇主除不可任意拒絕其復職外，復職後之職務是否亦得為員工育嬰留停前之原有職務呢？按性別工作平等法第 3 條第 9 款之規定，所謂復職，是指回復受僱者申請育嬰留職停薪時之原有工作，因此，在未經得員工本人之同意前，雇主不得片面變更復職員工之職務內容。

▌優於法令之育嬰留停申請，亦受性別工作平等法之規範

依勞動部 103 年 5 月 26 日勞動條 4 字第 1030131155 號函釋意旨：

「雇主優於性別工作平等法第 16 條第 1 項規定，同意受僱者育嬰留職停薪，此意即雙方同意依性別工作平等法相關規範辦理，自非法所不許。基上，該等人員育嬰留職停薪期間及期滿復職時，即應有性別工作平等法第 17 條、第 21 條及第 38 條規定之適用。」

由此可知，一旦雇主接受員工以「育嬰」為名義進行留職停薪，

即便屬雇主優於法令之給與，關於復職、資遣與其他對勞工不利處分時，仍應受性別工作平等法之規範。

▌疫情相關假別

　　自 2019 年年末新冠肺炎（COVID-19）爆發以來，全世界人民均深受其害，除了不慎感染而必須承受身體的痛楚之外，更因為其主要透過人與人近距離接觸或透過被汙染的物品表面等環境因素進行傳播，故為了防免其擴大感染範圍與對象，許多國家於染疫高峰之際，都會祭出「封城」、「隔離」、「居家辦公」及「線上學習」等手段，盡可能阻斷人與人之間的接觸，以抑制疫情進一步蔓延，故也因此改變了人們的生活方式。於勞資關係上，更因疫情的持續延燒，而催生出新型態的營運模式，也因為疫情而創設出不同的假別。針對與疫情有關之各項假別，透過下面表格提供完整說明。

蜂哥小筆記

勞工機靈點，雇主睜大眼！

因疫情無法到班情形及其給假給薪一覽表

無法到班型態	造成原因	可申請假別	可否歸責雇主	薪資	法源依據
型態一：隔離/檢疫	居家、集中隔離 居家、集中檢疫	因執行職務，且可歸責雇主(註1)	防疫隔離假	可	工資照給	民267
		因執行職務，但不可歸責雇主(註2)		否	雇主可不給薪(註3) ※不可視為曠職 ※不可強迫以其他假別處理 ※不可解僱、扣發全勤或其他不利處分 ※可向衛福部申請「防疫補償」 ※生活無法自理之確診家屬並非受檢疫或隔離對象，故其照顧者不得領照顧者的防疫補償；但衛生單位會指定一名家屬為照顧者，並依實際隔離天數開立居家隔離通知書，則此照顧者可請領自身的隔離者防疫補償。	民266 特別條例第3條
		因個人因素所致				
	照顧遭強制隔離/檢疫且生活無法自理之家屬	個人因素				
	照顧生活無法自理之確診家屬					
型態二：確診	確診染疫	因執行職務(註4)	公傷病假	可	原領工資補償	基59(勞基補償) 民192-195(民事賠償)
				否	原領工資補償	基59(勞基補償)
		個人因素	普通傷病假	否	※一年內未超過30日：工資折半發給 ※111.04.08後請假日數併入住院傷病假計算(註5) ※自111.05.26起，快篩陽性者，經醫事人員確認，即可研判為確診，勞工於自行快篩陽性至等待確診結果出來期間，均因涉有醫療行為，得請普通傷病假，雇主應依法給假。	請4
型態三：自主防疫	自主健康管理	員工自主在家防疫(無病徵)	事假	否	事假：無薪	請7
			特休		特休：工資照給	基38
			補休假		補休假：工資照給	基32-1
		員工自主在家防疫(有病徵)	病假	否	病假：半薪(參考註5)	請4
			特休		特休：工資照給	基38
			補休假		補休假：工資照給	基32-1
		雇主基於經營考量要求勞工在家自主管理	無須請假	可	工資照給	民487
型態四：採檢	與確診者足跡重疊遭匡列而進行採檢以及於接獲檢驗結果前須留在家中不可外出期間	因執行職務，且可歸責雇主(註6)	無須請假	可	工資照給	民267
		因執行職務，但不可歸責雇主(註6)	無須請假 註記防疫隔離(註7)	否	雇主可不給薪 ※不可視為曠職 ※不可強迫以其他假別處理 ※不可解僱、扣發全勤或其他不利處分	民266
		因個人因素所致				
型態五：照顧親屬	因疫情停課或延後開學，須親自照顧12歲以下學童、兒童或持有身心障礙證明之子女	個人因素	防疫照顧假(註8)	否	雇主可不給薪 ※不可視為曠職 ※不可強迫以其他假別處理 ※不可解僱、扣發全勤或其他不利處分	民266

勞工機靈點，雇主睜大眼！

無法到班型態	造成原因	可申請假別	可否歸責雇主	薪資	法源依據
型態五：照顧親屬	因疫情致托嬰中心及居家托育服務停止收托，須親自照顧幼童者				
	因疫情致社區式長照機構及身心障礙者日間照顧服務暫停，須親自照顧身心障礙及失能家屬				
型態六：打疫苗	員工接種疫苗	員工自主接種	疫苗接種假	否	雇主可不給薪 ※ 不可視為曠職 ※ 不可強迫以其他假別處理 ※ 不可解僱、扣發全勤或其他不利處分	民 266
		雇主要求接種	無須請假	可	工資照給	民 267
型態七：停業	公司停業	因應政府要求	無須請假	否	雇主可不給薪 ※ 不可視為曠職 ※ 不可強迫以其他假別處理 ※ 不可解僱、扣發全勤或其他不利處分	民 266
		雇主無法做到防疫要求或違反防疫規定遭停業	無須請假	可	工資照給	民 267
		雇主基於營運考量自主停業				

說明：
一、代號說明：民：民法；基：勞基法；請：勞工請假規則；特別條例：嚴重特殊傳染性肺炎防治及紓困振興特別條例。
二、註解說明：
　　1. 因執行職務且可歸責於雇主之舉例 (雇主可預見)：
　　　(1) 員工至國外出差，回國後勢必進行 14 天居家檢疫，而雇主仍指派員工出差。
　　　(2) 雇主明知員工有與確診者密切接觸，仍使其進入職場辦公，導致嗣後與其接觸之同仁需進行居家隔離者。
　　2. 因執行職務但不可歸責於雇主之舉例 (雇主無法預見)：
　　　雇主已做好一切職場防護措施，惟已染疫但無症狀同仁 (雇主不知情) 仍繼續出勤，嗣後產生症狀遭採檢確診，期間與其密切接觸之同事均遭強制隔離；因雇主無法預見此狀，故不可歸責於雇主。
　　3. 雖不可歸責於勞雇雙方，雇主可不給薪，但勞工於不須出勤之例假、休息日及國定假日，本無須出勤提供勞務，因此，不生請假問題；且依勞動基準法第 39 條規定，雇主應工資照給。
　　4. 勞基法第 59 條之職災補償係採無過失責任主義，是以，只要因執行職務而導致確診新冠肺炎，無論雇主有無過失，均應依第 59 規定對勞工進行補償；惟當雇主有過失時，勞工可再依民法規定請求損害賠償。
　　5. 無論是住院或未住院普通傷病假，一年未超過 30 日之部分，工資均應折半發給 (期間之例假日、休息日及國定假日無須請假，工資仍應照給)；惟一旦超過 30 日，在事假與特休皆用畢之前提下，因確診所致病假已併入住院傷病假計算，故仍得繼續給與病假，但毋庸給薪。
　　6. 可參考註 1 及註 2 之說明。
　　7. 因採檢而無法出勤期間，與請假有所區別，雇主可於出勤記錄上以「防疫隔離」註記；惟若產生病徵時，可改申請普通傷病假。
　　8. 防疫照顧假為無薪，惟勞工若希望維持收入穩定，可依其意願改為特休或補休假；不可歸責於雇主之防疫隔離假及疫苗接種假亦同；但若是被照顧者或照顧者遭衛生主管機關施行居家隔離者，可改請防疫隔離假，兩者雖均為無薪，但防疫隔離假可另外申請防疫補償。

隨著時代的演進以及環境的變化，勞工會因此而衍生出不同於過往的請假需求，疫情相關之各種假別的產生，就是最好的見證；而陪產檢假的增修、育嬰留職停薪條件的放寬，也在在說明了此一現象。其實，「請假」這件事不外乎來自於人性、生理、心理、家庭等需求，當需求產生時，即使無薪，勞工也在所不惜；因此，對於企業而言，遵守法律規定給與符合條件之勞工應有之假別，應是雇主最基本之義務，但既然各種假別都是都是因「人」而生，那麼，企業不妨考慮在法律規定以外創設優於法令之假別，例如：有薪事病假、返鄉假等，作為福利也好，獎勵也行，讓企業管理多點「人情味」，或許在「請假」這件事情上，會是更有利企業的做法，不曉得各位讀者是否也心有戚戚焉呢？

蜂哥小筆記

第 7 章

特別休假

01 / 特休是世上最美的兩個字
——特別休假的性質

　　無論從事任何工作，在持續投入體力與心神一段期日之後，總免不了面臨身體勞累或專注力下降之疲乏狀態，所以，安排適當的休息日數，將工作歷程加以切割、斷開，是持續維持勞動者一定工作效率與熱忱度的重要機制，諸如老師有寒暑假可以用以調劑身心、職業運動選手有休賽期間可以暫時遠離高壓的賽場競技、演藝人員在密集的通告或戲劇拍攝後，總會神隱一段時間後再以全新樣貌重新出發等等，皆突顯了適度休息對於維持工作效能的重要性。

　　就一般勞工而言，其正常工作狀態之週期，不外乎為工作日與例休假日之循環更迭，偶爾再穿插國定假日，而無論例休假日或國定假日，時間均為短暫，至多僅能達到消除疲勞之作用，因此，若未再提供另外較長的休憩時間，則較難期待勞工在工作之餘，為身心增添額外養分的機會；有鑑於此，除上開固定的例休假與國定假日外，勞基法亦賦予勞工每年天數不等之特別休假，使得勞工朋友可以利用自己的特休，安排日數較長的國內外旅遊，充分放鬆之餘，也可以好好陪伴家人；又或可以利用特休安排職場以外的進修課程，培養多元的興趣與專長，藉此提升自我的心性與知識。是以，特別休假對於現代人而言，乃是身心調劑不可或缺的重要機制。

　　基於上述的論點，特別休假在法律上，本也就是為了釋放疲勞、充實身心而生，其目的一方面在於使勞動者從日常的勞動生活中完全解放，一方面也給與勞動者平日無法實行的休息、旅行、文化活動或學習知識技能等所需的時間。因此，特別休假的本質在於放假，而非

用以換取年度未休之報酬，這個原則希望雇主與勞工朋友都能確實了解與掌握，才可以真正落實法律制定特休制度的初衷與功能。

勞基法第 38 條關於特別休假之規定，已於 105 年 12 月 6 日完成修法，於 105 年 12 月 21 日由總統公布，並自 106 年 1 月 1 日開始實施。於該次修法中，全國民眾之目光焦點均集中於一例一休上，但殊不知特別休假之變革，其實並不亞於一例一休所產生之影響，究竟勞工之特休權益於修法前後有哪些主要的變化呢？逐一探討如下：

特休日數的調整

與修法前最顯著的差異，就在於特休日數的提高。和以往最大的差別在於修法後新增了工作滿半年即給與 3 日的特休，而其餘年資所對應的日數幾乎都較修法前為多。遂整理修法前後日數差異對照表如下：

表 7-1　休法前後特休日數對照表

年資／特休日數	修法前	修法後
6 個月至未滿 1 年	0 日	3 日
1 年	7 日	7 日
2 年	7 日	10 日
3 年	10 日	14 日
4 年	10 日	14 日
5 年	14 日	15 日
6 年	14 日	15 日
7 年	14 日	15 日
8 年	14 日	15 日
9 年	14 日	15 日
10 年	15 日	16 日
11 年	16 日	17 日
12 年	17 日	18 日
13 年	18 日	19 日
14 年	19 日	20 日
15 年	20 日	21 日
16 年	21 日	22 日
17 年	22 日	23 日
18 年	23 日	24 日
19 年	24 日	25 日
20 年	25 日	26 日
21 年	26 日	27 日
22 年	27 日	28 日
23 年	28 日	29 日
24 年	29 日	30 日

▌修法前特休須由勞雇協商排定

　　勞工在同一事業單位繼續工作滿一定期間者，雇主就應該按照勞基法之規定給與勞工特別休假；此時勞工雖已取得特別休假的權利，但是，當勞工提出特別休假之申請時，雇主是否可以基於公司營運之考量而予以駁回呢？

在 106 年 1 月 1 日之前，特別休假的排定期日是由勞雇雙方所協商定之的。此觀諸舊法年代（此處指 105 年 12 月 31 日以前）勞基法施行細則第 24 條[1]即可得知，當時不但休假的期日係由勞雇雙方協商排定的，就連未休畢之日數是否由雇主發給特休未休工資，也要探究未休畢之原因，若為可歸責於勞工者，那麼，雇主自不負補償特休未休工資之責，此可參考勞動部 79 年 8 月 7 日勞動 2 字第 17873 號函釋[2]。

於上開前提下，經常發生勞工按其自身需求排定特別休假之期日後，雇主以公司營運需求為由予以駁回，或者當勞工向雇主請求特休未休工資之補償時，還得由勞工本身舉證證明未休畢之原因係可歸責於雇主，始能請求工資，這樣的機制對於勞工而言實在過於嚴苛，時常發生勞工對於特休假「看得到，吃不到」的情況，不只損害勞動權益，也對勞工長期身心健康甚為不利，更嚴重扭曲了勞基法第 38 條關於特別休假的立法本旨。

▌修法後特休排定權正式回歸於勞工

有鑑於此，106 年 1 月 1 日修正後之勞基法，已將特休之排定權正式回歸予勞工。現行勞基法第 38 條第 2 項規定：「前項之特別休假期日，由勞工排定之。但雇主基於企業經營上之急迫需求或勞工因個人因素，得與他方協商調整」，基此，雇主對於勞工所排定之特休期

1　勞動基準法施行細則第 24 條（舊法）：本法第 38 條之特別休假，依左列規定：
　　一、計算特別休假之工作年資，應依第 5 條之規定。
　　二、特別休假日期應由勞雇雙方協商排定之。
　　三、特別休假因年度終結或終止契約而未休者，其應休未休之日數，雇主應發
　　　　給工資。
2　勞動部 79 年 8 月 7 日勞動 2 字第 17873 號函釋（此函釋已於修法後廢止）勞動基準法施行細則第 24 條第 2 款規定「特別休假日期應由勞雇雙方協商排定之」，故雇主如同意特別休假由勞工自行排定惟應於年度終結前休完，應無不可。至於勞工未於年度終結前休完特別休假係不可歸責於雇主之原因時，則雇主可不發給未休完特別休假日數之工資。

日已無過往准駁之權利，至多可以在企業於營運上有急迫之需求時，就勞工已排定之特休期日予以協商調整，但法律文字既為「協商」，當然也就無強制之效力。

然而，雖說排定權已回歸予勞工，但勞工是否可以完全恣意妄為，棄公司營運於不顧，而逕以自身之排假需求為唯一考量呢？按民法第148條規定：「權利之行使，不得違反公共利益，或以損害他人為主要目的。行使權利，履行義務，應依誠實及信用方法。」此即權利行使禁止濫用與誠實信用原則，雖然何謂誠實信用，為一不確定的法律概念，必須就不同個案事實予以認定，但若將此一法律概念應用於前揭特休排定之行使上，即便勞工享有法定的排定權利，但基於勞工對於雇主先天所應具備的忠誠勤勉義務，倘若勞工所自行排定之特休期日確實有礙於企業之正常營運，甚至因此產生經營危機時，勞工仍應本於誠信原則來行使其排定權，或調整其已排定之特休期日，如此才能符合民法第148條之意旨。因此，還是建議勞雇雙方在遇有特休排定之爭議時，能夠互相釋出善意，進行協商，畢竟勞工強力捍衛其特休排定權而令企業經營困難時，也必非勞工之福，這部分還望勞雇彼此能多加體諒。

明確特休遞延之規範

嚴格來說，特休遞延並非修法後的新增規範，因為早在修法之前，此制度便已普遍存在於各企業之中；在舊法的年代，由於雇主掌握了特休行使的准駁權，再加上年度終結或契約終止時如有未休畢之特休者，勞工須提出可歸責雇主之事證後，始得請求未休工資之補償；因此，若雇主願意給與勞工將特休遞延之條件，對勞工而言無疑是一項利多，因此，在這樣的氛圍下，過去皆多由勞雇雙方協商合意後，將今年度之未休日數往後遞延，至於後續之行使細節（可遞延多久？再次未休畢時之處理機制等），還是得由雙方自行約定，是以，對勞工而言，總會存在些許的不確定與不安全感。為了令長期存在的特休遞延機制

有可供勞資雙方遵守的法令依據，於 107 年再次修法時，新增了第 38
條第 4 項後段：「……。但年度終結未休之日數，經勞雇雙方協商遞
延至次一年度實施者，於次一年度終結或契約終止仍未休之日數，雇
主應發給工資。」正式將特休之遞延納入勞基法之規範。相關之實施
細節則規範於勞基法施行細則第 24-1 條，整理如下：

1. 按勞基法第 38 條之意旨，特休遞延仍須經由勞雇雙方協商始得爲
   之，也就是說，不是勞資任何一方可以逕自決定遞延與否，而必
   須在雙方均同意之前提下進行。

2. 因勞基法第 38 條第 4 項最末段稱：「……於次一年度終結或契約
   終止仍未休之日數，雇主應發給工資」，因此，特休遞延以一次
   爲限，遞延後仍未休畢者，則強制雇主應發給未休工資。

3. 特休遞延後，勞工於該年度請休時，應優先扣除經遞延的特休日
   數。例如：勞工 107 年有 7 日特休，僅行使 4 日，仍有 3 日未休，
   與雇主協商遞延至 108 年，由於 108 年本可取得 10 日之特休，故
   合計共爲 13 日。則勞工於 108 年請休時，優先由遞延的 3 日特休
   扣除。

4. 遞延之特休於次年度仍未休畢時，雇主應按原特別休假年度終結
   時應發給工資之基準，計發工資。

   延續上述案例，當勞工於 108 年度終結時，遞延的特休仍有 1 日
未休畢時，雇主應依照 107 年度原應發給工資的基準核算特休未休工
資，而非按 108 年度之工資基準。

▌雇主須善盡告知與記錄彙整義務

   除前述特休排定權之異動外，於新法上路後，爲避免勞工不知其
已取得特休行使之權利，也爲了落實修法目的，保障勞工確實有依其
意願進行排休或未予排休而獲得應有補償之權利，修正後之勞基法責
成雇主要負擔特休通知與記載之義務，說明如下：

1. 依現行勞基法第 38 條第 3 項規定：「雇主應於勞工符合第 1 項所

定之特別休假條件時，告知勞工依前二項規定排定特別休假」，是以，當勞工符合特休資格時，雇主應依前揭規定提醒或促請勞工排定休假，但仍須依勞工之意願進行排定。且按照勞基法施行細則第 24 條第 3 項之規定，前述告知勞工排定特休之動作，應於勞工符合特別休假條件之日起三十日內爲之。

2. 「雇主應將勞工每年特別休假之期日及未休之日數所發給之工資數額，記載於第 23 條所定之勞工工資清冊，並每年定期將其內容以書面通知勞工」、「本法第 38 條第 5 項所定每年定期發給之書面通知，依下列規定辦理：一、雇主應於前條第 2 項第 2 款所定發給工資之期限前發給。……」勞基法第 38 條第 5 項與勞基法施行細則第 24-2 條第 1 款分別定有明文。基此，除提醒與促請勞工排定其特休外，雇主亦須於年度終結發放未休工資前，將勞工過去一年的特休實施狀況彙整成書面資料並提供予勞工。

勞基法並未進一步規範第 38 條第 3 項告知義務之形式，至於定期之特休彙整記錄，依勞基法施行細則第 24-2 條第 2 款之規定，得以紙本、電子資料傳輸方式或其他勞工可隨時取得及列印之資料爲之。而勞基法第 38 條第 5 項亦規定：「雇主應將勞工每年特別休假之期日及未休之日數所發給之工資數額，記載於第 23 條所定之勞工工資清冊，並每年定期將其內容以書面通知勞工」，因此，關於前述雇主之特休告知義務與特休實施彙整義務，可以和工資清冊記載義務互相結合，於每屆勞工重新取得下一年度之特休權利之際（亦爲年度終結之際），於工資清冊上以斗大顯著字眼清楚載明，並附上勞工知悉後之簽名欄位，以確保告知義務已確切履行。當然，如果雇主除工資清冊上之記載外，亦願意以其他方式，例如：公司內部信件、公司 Line 對話群組、發薪或出勤系統上直接設定等方式進行告知，更能令雇主之告知與記錄義務更加確實。爲使雇主便於遵循法令規定，落實其於特休管理之各項義務，勞動部亦於其官網上提供已加註特休記錄欄位之工資清冊範例，如表 7-2 和表 7-3 所示，供各位讀者參考。

勞工機靈點，雇主睜大眼！

表 7-2　勞動部工資清冊範本一

參考例一

| 部門 | ○○○ | 姓名 | ○○○ | 薪資月份 | ○年○月 | 到（離）職日期 | ○年○月○日 |
| 職稱 | ○○○ | 入帳日期 | ○年○月○日 | 轉帳帳號 | | | |

應發項目						應扣項目				
項目	金額	加班別	倍率 (F)	時數 (G)	加班費 (E)x(F)x(G)	勞工自負額	金額	缺勤	時數 (H)	金額 (E)x(H)
本薪		平日加班	1又1/3			勞保費		事假		
伙食津貼			1又2/3			健保費		病假		
全勤獎金		休假日出勤 8小時以內	1			職工福利金		遲到早退扣款(E÷60)	分	
績效獎金		逾8小時	1又1/3			勞工自願提繳退休金				
職務加給			1又2/3							
		休息日加班 8小時以內	1又1/3							
			1又2/3							
		逾8小時	2又2/3							
		合計(B)	○○○○							
		本月選擇補休時數（Ⅱ）	○○小時							
		加班總時數	○○小時							
		其他應發項目	金額							
		未休特別休假工資								
		屆期未補休折發工資								
合計(A)	○○○○○	合計(C)	○○○			合計（D）	○○○○	合計（E）		○○○○
平日每小時工資額 (E)=(A)÷240										

實發金額 (A)+(B)+(C)-(D)-(E)	

＊備註：貴事業單位如有實施特別休假遞延或加班補休制度，請參考下列表格使用：

個人特別休假		個人加班補休		公司提撥退休金	
請休期間：　年　月　日-　年　月　日		勞雇雙方約定之補休期限：			
經過遞延的特別休假日數	○日	至上月止未休補休時數（Ⅰ）	○小時	公司提撥勞退金	○%
今年可休的特別休假日數	○日	本月選擇補休時數（Ⅱ）	○小時	提撥工資級距	
今年已休的特別休假日數	○日	本月已補休時數（Ⅲ）	○小時	提撥金額	
今年未休的特別休假日數	○日	屆期未補休折發工資時數（Ⅳ）	○小時		
今年特別休假的請休期日		至本月止未補休時數 （Ⅰ）+（Ⅱ）-（Ⅲ）-（Ⅳ）	○小時		

這裡要特別叮嚀雇主，可別輕忽上述各項義務的履行，如果沒有確實執行的話，依照勞基法第 79 條之規定，是可以處以雇主 2 萬元以

上 100 萬元以下的罰鍰，不可不慎。

表 7-3　勞動部工資清冊範本二

參考例二

○年○月薪資發放明細表

姓名　　　　　職位　　　　　入帳帳號　　　　　發薪日期

	項目	金額		項目	金額		項目	金額
約定薪資結構	底薪		非固定支付項目	平日加班費		應代扣項目	勞保費	
	伙食津貼			休假日加班費			健保費	
	全勤獎金			休息日加班費			職工福利金	
	職務津貼						勞工自願提繳退休金	
				未休特別休假工資			事假	
				屆期未補休折發工資			病假	
	小計(A)			小計(B)			小計(C)	

實領金額 (A)+(B)-(C)	

*備註：貴事業單位如有實施特別休假遞延或加班補休制度，請參考下列表格使用：

特別休假		加班補休	
請休期間：年　月　日-　年　月　日		勞雇雙方約定之補休期限：	
經過遞延的特別休假日數	○日	至上月止未休補休時數（Ⅰ）	○小時
今年可休的特別休假日數	○日	本月選擇補休時數（Ⅱ）	○小時
今年已休的特別休假日數	○日	本月已補休時數（Ⅲ）	○小時
今年未休的特別休假日數	○日	屆期未休補折發工資時數（Ⅳ）	○小時
今年特別休假的請休期日		至本月止未休補休時數（Ⅰ）+（Ⅱ）-（Ⅲ）-（Ⅳ）	○小時

勞工機靈點，雇主睜大眼！

未休畢之特休，不問原因一律由雇主予以未休工資補償

觀諸勞基法第 38 條第 4 項前段：「勞工之特別休假，因年度終結或契約終止而未休之日數，雇主應發給工資。」可知，當特休排定權已回歸於勞工時，於年度終結或契約終止時，有存在特別休假未休畢之情形時，也不再探究應歸責資方或勞方與否，而是一律由雇主按未休畢之特別休假日數給付勞工工資。而由於法律文字係以「契約終止」為表示，因此，不論為勞工自請離職、退休、死亡或遭雇主資遣甚至開除，當存在有未休畢之特休時，雇主均應按未休日數給付未休工資。至於年度終結之時點該如何認定，以及特休未休工資該如何認定與計算，將在後續的章節為各位讀者說明。最後將修法前後特休相關規定變更所造成勞資權益之影響整理如表 7-4 所示：

表 7-4　修法前後特休權益變動一覽表

項目／時點	修法前	修法後
特休日數	1. 一年以上三年未滿者，7 日 2. 三年以上五年未滿者，10 日 3. 五年以上十年未滿者，14 日 4. 十年以上者，每一年加給 1 日，加至 30 日為止	1. 六個月以上一年未滿者，3 日 2. 一年以上二年未滿者，7 日 3. 二年以上三年未滿者，10 日 4. 三年以上五年未滿者，每年 14 日 5. 五年以上十年未滿者，每年 15 日 6. 十年以上者，每一年加給 1 日，加至 30 日為止
排定權	勞資協商，勞工不得逕自指定日期	勞工指定
准駁權	對於勞工提出之申請，雇主可予駁回	雇主無准駁之權
特休遞延	法無明文，由勞雇雙方協商議定實施	明確規範於勞基法第 38 條第 4 項後段與施行細則第 24-1 條
特休未休工資補償	須由勞工提出可歸責雇主之事證，始可請求	無論未休畢原因為何，雇主均應發給未休工資

告知與記錄義務	告知義務	勞工自我提醒	雇主應於勞工符合特休條件之日起30日內為之
	記載義務	無	雇主應將勞工當年可休日數、已休日數與期日、未休日數記載於工資清冊中
	定期書面報告	無	雇主應於年度終結發放未休工資之前提供書面之特休實施記錄予勞工
可歸責事由	未提出申請	視同勞工自行放棄	雇主應發給工資
	遭懲戒開除	視同勞工自行放棄	雇主應發給工資
	遭合法資遣	視同勞工自行放棄	雇主應發給工資
	全年留職停薪	視同勞工自行放棄	雇主應發給工資
	全年公傷病假	視同勞工自行放棄	雇主應發給工資

03 自己的特休自己算
——週年制與曆年制

　　前面論述了特別休假之本質以及修法前後對於勞資雙方權益之影響。然而，對於企業實際上之運作而言，最核心的區塊當然還是如何合法計給勞工特休日數，以及遇有年度終結或契約終止之情況時，該如何正確核算特休未休工資予勞工。關於這兩則核心問題，將在本節與下一節進行討論。

勞工何時取得特別休假之權利

勞基法第 38 條第 1 項規定：「勞工在同一雇主或事業單位，繼續工作滿一定期間者，應依下列規定給與特別休假：……。」此段文字即為取得特休權利之法定要件，因此，多數人在認定是否已取得特休之行使權時，多半以「年資」來進行判斷，這樣的認知，原則上當然沒有太大問題，但也不全然正確，我們可由以下例子做更進一步之理解：

假設勞工黃君於 106 年 1 月 1 日到職，年資滿半年的 3 日特休已休畢，嗣後黃君因生涯規劃考量向雇主提出離職申請，離職日期為 106 年 12 月 3 日（即在職最後一日），黃君以其年資已屆滿一年為由，向雇主請求 7 日特休未能休畢的工資補償，請問雇主是否應為給付呢？

就年資而言，黃君確實已屆滿一年，但勞基法第 38 條第 1 項並不僅以「滿」為取得特休之要件，亦包括「繼續工作」，也就是說，當年資屆滿翌日仍在職時，才真正符合特別休假之取得資格，因此，案例中的黃君，由於 107 年 1 月 1 日並未在職，故即便其年資確實已屆滿一年，但仍未取得滿一年 7 日特休之行使權，基此，黃君之雇主並無給付黃君特休未休工資之義務。

到職週年制

依勞基法施行細則第 24 條第 2 項之規定，勞工行使其特別休假之期間，可由勞雇雙方協商以下列方式為之：

1. 以勞工受僱當日起算，每一週年之期間。但其工作六個月以上一年未滿者，為取得特別休假權利後六個月之期間。
2. 每年 1 月 1 日至 12 月 31 日之期間。
3. 教育單位之學年度、事業單位之會計年度或勞雇雙方約定年度之期間。

其中，除第一種方式爲到職週年制外，其餘皆爲曆年制；於此，我們先就到職週年制進行討論。

按勞基法第 38 條第 1 項前段規定，當年資屆滿且翌日仍在職時，即取得未來一年之內依其年資對應日數之特休行使權，而由於年資係自受僱日開始起算，也就是俗稱的「到職」，因此，由到職日爲起算時點，每屆一週年（滿半年的 3 日特休除外）之期間爲特休行使期間，即爲所謂的「到職週年制」。

因爲係以到職日爲起點進行計算，因此，年資每滿一年，自然可直接對應勞基法第 38 條第 1 項所規範的特休日數，因此，無論對於雇主或勞工而言，在特休日數的計給上，均相對簡單，且亦可完全符合勞基法第 38 條第 1 項之日數規範。以下面案例進行說明：

> 勞工陳君於 106 年 3 月 1 日到職，公司於特休計算上採「到職週年制」，則陳君於 106 年 8 月 31 日年資滿半年，於翌日（9 月 1 日）仍在職時，即取得半年 3 日的特休行使權，按勞基法施行細則第 24 條第 2 項第 1 款之規定，該 3 日可行使之期限爲 107 年 2 月 28 日，此時年資滿一年，於翌日（107 年 3 月 1 日）仍在職時，即取得滿一年 7 日之特休行使權；108 年 2 月 28 日年資滿 2 年，於翌日（108 年 3 月 1 日）仍在職時，即取得滿二年 10 日之特休行使權；以此類推，可彙整如圖 7-1 所示。
>
> 在到職週年制下，勞工之年度終結日均爲到職週年日之前一日，以本案例之陳君而言，其年度終結日均爲每年之 2 月 28 日（於閏年則爲 2 月 29 日），每逢年度終結日若陳君仍有特休未休畢時，除勞雇雙方協商遞延之外，雇主均應於原約定發薪日或年度終結後 30 日內給付勞工未休工資；又假設陳君於 108 年 2 月 1 日離職，當下若仍有 5 日未休畢時，則雇主應給付陳君 5 日特休未休之工資。

勞工機靈點，雇主睜大眼！

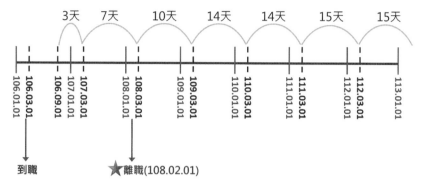

到職週年制

3天　7天　10天　14天　14天　15天　15天

106.03.01　106.09.01　107.01.01　107.03.01　108.01.01　108.03.01　109.01.01　109.03.01　110.01.01　110.03.01　111.01.01　111.03.01　112.01.01　112.03.01　113.01.01

到職　★離職(108.02.01)

圖 7-1　到職週年制

比例曆年制

依勞基法施行細則第 24 條第 2 項之規定，每年 1 月 1 日至 12 月 31 日之期間、教育單位之學年度、事業單位之會計年度或勞雇雙方約定年度之期間，均為曆年制之概念；於此，我們以實務上最常見的「每年 1 月 1 日至 12 月 31 日之期間」進行探討，說明如下。

由於曆年制之特休行使期間已經固定，均為每年 1 月 1 日至 12 月 31 日，因此，除 1 月 1 日到職之勞工外，均無法與勞工實際之到職日切齊；為使所有勞工於 1 月 1 日至 12 月 31 日這段期間都有其對應之特休天數可供行使，遂以勞工之到職週年日為基準點，往前至 1 月 1 日所占全年（365 日）比例乘上該段區間所對應之特休日數，復再以到職週年日為基準點，往後至 12 月 31 日所占全年（365 日）比例乘上該段區間所對應之特休日數，兩段日數加總之後，即為勞工於當年度 1 月 1 日至 12 月 31 日一年期間內可行使之特休日數，故稱「比例曆年制」，且勞工係自 1 月 1 日即取得該年完整特休日數的行使權。舉例說明如下：

　　勞工張君於 106 年 3 月 1 日到職，公司於特休計算上採「比例曆年制」，張君於 106 年 9 月 1 日年資滿半年且仍在職，但因採比例曆年制，年度終結日固定為 12 月 31 日，且由於半年的行使區間（106.09.01 ～ 107.02.28）有 3 分之 2 的比例落在 106 年（106.09.01 ～ 106.12.31），有 3 分之 1 的比例落在 107 年，因此，半年的特休 3 日依比例而言，有 2 日可於 106 年 9 月 1 日至 106 年 12 月 31 日之間行使，若該 2 日於 106 年 12 月 31 日前未能休畢時，除雙方協商遞延外，雇主應於 12 月 31 日予以結清；而有 1 日可於 107 年 1 月 1 日至 107 年 12 月 31 日之間行使，另外，由於張君 107 年 3 月 1 日年資滿 1 年且仍在職，故以滿 1 年的 7 日而言，有 6 分之 5 的比例落在 107 年，因此，依比例而言，有 5.83（7×5/6）日可於 107 年 1 月 1 日至 107 年 12 月 31 日之間行使，合計前面滿半年落在 107 年度的 1 日，張君 107 年度的特休日數共有 6.83 日，年度終結日固定為 12 月 31 日，若此時張君仍有特休未休畢時，除勞雇雙方協商遞延之外，雇主應於原約定發薪日或年度終結後 30 日內給付張君未休工資。以此類推，張君 108 年度可行使之特休日數為（7×1/6+10×5/6）=9.5 日。彙整如圖 7-2。

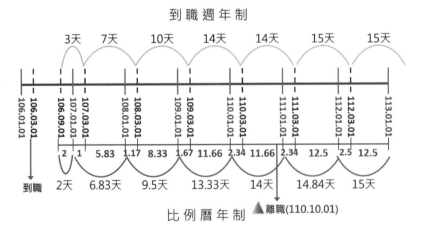

圖 7-2　比例曆年制

假設張君於 110 年 10 月 01 日離職（如圖 7-2 之離職點），屆時年資已滿 4 年，按到職週年日來計算，張君可享之法定特休權益應為 48 日，而依比例曆年制計算僅取得 45.66 日，因此，除了當年度 14 日特休若仍有未休畢日數時仍應予以結清外，公司應再另行補給 2.34 日之未休工資；反之，若張君於 110 年 02 月 01 日離職，年資為 3 年又 11 個月，按到職週年日來計算，張君可享之法定特休權益應為 34 日，但由於張君於 110 年度 1 月 1 日即已取得依比例曆年制所計算而得的 14 日特休行使權，倘若張君於 2 月 1 日離職前已將此 14 日休畢時，則雇主有權利於當下要求張君返還其實際行使的特休日數 45.66 日與其法定日數 34 日之差額所對應的工資[3]。

相形之下，比例曆年制雖較到職週年制來得複雜許多，但對於員工人數較多的公司而言，比例曆年制可將所有員工之年度終結日切齊於同一時點，就以年度終結進行結算作業而言，勢必會較到職週年日來得簡單且統一，因此，兩種制度皆有其優劣得失，有賴企業經營者或人資工作者就自身實際情形予以斟酌的選用了。

▌ 申請留職停薪之員工，特別休假該如何計給？

除育嬰與服兵役之留職停薪為勞工之法定權利，雇主不可不予准許之外，其餘之留職停薪事由，均得由勞工提出申請，經雇主同意後，

3　勞動部 105 年 8 月 2 日勞動條 3 字第 1050131754 號：
　　二、依勞動基準法第 38 條及其施行細則第 24 條有關特別休假規定，勞工於工作滿 1 年之翌日如仍在職，即取得請休特別休假之權利。勞資雙方如約定依曆年制分段或預先給假，並無不可，惟給假標準仍不得低於前開規定。案內事業單位於各該年度給與勞工之特別休假日數是否適法，仍請先行釐清。
　　三、復查勞動基準法係規定勞動條件之最低標準，雇主採行預先給與特別休假方式，於勞工離職時，擬追溯扣回休假日數多於法定日數之工資等事項，應由勞雇雙方協商議定，或於工作規則中明定，報事業單位所在地之勞工行政主管機關核備。

始能成立；但無論係因何種事由所致之留職停薪，留停期間之年資均不予計算；此時，以年資長短為給付依據之特休應否給與？如何給與？往往令雇主或人資工作者無所適從。

1. 留職停薪勞工還有申請特別休假之權利嗎？

按勞基法第 38 條之規定，勞工在同一雇主或事業單位，繼續工作滿一定期間者，應給與特別休假。於此觀之，勞工取得申請特別休假權利之要件有二，一為「滿一定期間」，二為「繼續工作」；此兩條件同時滿足，則勞工即取得申請特別休假之權利。

因此，勞工雖申請留職停薪，但只要年資滿一定期間，且有繼續工作之事實，在其勞動契約有效之期間，仍不影響其當年度申請特別休假之權利。

2. 申請留職停薪者，當年度特別休假該如何計給？

按勞動部 92 年 1 月 15 日台勞動二字第 0920002588 號函釋之說明，勞工因故留職停薪，其留職停薪前後之工作年資應合併計算。故復職當年度之特別休假，依其工作年資及勞動基準法第 38 條規定計給。

依此函釋，透過底下案例分別以「週年制」及「曆年制」之情形來進行說明：

案例：員工小智於 106 年 5 月 10 日到職，並在 108 年 9 月 10 日因故申請留職 7 個月，至 109 年 4 月 10 日復職。

(1) 情況一：週年制

A. 申請留職停薪前，當年度之特別休假已行使完畢

因小智到職日為 106 年 5 月 10 日，於 108 年 5 月 10 日取得 10 天特別休假之權利，假設小智在 108 年 7 月底前將 10 天特休全部行使完畢，由於滿 2 年之特別休假均已於留停前請畢，故自 109 年 4 月 10 日復職後至 109 年 12 月 9 日年資滿 3 年之前這段期間，均無法再申請特別休假，必須繼續工作至 109 年 12 月 10 日年資滿 3 年後，才可再享有 14 天之特別休假權利，而其權利行使期間則為 109 年 12 月 10 日至

110 年 12 月 9 日。

B. 申請留職停薪前，已申請部分特別休假

假設小智在 108 年 9 月 10 日留職停薪開始之前，已使用 5 日之特別休假，則小智自 109 年 4 月 10 日復職後至 109 年 12 月 9 日年資滿 3 年之前這段期間，仍可再向公司申請 5 日之特別休假，若於 109 年 12 月 9 日屆至時仍有未行使之特別休假，則公司應予以結清，並發給特休未休工資。

(2) 情況二：曆年制

若小智與公司約定特別休假採曆年制，且行使期間為每年 1 月 1 日至 12 月 31 日。

說明如下：

A. 小智原可請休之特別休假天數

小智 108 年 1 月 1 日至 108 年 12 月 31 日原可行使之特別休假天數為：

〔（4+9/31）÷12 個月 ×7 天〕＋〔（7+22/31）÷12 個月 ×10 天〕＝ 8.9 天

B. 申請留職停薪後，可請休之特別休假日數

(A) 108 年度

因 108 年 9 月 10 日至 109 年 4 月 9 日留職停薪 7 個月，所以 108 年度可行使特別休假之期間僅自 108 年 1 月 1 日至 108 年 9 月 9 日，故其天數為：

〔（4 + 9 / 31）÷ 12 個月 ×7 天〕＋〔（4 ÷ 12 個月）×10 天〕＝ 5.8 天

(B) 109 年度

因 109 年 4 月 10 日復職，且於 109 年 12 月 9 日年資滿 3 年，所以 109 年度可行使特別休假之期間僅自 109 年 4 月 10 日至 109 年 12 月 31 日，其天數為：

〔（8÷12 個月）×10 天〕＋〔（22/31）÷12 個月〕

×14 天〕=7.5 天

加總 108 年與 109 年之天數後，小智自 108 年 1 月 1 日
至 109 年 12 月 31 日（期間包括 7 個月之留職停薪）可
申請之特別休假總日數爲 13.3 天。

(C) 申請留職停薪前，已申請部分特別休假

由於小智和公司約定行使期間爲每年 1 月 1 日至 12 月
31 日之曆年制，故小智於 108 年 1 月 1 日時即取得當
年度原可行使之 8.9 天特休，假設小智在 108 年 9 月 10
日留職停薪即已用畢此 8.9 天特休，則小智自 109 年 4
月 10 日復職後至同年 12 月 31 日，僅能再申請 4.4 天
特別休假。若於 109 年 12 月 31 日屆至時仍有未行使之
特別休假，則公司應予以結清，並發給特休未休工資。

勞工機靈點，雇主睜大眼！

04 忙到沒時間休假，怎麼辦？
——特休未休工資之計算

當勞工未能於年度終結日前將其特休全數休畢時，按照勞基法第38 條第 4 項之規定，雇主必須發給其工資，此即為特休未休工資。特休未休工資該如何認定與計算呢？我們還是回到勞基法本身來尋求解答，說明如下。

▌與職災原領工資之認定方式相同

在討論職災之原領工資補償時，本書第 4 章有提到勞基法施行細則第 31 條定義原領工資係指勞工遭遇職業災害前一日正常工作時間所得之工資。其為計月者，以遭遇職業災害最近一個月正常工作時間所得之工資除以三十所得之金額，為其一日之工資。而一樣的文字，復出現於施行細則第 24-1 條第 2 項第 1 款第 2 目，差別只在於，施行細則第 24-1 條係針對特休未休工資之計算方式進行定義，基此，我們可以推定，特休未休工資與職災原領工資在計算上，應屬同質。

承上，既然兩者在定義上幾乎一致，那麼，再進一步針對何謂「最近一個月工資」加以闡釋的勞動部函釋，自當可比附援引；故參照勞動部 82 年 7 月 13 日台勞動三字第 38915 號函釋可知，所稱「最近一個月工資」，係指領月薪之勞工於發生職業災害前已領或已屆期可領之最近一個月工資而言，因此，亦可指稱月薪制勞工之特休未休工資係為其年度終結或契約終止前已領或已屆期可領之最近一個月工資而言。至於何謂已領？何謂已屆期可領？均已於原領工資補償章節中加已論述了，讀者可自行參閱，於此不再加以贅述。

▍正常工作時間所得之工資

　　正常工作時間所得之工資究竟所謂何指？可以先確定的，既爲工資，那麼只要符合勞基法第 2 條第 3 款工資定義之給與，均應納入；至於何謂正常工作時間所得？參照勞動部 79 年 3 月 24 日台勞動三字第 29610 號函釋可知[4]，正常工作時間所得係指每月不論出勤狀況固定給與之部分，即屬正常工時所得。簡言之，凡勞工只要出勤，皆可獲致之工資類報酬，均屬之，故包括各種按月領取之獎金或津貼；因此，即便每月數額不固定之業績獎金，若衡酌勞工確實每月均可領取，僅是金額會因業績有而有所浮動，則亦應將之納入。但畢竟無論以職災原領工資或特休未休工資而言，按月計酬者皆採最近一個月正常工作時間所得工資爲計算依據，倘若剛好於發生職災或年度終結之前一個月有異常大額之工資產生時，是否也要一併納入計算呢？換句話說，這種異常且大額之偶發性工資，是否還具備「正常工作時間所得」性質呢？

　　舉例而言，百貨公司之專櫃小姐本月恰爲其特休年度終結月分，而由於上個月爲百貨公司週年慶，業績爲平常的 4 倍以上，因此，該月分專櫃小姐之業績獎金也比平常高出 3 倍之多，若以最近一個月正常工作時間所得工資進行結算特休未休工資之依據，將因週年慶之因素而墊高其數額，但畢竟百貨公司並非每個月都有週年慶，僅以週年慶當月之工資作爲計算基準，是否有失客觀？又或者說，是否應將高出平日業績獎金均值之部分加以刪除，能眞正符合「正常」兩字的意

4　勞動部 79 年 3 月 24 日台勞動三字第 29610 號函釋：勞動基準法施行細則第 31 條第 1 項規定：「本法第 59 條第 2 款所稱原領工資，係指該勞工遭遇職業災害前一日正常工作時間所得之工資。其為計月者，以遭遇職業災害前最近一個月工資除以三十所得之金額為其一日之工資。」關於前揭後段計月者之工資，係指為計算該（月）段一日之正常工作時間所得工資，如勞工之工資結構中有同法第 2 條第 3 款所列計月工資（即每月不論出勤狀況固定給與之部分，亦屬正常工時所得），應除以三十再加計正常工作時間內應得之時薪或日薪之意。

勞工機靈點，雇主睜大眼！

涵呢？針對此疑義，我們可以參考以下之法院判決，加以釐清：

台灣高等法院台南分院 101 年度勞上字第 7 號：

上訴人固主張以 98 年 8 月 10 日至同年月 29 日間之工作收入 28,953 元作為計算基礎等語；然被上訴人長宏公司抗辯 98 年 8 月因發生八八風災工作項明顯增加，不能以此特殊情況作為薪資計算依據等語。查 98 年 8 月 6 日至 8 月 10 日間台灣曾因莫拉克颱風造成台灣中南部及東南部嚴重水災，此為眾所周知之事實；參諸被上訴人長宏公司所提出 98 年 8 月上、中、下旬之請款明細工作項目點數核算表所顯示之工作數量，風災前後確有明顯差異，堪信被上訴人長宏公司抗辯 98 年 8 月分風災後工作量異常乙節，並非子虛；而上訴人所主張以 98 年 8 月 10 日至同年月 29 日間薪資計算，適為風災後工作量異常之期間，揆諸上開原領工資之規定，目的在以接近勞工正常工作之情形下所得工資，作為勞工原領工資補償之計算依據，以兼顧勞雇雙方之公平性，準此，若以上訴人所主張以 98 年 8 月 10 日至同年月 29 日間之薪資作為計算基礎，自難認公允。

本案中之上訴人為勞工，其係從事電話線路拉線之工程人員，其於發生職災之前幾天，適逢莫拉克風災導致眾多用戶電話線路毀損，因此，在風災過後的幾天，工作量大增，因此也反應在上訴勞工的報酬之上，而是否該將此突出且相對異常之工資於計算原領工資補償時也一併計入，法官心證認為該筆因為特殊工作量而產生的異常性工資，並不符合原領工資之本質，故不予計入。

由此可知，並非所有工資類報酬於計算原領工資補償與特休未休工資時，均得一視同仁予以併入，而是應該再從「正常」之原則進行判定，若確有因特殊之事件導致突出且大額之工資產生時，雇主或人資工作者應可依循上開法院判決將之予以剔除，才符合公允原則。

▋ 小結

　　透過上述各節將特別休假從本質、排定權、准駁權、雇主義務、特休日數計算方式以及未休工資認定原則加以闡述，希望各位讀者可以從中更清楚特別休假於實務上之操作方式，也能夠從修法之趨勢中看出立法者保護與捍衛勞工特休權益的決心，因此，企業經營者對於事業單位內每位勞工之特休實施情形，應投注更多的觀察，目的還是冀望所有勞工都能充分享受特別休假所帶來的放鬆、充電、調劑身心的好處，以期勞雇雙方於職場上都能得到更多的回饋，創造雙贏的勞資和諧。

勞工機靈點，雇主睜大眼！

蜂哥小筆記

第 **8** 章

勞動事件法

01 / 前言

　　在勞雇關係存續的期間中，彼此雙方都必須依照勞動契約以及法令互負義務、互享權利，此乃法治精神落實之基礎作為。然而，即便有法律與契約作為依據，勞資爭議仍從未間斷；對個別勞工而言，若其有勞動法令所賦予之權益遭雇主侵害且無法透過調解獲得解決之情形發生時，或許就得走上訴訟一途。

　　當法院成為勞資爭議之戰場，對勞工而言，往往得先面對許多訴訟高牆，包括舉證能力與責任、訴訟成本等因素，都有可能形成勞工透過司法討回公道之障礙，而曠日廢時的訴訟歷程，也讓資力相對雇主而言較為弱勢的勞工難以支撐，於是乎勞工往往卻步於司法大門之外，心中那股不平之氣也只能往肚裡藏，也讓慣老闆們寧願與勞工對簿公堂，也不願建立合於法令之勞動條件；而勞動事件法就是在上述的氛圍下應運而生。

　　勞動事件法為程序法，而非實體法；如同民事訴訟法係用以制定民事案件於法院進行訴訟過程中的相關規範，勞動事件法則係專為規範勞動訴訟之審判。在過去只有民事訴訟法的年代，所有的勞資爭議進入法院訴訟後，都須依民事訴訟法之規定來進行審理，包括：裁判費、管轄法院、保全程序等，而在勞動事件法問世之後，凡符合勞動事件法第 2 條第 1 項所定義之勞動事件[1]，均優先適用勞動事件法之規

1　勞動事件法第 2 條第 1 項：

　　本法所稱勞動事件，係指下列事件：

　　一、基於勞工法令、團體協約、工作規則、勞資會議決議、勞動契約、勞動習慣及其他勞動關係所生民事上權利義務之爭議。

定，惟當勞動事件法未規定者，方才適用民事訴訟法及強制執行法之規定[2]。因此，勞動事件法可以說是民事訴訟法之特別法。

02 勞動事件法之內涵

由於過往經常有勞工望「訟」興嘆，而無法透過司法途徑爭取到應得之權益，是以，勞動事件法立法之目的即在建立勞資之間更對等的訴訟制度，讓權益受雇主侵害之勞工亦可以輕易行使憲法所賦予之訴訟權；因此，勞動事件法第1條即開宗明義指出：「爲迅速、妥適、專業、有效、平等處理勞動事件，保障勞資雙方權益及促進勞資關係和諧，進而謀求健全社會共同生活，特制定本法」，其中「迅速、妥適、專業、有效、平等」即爲其核心內涵，亦是勞動事件法所欲達成之願景。

勞動事件法共計有總則、勞動調解程序、訴訟程序、保全程序及附則等五個章節，以下分別就其重要之法律概念與運作機制搭配下方之案例來進行說明。

二、建教生與建教合作機構基於高級中等學校建教合作實施及建教生權益保障法、建教訓練契約及其他建教合作關係所生民事上權利義務之爭議。

三、因性別工作平等之違反、就業歧視、職業災害、工會活動與爭議行為、競業禁止及其他因勞動關係所生之侵權行為爭議。

2　勞動事件法第15條：
有關勞動事件之處理，依本法之規定；本法未規定者，適用民事訴訟法及強制執行法之規定。

案例：

　　小君（化名）為樂誠公司的資深行政主管，月薪 42,000 元。在某次的月會上，因為與老闆在業務推廣的理念上背道而馳，當眾起了口角；老闆認為小君已無法配合公司業務運行，故於當日下班前，口頭告知小君公司決定將其資遣，資遣費與預告工資則於隔日以轉帳方式給付。小君認為公司解僱無理，向勞工局申請爭議調解，要求回復工作權；但調解未果，小君便進一步向法院提起「確認僱傭關係存在」之訴訟……。

　　底下我們分別從調解前置、管轄權、裁判費、保全處分、執行費與擔保金以及合理調整舉證責任等五個面向來進行說明。

▌ 調解前置

　　除了讓勞資雙方在遇勞資爭議訴訟時，都能得到更妥適與平等的法律對待外，專業與迅速也是勞動事件法重要的立法目的之一；而「調解前置」係指勞動事件在起訴之前應先透過法院進行調解，藉此提升調解機制之規格與專業，縮短爭訟紛擾，快速獲得確定結果。

● 現行調解機制無法有效發揮，原因何在？

　　當勞工遭遇雇主侵害其勞動權益時，往往會經由申訴而進行調解，對於勞工而言，總是希望能在調解階段就可以獲得專業的協助，讓不平的待遇得以平反，但往往事與願違。而進一步究其原因，可歸納為下列幾點：

1. 主管機關甚至過去法院的調解均無強制力，即便根據事實可以明確判定孰是孰非，但勞雇雙方仍得不予理會，故調解階段總是會以勞資雙方歧見過大，無法做成調解方案收場。

2. 專業難以令人信服。此處所稱專業並非調解人在勞動相關法令之知識，而是做成調解方案的過程。調解人一方面只能依勞僱雙方所陳述之內容以及提供之事證初步判斷雙方所應承擔之責，並不像法官可以依職權調查事證，或令當事人提示相關文件；另一方面，即便事證充分，調解人也必須在短時間內做出調解方案，自然容易使當事人覺得代表性與專業性不足。

3. 按前所述，在事證與時間均有限之前提下，許多調解人就雙方爭議之事實，雖仍盡力予以客觀之判斷，但最終仍免不了以「撮合」為結案之手段；一旦雙方所拋出之「價碼」落差過於懸殊，自然就缺乏施力點，而無法達到減少爭訟之調解宗旨。

● **勞動事件法大幅提升調解專業**

　　為了有效運用司法資源，減少無謂之爭訟，勞動事件法強制規定勞動事件於起訴前，應先經過勞動調解程序（勞動事件法第 16 條第 1 項），即使當事人逕向法院提起告訴，亦視為調解之聲請（勞動事件法第 16 條第 2 項）；同時，勞動事件法第 22 條第 2 項更進一步規定，勞動法庭之法官不得逕以不能調解或顯無調解必要或調解無成立之望，或已經其他法定調解機關調解未成立為理由，裁定駁回調解之聲請。是以，勞動事件法對於調解程序之重視，可見一斑。

　　另一方面，為了能落實調解應達成之法律效果，勞動事件法也從「專業」、「迅速」、「有效」等面向進行立法，說明如下：

1. 專業：
   (1) 調解委員：由勞動法庭之法官一人及勞動調解委員二人組成（勞動事件法第 21 條第 1 項）。
   (2) 專業資格：調解委員就勞動關係或勞資事務應具有專門學識及經驗（勞動事件法第 20 條第 1 項）。
   (3) 調解方式（勞動事件法第 24 條第 2、3 項）：
       A. 應盡速聽取當事人之陳述、整理相關之爭點與證據。

B. 得依聲請或依職權調查事實及必要之證據。

C. 使當事人及知悉之利害關係人有到場陳述意見之機會。

2. 迅速：

(1) 調解階段：勞動調解程序，除有特別情事外，應於三個月內以三次期日內終結之（勞動事件法第 24 條第 1 項）。

(2) 審理階段：若調解未成立而進入審理後，法院應以一次期日辯論終結為原則，第一審並應於六個月內審結（勞動事件法第 32 條第 1 項）。

3. 有效：

為了不讓調解流於形式，提高調解成立之比率，勞動事件法做出以下之規範：

(1) 於調解過程中適時曉諭當事人訴訟之可能結果（勞動事件法第 24 條第 3 項），若訴訟可能結果與此次調解內容相去不遠，則應可大幅提高當事人接受調解內容之意願。

(2) 調解不成立者，除調解聲請人（原告）向法院為反對續行訴訟程序之意思外，應續行訴訟程序，且第一審之法官與勞動調解委員會之法官為同一人（勞動事件法第 29 條第 4、5 項）；由於法官為同一人，因此，除非雙方有提出新事證，否則審理結果應與調解內容相近，自然容易打消當事人再行訴訟之念頭，而易於調解之促成。

(3) 多元之調解成立機制：調解成立與否，本僅建立於雙方當事人合意與否，但若僅依賴雙方當事人對於調解內容之意思表示，亦容易因雙方歧見過大或對於法令不熟稔而功虧一簣，徒勞無功；因此，在促使調解成立之手段上，除既有的雙方合意外，於勞動事件法中，更加入調解條款與適當方案兩大機制，說明如下：

A. 雙方合意：勞動調解，經當事人合意，並記載於調解筆錄時成立（勞動事件法第 26 條第 1 項）；即雙方當事人直接就調解

內容達成合意。

B. 由調解委員會酌定調解條款：雙方當事人雖無法直接就調解內容達成合意，但可另行合意由調解委員會酌定書面之調解條款，調解條款之內容由調解委員過半數之意見定之，且只要一經全體調解委員簽名後，即視為調解成立（勞動事件法第27條）。

C. 由調解委員提出適當方案：雙方當事人無法就調解內容達成合意，也無法另行合意由調解委員訂定調解條款時，調解委員會仍應依職權制定解決事件之適當方案，並於全體當事人均到場之調解期日，以言詞告知適當方案之內容及理由，再將適當方案送達給當事人及利害關係人；若當事人或利害關係人未於適當方案送達或受告知日後十日內，合法提出異議者，則視為已依該方案成立調解。

由以上流程可知，勞動事件法有意透過專業調解方案之做成以及反覆之確認機制，使雙方當事人更知悉該爭議事件之最適處理方式，並就調解方案做出多次評估與考量，藉以提高調解成立之可能。

表 8-1　調解前置之表現面向與具體機制

表現面向	勞動事件法具體機制
專業	1. 由法官為首所組成之調解委員會。 2. 類似審理程序可依聲請或職權調查事實及必要證據。
迅速	1. 調解程序應於三個月內以三次期日內終結之。 2. 調解不成立即應續行訴訟程序，訴訟應以一次期日辯論終結為原則，第一審並應於六個月內審結。
有效	1. 除當庭調解成立外，亦可由雙方合意由調解委員會酌定書面之調解條款。 2. 雙方無法合意成立調解，即由調解委員會做成適當方案，當事人於適當方案送達或受告知日後十日之不變期間內，未提出異議時，即視為調解成立。

▌管轄權

　　當自覺權益受到侵害，要向對方提起告訴時，首先要面對的第一個問題，就是「我可以在哪裡提告？」這當然不是由原告或被告自由選擇，而是規範於民事訴訟法之中，說明如下：

● 民事訴訟法：

　　訴訟，由被告住所地之法院管轄（民事訴訟法第 1 條），若被告為私法人時，由其主事務所或主營業所所在地之法院管轄（民事訴訟法第 2 條），前揭所提及的概念，就是我們常聽到的「以原就被」（原告遷就被告）；以勞動訴訟案件而言，當勞工對雇主提起訴訟後，須於雇主所在地之法院來進行審理。因此，一旦勞工與雇主之住所並不在同一縣市時，勞工為了開庭，就必須千里迢迢地來回奔波。

● 勞動事件法：

　　為了更方便勞工提起訴訟，勞動事件法將管轄權之範圍擴大，不再單純以被告住所地或公司所在地法院為管轄，而賦予勞工更多的選項，說明如下：

1. 當勞工為原告時，可由被告住所、居所、主營業所、主事務所所在地或原告之勞務提供地法院進行管轄（勞動事件法第 6 條第 1 項），因此，勞工可在各個具有管轄權之法院中，選定對其最方便者進行訴訟。

2. 在雇主為原告之訴訟中，勞工也得於言詞辯論前，聲請將該訴訟事件移送於其所選定有管轄權之法院（勞動事件法第 6 條第 2 項）。意即，即使原告為雇主，勞工仍有權利來選定對其有利之法院進行審理。

3. 有時雇主會在勞動契約中直接與勞工約定第一審之管轄法院

（民事訴訟法第 24 條）[3]，勞工得受此拘束；但未來在勞動事件法上路後，勞工仍得逕向其他有管轄權之法院起訴（勞動事件法第 7 條），不受合意之限制。

由上可知，無論勞工為原告或被告，管轄之法院都可由勞工依其需求來進行選定，大大提高了勞工在訴訟上之便利性。因此，案例的小君可依勞動事件法之規定，選擇對其有利且具有管轄權之法院進行起訴。

表 8-2　民事訴訟法與勞動事件法於管轄權規範之差異

民事訴訟法	勞動事件法
以原就被	1. 勞工為原告，除既有之「以原就被」機制外，亦可以勞工勞務提供地法院管轄。 2. 勞工為被告，除既有之「以原就被」機制外，亦可於言詞辯論開始前，聲請將該訴訟事件移送於勞工所選定有管轄權之法院。

▌裁判費

● 民事訴訟法：

關於裁判費之部分，規範於民事訴訟法第 77-13 條，若不針對該條文細究的話，約略來說，裁判費大概是訴訟標的價額的 1% 左右[4]（想進一步了解之讀者，可上司法院《Web 版計算程式》點選「一般民事訴訟費」選項進行試算）。

而若以案例中小君所提起的「確認僱傭關係存在」之訴而言，由於訴訟標的為回復原有之工作權，並無確切之請求數額，為了使裁判費能有計算之依據，按民事訴訟法第 77-10 條之規定：「因定期給付

3　民事訴訟法第 24 條：

　　當事人得以合意定第一審管轄法院。但以關於由一定法律關係而生之訴訟為限。

　　前項合意，應以文書證之。

4　《Web 版計算程式》。連結網址：https://www.judicial.gov.tw/tw/cp-1653-58267-4ff46-1.html。

或定期收益涉訟，以權利存續期間之收入總數為準；期間未確定時，應推定其存續期間。但其期間超過十年者，以十年計算」；是以，本案例訴訟標的之價額為：

4.2 萬（月薪）×12 個月 ×10 年 =504 萬元

因此，裁判費約略為 5.04 萬元（實際則為 50,896 元）；再復以勞資爭議處理法第 57 條另有規定：「勞工或工會提起確認僱傭關係或給付工資之訴，暫免徵收依民事訴訟法所定裁判費之二分之一。」因此，本案例中，小君實際所應繳納之裁判費應為 2.54 萬元。

對於小君而言，若欲透過訴訟爭取工作權之回復，在提起訴訟的當下，就必須先支付 2.5 萬元左右的裁判費，此筆費用對於暫時沒有工作的勞工而言，或許仍是一筆不小的負擔。

● **勞動事件法：**

1. 暫時減免裁判費之負擔：因確認僱傭關係或給付工資、退休金或資遣費涉訟，勞工或工會起訴或上訴，暫免徵收裁判費三分之二（勞動事件法第 12 條第 1 項）。

2. 定期給付訴訟裁判費用計算調整：因定期給付涉訟，其訴訟標的之價額，以權利存續期間之收入總數為準；期間未確定時，應推定其存續期間。但超過五年者，以五年計算（勞動事件法第 11 條）。

由上述可知，以本文之案例而言，在勞動事件法之規範下，小君之訴訟標的價額將由現行的 504 萬元，下降為 252 萬元（4.2 萬 ×12 個月 ×5 年 =252 萬元）；再加上暫免徵裁判費 2/3，最後勞工實際所繳納之裁判費為：（252 萬 ×1%）×1/3=8,649 元，大大減輕勞工於訴訟上的負擔。

表 8-3　民事訴訟法與勞動事件法於裁判費規範之差異

項目 / 法規名稱	民事訴訟法	勞動事件法
裁判費	約為訴訟標的價額的 1%。	訴訟標的價額的 1%，但可暫免徵收裁判費 2/3。
定期給付訴訟之標的價額	存續期間之收入總數為準，期間超過 10 年者，以 10 年計。	存續期間之收入總數為準，期間超過 5 年者，以 5 年計。

█ 保全處分

　　前面章節所提及關於管轄權或裁判費之放寬，固可令勞工更有能力透過法院審理爭取權益，但家庭收入之動盪往往才是勞工無力藉由訴訟主張權益的關鍵所在。

　　以本案例而言，小君認為雇主違法解僱，因而主張回復工作權；在過往，因勞動契約已終止，故無論該解僱是否違法，在法院判決未確定之前，勞工僅能靜待司法判決之結果；若最後勞工勝訴，則雇主應給付自契約終止至清償日止之工資與加計之利息，但可扣除勞工期間至他處提供勞務所獲之報酬（民法第 487 條）[5]。

　　由上述可知，過去勞工在爭取回復工作權的訴訟中，除了必須先面對暫時沒有收入來源的壓力，同時又得分神來處理惱人的官司，對於通常較不具經濟優勢的勞工而言，無疑是雪上加霜；尤其是職災補償或賠償之爭議案件，勞工本人可能仍在醫院治療中，同時得面臨醫藥費與生活費的雙重壓力，其本人或家屬更是無心且無力來應付訴訟；這些現實因素都讓勞工透過司法途徑爭取權益之難度大為提高。

　　為解決上述問題，勞資爭議處理法第 58 條雖明定勞工就工資、職

5　民法第 487 條：

　　僱用人受領勞務遲延者，受僱人無補服勞務之義務，仍得請求報酬。但受僱人因不服勞務所減省之費用，或轉向他處服勞務所取得，或故意怠於取得之利益，僱用人得由報酬額內扣除之。

業災害補償或賠償、退休金或資遣費等給付，爲保全強制執行，可對雇主或雇主團體聲請假扣押或假處分，但無論假扣押或假處分，都是爲了確保日後取得執行名義時（即勝訴確定時）之強制執行得以實現，對於收入來源已經發生問題之勞工而言，並無實際之助益；有鑑於此，爲使勞工於訴訟過程中能繼續維持其原有之收入來源或一定之生活所需，勞動事件法除闡明勞工可就所欲保全之債權聲請假扣押以及假處分外，更提示勞工可向法院提出「定暫時狀態處分」之聲請。

何謂「定暫時狀態處分」呢？

簡單來說，即是針對雙方所爭執之法律關係，定暫時之狀態；以勞動事件法之精神而言，若爲本文所舉之確認僱傭關係存在爭議，法院可依照小君之聲請，暫時認定其所提之請求爲眞，而暫時讓小君可以重返職場，回復原有職務，繼續提供勞務並獲取薪資（勞動事件法第 49 條第 1 項）。

「定暫時狀態處分」本爲民事保全程序之一，故於民事訴訟法中早有規範。而在民事訴訟法中，定暫時狀態處分須以防止發生重大之損害、避免急迫之危險或有其他相類之情形爲要件，始有獲法院准許之可能（民事訴訟法第 538 條）；不同於民事訴訟法，勞動事件法針對「確認僱傭關係存在之訴」，則是以「法院認勞工有勝訴之望」且「雇主繼續僱用非顯有重大困難」爲准駁之依據，同時，在請求職災補償或賠償之爭議中，法院若認爲進行訴訟會造成勞工生計上之重大困難者，法院應向勞工闡明其得聲請命先爲一定給付之定暫時狀態處分（勞動事件法第 48 條），意即法院將視情況提示勞工可提出定暫時狀態處分之聲請。相較之下，民事訴訟法門檻較高，條件上不易符合；而勞動事件法對於因進行訴訟會造成其收入頓失、生計困難之勞工，則較能給與適時之援助，對於經濟上相對弱勢之勞工，自然能給與較完整之司法奧援。反觀，將來在確認僱傭關係之訴中，雖然勞動契約已於雇主解僱當下發生終止效力，但透過定暫時狀態處分之聲請，勞工仍可繼續提供勞務並獲取薪資，對雇主而言，原本寄望透過解僱所生的

管理效益將付之一炬，隨之而來的則是更多人事安排上的難題。因此，在勞動事件法問世後，雇主應加強檢視企業現有的勞務管理機制，除了必須合於法令之規範外，在勞資爭議發生時，是否可以提供明確的事證以助於責任之釐清，會是未來人事管理之重點所在。

　　而若再進一步細探勞動事件法第 49 條第 1 項之文字，不難發現，當法官准許勞工所提定暫時狀態處分之聲請當下，同時也意味法官已形成「勞工勝訴有望」之心證，此時，如果您是雇主，還有意願繼續進行這場官司嗎？如此一來，和解的可能性則大為提高，這也正符合勞動事件法希望能迅速有效解決勞資爭訟之立法精神了！是以，勞動事件法中關於定暫時狀態處分之明確立法，對於勞工而言，確實可消除其對於訴訟之諸多顧忌，讓所有的勞資爭議案件，都可以獲得更公平的對待。

表 8-4　民事訴訟法與勞動事件法於聲請「定暫時狀態處分」條件之差異

民事訴訟法	勞動事件法
1. 為防止發生重大之損害 2. 避免急迫之危險 3. 有其他與上述兩項相類之情形	1. 確認僱傭關係存在之訴： 　(1) 勞工有勝訴之望 　(2) 雇主繼續僱用非顯有重大困難 2. 給付工資、職業災害補償或賠償、退休金或資遣費事件： 　(1) 進行訴訟造成勞工生計上之重大困難者 3. 確認調動無效或回復原職之訴： 　(1) 調動勞工之工作有違反勞工法令、團體協約、工作規則、勞資會議決議、勞動契約或勞動習慣之虞 　(2) 雇主依調動前原工作繼續僱用非顯有重大困難者

▌執行費與擔保金

　　法律上，為避免債務人在民事訴訟程序進行之過程中，利用訴訟程序漫長而隱匿財產或逃匿無蹤，而使債權人即使獲得勝訴而取得

執行名義，卻遭遇沒有財產可供執行之窘境，造成債權人空有債權卻無法獲償之損害，債權人得適時向法院提出保全程序之聲請以確保權益，包括：假扣押、假處分以及定暫時狀態處分（民事訴訟法第 522、532、538 條）。

因此，當勞工因雇主積欠薪資、退休金等金錢給付而涉訟時，為了確定將來獲償之可能，可依民事訴訟法之相關規定向法院提出假扣押或其他保全程序之聲請；一旦聲請獲准而取得法院之「執行名義」時，則可進一步向管轄法院民事執行處聲請「強制執行」，此時除須依法繳納執行費外，亦須提存擔保金（物）。為使勞工更有能力來進行保全程序，勞動事件法大幅降低現行規定之門檻，說明如下：

● 民事訴訟法：

1. 執行費：

   執行費用為標的價額之千分之八（強制執行法第 28-2 條、台灣高等法院民事訴訟、強制執行費用提高徵收額數標準第 4 條）；因此，於本案例中，小君唯恐遭不當解僱後，家庭之生計出現重大危難，故向法院提出「定暫時狀態處分」之聲請，並以未來 4 年 4 個月之月薪總額為請求之金額[6]；若聲請獲准，取得法院之裁定後，即可於收受日起三十日內聲請執行；其所需負擔之執行費用為：218.4 萬 ×8‰＝17,472 元。

2. 擔保金：

   保全程序之裁定都會定有擔保金的數額，因此，在聲請執行前，必須先繳納裁定所指定的擔保金後，才可進行後續之執行與查封。債權人應提供多少的擔保金額，理論上，應以債務人因受保全程

6　依各級法院辦案期限實施要點規定，民事第一、二、三審通常程序審判案件之辦案期限各為 1 年 4 個月、2 年、1 年之規定，故審理期間預估為 4 年 4 個月，而小君若勝訴，至多可請求雇主給付工資總額估計為：〔42,000 元 ×12 月 ×（4 ＋ 4/12）年＝ 2,184,000 元〕，故此處以此金額作為聲請保全程序之標的價額。

勞工機靈點，雇主睜大眼！

序執行後可能蒙受之損害，作爲衡量的標準 [7]。然而，關於如何衡量債務人遭受損害之額度，在估算上有其困難存在，所以大多以債權人欲保全債權金額之一定比例，定爲擔保金額，目前一般都以欲保全債權金額的三分之一作爲標準，因此，於本案例中，小君於收受法院定暫時狀態處分之裁定後，所須繳納之擔保金額可能爲：218.4 萬 ×1/3=72.8 萬。

按現行之規定，勞工爲其自身權益欲提出保全程序，即便所提聲請之理由法院認爲適當，仍不免面臨高額的擔保金以及執行費門檻，對於一般勞工而言，恐將窒礙難行。

1. 執行費之減免：

   按勞動事件法第 12 條第 2 項規定，因確認僱傭關係或給付工資、退休金或資遣費涉訟，而聲請強制執行時，其執行標的金額超過新台幣 20 萬者，該超過部分暫免徵收執行費，由執行所得扣還之。也就是說，在勞動事件法施行後，勞工因聲請保全程序所需負擔之執行費，最多不會超過 1,600 元（20 萬 ×8‰）。

2. 擔保金之減免：

   勞動事件法第 47 條第 1、2 項：

   勞工就請求給付工資、職業災害補償或賠償、退休金或資遣費、勞工保險條例第 72 條第 1 項及第 3 項之賠償與確認僱傭關係存在事件，聲請假扣押、假處分或定暫時狀態之處分者，法院依民事

7　最高法院 63 年台抗字第 142 號判例要旨：

又按「法院定擔保金額而爲准假處分之裁定者，該項擔保係備供債務人因假處分所受損害之賠償」，民事訴訟法第 533 條準用第 526 條第 2 項、第 531 條定有明文，「其數額應依標的物受假處分後，債務人不能利用或處分該標的物所受之損害額，或因供擔保所受之損害額定之，非以標的物之價值爲准假處分依據。」

訴訟法第 526 條第 2 項、第 3 項所命供擔保之金額，不得高於請求標的金額或價額之十分之一。

前項情形，勞工釋明提供擔保於其生計有重大困難者，法院不得命提供擔保。

是以，小君所需提供之擔保金，最多為：218.4 萬 ×1/10=21.84 萬元；但當小君符合第 2 項規定之條件時（即提供擔保於其生計有重大困難），亦有可能毋庸提供任何之擔保金，或者，法官亦可依勞動事件法第 49 條第 3 項之規定，做出免供擔保之處分。故在勞動事件法之保障下，勞工將更有能力藉由司法來獲得協助[8]。

表 8-5　民事訴訟法與勞動事件法於執行費與擔保金規範之差異

法規名稱 項目	民事訴訟法	勞動事件法
執行費	為聲請執行標的價額之 8‰	為聲請執行標的之價額之 8‰，但執行標的之金額超過新台幣 20 萬者，暫免徵收（亦即最多為 1,600 元）。
擔保金	約為欲保全債權金額之 1/3	不得高於欲保全債權金額之 1/10；勞工釋明提供擔保於其生計有重大困難者，法院不得命提供擔保。

8　雖然勞資爭議處理法第 58 條規定：「除第 50 條第 2 項所規定之情形外，勞工就工資、職業災害補償或賠償、退休金或資遣費等給付，為保全強制執行而對雇主或雇主團體聲請假扣押或假處分者，法院依民事訴訟法所命供擔保之金額，不得高於請求標的金額或價額之十分之一。」但由於該條文所列舉之爭議事項並未包括確認僱傭關係存在之訴，且也未包含提出定暫時狀態處分之聲請，與本文所舉案例並未完全相符，故於擔保金之計算上，仍依民事訴訟法之規定進行說明。另若再以勞資爭議處理法與勞動事件法對照，後者在勞資爭議事件處理之規範上較前者為嚴謹與完整，故於勞動事件法施行後，勞資爭議處理法之引用頻率應逐漸減少，因此，本文並不刻意再對勞資爭議處理法進行探討。

▍合理調整舉證責任

民事訴訟法第 277 條前段規定：「當事人主張有利於己之事實者，就其事實有舉證之責任」；因此，以最常見的工資給付爭議而言，當勞工欲主張雇主未依法給付加班費而請求其賠償時，勞工通常都得扛下「舉證」之重責大任，此時，必須佐以「出勤記錄」與「工資清冊」（即薪資明細）兩項事證，才得以確認勞工之主張是否為真以及請求之數額是否正確；然而，在勞雇關係中，雇主本為較具優勢之一方，出勤記錄或工資清冊自然為雇主所掌握；勞基法雖有課予雇主須保存及提供出勤記錄（勞基法第 30 條第 6 項）與工資清冊（勞基法第 23 條、勞基法施行細則第 14-1 條）之義務，但若勞工平時未為請求，雇主也未主動給與，或遇有勞工請求而仍不依法提供，雇主至多面臨行政之裁罰；而當勞工察覺權益受損而進一步以訴訟方式來向雇主求償時，若事實明顯對雇主不利，為使法官之心證難以形成，雇主通常藉故不配合提供相關資料，令勞工含冤受屈，進而感嘆司法不公，在在印證「舉證之所在，敗訴之所在」這句至理名言。

為消弭上述不合理之現象，勞動事件法對於舉證責任之分配亦做出適當之調整，說明如下：

1. 出勤記錄推定工時原則：

   如前所述，請求工資給付為常見之勞資爭議，其中，又以加班費應給未給為大宗；除了雇主不提供出勤記錄刻意阻礙勞工請求外，實務上亦有不少雇主以勞工未依公司規定提出「加班申請」而自留公司或廠區為由，主張無法判定是否為執行職務或處理私務，進而否認勞工之加班費請求權；是以，即便有出勤之記錄，在勞工無法舉證係在雇主要求下於下班時間提供勞務，雇主仍然可以不承認勞工有加班事實而拒絕給薪。

   這樣的見解，並非只是雇主一廂情願的想法，在過去諸多的民事判決裡，有多數法官也同意此一論調，支持在有「加班申請制」

之前提下，勞工若未踐履該程序而恣意逗留公司處理事務，難謂係經雇主授命下所為之執行職務行為；使得加班費權益確實遭受侵害之勞工有志難伸，也讓不肖雇主多了一道投機取巧的竅門。

有鑑於此，勞動事件法第 38 條規定：「出勤記錄內記載之勞工出勤時間，推定勞工於該時間內經雇主同意而執行職務」；簡言之，在雇主無法提出反證之前提下，出勤記錄所顯示之時間，即為勞工之工作時間。未來，雇主不可以再以勞工未申請加班為由，作為拒絕給付加班費之依據，在此立法意旨下，雇主必須要對勞工在「正常工作時間」以外之出勤記錄善盡其管理職責，意即當勞工有非經授命自行逗留公司之情形發生時，雇主應盡速於事後進行確認，釐清勞工基於何種事由於非上班時段滯留或進入公司，若為處理私人事務，則應請勞工於相關管理文件上（例如：異常出勤原因確認單）進行聲明；若為未經主管授意之執行職務，則應再次告知公司嚴正禁止是項行為之立場，同時就該行為依公司規章予以適度懲戒。以上皆是勞動事件法上路後，雇主對於勞工之出勤記錄，應開始著手進行之管理措施，以使出勤記錄皆能反應勞工真實之到班情形。

2. 工資推定原則

勞動事件法第 37 條：「勞工與雇主間關於工資之爭執，經證明勞工本於勞動關係自雇主所受領之給付，推定為勞工因工作而獲得之報酬」；因工作而獲得之報酬，即為勞基法第 2 條第 3 款關於「工資」之定義，也就是說，未來只要勞工所受領之報酬，是由勞動關係中之「雇主」所給付者，則推定該報酬為勞基法中所稱之工資。

工資為勞基法所定用來計算資遣費、加班費、職災補償、退休金、勞健保、勞退提繳等各項給付之計算基礎，其重要性不待言喻。因此，在給與勞工的報酬組成中，工資性質給付所占比例愈低，對於雇主之人事成本負擔就愈小，是以，對於雇主而言，便容易

勞工機靈點，雇主睜大眼！

產生對薪資結構「動手腳」之誘因；想當然耳，在此情形下，自易茲生關於給付不足之爭議。

雖然在過往之法院判決中，對於經雇主「動手腳」之薪資結構，法官並不會盡信，而是請雇主提示相關薪資辦法或管理資料以證其說，即便如此，也必須等待判決之結果，才能明確雇主之責任，而使勞工所受之委屈得以伸張；如今，透過勞動事件法第37條之明確規範，將來在調解程序中，雇主若無法示明該給付非屬工資，則全數推定為工資，毋庸再經訴訟而決；進而，在此機制下，將促使雇主捨棄過去以變更「給付名目」方式規避各項給付之責之陋習，同時也提醒雇主應與勞工進行更明確之薪資給付約定，使其善盡雇主之管理之責。

勞動事件法已於109年1月1日正式上路，而在本文撰寫之同時，已出現引用勞動事件法而做出之法院判決，且依勞動事件法施行細則第2條第2項之規定：「前項事件，於本法施行後終結，經上訴或抗告者，適用本法之規定」，故在勞動事件法施行之前正在進行之勞資爭議訴訟案件，其於勞動事件法施行後始有判決結果者，若敗訴之一方不服而上訴時，則可依勞動事件法所定程序進行訴訟，是以，目前已可看到部分勞工請求雇主給付加班費於一審遭敗訴之案件，在二審引用勞動事件法之前提下，多能逆轉判決之結果；無論事實為何，若僅以訴訟結果而論，勞動事件法對於勞資雙方在訴訟地位與能力上確實已經產生不可小覷之衝擊。對於雇主而言，今後在於勞工事務之處理上，除遵循法令之規定外，更別忽略雇主的管理之責，對於勞工在就勞過程中的出勤狀況、工作表現、違規缺失、優良事蹟、薪酬明細等都應有具體之記載，消極來說，於將來遇有爭訟時，可作為呈堂證供；積極而言，將員工事務之處理制度化，本就可強化人員對公司之向心力與認同感，若真遇有爭議之事件時，也較能透由內部機制而排除化解，避免將爭端延伸於公司外部，提高公司運作之安定，或許這也是

勞動事件法施行後，帶給雇主在公司治理上之正面意涵。總之，任何法令的實施，都是希望將人們的行爲導向更良善之面向，對於勞動事件法，雇主除應有所警惕外，更別忘了，「勞資和諧」才是因應各項勞動法令變動之最高指導原則。

勞工機靈點，雇主睜大眼！

蜂哥小筆記

PART 2

職業安全

第 **9** 章

工作者基本職業安全概念

01　賺錢有數，生命要顧

——何謂職業安全衛生法

　　職業安全衛生法主要就是針對勞工於就業場所中所延伸的一切安全與健康事項進行有效的管理，同時政府也要求企業能夠落實自主管理機制，藉由證照管理方式加強企業主觀念及勞工個人基本預防概念以降低工作者職場工作安全風險。本章將針對這主題，說明如何落實自主管理及如何做到保障工作者生命與健康保護。

　　職業安全衛生法的立法精神係指從政府的監督查核責任乃至於事業單位的責任，對於員工明確的法源依據加以規範。本書以簡易的方式說明職業安全概念法律上的要求，勞工也應該了解本身的就業場所安全以自我保護。有關職業安全衛生法所稱之工作場所或就業場所定義，見示意圖 9-1 所示。

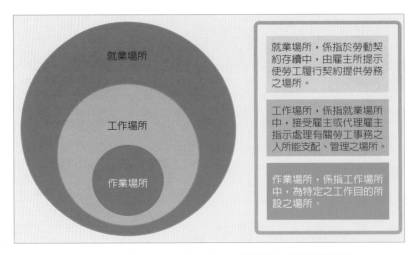

圖 9-1　就業場所／工作場所／作業場所之關聯性說明

然而身爲事業單位的雇主們，則需要依據職業安全衛生管理辦法第 86 條規定：勞工人數在 30 人以上之事業單位，依第 2 條之 1 至第 3 條之 1、第 6 條規定設管理單位或設置專責管理人員。畢竟安全是人類僅次於生理需要的重要生活需求，健康衛生管理更是維持人類健康，增進生活品質的必要條件，因此安全衛生是生活上不可或缺者，更是社會進步、文明發展的重要條件。我們努力地工作，致力於發明，主要還是爲了改善生活條件，提高生活品質，過著安全又舒適的生活。安全就是沒有我們意想不到的事故發生，此爲安全的消極意義，安全的積極意義爲設法防止意外事故或消除意外事故的發生，以避免傷亡或財產損失。安全是一種觀念，爲身體狀況與知識的混合體，涵蓋下列三種狀態：

1. 心理狀態：安全與意志、態度、精神、情緒、個性有關。
2. 生理狀態：安全與身體健康、體格、反應能力有關。
3. 物理狀態：安全與機械設備、原料、能量有關。

此外安全與知識、技能、經驗、工作習慣有關，若與上述三種狀態相互配合，則可得到充分的安全。職業安全即是研究如何防止職業意外事故發生的科學，已不是工業工程或工業管理的旁門支系，其廣泛應用統計、數理邏輯、電腦、心理學、管理技術及各種工程技術，已卓然自立，成爲一專門科學。職業安全管理（Occupational Safety Management）管理的工作可從三方面著手：教育、執行、熱忱。

1. 教育：爲應用教導或訓練的手段或方法，如集會或討論會方式的安全會談，主管或專家的個別洽談、海報、公告、讀物、幻燈或電影與教室講解等方式，讓員工徹底了解職場的安全衛生問題，注意自己的不安全行爲或動作，並使他們具備安全的人生觀，不僅預防職業傷害，且能減少下班後公餘活動的意外傷害。
2. 執行：爲實施工作場所既定安全政策及計畫，其方法有工作場所的安全觀察、職場的安全檢查，考核各階層所負的安全責任，並實施獎懲辦法，以達意外事故防止的目標。

3. 熱忱：為利用心理學管理策略，並了解人類行為的動機，激發全體員工對職業安全維持高度的興趣。安全為每一個員工的事，並非雇主一人或安全人員的事，亦非少數人所能成事，故保持熱忱在推動意外事故的防止上有其重要性。

▌防止職業災害的責任歸屬

要防止職業災害的發生，一般而言是政府、勞工和雇主三方面的隱形責任。政府為了保障作業勞工的安全和健康，應該制定妥善的法律規章，並負起作業環境督導與檢查的責任。雇主應以真誠的態度，表示對勞工的關心，並依政府有關規定，設置事業單位的勞工安全衛生組織，致力於推動工作場所安全衛生自動檢查，創造安全健康的工作環境，實施新進人員體格檢查及在職勞工定期健康檢查，做好職業災害的調查與分析工作。除此之外，應給勞工施與從事工作及預防災變所必要的安全訓練和教育，並於職災發生後立即提供適當的緊急醫療服務或急救，同時對職災傷亡者，也應妥善安排醫療與撫卹。

廣大的勞工們應該設法為自身的安全與健康，從建立起「零災害」的觀念與做法，培養預知職場危險的辨識能力，使所有的危險因素皆能化為零，並在作業時，隨時保持「安全第一」的信念：「自己不要受傷」，「不要使對方受傷」，「要消除受傷的要因」，「不要在危險的場所作業」。

許多的職業傷害只因意外事件而造成，而意外事件的發生直接因為人員不安全的動作或者暴露在不安全之機械情況下；或因人為缺失造成不安全之情況和動作；或因遺傳與環境習性所造成之人為過失。

▌防止職業傷害的方法

需要防止意外事件之三個基本原理為：尋找事實；根據事實採取行動；興趣之建立和持久。而在應用防止之方法時，需以基本能力和

態度為基礎。

應用防止職業傷害的方法時，建議應可以朝五種個別步驟：

1. 組織：在固定基礎奠定後，第一個步驟即是組織。安全組織所代表的是有計畫之程序，並且指導和控制安全計畫。

2. 尋找事實：組織和計畫以建立後，接著是尋找事實。由觀察、檢查與檢驗等找尋結果連貫起來，加上判斷、查詢、經驗的結論來完成方法大綱，於是得到意外事件原因適當之資料與如何補救方法。

3. 分析：意外事件之原因確定以後，依合理次序，循著發現之事實詳加分析，這是由蒐集之資料中引起結論的工作。結論需肯定指出直接之原因；傷害的種類、部位、程序；意外事件之形式，以及主要設備、負責人與被影響之人等。若進展遭遇困難、阻礙時，分析亦包含對問題之解決和研究，特別是何以人們要堅持不安全之動作，或者為什麼不安全機械之情形一再存在之原因確定。

4. 補救的選擇：當意外事件經由分析而指出何事需要改進後，這時便需考慮選擇一個有效之補救方法。

5. 補救的應用：若機器、工具、程序、設備以及結構皆不安全，則需替換、修改或者改用其他較安全的方法。

02 小心駛得萬年船
——危害控制

不同的事業單位，可能有其特殊的危害問題或特定的危害程度。至於應採取怎樣的管理措施，要看危害物的性質及其進入人體的途徑等之不同而異。但大體來說，不外乎工程管制（engineering control）、行政管制（administrative control）和健康管制（medical control）等方面。

▌ 工程管制

所謂工程管制，即係用工程方法來管制危害，其方法為：

1. 取代（substitution）：
   用無毒或低毒性物質來代替高毒或劇毒物質，謂之取代。取代為消除或減低危害的最好方法，故應優先予以考慮。

2. 密閉（total enclose）：
   所謂密閉，即係藉機械化或自動化，而使勞工免於與毒物或致癌物質相接觸。

3. 局部排氣（local exhaust ventilation）：
   裝置局部排氣設施，可將各種空氣汙染物，於其發生源之處先將之排除，而不容其抵達勞工呼吸區之可能。

4. 整體換氣（general or dilution ventilation）：
   工作房之整體換氣，乃不斷引進足量的新鮮空氣，而使熱和各種空氣汙染物及時排除、稀釋，以確保工作場所內的危害不逾某一水準。

5. 改變製程（change processes）：

某些作業方法或程序易產生有害物之散布者，例如：粉塵作業可改為濕式作業則可抑制粉塵之產生。

6. 作業之隔離（segregation of a process）：
作業之隔離，可使暴露僅限於少數特定的工作人員。

7. 廠房之設計（plant design）：
很多職業病的預防，均可以始自新建廠房之設計階段，修改舊廠房以符合規定的要求往往所費太多，而不合經濟原則。

▌ 行政管制

若環境中的化學性或物理性危害，不能或尚未能用工程管制方法來使勞工的暴露減低至特定的安全水準時，或經由各種健康檢查而發現勞工已有過量暴露之徵象時，則不得不用行政管理予以補救，其方法為：

1. 縮短勞工的工作時間。
2. 輪換勞工所任的工作。
3. 永久或暫時的調任其他工作。
4. 使用個人的防護具。

▌ 健康管制

健康管制的對象為勞工的身體。一方面是希望能使勞工避免受到各種環境因素或危害的不利影響，其法為實施勞工健康教育，促使勞工養成合乎安全衛生的工作習慣。另一方面，則為按勞工的身心狀況和工作需要，選配一個適合他擔任的工作，同時又不致危及其同伴勞工的安全及健康，其法為實施職前體格檢查。凡是從事特殊危害作業的勞工，則應按照法令規定，實施特殊體格檢查、定期健康檢查、特殊健康檢查、健康複查，以確保勞工健康。

大學生在學習期間從事兼職工作或全職工作已經成為現今社會愈

來愈普遍的趨勢，由於學生較缺乏工作經驗，年齡較輕，對於打工的工作性質、內容多不甚了解，且對某些機具、材料或工作環境本身的危險缺乏警覺性，安全衛生意識亦較缺乏，如果雇主未提供安全的作業場所，讓每位工讀生接受適當的安全衛生教育訓練並告知作業相關安全注意事項，則極易造成工讀生傷害事故，甚而罹災死亡。

對於年輕工作者特別重要的是監督的安排。尤其是監督者、指導者、教導者等在轉移安全衛生知識具有直接的角色，更能影響學習者的行為。學校應致力於年輕人之工作安全衛生教育的推動，發展一套有關工作場所危害辨識之訓練活動，以教導兼職工作學生有關工作安全之態度、知識與技能，以提升年輕工作者之工作安全意識。

事業單位相關部門可藉由表 9-1 所提供之自主檢查表來檢視自我法令遵循的狀況，以免受到相關主管機關行政處分。

表 9-1　事業單位職業安全自主管理檢查表範本

項目	項次	自主檢查項目	可再追蹤事項	問題事實、場所或其他說明
政策	1	有雇主或最高主管簽署之職安衛政策。		
	2	政策中有遵守安衛法規、預防與工作有關的災害及持續改善之承諾。		
危害辨識、風險評估及決定控制措施	1	是否訂有執行危害辨識、風險評估及決定控制措施相關程序及做法。		
	2	負責執行危害辨識及風險評估之相關人員是否有給與必要之教育訓練。		
	3	是否有依下列優先順序來決定風險控制措施：(1)消除，(2)取代，(3)工程控制措施，(4)標示／警告與／或管理控制措施，(5)個人防護器具。		
	4	在事件或緊急狀況發生後，是否有檢討原風險評估記錄之危害及風險之合理性，並於必要時予以修正。		

項目	項次	自主檢查項目	可再追蹤事項	問題事實、場所或其他說明
工作場所安全衛生設施	1	工作場所是否保持不致使勞工跌倒、滑倒、踩傷等之安全狀態。		
	2	安全門、梯於工作期間內不得上鎖,其通道不得堆置物品。		
	3	室內工作場所通道自路面起算2公尺高度之範圍內有無障礙物,主要人行道、安全門及安全門梯是否明顯標示。		
	4	機械之原動機、轉軸、齒輪、帶輪、飛輪、傳動輪、傳動帶等有危害勞工之虞之部分,應有護罩、護圍、套胴、跨橋等設備。		
	5	雇主對於下列機械部分,其作業有危害勞工之虞者,應設置護罩、護圍或具有連鎖性能之安全門等設備。 ⑴紙、布、鋼纜或其他具有捲入點危險之捲胴作業機械。 ⑵磨床或龍門刨床之刨盤、牛頭刨床之滑板等之衝程部分。 ⑶直立式車床、多角車床等之突出旋轉中加工物部分。 ⑷帶鋸（木材加工用帶鋸除外）之鋸切所需鋸齒以外部分之鋸齒及帶輪。 ⑸電腦數值控制或其他自動化機械具有危險之部分。		
	6	5台以上之衝剪機械無指定作業主管人員。		
	7	升降路各樓出入口,應裝置構造堅固平滑之門,並應有安全裝置,使升降搬器及升降路出入口之任一門開啟時,升降機不能開動,及升降機在開動中任一門開啟時,能停止上下。		
	8	升降機各樓出入口及搬器內,應明顯標示其積載荷重或乘載之最高人數,並規定使用時不得超過限制。		
	9	雇主對於升降機之升降路各樓出入口門,應有連鎖裝置,使搬器地板與樓板相差7.5公分以上時,升降路出入口門不能開啟之。		

項目	項次	自主檢查項目	可再追蹤事項	問題事實、場所或其他說明
工作場所安全衛生設施	10	高壓氣體容器使用時是否予以固定，溫度應保持於 40 度以下。		
	11	雇主對於荷重在 1 公噸以上之堆高機，應指派經特殊安全衛生教育訓練人員操作。		
	12	雇主對於堆置物料，為防止倒塌、崩塌或掉落，應採取繩索綑綁、護網、擋樁、限制高度或變更堆積等必要措施。		
	13	堆放物料，有無阻礙交通、出入口、影響照明、妨礙機械操作、超過負荷或妨礙消防器具之緊急使用。		
	14	存有易燃液體之蒸氣、可燃性氣體或可燃性粉塵，致有引起爆炸、火災之虞之工作場所，無通風、換氣、除塵、去除靜電等必要設施。		
	15	化學設備或其配管之閥、旋塞、控制開關、按鈕等，應保持良好性能，標示其開關方向，必要時並以顏色、形狀等標明其使用狀態。		
	16	高度在 2 公尺以上之工作場所邊緣及開口部分，有無設置適當強度之圍欄、握把、覆蓋等防護措施。		
	17	在高差超過 1.5 公尺以上處所進行作業，有無設置能使勞工安全上下之設備。		
	18	移動梯及合梯是否符合規定。		
	19	雇主使用之電氣器材及電線等，應符合國家標準規格。 電氣設備裝置及線路之施工，依電業法及其相關規定辦理。		
	20	有接觸絕緣被覆配線或移動電線或電氣機具、設備之虞者，應有防止絕緣被破壞或老化等致引起感電危害之設施。		
	21	於通路上是否使用臨時配線或移動電線。		
	22	作業時有無提供勞工適當之個人防護具。		
	23	冷藏室、冷凍室、地窖及其他密閉使用之設施內部，無內對外開啟之設備或通報、警報裝置。		

項目	項次	自主檢查項目	可再追蹤事項	問題事實、場所或其他說明
環監、標示及危險性機械設備	1	有無依法實施作業環境監測。		
	2	危害性化學品是否進行危害標示。		
	3	是否於危害性化學品存放現場提供安全資料表，並適時更新。		
	4	是否訂定危害通識計畫，並依計畫執行。		
	5	是否製作危害性化學品清單。		
	6	危險性機械設備於使用期間是否經代行檢查機構檢查合格。		
	7	危險性機械設備操作人員是否由專業受訓合格者擔任，擁有證照之人數是否合理。		
	8	危險性機械或設備停用期間超過合格證有效期間，未檢附合格證影本向檢查機構報備。		
健康保護	1	雇主對下列事項，應妥為規劃及採取必要之安全衛生措施： ⑴重複性作業等促發肌肉骨骼疾病之預防。 ⑵輪班、夜間工作、長時間工作等異常工作負荷促發疾病之預防。 ⑶執行職務因他人行為遭受身體或精神不法侵害之預防。 ⑷避難、急救、休息或其他為保護勞工身心健康之事項。	身心-預防計畫 □人因計畫 □過勞計畫 □職場暴力計畫	
	2	事業單位之同一工作場所，勞工人數在三百人以上者，應視該場所之規模及性質，分別依職安法規定所定之人力配置及臨廠服務頻率，僱用或特約從事勞工健康服務之醫師及僱用從事勞工健康服務之護理人員（以下簡稱醫護人員），辦理臨廠健康服務。 前項工作場所從事特別危害健康作業之勞工人數在一百人以上者，應另僱用或特約職業醫學科專科醫師每月臨廠服務一次，三百人以上者，每月臨廠服務二次。但前項醫護人員為職業醫學科專科醫師者，不在此限。 雇主僱用或特約前項醫護人員，應依中央主管機關公告之方式備查。		

項目	項次	自主檢查項目	可再追蹤事項	問題事實、場所或其他說明
健康保護	3	雇主使醫護人員臨廠服務及應使醫護人員會同勞工安全衛生及相關部門人員訪視現場，有無製作勞工健康服務執行記錄表，並留存記錄 7 年。		
	4	工作場所是否設置適量之合格急救人員。		
	5	僱用勞工時，是否施行體格檢查；在職勞工是否定期施行健康檢查。		
	6	健康檢查費用是否由雇主負擔。		
	7	從事特別危害健康作業之勞工，是否定期施行特定項目健康檢查。		
	8	勞工特殊健康檢查及健康追蹤檢查，無報請事業單位所在地之勞工及衛生主管機關備查，並副知當地勞動檢查機構。		
安全衛生組織及人員	1	有無設置職業安全衛生管理單位。		
	2	職業安全衛生管理單位是否為事業內之專責一級單位。（第一類 >100 人，專責一級，第二類 >300 人，一級；200 人以上已實施）。		
	3	職業安全衛生管理人員是否為專職人員。（第一類 >100 人，第二類 >300 人，至少 1 人）。所置專職管理人員，應常駐廠場執行業務，不得兼任其他法令所定專責（任）人員或從事其他與職業安全衛生無關之工作。		
	4	職業安全衛生人員是否依「職業安全衛生管理辦法」第 5 條之 1 規定，執行勞工安全衛生管理業務，執行情形是否留備記錄。		
	5	設置之職業安全衛生管理單位或人員，是否向當地勞動檢查機構報備（30 人以上）。		
	6	職業安全衛生人員因故未能執行職務時，是否立即指定適當代理人代理其職務，代理期間是否超出三個月。		
	7	有無設立職業安全衛生委員會，是否製作委員名冊並留存備查。		
	8	職業安全衛生委員會是否每三個月開會一次。		

項目	項次	自主檢查項目	可再追蹤事項	問題事實、場所或其他說明
職業安全衛生管理	1	有無依法訂定職業安全衛生工作守則,並呈報檢查機構備查。		
	2	是否依其事業規模、特性,訂定職業安全衛生管理計畫,30 人以下得以執行記錄或文件代替。		
	3	有無依法訂定勞工安全衛生管理規章(第一類 >100 人)。		
	4	是否建立適合該事業單位之職業安全衛生管理系統(第一類 >300 人)。		
	5	於引進或修改製程、作業程序、材料及設備前,有無評估其職業災害之風險,並採取適當之預防措施(第一類 >300 人)。		
	6	機械、個人防護具等之採購、租賃,其契約是否有符合法令之勞安衛具體規範,並於驗收前確認(第一類 >300 人)。		
	7	有無訂定本年度自動檢查計畫。		
	8	部門主管是否依與其相關之自動檢查計畫項目按預定時程實施自動檢查,執行情形是否留備記錄保存 3 年。		
承攬管理	1	有無訂定符合規定之「承攬商施工安全管理辦法」。		
	2	交付承攬時,是否依「承攬商施工安全管理辦法」要求承攬商遵守相關法令規定,執行情形是否留備記錄。		
	3	交付承攬時,有無進行工作環境、危害因素之告知,並以書面為之或召開會議。		
	4	有勞工與承攬商共同作業時,是否設立協議組織,並定期或不定期協議勞工安全衛生有關事項。		
	5	有勞工與承攬商共同作業時,是否不定期巡視工作場所安全衛生事項,進行工作之調整與聯繫,執行情形是否留備記錄。		
	6	有勞工與承攬商共同作業時,有無提供安全衛生教育之指導與協助。		
	7	與承攬人共同作業是否對承攬人訂定承攬管理計畫(第一類 >300 人)。		

項目	項次	自主檢查項目	可再追蹤事項	問題事實、場所或其他說明
教育訓練	1	新僱勞工或在職勞工於變更工作前，是否使其接受適於各該工作必要之安全衛生教育訓練。		
	2	職業安全衛生管理人員有無定期接受複訓。		
	3	有無定期舉辦企業內職業安全衛生教育或派人至訓練單位參加職業安全衛生相關訓練、宣導會或研討會。		
	4	有無針對企業內各種特殊作業主管、操作人員安排參加必要之職業安全衛生教育訓練。		
事故調查及緊急應變	1	工作場所如發生職業災害，是否立即採取必要急救、搶救等措施，並實施調查、分析及作成記錄。		
	2	有無按月填載職業災害統計（各單位僱用員工數50人以上）。		
	3	有無訂定緊急狀況預防、準備及應變計畫，並定期實施演練（第一類 >300 人）。		
	4	前項緊急應變計畫實施情形是否留備記錄。		
其他	1	各項資料或資訊是否有予以文件化，並有效管理。		
	2	前述各項守則、規章、計畫、清單是否因勞工法令、勞資協議或勞動環境變更而適時修正。		
	3	（可自行依情況做項目補充。）		

蜂哥小筆記

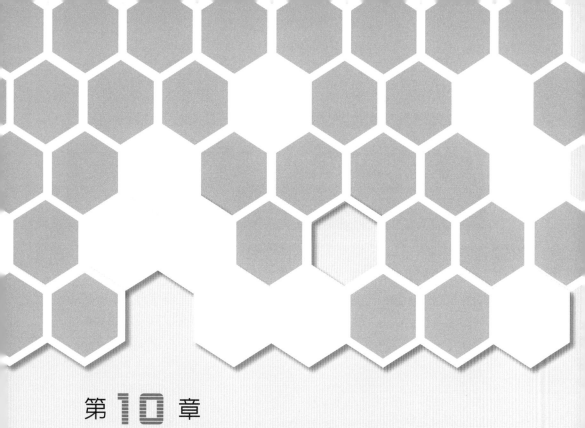

第 10 章

人因性危害

依據勞動部職業安全衛生署指引（職業安全衛生署人因性危害預防計畫指引，2014）指出，人因工程（ergonomics）是探討人類日常生活和工作中的「人」與工具、機器、設備及環境之間交互作用的關係，以使人們所使用的工具、機器、設備與其所處的環境，與人本身的能力（capabilities）、本能極限（limitations）和需求（need）之間，能有更好的配合。而人因工程就是透過設計，將「人」與工具、機器、設備及環境之間交互作用的關係完善，以達到最好的配合。如果人因工程設計不良，對於勞工會有各種直接與間接的影響，包含造成／促成人為失誤、發生意外事件、導致肌肉骨骼傷病、降低工作生活品質、生產績效不佳、容易工作疲勞等，嚴重影響勞工的健康、安全與福祉。

▌肌肉骨骼傷病的原因

　　導致肌肉骨骼傷病的原因包含作業負荷、作業姿勢、重複性及作業排程休息配置等，其中因重複性作業促發肌肉骨骼傷病為最常見職業性疾病，稱為工作相關之肌肉骨骼傷病（Work-related Musculoskeletal Disorders, WMSD），或累積性肌肉骨骼傷病（Cumulative Trauma Disorders, CTD），是由於重複性的工作過度負荷，造成肌肉骨骼或相關肌肉疲勞、肌肉發炎、損傷，經過長時間的累積所引致的疾病。根據美、日、歐各國的職災調查統計，累積性肌肉骨骼傷病所造成的損失工作天案件數，占所有職業傷病案件數的比例相當高，歐盟等國平均為 38%，美國 32%，日本 41.2%，英國 40%。重複性肌肉骨骼傷病

所造成的整體損失，近年來歐盟約為 2,160 億美元，占歐盟整體 GDP 的 1.6%；美國約為 1,680 億美元，占美國 GDP 的 1.53%。

▌肌肉骨骼傷病的影響

由於肌肉骨骼傷病相關疾病的盛行率高而且病期長，甚是容易造成勞工長期「失能」（disability）的主要因素，影響勞工、企業及國家社會甚巨。而肌肉骨骼傷害對於勞工而言，會造成行動不便、體力下降、影響生活品質、收入減少，甚至使生活陷入困境；對企業而言，缺工導致生產力與產品品質下降，勞工傷病賠償、醫療給付與保險金額提高，導致經營困難；對國家社會而言，社會保險的勞保給付與社會救濟負擔相對提升許多，更占用了大量的醫療與社會資源。因此，為了消除或降低工作引起之肌肉骨骼傷病，近年來各先進國無不戮力努力降低肌肉骨骼傷病的疾病發生率，進而推動重複性肌肉骨骼傷病的防制工作。

▌什麼是人因工程？

人因工程（ergonomics）乃從二十到三十年前引進台灣，藉由回國的人因工程學者推動後，於民國 73 年底國科會成立人因工程小組，75 年 6 月由教育部首先將人因工程課程取代人體工學之名稱。近來隨著時代潮流及環境變遷，我國人因工程已從萌芽階段進入成長時期。

何謂人因工程？人因工程乃萌芽於第一次世界大戰中美國所謂人類工程學（human engineering）之學識，以西元 1957 年成立人因社會（human factors society）為契機之後，美國統一其名為人因（human factor），另一方面，也將人因工程稱為 ergonomics；此字為誕生於英國之新造複合字，從希臘之 ergon（肌力、作業、工作）與 nomos（正常、法則、習慣）複合成「人因工程」，照字面淺譯即為工作之正常管理，其主要探討工程或工業設計時所應考慮的人性因素（指人之物質、生

理、心理、社會及文化因素），目的在於人與機具介面的有效溝通，也在於人與科技之會通，簡言之「應人類使用而設計」其適合人之特性。

具體而言以獲取下述諸效益爲積極目標：

1. 容易適應。

2. 不易疲勞。

3. 易於判斷。

4. 舒適。

5. 安心。

6. 降低成本。

7. 處於健康。

8. 具有效能或效率。

9. 縮短訓練時間。

10. 讓人更能發揮功能。

蜂哥小筆記

02 我的肩膀給你滿滿的安全感
——職業安全法與事業單位因應對策

▌因應對策

依職業安全衛生法第 6 條第 2 項：「雇主對下列事項，應妥爲規劃及採取必要之安全衛生措施：一、重複性作業等促發肌肉骨骼疾病之預防。……」；職業安全衛生法的施行細則第 9 條之規定：「職業安全衛生法第 6 條第 2 項第 1 款所定預防重複性作業等促發肌肉骨骼疾病之妥爲規劃，其內容應包含下列事項：一、作業流程、內容及動作之分析。二、人因性危害因子之確認。三、改善方法及執行。四、成效評估及改善。五、其他有關安全衛生事項。」

另外，職業安全衛生設施規則第 324 條之 1 規定：「雇主使勞工從事重複性之作業，爲避免勞工因姿勢不良、過度施力及作業頻率過高等原因，促發肌肉骨骼疾病，應採取下列危害預防措施，並將執行記錄留存三年：一、分析作業流程、內容及動作。二、確認人因性危害因子。三、評估、選定改善方法及執行。四、執行成效之評估及改善。五、其他有關安全衛生事項。

前項危害預防措施，事業單位勞工人數達一百人以上者，雇主應依作業特性及風險，參照中央主管機關公告之相關指引，訂定人因性危害預防計畫，並據以執行；於勞工人數未滿一百人者，得以執行記錄或文件代替。」

所以事業單位現在應該具備人因性危害預防計畫書來因應未來勞動檢查的需要！

▍ 事業單位因應對策解剖

事業單位訂定完整之人因性危害預防計畫，其內容應至少包含：政策、目標、範圍對象、期程、計畫項目與實施、績效評估考核及資源需求等大項目來撰寫。

● 政策

雇主或高階主管應依事業單位的規模與性質，並諮詢勞工及其代表意見，訂定書面的人因性危害預防政策，以展現符合法令規章、維護勞工健康福祉之承諾。政策制定後應透過適當管道傳達給勞工、承攬商及相關工作人員，共同依循辦理。

● 目標

依據人因性危害預防政策以及主管機關施政方針、法令規定、職業傷病統計等資料來源，訂定符合相關職業安全衛生法令規章，具體、量化且可以達成的計畫目標，避免勞工因重複性作業等相關人因性危害，促發的肌肉骨骼傷病。目標應該具體明確、客觀量化，避免空洞模糊。例如：罹患職業性肌肉骨骼傷病人數與盛行率、工時損失或職業傷病補償金額等；目標的訂定，可以中長程願景或策略目標（譬如三到五年），配合分年之年度計畫落實執行，應著眼於持續性的進步以達成階段性績效，只要適度努力即可達成者為宜，避免淪為理想令人望之卻步，也不宜欠缺挑戰性而流於形式。

● 計畫範圍對象

計畫宜界定實施範圍及執行對象。計畫範圍內單一廠（場）區勞工人數不宜太多，否則不利計畫執行作業，規模大的事業單位宜適當劃分成不同的執行單位，分別規劃執行。計畫的對象一般為計畫範圍內的全體勞工，並應包括常駐派遣人員、實習人員和志工等工作者。

● 計畫時程

計畫時程為執行本計畫的開始時間至完成的時間歷程，包括中長程計畫推動期程及年度計畫實施期程。一個計畫往往也可以劃分為主

體計畫與數個附屬計畫，就如同一項工程會包含建造的主體工程與試車、養護的附屬工程一樣。人因性危害預防計畫的主體，通常以計畫的主要內容為界定標準，完成後可以產生結案報告，例如：完成肌肉骨骼傷病調查，得知有危害及沒有危害的勞工人數，針對有危害的勞工個案完成危害評估，也辨識出危害因子，並針對大部分個案提出具體可行的改善方案（小部分個案可能未能完全解決），計畫告一段落即可以產生結案報告。

● **計畫項目與實施**

　　人因性危害預防應包含下列工作項目，各項目執行過程需要事業單位的各相關部門間團隊合作，惟透過適當組織或人員之權責分工，將有利於整體計畫之運作：

1. 肌肉骨骼傷病及危害調查（以下簡稱傷病調查）：特約或專職醫護人員與公司專職職業安全衛生管理人員。

(1) 傷病現況調查：

　　健康與差勤監測：特約或專職醫護人員應檢視公司既有的健康資料及差勤記錄，查詢勞工的確診肌肉骨骼傷病案例、通報中的疑似肌肉骨骼傷病案例與就醫情形（諸如經常至醫務室索取痠痛貼布、止痛藥品等），及以差勤記錄查詢異常離職率、缺工或請假的記錄。這些個案都必須列為優先改善名單，注記於「肌肉骨骼症狀調查與管控追蹤一覽表」，包括職業病案例、通報案例、工時損失、就醫記錄等。

　　探詢勞工抱怨：醫護人員針對就醫的勞工個案，詢問身體的疲勞、痠痛與不適的部位與程度，並了解其作業內容。必要時向部門主管探詢士氣低落、效率不彰或產能下降的勞工個案。這些個案都必須列為觀察名單，注記於「肌肉骨骼症狀調查與管控追蹤一覽表」，必須仔細評估危害。

(2) 主動調查：

　　特約或專職醫護人員與公司專職職業安全衛生管理人員可應

用「肌肉骨骼傷害症狀調查表」（引用 Nordic Musculoskeletal Questionnaire, NMQ），主動對於全體勞工實施自覺症狀的調查，主要分為三個部分，填寫說明、基本資料和症狀調查，說明如下：

填寫說明：說明痠痛不適與影響關節活動能力（以肩關節為例）以及身體活動容忍尺度，以 0-5 尺度量測表示其疼痛影響程度：

0：不痛，關節可以自由活動；

1：微痛，關節活動到極限會痠痛，可以忽略；

2：中等疼痛，關節活動超過一半會痠痛，但是可以完成全部活動範圍，可能影響工作；

3：劇痛，關節活動只有正常人的一半，會影響工作；

4：非常劇痛，關節活動只有正常人的 1/4，影響自主活動能力；

5：極度劇痛，身體完全無法自主活動。

基本資料：包含公司廠（場）區、部門、課／組、作業名稱、職稱、員工編號、姓名、性別、年齡、年資、身高、體重及慣用手等。

症狀調查：包含上背、下背、頸、肩、手肘／前臂、手／手腕、臀／大腿、膝及腳踝／腳等左右共 15 個部位的評分，以及其他症狀、病史說明。

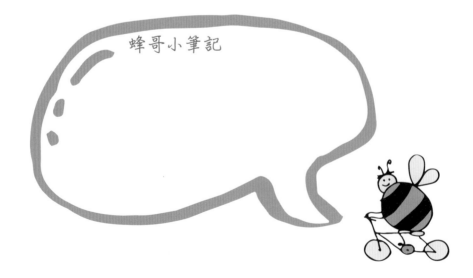

蜂哥小筆記

表 10-1　常見人因性問題與建議方式

問題	人體工學控制方式建議
椅子不適應，腳無法在地板上放平或是不適當的腰椎支撐	1. 椅子適當的高度、姿勢，使得腳可以放上地板、放平手臂、靠近身體 2. 適當的腰椎支撐靠使用毛巾捲軸、枕頭、椅墊或腰椎支持物 3. 在員工教育訓練時應告知選擇合適的椅子與合適姿勢的衛教
鍵盤太高會給手腕肌腱帶來不自然的姿勢且活動範圍受限制	1. 用辦公桌的抽屜作為放置鍵盤，相接的書架或較低的辦公桌 2. 提高椅子高度或使用腳墊 3. 員工坐姿應該維持自然的人體位置
終端機、螢幕光從頭頂上的強光或直接陽光反射	1. 螢光幕與燈光源應該 30-40 度以上 2. 窗戶百葉窗要拉上或重新布置辦公室以減少強光 3. 時常擦拭螢幕使視覺沒有障礙
終端機燈光螢幕太低	1. 使用木盒或書架以提高螢幕高度
銳利邊緣的接觸	1. 桌子邊緣使用保護墊或是橡皮軟墊 2. 工作環境重新再設計

電腦使用者的動作具有高度重複性，主要集中於鍵盤與螢幕導致長時間下來眼睛、上肩膀、下背部、手腕之腕隧道症候群的疼痛痠痛或是麻木僵硬等問題，應朝人體工學，也就是人因工程的角度進行探討與改善。

A. 工作站設施的改善：工作站可依照實際需要以 L 型或是 U 型的設計方式且高度為 28-29 英寸（1 英寸為 2.54 公分），工作椅子的選定以雙腳可以舒適平貼地面為主，能靠背支撐下背部，雙手能舒適平放於鍵盤上為主。使用滑鼠及鍵盤可在手腕下方墊一個軟墊以緩衝手部的壓迫力道。

B. 適合人體工學的室內桌椅擺設。

C. 座椅可必須任意調整高度，腰部需有靠墊。

D. 腿的活動空間：膝蓋與電腦桌之間應該要有足夠的活動空間。

E. 上臂：處於垂直位置。

F. 前臂：與上手臂成 90 度略微向上 10-20 度。

G. 手腕：與前手臂保持同一水平面。

H. 小腿：與大腿盡量成 90 度。

I. 作業時間依照合理的時間，分散式的休息可以減少疲勞與局部肌肉骨骼傷害，因此建議實務面應該依照工作型態適時地調整工作時間以及正確姿勢的方式進行改善。

(3) 確認改善對象：根據傷病調查結果，將個案區分為確診疾病、有危害、疑似有危害、無危害等四個等級，以確認有危害與沒有危害的勞工個案，醫護人員及安全衛生人員得依危害等級，建議處理方案。之後，將這些資料製作「肌肉骨骼症狀調查表追蹤一覽表」，可將四個等級的個案建議，分別加上色彩標示，以利後續改善與管控追蹤之用，並製作「肌肉骨骼傷病調查一覽表」簡表作為管控之用，來有效確認有危害與沒有危害的勞工個案，進行危害評估與改善，並交付管控與追蹤。

表 10-2　肌肉骨骼傷病調查危害等級區分

危害等級	判定標準	色彩標示	建議處置方案
確診疾病	確診肌肉骨骼傷病	紅色	例如：行政改善
有危害	通報中的疑似個案、高就醫員工個案，高離職率、請假或缺工的個案	深黃色	例如：人因工程改善、健康促進或行政改善
疑似有危害	問卷調查表中有身體部位的評分在 3 分以上（包含 3 分）	淺黃	例如：健康促進或行政改善
無危害	問卷調查（NMQ）身體部位的評分都在 2 分以下（包含 2 分）	無色	例如：持續管控

● **績效考核：管理及安全衛生部門主管**

　　績效考核的目的在於評比推動此人因性危害預防計畫的成效，表揚優良，檢討缺失，用以策勵將來。人因性危害預防計畫的績效可以下列的量化指標考核：

1. 計畫目標的達成率，例如：將有危害的勞工比率降至 10% 以下，是最直接的績效指標。

2. 工時損失，例如：將工時損失降低至 80% 以下。

3. 生產力，例如：將生產力提高 20% 以上。

4. 肌肉骨骼傷病風險，例如：將危害風險降低 5 分，或危害風險等級降低 1 級。

　　考核與記錄：所有執行之經過與結果，均需實施文件化表單記錄，以利考核程序，所有規劃與執行記錄應至少留存三年備查。

● **資源需求：醫護及職業安全衛生部門主管**

　　任何工作的執行都需要人力、物力與財力等資源的支應，人因性危害預防計畫的推動當然也不例外，所需資源需求如下：

1. 人力：人因性危害預防計畫的推動需要推動小組，人力必須依任務需求妥善配置規劃，例如：危害調查與管控追蹤必須配置醫護人員；簡易改善、進階改善與管控追蹤，則需要足夠且經適當專業訓練的醫護人員或安全衛生管理人員。

2. 物力：人因性危害預防計畫的推動所需之工具與器材，例如：肌肉骨骼傷病調查表、簡易人因工程檢核表及進階改善的各式檢核表等工具表單，通常可以在勞動部（職研所）的網站免費取得，必須依需求量妥善印製準備，並可依本身特殊適用性酌予修正。人因工程改善必需的捲尺、量角器、秤子、碼表、電腦與軟體等器材，容易遺失損害，建議有足夠的餘備存量，避免急用時卻出現短缺的狀況。

3. 財力：人因性危害預防計畫推動所需的經費，包括人員外訓的報名費，內部訓練的講師費用與車馬費等等，必須詳細編列預算。

至於改善案的工程費用，可先預估概算，依預算額度排定優先順序，簡易改善的工程費用通常不高，可優先落實，至於費用較高的進階改善，建議透過內部相關部門會商，必要時可尋求外部專業資源協助，研擬具體改善方案，呈報公司高層長官核准後，交付相關專責單位執行。

▌小結

人因危害導致的肌肉骨骼傷病是值得重視與關注的議題，普遍存在全球各國已開發國家職場裡，除了盛行率高以外，同時因這類累積性疾病病期較長，除影響勞工身心健康外，往往造成事業單位勞動力損失及社會整體醫療資源的龐大支出。但這種人因工程危害大多是可以透過工程改善或行政管制加以控制的，倘若能落實人因危害預防策略，將有助於強化勞工身心健康及提升生產效能，並可望省下巨額的社會成本。

職業安全衛生法新增雇主應預防重複性作業促發之肌肉骨骼傷病，為我國人因工程及職業衛生發展之重要里程碑，惟肌肉骨骼傷病之因果關係複雜，其危害預防之推動及落實仍屬發展初期，有賴各界共同努力。

蜂哥小筆記

人因工程肌肉骨骼傷害預防計畫參考範本

1.　目的：

　　規範本公司作業現場，因工作環境過度負荷、不自然的工作作業姿勢、重複性工作等原因致之肌肉骨骼傷害，避免因工作者工作效率、工作品質不佳，影響安全造成醫療資源大量支出；雖然肌肉骨骼傷害並非皆來自工作環境，但藉由管理制度與工作者參與等多方的努力，規劃與推展有效之預防措施，期可減少工作場所引起肌肉骨骼傷害。

2.　依據：

　　職業安全衛生法第 6 條第 2 項第 1 款訂定「人因工程肌肉骨骼傷害預防計畫」，以預防重複性作業促發肌肉骨骼疾病，採取對應措施，評估改善成效及檢討修正。

3.　適用範圍：

　　凡本公司暨所屬各級承攬人工作者於預防肌肉骨骼傷害等管理事項者，均屬運用之範圍。

4.　作業流程及內容、動作之分析：

　　4.1　健康管理事項：

　　　　4.1.1　單位主管、職安管理人員、急救人員及各級承攬人應實施互助觀察，對於骨骼傷害的早期症狀做初步評估與確認提醒勞動作業時應執行、應注意之項目。

　　　　4.1.2　勞動場所之工作者，需按自護、互護、監護之原則實施健康管理。

　　　　4.1.3　根據現況查詢與主動調查資料，將個案情形製作成「肌肉骨骼症狀調查與管控追蹤一覽表」（表二），並摘要整理「肌肉骨骼傷害症狀調查表」於附件四，注記建議處理方式。

　　4.2　定期現場巡視：

　　　　4.2.1　大約每個月或工作者工作改變時，單位主管需要巡視現場。

以了解工作者的工作特性，辨識可能的肌肉骨骼危害，並詢問現場工作者的主觀感受。

4.2.2 巡視後需要有良好的記錄，包括時間、地點、工作部門與特性描述、可能的危害因子以及工作者反應。透過早期症狀與危害辨識，可作為預防改善之參考。

4.3 症狀調查與記錄：

4.3.1 對於肌肉骨骼傷害的早期症狀，須提醒工作者於工作後做適度休息與保養，並做冰敷或熱敷等物理性調養。

4.3.2 對於肌肉骨骼傷病之工作者主動調查現況，如「肌肉骨骼傷病調查一覽表」（表三），發現提前發現潛在風險並提供危害分析之參考。

4.3.3 調查勞保職業病案例、通報職業病案例、就醫記錄、病假與工時損失記錄等文件，篩選有肌肉骨骼傷病或可能有潛在肌肉骨骼傷病風險之工作場所或作業相關記錄的結果，彙整成「勞工健康管理單位肌肉骨骼疾病統計表」（表一），以供後續危害分析使用。

4.3.4 探詢工作者抱怨：對於高抱怨之單位或作業，列入可能需要評估之對象。

表一　勞工健康管理單位肌肉骨骼疾病統計表

危害情形	人數說明	備註
勞保職業性肌肉骨骼疾病	名	
通報中的疑似肌肉骨骼傷病	名	
異常離職	名	
經常性病假、缺工	名	
經常性索取痠痛貼布、挫傷、打針等	名	

表二　肌肉骨骼症狀調查與管控追蹤一覽表 _____工地

作業名稱	勞工編號	姓名	性別	年齡	年資	身高	體重	備考
□ □其他								
□ □其他								
□ □其他								
□ □其他								
□ □其他								

表三　肌肉骨骼傷病調查一覽表

症狀調查														
頸	上背	下背	左肩	右肩	左手肘/前臂	右手肘/前臂	左手/腕	右手/手腕	左臀/大腿	右臀/大腿	左膝	右膝	左腳踝/腳	右腳踝/腳
									疑似傷病人數				人	

4.4　工作場所工作負荷等級：

  4.4.1　配合將現場依據人工搬運、施力、重複性動作、姿勢等，將工作區分為輕、中、重等三種等級，作為行政管理施行的參考。

      中度負荷：施力9公斤以上推拉物件，如推／拉裝90公斤的購物車；重度負荷：施力23公斤以上以推拉物件，如在地毯上推／拉兩層的衣櫥。

  4.4.2　可作為進一步工作指派與輪調的依據，避免同肌群過度負荷。

4.5 定期健康檢查：

4.5.1 依據本公司健康管理辦法實施。

4.5.2 對於重度工作之工作者實行定期肌肉骨骼檢查。

4.6 醫療與保健措施：

4.6.1 針對職災後復工或一般傷病之工作者，依復工計畫實施後之健康促進。

5. 人因危害因子

6. 改善方法與執行：

6.1 簡易改善：

6.1.1 職安管理人員依據本公司「肌肉骨骼症狀調查表」中的確診疾病、有危害、疑似有危害，個別依據簡易人因工程檢核表評估結果，個案各別辨識出危害因子，參考勞安主管機關相關報告及技術叢書內容擬訂改善方案及執行改善。

6.1.2 為達到減少人體受力與不當姿勢之要求。有以下各項準則：

6.1.2.1 提供合宜檯面、合宜座椅、以符合不同人員之身材。

6.1.2.2 物件、工具均應置考量操作人員動線，減少人員為取放物品而產生腰部扭轉與過度前伸之動作。

6.1.2.3 避免肌肉靜態負荷與長時間固定同樣操作姿勢，例如：腰前伸、腰側彎、舉臂、頭前傾或後仰、單腳站立。

6.1.2.4 為保障眼睛防止眼疾，戶外作業時適時使用護目鏡、遮蔽性護目鏡、淺色太陽眼鏡，維護健康與安全。

6.1.2.5 請各所選購座椅，應注意椅背（腰椎支撐處）、椅座材質軟硬適中，五支腳平衡性佳等基本要件。

6.1.2.6 避免工作者持續於狹小局限之空間內作業，而致無法變換調整姿勢，可能的話，給與工作者可於站或坐著操作二者間自行輪替，對於久站作業提供軟質腳踏墊。

勞工機靈點，雇主睜大眼！

6.1.2.7　利用重力垂送原理移動物件，減輕人員負荷。

6.1.2.8　操作螢幕顯示應清晰易辨，儀表、螢幕與控制按鍵鈕之位置、形式應容易辨識、閱讀、觸及與操控。

6.1.2.9　環境條件如噪音、溫濕度、照明應恰當，注意排除直接與間接眩光影響視覺。

6.1.3　上肢作業工作設計原則以減低雙手、雙臂之操作重複性與不良姿勢為主，以雙手操作之作業一般重量要求並不高，然而操作週期可能相當短，因此必須不斷重複同一動作與姿勢，達到熟練進而縮短工時之目的，造成上肢長期維持同樣姿勢，無法獲得休息，久而久之累積成肌肉骨骼疾病，以下各項設計準則：

6.1.3.1　降低操作重複性（重複同樣姿勢之操作）與操作頻率（單位時間內之操作次數）。

6.1.3.2　手臂避免持久懸空操作，可適度提供手肘、手腕、手臂、背部等之倚靠與支撐。

6.1.3.3　雙手移動應以手肘而非肩部為旋轉中心，以避免頸肩與上背之壓力。

6.1.3.4　常用與較重物件應置於正常操作區域內，亦即以手肘為旋轉移動中心所劃出之雙手可及區域內。

6.1.3.5　避免上肢過度伸展，如向上超過肩或向下低於腰，避免手臂完全伸直取物。

6.1.3.6　手腕姿勢應維持自然不彎曲，彎曲工具握柄而降低手腕用力時之極度彎曲與側彎，避免前臂做旋轉螺絲起子之內旋與外旋之動作。

6.1.3.7　降低手部受力與用力，選用質輕工具，握柄避免銳利稜角壓迫手掌，但握柄材質應具有適度與手掌之摩擦力以減輕握力之付出，避免以手掌用力拍打，避免以手指快速重複用力。

6.1.3.8　握持物件工具等應以抓握方式為之（如握菜刀柄、網球拍），避免用捏握方式（如握著書本）。

6.1.3.9　選擇振動傳遞較小之動力手工具。

6.1.3.10　提供手套於寒冷作業場所，但應注意手套之大小與材質厚度，避免因戴手套而必須增大握力。

6.1.4　手工具使用與選用原則於輔助人員操作，減輕操作時之用力，然而常因為使用與選用不當，造成對於雙手之傷害，有以下準則可供參考：

6.1.4.1　手工具應能於使用時維持手腕自然不彎曲姿勢。

6.1.4.2　手工具應輕巧且握柄大小適中。

6.1.4.3　握柄壓力應分散於手掌，避免集中於一處。

6.1.4.4　握柄應易於抓握，用力時不打滑。

6.1.4.5　使用抓握方式的握柄比捏握方式好。

6.1.4.6　注意女性員工使用之握柄應比男性員工小。

6.1.4.7　動力工具握柄上之按鍵面積應夠大且易於輕輕按壓，避免以單一手指持久用力按壓。

6.1.4.8　雙手操作區域空調應適中，避免冷風直吹雙手。

6.1.4.9　動力工具之振動應盡量減小。

6.1.4.10　戴手套之作業應注意大小厚度適中，材質應維持適度摩擦力，避免過度損失手指觸感影響操作安全。

6.1.5　下背痛與人工物料搬運作業包括抬舉、推拉與攜帶等作業方式，與職業性下背痛之形成有密切關聯，應注意的保護行為：

6.1.5.1　物料搬運盡量使用搬運輔助車以降低人力處理。

6.1.5.2　維持足夠通道寬度與貯存區寬敞，以利運送車輛或輔助手推車行駛。

6.1.5.3　採取單元運載量之觀念，先將物料以料盒整理，再以棧板成批以叉舉車運送。

6.1.5.4　必須人力處理的物品則應限制最大重量與體積。

6.1.5.5　注意人員抬舉技巧，物品應盡量靠近身體，物品應提供方便握持之處。

6.1.5.6　使用具輔助動力之推車、升降台、拖板車、叉舉車等，以避免人力推拉。

6.1.5.7　必須人力推拉之車具，不得超過原設計限重，同時注意潤滑保養。

6.1.5.8　降低人力推拉車具之距離與轉彎次數。

6.1.5.9　力推拉車具應提供把手，把手高度應適中，或可調整彎曲於 80-100 度間。

6.1.5.10　人力推拉之地板坡度應小於 10% 傾斜。

6.1.5.11　運用輸送帶、叉舉車、滑軌、四輪推車、重力墮送等方式取代人力攜帶運送物品。

6.1.5.12　人力攜帶運送物品應有握持之處，使用適當技巧，盡量將攜帶物靠近身體。

6.1.6　電腦工作區域設計原則以注視螢幕、使用鍵盤與滑鼠為主，由於使用電腦時間常常超過數小時，雖然沒有特別用力之處，然而操作姿勢僵硬固定，此靜態性負荷容易造成頸肩、手腕等部位之傷害，也容易造成視力損害，因此，電腦工作站應注意下列各項準則：

6.1.6.1　螢幕擺放高度不宜過高，以使眼睛能平視或略微往下注視螢幕內容為宜。

6.1.6.2　鍵盤滑鼠擺放高度應與人員手肘同高，使雙手操作時前臂可以呈現水平姿勢。手腕不宜過度彎曲與側彎，雙手不宜過度前伸，手腕不應靠於鍵盤或桌子堅硬邊緣，必要時可以使用材質適中之手腕靠墊，或選擇有較大手腕靠置部位之鍵盤。

6.1.6.3　手肘宜有靠置休息之處，例如：使用有扶手之座椅。

6.1.6.4 螢幕與眼睛距離不宜過近，例如：小於 40 公分。

6.1.6.5 背部特別是腰椎部位應有適當支撐，宜選用有腰椎支撐之座椅。

6.1.6.6 燈光應能配合觀看螢幕與文件之雙重作業需求，避免燈光射入螢幕產生反光「眩光」。

6.1.6.7 注意操作一段時間（40-50 分）後應起身休息。

6.2 進階改善：

6.2.1 針對簡易改善無法有效改善的個案進行進階改善，可召集成立人因工程危害改善小組實施改善。

6.2.2 邀請外部專家參與，參考國內外相關人因工程文獻資料、職安衛相關研究報告及技術叢書內容，擬訂進階改善方案及並落實執行改善。

6.3 健康促進：

6.3.1 針對公司既定之健康促進之方案實施全員參與並階段性強化改善。

6.3.2 職安室針對危害發生前之預防與危害發生後之改善，辦理相關健康促進措施。

6.3.3 實施作業前體操以包含預防腰痛、確保健康的觀點出發，採行下述的作業前體操。作業中有新的對腰部造成過度負擔的作業開始前，應作下肢關節的屈伸動作。作業終了時依實際需要，採行整理體操，以緩和緊張的肌肉，使血液循環良好。

6.4 行政改善：

6.4.1 對於尚無法由各工務所或工程單位決議之政策性項目，提報職業安全委員會，列入立即或年度計畫項目實施。

7. 成效評估與改善：

7.1 績效考核：

7.1.1 提供工務部及職安室列為績效考核評比，藉以推動人因性

危害預防，按其成效，表揚優良，檢討缺失，用以策勵將來。人因性危害預防的績效可以下列的量化指標考核：

7.1.1.1　計畫目標的達成率，例如：將有危害的工作者比率降至 10% 以下，是最直接的績效指標。

7.1.1.2　工時損失，例如：將工時損失降低至 80% 以下。

7.1.1.3　生產力，例如：將生產力提高 20% 以上。

7.1.1.4　肌肉骨骼傷病風險，例如：將危害風險降低 5 分，或危害風險等級降低 1 級。

7.2　管控追蹤：

7.2.1　人因工程危害改善方案實施後，應實施管控追蹤，以確定其有效性與可行性。主要工作包含：

7.2.1.1　管控工作者肌肉骨骼傷病的人數、比率、嚴重程度等。

7.2.1.2　由職業安全衛生作業主管負責辦理，管控結果應留置執行記錄備查。

7.2.1.3　追蹤改善案例的執行與職業病案例的處置，由職業衛生管理室及各工地職業安全衛生人員負責，追蹤結果應留置執行記錄備查。

8.　肌肉骨骼疾病之治療：

8.1　治療：

8.1.1.1　藥物及休息：以口服止痛藥、類固醇、肌肉鬆弛劑或局部注射止痛藥應該會減緩其症狀，局部之藥物加上適當之休息期間亦有幫助。

8.1.1.2　物理治療：如按摩、牽引、冷療、熱療等復健治療方法一般也可以改善症狀。

8.1.1.3　手術治療：對影響功能之肌腱韌帶施以釋放、切除、修補、縫合等手術。對腰椎間盤突出則施以椎間板切除或脊椎骨融合等手術，應可有效改善病症，但仍可能復發。

8.2 預防與保健方法：

8.2.1 經常運動：運動可以強化局部之肌肉，利用各類運動、肌力改善等方法，來使得肌肉關節之支撐力增強，柔軟度增加。

8.2.2 正確姿勢：避免不當動作用力、採用符合人因工程設計之姿勢，可以減少肌肉骨骼系統之傷害。

8.2.3 健康檢查：目前法規雖然無明文規定肌肉骨骼疾病預防健檢之需要，但針對職業之危害，如腰椎之 X 光檢查或門診追蹤檢查均有助於早期發現、早期治療。

9. 資源需求：

9.1 人因性危害預防計畫的規劃人員組織：職安室。

9.2 肌肉骨骼傷病調查人員組織：職安室會同各部門。

9.3 人因性危害預防計畫的執行小組：各部門。

9.4 經費預算：由年度預算向下勻支。

9.5 考核與記錄：所有執行之經過與結果，均需實施文件化表單記錄，以利考核程序，所有規劃與執行記錄應至少留存三年備查。

10. 參考文件：無。

11. 相關文件：無。

一般常見之肌肉骨骼傷害

1   手指肌腱滑囊炎：拇指向後拉時因連接到拇指肌腱之韌帶表面受到不斷的摩擦刺激導致發炎，腱膜逐漸收縮狹窄——即所謂狹窄性肌腱滑膜炎，在手部扭轉與用力緊握時易發生，如扭轉毛巾之動作。當發炎之手指腫脹時，肌腱就鎖在腱鞘內，移動手指的動作，發出扣扳機的聲音，故又名扳機指。以拇指彎曲，四指隨即彎曲包住食指，並向尺側偏用力，若感到疼痛即可能是該病之症狀。

2   網球肘：又叫外側肱上踝炎，此處之肌腱並無腱膜，因為肱骨上之連接點直接對於肌肉。手指之伸展肌控制手和腕之活動。當扭傷或過度使用時，會引起肌腱之刺激疼動延伸至前臂。如打網球、投球、保齡球之動作均有可能引起。疼痛之位置在手肘外側。

3   高爾夫球肘：又叫內側肱上踝炎，乃因手肘內之彎曲手指之肌肉，手肘肌腱連接處受到不斷的刺激所引起。常見於前臂之反覆用力之旋轉並同時彎曲腕部。事實上大多數得此病之人並非因打高爾夫球引起。

4   旋轉肌腱炎：因為該旋轉肌包括四肌腱，融合於關節保持間關節之穩定度，旋轉肌作用使手臂向內、向外，而肌腱通過肱骨和肩峰骨之間，該處之間有滑囊膜。經常性之肩膀拖拉、伸展、旋轉之動作或是不當姿勢突然受力時，可能會導致旋轉肌之發炎甚至部分撕裂。

5   關節滑囊炎：因為關節長期壓迫所引起之關節滑囊發炎，如黏貼瓷磚者之跪地動作長期壓迫膝關節引起。

6   腕道症候群：因重複性動作導致腕部肌腱慢性刺激和腫脹，壓迫正中神經所引起。症狀包括疼痛麻木以及手部之刺痛感。正中神經所分布之神經區域，包括拇指、食指、中指及無名指內側等部位感覺受到影響，久之會導致拇指下方內側肌肉萎縮。雙手彎曲

以手臂相靠，並用力互相頂著一段時間，若感到疼痛即可能患有該病。

7　胸擴出口症候群：許多慢性疾病及先天疾患可以引起，如動脈硬化、頸部肋骨等，工作時因為肩部重複性之推拉等動作也可引起，如拖拉搬放皮箱等動作。

8　局部振動引起之手臂傷害：使用局部振動手工具，如氣鑽、電鑽、鏈鋸、因為振動引起手部間歇性麻痛感，甚至到達發白或發紫程度，前者稱為白指症，後者稱為雷諾氏症。在寒冷氣候中更會加速其惡化之速度，有時振動也會引起腕道症候群。

9　腓神經壓迫：工作時需要靠腿部力量支撐者，如將大腿往外，以膝蓋頂住牆壁邊緣，以支撐上半身可以用力施行工作，由於腓神經長期壓迫可以引起腿腳麻木或下肢無力、垂足。

10　下背痛及椎間盤突出：為常見之職業性肌肉骨骼之問題，60%-90%的人均曾罹患下背痛，有些職業更易發生，如卡車司機、製造業員工、護士等。椎間盤突出症為常見原因之一，此外下背痛之症狀也需考慮其他內臟系統之疾病、肌肉之扭傷拉傷，以及脊髓之發炎或腫瘤。腰椎間盤突出之成因為慢性退化，但與經常而長期之負重搬運、推拉扭轉之不當姿勢、過度全身振動有相關性；在承受突然而來之外力、外來物過重或緊急採取之不當姿勢等情形下，亦可能突發導致脊椎傷害。

肌肉骨骼傷病人因工程改善管控追蹤一覽表

危害情形		危害因子（工作站、勞工及危害因子簡述）	檢核表編號	改善方案	是否改善
確診疾病	確診肌肉骨骼傷病	如：一廠倉儲區A勞工搬運作業，彎腰抬舉晶塊，重15公斤，300次	KIM檢核表01（如有另採評估方法表單在此注記說明）	棧板提高至85cm	是
				小計：0名	
有危害	通報中的疑似肌肉骨骼傷病		簡易檢核表	工作台提高至85cm	是
	異常離職		簡易檢核表		
	經常性病假、缺工		簡易檢核表		
	經常性索取痠痛貼布、打針、按摩等		簡易檢核表		
				小計：1名	
疑似有危害	肌肉骨骼症狀問卷調查表				
				小計：○○名	
				以上累計：○○名	

肌肉骨骼症狀問卷調查表

下列任何部位請以痠痛不適與影響關節活動評斷。任選分數高者。

痠痛不適程度與關節活動能力：（以肩關節為例）

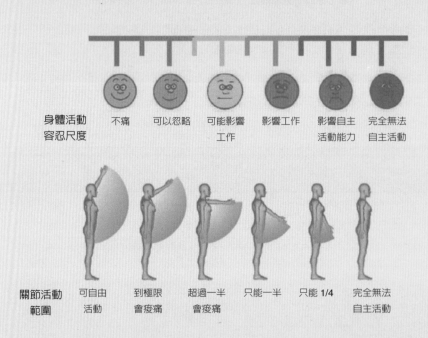

身體活動　　不痛　　可以忽略　　可能影響　　影響工作　　影響自主　　完全無法
容忍尺度　　　　　　　　　　　　工作　　　　　　　　　　活動能力　　自主活動

關節活動　　可自由　　到極限　　超過一半　　只能一半　　只能 1/4　　完全無法
範圍　　　　活動　　　會痠痛　　會痠痛　　　　　　　　　　　　　　　自主活動

● 附件四

肌肉骨骼傷害症狀調查表

1. 基本資料　　　　　　　　　　　　　填表日期：　/　/

廠區	部門	課／組	作業名稱	職稱

員工編號	姓名	性別	年齡	年資	身高	體重	慣用手

(1)　您在過去的 1 年內，身體是否有長達 2 星期以上的疲勞、痠痛、發麻、刺痛等不舒服，或關節活動受到限制？

　　□否　□是（若否，結束此調查表；若是，請繼續填寫下列表格。）

(2)　下表的身體部位痠痛、不適或影響關節活動之情形持續多久時間？

　　□1 個月　□3 個月　□6 個月　□1 年　□3 年　□3 年以上

2. 症狀調查

背面觀

其他症狀、病史說明

第11章

職場暴力

勞工機靈點，雇主睜大眼！

　　國際勞工組織（International Labor Organization, ILO）在 2002 年與國際護理師協會（International Council of Nurses, ICN）、世界衛生組織、國際公共服務協會（Public Services International, PSI）共同發表「醫療保健業處理職場暴力架構指引」（Framework Guidelines for Addressing Workplace Violence in the Health Sector）（ILO/ICN/WHO/PSI, 2002）。

　　2003 年，國際勞工組織正式將職場暴力預防納入行動規範，特別針對服務業制定「服務業職場暴力與對抗此現象之措施操作守則」（Code of Practice on Workplace Violence in Services Sectors and Measures to Combat this Phenomenon），強調透過社會對話來掌握職場暴力等社會心理問題，並從政策與工作場所兩個層次加以因應，重點置於教育計畫、預防暴力計畫及政策等文書宣導工作（ILO, 2003）。

　　2004 年，國際勞工組織在「世界安全衛生日」（World Day for Safety and Health at Work, 2004）報告書中，進一步呼籲建構「安全文化」以預防職場暴力，呼籲會員國實施行動規範，並提出「SOLVE」教育計畫作為補強。

　　從事同一種職業的勞工可能分布在不同的工作場所、擔任不同的職務，由於工作性質的關係，他們所面臨的職場暴力風險自然不同。再就同一事業單位而言，也可能有不同的營業場所或部門、有從事不同工作的員工，並非每一個營業場所或部門、每一類員工都會暴露於相同等級或類型的職場暴力風險。因此，國際組織與各國在研究以及訂定各行業職場暴力策略或指引時，有時使用「行業」（industry 或

sector），有時使用「營業場所」（establishment）或「地點」（setting），即使是訂定特定行業的預防策略或指引，實際上也是針對特定的營業場所、部門或特定類別的勞工。

我國職場暴力情況嚴重嗎？

根據勞動部勞動及職業安全衛生研究所於 102 年進行的「工作環境安全衛生狀況認知調查」結果顯示，受僱者暴露於職場暴力情況之比例，依序為言語暴力（8.41%）、心理暴力（4.52%）、性騷擾（1.39%）、肢體暴力（1.25%）；雇主及自營作業者之比例，依序為言語暴力（4.16%）、心理暴力（2.03%）、肢體暴力（0.79%）、性騷擾（0.55%）。職場暴力的發生，經常源於各種原因的組合，包括勞工個人行為、工作環境、工作條件及方式、顧客或客戶與勞工相處的模式，以及監督與管理者和勞工之間的互動關係。尤其在組織革新、工作負荷、工作壓力、社會不安及人際關係惡化下，導致其頻繁發生。

事業單位應負責職場暴力預防計畫

通常事業單位高階經理人應授權指定專責部門，如職業安全衛生管理、風險管理或人資部門負責統籌規劃職場不法侵害預防計畫事宜，並指派一名專責主管統籌負責督導管理，且推動組織內全體同仁之參與。推動本預防計畫及措施相關事宜之分工，可納入職業安全衛生管理計畫，並參照職業安全衛生管理辦法及勞工健康保護規則之規定；對於事業達一定規模，依勞工健康保護規則需配置從事勞工健康服務醫護人員者，該等醫護人員應配合統籌規劃單位辦理相關預防或後續諮商輔導措施。針對事業設有總機構者，亦可使其各地區事業單位依循事業單位總機構之政策或計畫規劃執行。

為利推動計畫之相關人員具足執行之能力，事業單位應安排適當之相關教育訓練，使其能勝任該工作。依職業安全衛生法施行細則第

11 條規定預防職場不法侵害應妥為規劃之內容，包含危害辨識及評估、作業場所之配置、工作適性安排、行為規範之建構、危害預防及溝通技巧之訓練、事件之處理程序、成效評估及改善與其他有關安全衛生事項。另依職業安全衛生設施規則第 324 條之 3，對於事業單位勞工人數達 100 人以上者，雇主應依勞工執行職務之風險特性，參照中央主管機關公告之相關指引，訂定執行職務遭受不法侵害預防計畫，並據以執行；於僱用勞工人數未達 100 人者，得以執行記錄或文件代替。相關執行記錄應留存 3 年。

事業單位對於風險項目應依消除、取代、工程控制、管理控制及個人防護具等優先順序，並考量現有技術能力及可用資源等因素，採取有效降低風險之控制措施，並透過作業場所適當之配置規劃，降低或消除不法侵害之危害。

▌職場上的暴力屢見不鮮

在 107 年母親節檔期時「中華電信 499 方案」造成「轟動」，有員工不滿工作量暴增向勞工（動）地方主管機關投訴。據檢舉員工表示，每個門市的員工只有 2 到 4 人，每天數百名消費者上門，499 方案開辦以來每天工作超過十二小時，連吃飯都沒時間。台北市勞動局接獲二通中華電信員工檢舉電話，指門市營業至半夜，到凌晨才下班。勞動局勞檢處派員進行勞動檢查，發現有勞工一日延長工時連同正常工作時間超過十二小時，且有久候客人因不耐而指責工作人員，但中華電信因沒有過勞預防、暴力預防計畫和規範，也違反職業安全衛生法因而被開罰 200 萬元。

而過去發生一起在韓國餐廳工作的台籍服務生，因勸阻在店內食用外食的中國籍客人而遭到辱罵與推打，最後業者報警處理，使得施暴的中國客人被韓國政府拘留限制出境。此一事件發生後，被網友在社群網站揭露，再加上事件觸動兩岸的政治敏感神經，使得在台灣輿論上引起大幅討論。事實上，職場暴力事件不僅在國外屢見不鮮，國

內的案例也時有所聞，如前蘆竹鄉代掌摑護理師事件、超商店員遭顧客潑咖啡等，類似的情節不斷在各職場中重複上演，更成為危害勞工身心健康的風險因子。

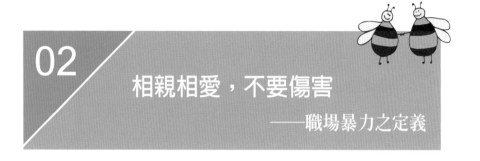

02 相親相愛，不要傷害
——職場暴力之定義

根據國際勞工組織（ILO）、世界衛生組織（WHO）、國際護理學會（ICN）、國際公共服務（PSI）四個團體共同定義：「於工作環境中，對工作人員虐待、威脅或攻擊，並影響其安全、安適或健康之行為，均可稱為職場暴力。」

職場暴力包括肢體暴力（如毆打）、言語暴力（如辱罵、騷擾、嘲諷等）、心理暴力（如威脅、恐嚇、歧視、排擠等）以及性騷擾（如不當的性暗示與行為）；依照暴力來源，又可分為外部（顧客、服務對象等）與內部（長官或同儕等）。這些不同暴力形式皆對工作者人身安全與身心健康造成威脅，已是許多國家職業安全健康政策關注的焦點。

事實上職場暴力與職場霸凌問題相當普遍，除了醫護人員屢遭病患或家屬恐嚇毆打之外，司機被乘客毆打、社工人員被服務對象毆打、員工被上司言語辱罵甚至被體罰、被同事集體霸凌等，也時常出現在媒體報導中。

▍容易發生職場暴力的族群有何特質？

容易發生職場暴力的族群大多有下列特質：需要和民眾或顧客頻

繁接觸、該行業工作內容必須處理服務對象的不良行為、負面情緒或是其他身心困擾問題。特別是醫護人員、社工師、計程車司機、保全、警衛、保險業等服務業工作者，遭受人身攻擊的事件並不少見。該調查的後續分析也發現，夜班、輪班、長工時、高工作負荷、高體力負荷、工作缺乏保障、職場正義低落之工作者，是發生職場暴力的高風險職業族群。

許多暴力事件的發生，雇主事後往往想息事寧人，並無助於改變導致職場暴力層出的工作環境。尤其是工作者工作負荷過大，或組織內部管理不善、缺乏即時因應措施，皆可能提高職場暴力的風險。參考其他國家的經驗，可發現許多國家已明文規範，雇主對職場暴力的預防負有管理責任。以美國為例，職業安全衛生署即頒布不少職場暴力預防指引，要求雇主對職場中明顯可見的暴力風險建立預防機制。

▌ 預防職場暴力的法律依據

台灣過去僅在民法第 483-1 條規定：「受僱人服勞務，其生命、身體、健康有受危害之虞者，僱用人應按其情形為必要之預防」、勞動基準法第 8 條：「雇主對於僱用之勞工，應預防職業上災害，建立適當之工作環境及福利設施」，雖明定雇主須針對勞工的健康或職災提出必要之預防，但由於文字未臻明確，使得職場暴力問題多被忽略。

直到職業安全衛生法第 6 條第 2 項第 3 款明定雇主對職場暴力的預防責任：「雇主對於執行職務因他人行為遭受身體或精神不法侵害之預防，應妥為規劃及採取必要之安全衛生措施」，雇主違反者將處三萬以上十五萬以下罰鍰。

法令同時規定，雇主必須採取的職場暴力預防措施，其內容應包含：危害辨識及評估、作業場所之配置、工作適性安排、行為規範之建構、危害預防及溝通技巧之訓練、事件之處理程序、成效評估及改善，以及其他有關安全衛生事項。雇主須作成執行記錄並留存三年，若事業單位勞工人數達一百人以上者，雇主還須依勞工執行職務之風

險特性，訂定預防計畫，並據以執行。但觀之目前職場環境與企業管理文化的狀態仍可發現，有關職場暴力預防的落實還是相當不足，使得法令規範徒具虛文。因此，當務之急是政府機關應盡速加強法令執行，積極輔導宣傳，才能真正確實維護健康友善的職場環境。

　　由於職場暴力預防具有相當深度與複雜性，有各種專業知識與經驗的人參與尤其重要，因此，不同學科、公司單位或部門、組織中不同層級的人需要共同合作。這種團隊合作不僅對規劃、制定與執行方案是關鍵，在提供個別分立的功能上也很重要，例如組成威脅評估小組來審議與回應被舉報的肢體、言語或威脅式的暴力。

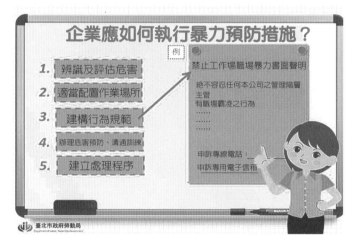

圖 11-1　企業應如何執行暴力預防措施（圖片來源：台北市政府勞動局）

▌有辦法預防職場暴力及提高工作場所安全嗎？

　　不同行業有不同的職場暴力風險，其風險受許多因素影響，包括業務型態、服務對象、管理方式、受僱者、工作場所地點、工作場域設計、企業與社區關係等等。美國愛荷華大學「傷害預防研究中心」2001 年的研究（IPRC, 2001: 8）指出，美國雇主已經試圖採取各種提高工作場所安全的手段，有的是針對所有類型的職場暴力，有的則是

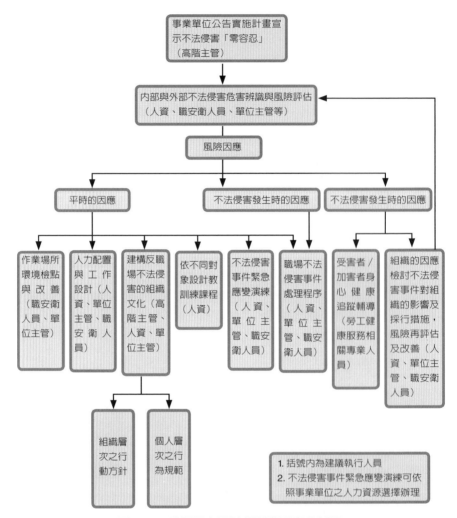

圖 11-2　職場暴力預防規劃與因應分析圖

針對特定類型的職場暴力，包括：

1. 人身安全強化措施：如改善照明與現金處理程序，使暴力傷害更加困難（所有類型）。

2. 威脅處理程序：如針對暴力事件的團隊導向行動計畫（所有類型）。

3. 員工協助方案（EAPs）：為處於風險中的員工提供介入措施。

勞工機靈點，雇主睜大眼！

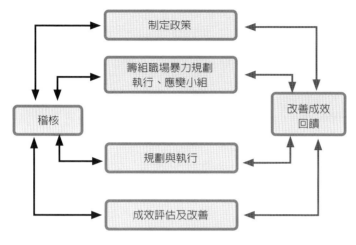

圖 11-3　職場暴力預防計畫流程圖

4. 對威脅或騷擾行為的零容忍政策。

5. 員工訓練：加強對風險的辨識以及對暴力事件的適當因應（所有類型）。

6. 鑑別：辨識有潛在高風險的員工。

　　促進員工願意舉報威脅行為的政策與訓練（所有類型），以及管理階層。

7. 對舉報的及時回應。

8. 僱用對預防職場暴力有專業的保全公司。

▌執行職務遭受不法侵害防止計畫

1. 目的：

　　依職業安全衛生法（以下簡稱職安法）第 6 條第 2 項增列雇主對於執行職務因他人行為遭受身體或精神不法侵害之預防，應妥為規劃並採取必要之安全措施。執行職務遭受不法侵害即俗稱「職場暴力」，職場暴力指的是工作人員在與工作相關的環境中遭受

虐待、威脅或攻擊，以致於明顯或隱含地對其安全、福祉或與健康構成挑戰的事件。

公司為預防職場上遭受相關人士不當對待，甚至遭受肢體攻擊、言語侮辱、恐嚇、威脅等霸凌或暴力事件，因極度不愉快、心情沮喪恐發生精神或身體上的創傷，特訂定本計畫，預防人員遭受「職場暴力」。

2. 依據：

職業安全衛生法施行細則第 11 條規定，所定預防職場不法侵害應妥為規劃之內容，包含危害辨識及評估、工地場所之配置、工作適性安排、行為規範之建構、危害預防及溝通技巧之訓練、事件之處理程序、成效評估及改善與其他有關安全衛生事項。另依職業安全衛生設施規則第 324 條之 3，對於事業單位勞工人數達一百人以上者，雇主應依勞工執行職務之風險特性，參照中央主管機關公告之相關指引，訂定執行職務遭受不法侵害預防計畫，並據以執行；相關執行記錄留存三年。

3. 範圍：

3.1 定義：當職場評估可能或已經出現下列四種類型之職場暴力，即應啟動執行職務遭受不法侵害預防計畫：

3.1.1 肢體暴力（如：毆打、抓傷、拳打、腳踢等）。

3.1.2 心理暴力（如：威脅、欺凌、騷擾、辱罵等）。

3.1.3 語言暴力（如：霸凌、恐嚇、干擾、歧視等）。

3.1.4 性騷擾（如：不當的性暗示與行為等）。

3.2 適用對象：福清營造股份有限公司（以下簡稱本公司）暨所屬各工地人員及各級承攬人員工。

3.3 職場暴力來源：

3.3.1 內部暴力：發生在同事或上司及下屬之間，包括管理者及指導者。

3.3.2 外部暴力：發生在工作者及其他第三方之間，包括工作

場所出現的陌生人、包商及督導對象。

3.4 職場霸凌（workplace bullying）與職場暴力：

3.4.1 職場霸凌發生於權力不對等的社會關係，即加害者與被害者處於上對下的關係。

3.4.2 職場暴力除了包括上司對下屬的欺凌之外，也可能來自權力對等的同事，或來自顧客、客戶、照顧對象以及陌生人。

4. 職責：

4.1 職安室：

4.1.1 宣示公司內禁止工作場所職場暴力之書面聲明並張貼至公布欄。

4.1.2 負責監督本計畫是否依規定執行。

4.1.3 與勞工代表共同訂定本計畫。

4.1.4 擔任職場暴力預防及處置小組成員。

4.1.5 負責安排相關教育訓練課程（如心理諮商及情緒管理）。

4.1.6 輔導受害者心理健康並給與輔導。

4.1.7 負責協調、辦理相關教育訓練課程講師（如心理諮商及情緒管理等）。

4.1.8 轉介輔導受害者心理健康並給與輔導，提出相關健康指導、工作調整或更換等身心健康保護措施之適性評估與建議。

4.2 行政管理部：

4.2.1 負責填寫潛在職場暴力風險評估表格。

4.2.2 配合接受相關職場暴力預防教育訓練。

4.2.3 負責執行強化工作場所的規劃。

4.2.4 負責提供所屬工作者提供必要保護措施。

4.3 職安衛作業主管人員：

4.3.1 擔任職場暴力預防及處置小組成員。

4.3.2 負責安排相關教育訓練課程（如識別職場潛在危害及處理技巧等）。

4.3.3 負責強化工作場所的規劃策略。

4.3.4 對必要之保護措施提出建議。

4.4 工務部：

4.4.1 擔任職場暴力預防及處置小組成員。

4.4.2 協助辦理教育訓練（如了解職場暴力行為相關法律知識等）。

4.4.3 協助提供辨識與評估高風險族群辨識資料。

4.4.4 有人事調動與人事終止聘僱告知作業時，負責提供必要保護措施。

4.5 工地現場負責人：

4.5.1 負責填寫潛在職場暴力風險評估表格。

4.5.2 配合接受相關職場暴力預防教育訓練。

4.5.3 配合預防職場暴力防治計畫執行與參與。

5. 危害辨識及評估：

5.1 危害辨識：

本公司高風險族群等作業人員；族群特質工作糾紛、情緒問題及排班工作時情緒失控。辨識及評估危害之步驟如圖。

評估危害步驟圖

5.2 評估危害：

    5.2.1 高風險族群工作者列出工作場所可能發生之潛在風險及該工作項目之作業流程。（高風險族群工作者填寫）

    5.2.2 列舉可能出現的暴力類型、發生場景及可能後果。（如辱罵、人身攻擊及騷擾）

    5.2.3 評估發生頻率與嚴重度。（高風險族群工作者填寫）

    5.2.4 單位部門主管依工作者填寫項目，識別正在使用的現有暴力控制措施。（單位部門主管填寫）

    5.2.5 單位部門主管確認有無其他可能降低風險之控制措施及預計實施日期。（單位部門主管填寫）

由本公司暨所屬工地職安人員、工務處主管臨場訪視等蒐集和評估後，將已／可能發生□肢體暴力、□心理暴力、□語言暴力、□性騷擾、□其他：○○○等執行職務遭受不法侵害事件，歸納為潛在風險族群；再由職安室會同工務處針對上述部門工作者進行個案管理。

5.3 工地場所之配置：

依同仁填寫的評估結果整理後，針對各單位內常發生的暴力類型與工作位置強化相關措施，可能發生位置及參考之採行措施如下表：

可能發生位置	參考之加強措施
	增加安全意識與警覺，盡量避免勞工隨意攻擊。
	安裝安全設備，如警鈴系統、緊急按鈕、24小時閉路監視器或無線電話通訊等裝置，並定期維護。應設置安全區域或緊急疏散程序。請將沒有使用的門鎖住，防止加害人進入及藏匿。減少工作空間內出現可以作為武器的尖銳物品，如花瓶、菸灰缸等。工作場所內所有損壞物品，如燒壞的燈具及破窗，應及時修理。
	安裝明亮的照明設備。

5.4 工作適性安排：

5.5 各單位人力配置不足，可能因工作負荷無法勝任導致暴力事件發生或惡化，甚至延誤受害人治療。於疑似有發生之虞，盡速

請警衛加強巡邏、支援或提供相關防衛性工具（如口哨、擋板等）。

5.6 行為規範之建構：

5.6.1 本公司暨所屬工地絕不容忍任何公司內之管理階層主管有職場霸凌之行為，亦絕不容忍本公司所屬員工同仁間或陌生人對本公司所屬員工有以下之職場暴力之行為：肢體暴力（如：毆打、抓傷、拳打、腳踢等）、心理暴力（如：威脅、欺凌、騷擾、辱罵等）、語言暴力（如：霸凌、恐嚇、干擾、歧視等）、性騷擾（如：不當的性暗示與行為等）。

5.7 本公司所有員工均有責任協助確保免於職場暴力之工作環境，任何人目睹及聽聞職場暴力事件發生，都應立即通知本公司人事部門或撥打員工申訴專線，本公司接獲申訴後會採取保密的方式進行調查，若被調查屬實者，將會依本公司相關管理規章進行懲處。

6. 危害預防及溝通技巧之訓練：

本公司將針對不同職務人員辦理相關教育訓練，並將訓練內容及暴力預防行為準則等資訊公布，以助於促進本公司員工溝通、減緩員工壓力及挫折感，相關訓練如下：

6.1 為工作者辦理下列教育訓練：

6.1.1 人際關係及溝通技巧。

6.1.2 認識組織內部職場暴力預防政策、安全設備及資源體系。

6.1.3 工作者工作環境潛在風險認知，認識可能遇到的攻擊性行為及應對方法。

6.1.4 對有暴力傾向人士之識別方法。

6.1.5 保護個人及同事的暴力預防措施及程序。

6.1.6 與承攬商員工溝通、解決衝突及危機處理的技巧及案例

分析。

6.1.7 認識公司內申訴及通報機制。

6.2 為單位主管增加辦理下列教育訓練：

6.2.1 心理諮商及情緒管理應對課程。

6.2.2 職場暴力及職場霸凌案例分析。

6.2.3 鼓勵員工通報職場暴力事件之方法。

6.2.4 對暴力事件調查與訪談技巧。

6.2.5 向受害者表達關心、支援與輔導方法。

6.2.6 識別職場潛在危害及處理之技巧。

6.2.7 了解職場暴力行為相關法律知識。

7. 事件之處理程序：

本公司暨所屬工地同仁於執行職務遭受身體或精神不法侵害事件時應填寫通報單向通報單位通報，通報單位於接獲如事件發生地點、發生時之行為、受害人詳細狀況、加害嫌疑人詳細狀況等通報資料後，將組織職場暴力處理小組追蹤處理並將處理情形做成記錄以利爾後評估、宣導用，追蹤與協商處理後，可利用公務機關相關的心理諮商或轉介心理諮商單位，輔導受暴力脅迫的受害者，早日走出陰霾，處置執行流程如下：

8. 成效評估及改善：

本公司歷年處理之職場暴力事件通報及處理資料，經不同類型的職場暴力分析評估，確認採取控制措施後的殘餘風險及新增風險，本公司於每三年檢討其適用及有效性，以作為日後教育訓練及相關措施之參考，並妥善保存，以供隨時檢視。

9. 其他有關安全衛生事項：

本計畫經評估後鎖定之高風險族群，應一併考量其異常工作負荷促發疾病之預防措施。

10. 本預防計畫經審定後公告實施，修正或增訂時亦同。

11. 法規有要求時，依法規規定之保存期限保管，其餘保存三年。

12. 參考文件：無。

13. 相關文件：無。

勞工機靈點，雇主睜大眼！

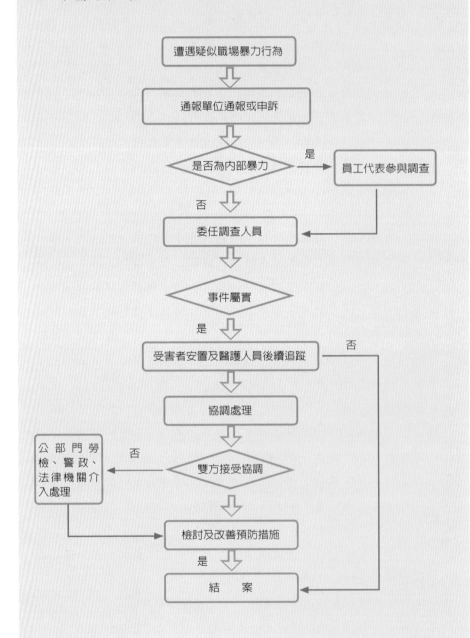

第 12 章

母性健康保護

01 / 媽媽，請妳也保重
——母性保護之定義

勞工機靈點，雇主睜大眼！

　　早期母性保護之立法係基於保護女性及其生殖能力，惟近年來隨著科技及醫學日益進步，危害辨識與控制能力亦逐漸提升，健康風險評估技術之發展，已較能釐清傳統工作危害與母性健康間之關係，原全面禁止妊娠或哺乳女性勞工從事危險有害工作之規範，反而使得健康無虞之女性勞工受到就業之限制。母性健康不僅是勞動議題，亦為社會安全及婦女人權保障之一部分，尤其在少子化日益嚴重之情況下，為了維持健康勞動力的延續，政府及雇主應更加重視母性保護之議題。

▎母性保護的法條規範有哪些？

　　依職安法第 30 條規定，雇主不得使妊娠中與分娩後未滿一年之女性勞工從事礦坑、鉛及其化合物散布場所等之危險性或有害性工作；同法第 31 條規定中央主管機關指定之事業，雇主應對有母性健康危害之虞之工作，採取危害評估、控制及分級管理措施；對於妊娠中或分娩後未滿一年之女性勞工，應依醫師適性評估建議，採取工作調整或更換等健康保護措施，並留存記錄。

　　依職業安全衛生法第 23 條規定，雇主應依其事業單位之規模、性質，訂定職業安全衛生管理計畫；並設置安全衛生組織、人員，實施安全衛生管理及自動檢查。上開職業安全衛生管理計畫內容明定於同法施行細則第 31 條，包含工作環境或作業危害之辨識、評估及控制、危害性化學品之分類及健康管理等。

　　依女性勞工母性健康保護實施辦法第 3 條至第 5 條規定，應實施

母性健康保護者包含：1. 事業單位勞工人數在 300 人以上，使於妊娠中或分娩後未滿一年之女性勞工，從事可能影響胚胎發育、妊娠或哺乳期間之母體及嬰兒健康之工作者；2. 具有鉛作業之事業中，雇主使女性勞工從事鉛及其化合物散布場所之工作者；3. 雇主使妊娠中或分娩後未滿一年之女性勞工，從事或暴露於職安法第 30 條第 1 項或第 2 項之危險性或有害性工作者。

　　我國現行關於職場母性健康保護的相關法規，除上述職業安全衛生相關法令規範外，尚包含勞動基準法、性別工作平等法及游離輻射防護法等規定。勞動基準法及性別工作平等法主要為規範女性勞工之平等工作權、產假、陪產假及育嬰假等權利；行政院原子能委員會權管之游離輻射防護法，則係針對懷孕之女性輻射工作人員之工作條件規範，以確保妊娠期間胚胎或胎兒所受之暴露不超過游離輻射防護安全標準之規定。

02 聽媽媽的話，別讓她受傷
——母性保護之運作實務

　　經工作場所環境及作業危害與勞工個人健康影響評估後，對於從事有母性健康危害之虞之工作者，應依女性勞工母性健康保護實施辦法第 9 條及第 10 條規定之原則或參考本章文末附表三之內容，區分風險等級。

1. 工作場所環境風險等級：

   (1) 第一級：作業場所危害物質空氣中暴露濃度低於容許暴露標準 10 分之 1 或血中鉛濃度低於 5μg/dl 者。

   (2) 第二級：作業場所危害物質空氣中暴露濃度在容許暴露標準 10 分之 1 以上未達 2 分之 1 或血中鉛濃度在 5μg/dl 以上未達 10μg/dl。

   (3) 第三級：作業場所危害物質空氣中暴露濃度在容許暴露標準 2 分之 1 以上或血中鉛濃度在 10μg/dl 以上者。

2. 勞工健康風險等級：

   (1) 第一級：從事女性勞工母性健康保護實施辦法第 3 條或第 5 條第 2 項之工作或其他情形，經醫師評估無害母體、胎兒或嬰兒健康。

   (2) 第二級：從事女性勞工母性健康保護實施辦法第 3 條或第 5 條第 2 項之工作或其他情形，經醫師評估可能影響母體、胎兒或嬰兒健康。

   (3) 第三級：從事女性勞工母性健康保護實施辦法第 3 條或第 5 條第 2 項之工作或其他情形，經醫師評估有危害母體、胎兒或嬰兒健康。

經工作場所及作業危害與健康評估後，無論對女性勞工之安全或健康風險影響與否，應將評估結果之風險等級及建議採取之安全健康管理措施，以書面或口頭之方式告知勞工。

對應不同情況之女性勞工有不同措施

1. 育齡期之女性勞工：

   為提供勞工生育計畫參考，若具相關危害，應說明相關危害是否影響其生殖機能及健康之胚胎，如鉛為生殖毒性之物質，其於人體之半衰期約五至十年，亦可能達二十年之久，且其會透過胎盤影響胎兒之智商，故對於有生育計畫者，以預防之角度採取相關措施，可降低相關風險，減少或去除暴露於危害物質之機會。

2. 妊娠中或分娩後未滿一年及哺乳之女性勞工：

   基於我國之國情，部分勞工於懷孕初期不願公開或可能有部分勞工於懷孕四至六週內不清楚自己已懷孕，或分娩後不願告知有哺餵母乳等情形，若經評估有可能有危害母體個人健康與胎（嬰）兒等之情況，須告知勞工存在之風險，且提醒勞工盡早告知是否懷孕、哺乳中或分娩後六個月之重要性，以採取相關保護措施。

母性保護需採行分級管理措施

1. 第一級管理：

   (1) 環境危害預防管理：向育齡期之所有女性勞工（含妊娠中或分娩後未滿一年及哺餵母乳者）說明危害資訊，並定期評估工作場所及作業危害之風險與管理。

   (2) 健康管理：對於妊娠中或分娩後未滿一年及哺乳之女性勞工，若其係從事女性勞工母性健康保護實施辦法第 3 條或第 5 條第 2 項之工作，經醫師向當事人說明危害資訊，經當事人書面同意者，可繼續從事原工作，惟仍應依其健康需求由從事勞工健

康服務之醫護人員提供適切之健康指導，並提醒其定期產檢與
追蹤管理其個人之健康狀況；另基於母體個人健康、未出生胎
兒之傷害風險可能會隨著不同孕期或工作條件改變、作業程序
變更等而改變，若勞工有主訴身體不適之狀況，或有工作條件
改變、作業程序變更及經醫師診斷證明不適原有工作者，應重
新辦理評估、面談等事項。

2. 第二級管理：

(1) 環境危害預防管理：定期檢點作業環境有害勞工健康之各種危
害因素及勞工暴露情形等，採取必要之改善措施；另應視作業
環境需求，提供適當之防護具予勞工使用。

(2) 健康管理：對於妊娠中或分娩後未滿一年及哺乳之女性勞工，
應使從事勞工健康服務之醫師提供勞工個人面談指導，並採
取危害預防措施，如告知勞工有哪些危害因子會影響生殖或胎
（嬰）兒生長發育等，使其有清楚的認知，並提醒勞工養成良
好之衛生習慣，或正確使用防護具及相關可運用之資源等；其
他同第一級之管理措施。

3. 第三級管理：

(1) 環境危害預防管理：應即採取控制措施，優先利用各種工程方
法，管制作業環境有害勞工健康之各種危害因素，如取代或製
程改善、整體換氣或局部排氣等，就所暴露之濃度等予以改善，
並於採取相關控制措施後，評估其改善之有效性，若未改善應
重新檢討其他工作環境改善及相關管理措施。若經評估該作業
環境為職安法第 30 條第 1 項第 1 款至第 4 款或第 2 項第 1 款
至第 2 款之工作，應即向妊娠中或分娩後未滿一年之女性勞工，
說明法令規定及該工作對其自身或胎（嬰）兒之危害，並即刻
調整其工作。

(2) 健康管理：已危及母體、胎兒或嬰兒健康時，應依醫師適性評
估建議，採取變更工作條件、調整工時、調換工作等母性健康

保護。必要時，可轉介職安署委託辦理之勞工健康服務中心或職業傷病防治中心及其網絡機構，提供相關協助。

適性評估：若發現勞工健康狀況異常，須視其異常狀況，請其追蹤檢查，若有工作適性評估者，應將環境危害之評估結果交給勞工，並轉介婦產科醫師協助提供適性安排之建議（參閱附表四）；若對婦產科醫師之評估與建議有疑慮，應再請職業醫學科專科醫師進行現場訪視，並提供綜合之適性評估與建議，及採取工作環境改善與危害之預防及管理。

適性安排：經評估須就勞工之工作適性調整者，應使從事勞工健康服務之醫師或職業醫學科專科醫師與勞工面談，告知工作調整之建議，並聽取勞工及單位主管意見（參閱附表五、六、七）。對於工作之調整，可參考下列原則，並應尊重勞工意願及加強溝通，若涉及勞動條件之改變，應依勞動基準法之規定辦理。

近年少子化及高齡化所導致勞動力減少之問題，突顯母性健康保護之重要性，期盼事業單位能落實職安法母性健康保護之規定，採取相關保護措施，消除在就業方面對女性勞工的歧視，特別是在工作條件方面享有健康和安全保障，及對於懷孕期間從事確實有害於健康工作之勞工，給與特別保護，以打造尊嚴勞動及安全之職場環境，確保勞動者之權益。

蜂哥小筆記

職場母性健康風險評估表

員工姓名		第幾胎	第_____胎
年齡		臨場評估時間	
單位 / 部門名稱		部門分機	
工作職務內容		部門主管	
懷孕 / 產後週數	□懷孕__週，預產期__年__月__日	□產後__週，生產日__年__月__日	

1. 個人基本調查

1-1 提出任何可能增加工作危害易感受性之健康問題？	□是	□否
1-2 此工作已對妊娠或哺乳有不良影響？	□是	□否
1-3 工作危害在妊娠期間存在顯著或有不同的風險存在？	□是	□否
1-4 其他（請詳述之）		

2. 通用性危害

2-1 工作中需長時間	□站立 □靜坐 □走動 □否
2-2 工作中由低位變換至高位之姿勢而引發頭暈或暈厥？	□從未□很少 □偶爾□經常□總是
2-3 工作區域有足夠空間在懷孕晚期能夠自由活動或充分伸展？	□是 □否
2-4 需要調整工作空間或儀器設備？	□是 □否
2-5 工作需要獨自作業？	□是 □否
2-6 工作中需要穿戴個人防護具或防護衣具備有合適規格？	□穿戴合適 □穿戴不合適 □不需穿戴 □需穿戴但無提供
2-7 需穿著制服時，單位能充分提供產婦各種合適規格的制服且材質舒適？	□是 □否 □舒適 □不舒適 □不需穿戴
2-8 工作中需要駕駛車輛外出？	□從未□很少□偶爾□經常□總是
2-9 工作中需要騎乘摩托車外出？	□從未□很少□偶爾□經常□總是
2-10 工作中需要駕駛車輛至野地或郊區？	□從未□很少□偶爾□經常□總是
2-11 工作中需要至國外或遠地出差？	□從未□很少□偶爾□經常□總是
2-12 出差時搭乘的交通工具安全且舒適？	□飛機□高鐵□臺鐵□客運□公務車
2-13 工作場所中硬體設備哪些是不安全或無法暢通無阻？（複選）	□通道 □樓梯 □台階 □皆安全
2-14 其他（請詳述之）	

3. 物理性危害

3-1 工作中需要上下階梯或梯架？	□從未□很少□偶爾□經常□總是
3-2 工作中需要搬抬物件上下階梯或梯架？	□從未□很少□偶爾□經常□總是
3-3 工作場所可能遭遇物品掉落的危險？	□是　　　　　　　　□否
3-4 作業中會暴露游離輻射？	□是　　　　　　　　□否
3-5 工作中有使用到「開封」或「未開封」放射核種源？	□是　　　　　　　　□否
3-6 工作中需要操作游離輻射設備？	□是　　　　　　　　□否
3-7 游離輻射暴露劑量符合法定安全限值之內？	□是　　　　　　　　□否
3-8 工作中需要從事非游離性電磁輻射作業？	□是　　　　　　　　□否
3-9 工作中暴露到超過法規限值之噪音？	□是　　　　　　　　□否
3-10 工作中會暴露到引發不適之環境溫度？	□熱　　　　□冷　　　　□否
3-11 工作需要在哪些環境作業？	□高溫□酷寒□極大溫差區間□皆無
3-12 氣溫炎熱時，妊娠員工有更多的休憩時間及早退？	□是　　　　　　　　□否
3-13 工作場所提供充分的冷、熱飲及休憩時間？	□是　　　　　　　　□否
3-14 工作區域地面不平坦、濕滑或有未固定之物件（如電線）易滑倒或絆倒？	□是　　　　　　　　□否
3-15 作業時會暴露到全身振動？	□是　　　　　　　　□否
3-16 工作中有移動性物品而造成衝擊、衝撞？	□是　　　　　　　　□否
3-17 其他（請詳述之）	

4. 化學性危害

4-1 工製程或作業中使用化學物質（包括洩漏、殘留或汙染於物品、地面或儀器之化學物質）？	□是　　　　　　　　□否
4-2 是否使用任何已知的毒性化學物？	□是：＿＿＿＿＿＿＿＿ □否
4-3 是否會暴露到右側之事項？（複選）	□蒸氣□燻煙□經由皮膚吸收 □殺蟲劑□一氧化碳□窒息性氣體 □皆無
4-4 作業環境為？（複選）	□密閉空間　□缺氧　　□皆無
4-5 化學性危害補充說明（請詳述之）	

5. 生物性危害

5-1 工作中接觸到第二、三或四危險群之微生物可能造成感染？（複選）	□微生物 □寄生蟲 □ B 型肝炎病毒 □ C 型肝炎病毒 □ HIV (AIDS 病毒) □疱疹病毒 □肺結核 □梅毒 □水痘 □傷寒 □德國麻疹 □弓蟲 □披衣菌 □巨細胞病毒 □其他動物性病毒 □內毒素 □過敏原 □皆無
5-2 其他（請詳述之）	

6. 人因工程性危害

6-1 工作中需處理重物作業？	☐是　　　　　　☐否
6-2 工作中需要提舉或移動？（複選）	☐大型物件　☐較重物件　　☐皆無
6-3 工作中需要搬抬物件時，採哪種姿勢？（複選）	☐困難度姿勢☐不正常姿勢　☐皆無
6-4 工作中需要不正常的動作及空間？（複選）	☐扭轉☐彎腰☐伸展☐重複性動作 ☐在局限空間內作業　☐皆無
6-5 工作台之設計會造成肌肉骨骼不適症狀？	☐是　　　　　　☐否
6-6 其他（請詳述之）	

7. 工作壓力

7-1 需要加班工作？	☐從未☐很少☐偶爾☐經常☐總是
7-2 工作狀況使精神或體力感到？（複選）	☐負擔　☐疲勞　☐壓力　☐皆無
7-3 能彈性調整工作時間？	☐是　　　　　　☐否
7-4 需從事輪班工作？	☐是　　　　　　☐否
7-5 工作會在非常早清晨開始或結束作業？（複選）	☐清晨開始　☐清晨結束　☐皆無
7-6 在作業中有工作負荷較大或伴隨精神緊張之工作？	☐是　　　　　　☐否
7-7 在工作中感受到欺凌或壓迫？	☐是　　　　　　☐否
7-8 工作已考量到懷孕狀況，進行風險評估？	☐是　　　　　　☐否
7-9 是否從事較易受到暴力攻擊的工作？	☐保全保安　　　　☐公眾服務 ☐獨自從事收銀作業☐其他 ☐皆無
7-10 工作中是否易受到兒童、成人或公眾的暴力攻擊？（複選）	☐兒童　☐成人　☐公眾　☐皆無
7-11 受到他人（如顧客或犯人）之暴力攻擊時，容易能獲得協助、支援或醫療照護？	☐是　　　　　　☐否
7-12 其他（請詳述之）	

8. 其他母性保護措施

8-1 工作時間中是否有固定的休息時間？	☐是　　　　　　☐否
8-2 工作場所是否有適當的空間能提供孕婦或其他女性員工休息？	☐是　　　　　　☐否
8-3 工作場所是否實施禁菸或有適當的措施來保護在工作區及休息區的員工？	☐是　　　　　　☐否
8-4 工作環境是否有便利舒適的廁所、盥洗室？	☐是　　　　　　☐否
8-5 若有需求，是否可增加如廁、進食、飲水或休息之頻率或時間？	☐是　　　　　　☐否
8-6 工作場所是否有設置便利的哺集乳室？	☐是　　　　　　☐否
8-7 哺乳室內設有保存用冰箱？	☐是　　　　　　☐否
8-8 哺乳室設備完善且充足？	☐是　　　　　　☐否

8-9 工作期間能給與足夠時間哺集乳？	□是	□否
8-10 妊娠期間有因身體不適症狀而影響工作？	□是	□否
8-11 如果有需要，是否能提供員工向醫護人員諮詢孕產相關問題的服務？	□是	□否
8-12 員工有特別之福祉相關議題？	□是	□否
8-13 其他（請詳述之）		

9. 懷孕中或懷孕後有無派任或執行法令規定不可從事之工作		
9-1 妊娠中從事危險性或有害性工作	□鉛及其化合物散布場所 □異常氣壓 □處理或暴露於弓形蟲、德國麻疹等影響胎兒健康 □處理或暴露於二硫化碳、三氯乙烯、環氧乙烷、丙烯醯胺、次乙亞胺、砷及其化合物、汞及其無機化合物 □一定重量以上之重物處理 □有害輻射散布場所 □橡膠化合物及合成樹脂之滾輾 □處理或暴露於經中央主管機關規定具有致病或致死之微生物感染風險 □其他經中央主管機關規定之危險性或有害性之工作 □皆無	
9-2 分娩後未滿一年之女性勞工從事危險性或有害性工作	□一定重量以上之重物處理工作 □其他經中央主管機關規定之危險性或有害性之工作 □皆無	

10. 控制措施總評		
10-1 目前職場實施之標準作業已足夠保護妊娠女性員工？	□是	□否
10-2 危害來源可以被無害物質或製程取代？	□是	□否
10-3 此員工可以暫時被調離原職務？	□是	□否
10-4 隨著孕程及體重身材的進展，可以配合提供此員工需要穿戴之合適尺碼之防護具或防護衣？	□是	□否
10-5 此員工的工作或職務可以暫時由同事代理？	□是	□否
10-6 其他已實施之控制措施：	□是	□否

妊娠及分娩後勞工之健康危害評估及工作適性安排建議表

勞工機靈點，雇主睜大眼！

一、基本資料

勞工姓名		年齡	

□妊娠週_____週；預產期___年___月___日
□分娩後（分娩日期___年___月___日）　　　　□哺乳　　　　□未哺乳
□身高：_____公分；體重：_____公斤；身體質量指數（BMI）：_____kg/m^2；
　　　血壓：_____mmHg
□工作職稱／內容：_____

二、婦產科相關病史

1. 預防接種：□ B 型肝炎　　　　　□水痘　　　　　□ MMR（痲疹 - 腮腺炎 - 德國麻疹）
2. 生產史：懷孕次數_____次，生產次數_____次，流產次數_____次
3. 生產方式：自然產_____次，剖腹產_____次，併發症：□否　　　　□是：_____

三、妊娠及分娩後風險因素評估

1. 過去懷孕病史：
□先天性子宮異常　　　　□子宮肌瘤　　　　□子宮頸手術病史
□曾有第 2 孕期（14 週）以上之流產　　　　□早產（懷孕未滿 37 週之生產）史

2. 工作可能暴露之危害因素：
□化學性物質，請敘明：_____
□物理性危害，請敘明：_____
□生物性危害，請敘明：_____
□人因性危害，請敘明：_____
□社會環境因子引起之心理危害，請敘明：_____

3. 本次懷孕問題：
□多胞胎妊娠　　　□羊水過多　　　□早期子宮頸變薄（短）　　□泌尿道感染
□妊娠毒血症　　　□妊娠糖尿病　　　□前置胎盤　　　　　　　　□胎盤早期剝離
□陰道出血（14 週以後）　　　□貧血（血紅素＜ 10 g / dL）
□子宮收縮頻率過高（1 小時超過 4 次以上）　　　　□超音波檢查胎兒結構異常
□胎兒生長遲滯（＞ 37 週且體重≦ 2,500g）　　　□家族遺傳疾病或其他先天性異常
□其他不適症狀（如腹痛、頭痛、胸悶、下背痛……等，請敘明_____）

4. 個人因素：
□沒有規律產檢　　□抽菸　　□喝酒　　□藥物，請敘明：_____
□年齡（未滿 18 歲或大於 40 歲）　　□生活環境因素（例如：熱、空氣汙染）
□孕前體重未滿 45 公斤、身高未滿 150 公分
□個人心理狀況：□焦慮症　　　　　　□憂鬱症
□睡眠：□正常　　　□失眠　　　□需使用藥物　　　□其他_____

5. 分娩後子宮復舊與哺乳情形：
□子宮復舊良好　　□子宮復舊不全，請敘明：_____
□哺乳情形，請敘明：_____

6. 其他檢查，請敘明：_____

四、評估結果與建議			

評估結果	☐第一級管理	☐第二級管理	☐第三級管理
綜合建議	☐評估結果大致正常 　☐ 1. 請定期追蹤檢查 　☐ 2. 可繼續工作（☐可繼續從事原來的工作 ☐可從事接近日常之工作內） ☐評估結果部分異常 　☐ 1. 可從事目前工作，但須考量下列條件限制： 　☐ (1) 變更工作場所： 　☐ (2) 變更職務： 　☐ (3) 縮減職務量： 　☐縮減工作時間：＿＿＿＿＿＿ 　☐縮減業務量：＿＿＿＿＿＿ 　☐ (4) 限制加班（不得超過＿＿＿小時／天） 　☐ (5) 週末或假日之工作限制（每月＿＿＿次） 　☐ (6) 出差之限制（每月＿＿＿次） 　☐ (7) 夜班工作之限制（輪班工作者）（每月＿＿＿次） 　☐ 2. 不可繼續原工作，宜休養（休養期間：＿＿＿＿＿＿＿） 　☐ 3. 其他具體之工作調整或生活建議：＿＿＿＿＿＿＿＿＿＿＿ ☐評估結果異常，需住院觀察。 ☐其他＿＿＿＿＿＿＿＿＿＿＿＿＿＿＿＿＿＿＿＿＿＿＿＿＿		

評估醫師（含醫師字號）：

評估日期：　　　　年　　　　月　　　　日
備註：
一、工作可能暴露之危害因素，請雇主先行填寫，並提供最近一次之健康檢查、作業環境監測記錄
　　及危暴露情形等資料予勞工，交予評估醫師。
二、管理分級之說明：
（一）符合下列條件之一者，屬第一級管理：
　1. 作業場所空氣中暴露濃度低於容許暴露標準十分之一。
　2. 第 3 條或第 5 條第 2 項之工作或其他情形，經醫師評估無害母體、胎兒或嬰兒健康。
（二）符合下列條件之一者，屬第二級管理：
　1. 作業場所空氣中暴露濃度在容許暴露標準十分之一以上未達二分之一。
　2. 第 3 條或第 5 條第 2 項之工作或其他情形，經醫師評估可能影響母體、胎兒或嬰兒之健康。
（三）符合下列條件之一者，屬第三級管理：
　1. 作業場所空氣中暴露濃度在容許暴露標準二分之一以上。
　2. 第 3 條或第 5 條第 2 項之工作或其他情形，經醫師評估有危害母體、胎兒或嬰兒健康。

母性職場健康風險危害因子、健康影響及控制策略

危害因子（hazards）		風險因子之不良影響	風險控制策略（risk control/avoidance measures）
類別	危害名稱或狀態		
通用性危害	工作時間	● 超時加班、輪班及夜間工作會增加孕婦、產婦及哺乳女工之心理或體力負荷。	● 必要時應該暫時性地調整工作時間，也可以增加休憩之時間及頻率，或調整輪班方式及班別時間。 ● 當夜間工作被認為對個人之健康狀況有害時，應調整至日班工作。
	工作姿勢	● 長時間站姿或體力勞動造成之疲勞，可能增加流產、早產或低出生體重等的風險。	● 於工作區域應提供孕婦適當之座位；同時應藉由減少工作時間或在工作班別之增加休憩次數來減輕疲勞。
	站姿作業	● 工作中經常採站姿或低位至高位變換之姿勢的孕婦，可能因下肢之周邊血流鬱血而造成頭暈或暈厥等的發生。	● 應確保孕婦不會長時間保持固定之站姿，最好能使其經常活動。 ● 應確保孕婦在不同作業姿勢時之安全維護。
	坐姿作業	● 懷孕期間之骨盆腔內子宮產生之物理性壓迫及凝血狀態之變化，會增加孕婦發生血栓或栓塞之風險。 ● 長時間坐姿，會增加孕婦下肢水腫、靜脈曲張、痔瘡或肌肉抽筋之發生。 ● 長期從事需長時間坐姿之作業，會增加更年期後骨質疏鬆發生之風險。	● 應確保孕婦不會長時間保持固定之坐姿，最好能使其經常活動。 ● 應建議辦公室作業勞工，維持適當之運動及攝取充分鈣質，高風險族群應接受適當之骨質密度測定。
	獨自作業	● 發生意外（如跌倒）或有急症時可能無法呼救。	● 如果可能，不要令孕婦獨自作業。 ● 應考量孕婦之健康狀況，並模擬意外可能發生的狀況及嚴重度，確保獨自作業區域之監視及通訊系統之良好運作，以及意外或急症發生時之緊急處置計畫之執行。
	地下採礦作業	● 發生意外（如跌倒）或有急症時可能無法呼救及緊急醫療處置。 ● 礦物之物化特性可能有生殖危害。	● 同上。 ● 雇主應根據法規評估使女工從事此項作業之必要性，以及不同時期之育齡女工之健康風險。

危害因子（hazards）		風險因子之不良影響	風險控制策略（risk control/ avoidance measures）
類別	危害名稱或狀態		
通用性危害 (續)	終端機或工作站監視作業	● 目前沒有充分的證據顯示終端機螢幕釋出的游離輻射或電磁輻射與早產或嬰兒之出生缺陷有關。 ● 孕婦因身材、活動能力及速度、靈活度、協調性、平衡感等之變化，不良的工作台設計可增加肌肉骨骼系統傷害、視覺疲勞、疲勞感及壓力之風險。	● 孕婦不需調離此種作業，但若有相當之焦慮或壓力時，應安排其諮詢適當的專業人員。 ● 更換低輻射螢幕（如液晶螢幕） ● 調整工作站設計（包括空間、照明、電腦桌椅等）以減輕疲勞感、腰背或肩頸腕不適，並減少安全疑慮。 ● 應藉由減少工作時間或在工作班別之增加休憩次數，或調整生產線速度等，避免長時間固定坐姿及減少心理壓力。
	缺乏休憩休息或其他福祉設施	● 休憩休息及母乳準備空間對孕婦及新產婦極為重要。 ● 孕婦因膀胱受子宮壓迫會較頻繁且急迫地如廁，或容易泌尿道感染。 ● 哺乳女性可能因為需要增加飲水量而增加如廁頻率。 ● 孕婦可能因味覺改變或需要少量頻繁進食、有孕吐或其他進食問題。	● 雇主應盡量提供充裕之清潔、隱私性佳且舒適且接近浴廁間及工作區域之休憩空間，使孕產婦可隨時坐、躺，且廁所應設立足夠數量之坐式馬桶。 ● 雇主應提供具隱私性及有母乳儲存設備（如冰箱）之哺乳室，以鼓勵母乳之哺育。 ● 雇主應使孕產婦在工作時能便利地前往及有足夠的工作空檔使用廁所、餐廳或休息空間。 ● 雇主在孕產婦有營養不良或明顯孕吐等醫療諮詢需要時，可請其諮詢專業人員（如臨廠健康服務或婦產科醫護人員）。
	個人防護具或防護衣	● 孕婦身體的變化可能降低穿戴個人防護具或防護衣之舒適感，或不合身而增加作業風險。	● 風險評估應考量隨妊娠週數之進展對穿戴個人防護具或防護衣之影響。 ● 如果可能，應配合妊娠週數之進展更換防護衣。

危害因子（hazards）		風險因子之不良影響	風險控制策略（risk control/avoidance measures）
類別	危害名稱或狀態		
通用性危害（續）	汽機車駕駛或出差	● 若孕婦需要經常駕駛或出差，會增加疲勞感、振動（vibration）、壓力、靜態姿勢、不適感或意外發生之風險。 ● 若差旅為海外出差或有時差之旅行時，會增加疲勞感及壓力等風險。	● 風險評估應包括駕駛交通工具伴隨的健康風險，必要時調整其職務或緩和交通問題（避免 1 小時以上之通勤時間），或出差期間與出差後之休息休憩之場所或時間。 ● 孕婦應避免較長時間之靜坐姿勢或振動暴露。 ● 應考量隨腹圍增加造成乘坐時之空間局限效應，以及安全帶的使用。 ● 海外出差須要評估孕產婦之健康狀況、感染症之風險，及可行的感染預防措施並確認醫療照顧機構。 ● 可以減少有時差之出差、縮減工作時間、變更交通路徑或方法等方式來緩和通勤造成之不適。 ● 36-38 週之正常懷孕尚可搭乘飛行 4 小時以內之航班，但安排行程時應考慮即使提交醫師診斷證明，妊娠 36 週後仍有被航空公司拒載的可能性。 ● 若罹患妊娠糖尿病而曾有低血糖發作時，應限制汽車或摩托車之駕駛。
物理性危害	游離輻射	● 游離輻射照射暴露對胎兒之發育有明確危害：受精卵著床前（受孕後 10 天內）可導致致命性染色體異常，重要器官發育期（受孕後 3-8 週間）可引發嚴重畸形，腦部發育期（受孕後 8-15 週間）可影響心智發育遲緩，全孕期均會增加子代終生癌症發生風險。 ● 放射性核種可藉由哺乳或照護過程，使嬰兒食入或接觸到孕產婦誤食、吸入或汙染於皮膚衣物之放射性物質。	● 女工一旦報告懷孕時，應立即管制其游離輻射暴露量至法規限值以下，且持續管制至產後合適時間為止。 ● 雇主應使從事游離輻射作業之育齡期女工確實了解，一旦確定懷孕時，立即報告單位主管之重要性。
	噪音	● 噪音會造成血壓上升或增加疲勞感。 ● 動物實驗顯示長期間暴露於噪音環境可造成新生動物之聽力受損，而母親的腹部大約只能衰減音量約 15 分貝（15 dB attenuation of sound）。	● 因噪音個人防護具無法保護胎兒，孕婦應避免於噪音環境工作，特別是高於法規限值之噪音作業（日時量平均音壓超過 85 分貝之作業）。
	高處作業	● 自高處墜落之意外傷害。	● 孕婦不得於梯階和高架作業。

危害因子（hazards）		風險因子之不良影響	風險控制策略（risk control/ avoidance measures）
類別	危害名稱或狀態		
物理性危害(續)	衝擊（shock）、振動（vibration）或移動（movement）	● 孕婦反覆受到衝擊（如突發性身體衝撞）、低頻振動或需要極多地反覆使用交通工具移動可能造成流產、早產或低出生體重，也可能影響胚胎之著床。 ● 新產婦可能因此類暴露增加下背痛之發生。	● 孕婦或新產婦應避免暴露到全身性振動，特別是低頻振動、搖動晃動（如使用電鑽或高速駕駛等）或撞擊等。 ● 孕婦應避免下腹部受到振動（jolts）或撞擊（blows）。
	電磁輻射	● 目前尚未充分證據支持胎兒暴露到電磁輻射或短波治療之安全性。	● 孕婦應避免接受此類醫療性暴露。 ● 第一孕期（前 3 個月）之女工不應於核磁共振儀之內部管制區域內工作。 ● 孕婦於操作時應避免留置於工作區域或監控室。
	高溫作業	● 孕婦會增加基礎代謝性增加、體積／體重比例下降、血行動力學改變等原因，對熱環境之耐受性較差，也易因熱壓力（heat stress）發生疲勞或傷害。 ● 孕婦可能因流汗脫水等增加懷孕之不良預後，如栓塞或血栓形成，也可能影響母乳之分泌量。 ● 胎兒反覆暴露於高溫環境（孕產婦之中心體溫達 38.9℃或更高），可造成神經系統異常發育等之先天性缺陷或畸胎。	● 如果可能調整孕產婦之工作內容，以使其避免較長時間之高溫暴露。 ● 不得安排懷孕女工在 35℃以上的高溫期間，從事室外露天作業及在溫度在 33℃以上的工作場所作業。 ● 如果作業必須在特殊氣候狀態下進行，應增加孕產婦之休憩頻率及時間。
	異常氣壓	● 潛水或室內高壓作業若需要減壓時，胎兒的減壓能力較差，而潛水可能增加出生缺陷或早產的發生。	● 女工一旦報告懷孕時，應立即停止此項作業。
	低溫或氣溫明顯變動之作業	● 孕婦失溫或於異常氣溫下作業可能造成母體及胎兒之不良預後。	● 於寒冷環境作業時應確保能穿戴或使用適當的防寒衣物或設備。 ● 如果無法避免該作業，例如：必須於特殊氣候狀態下進行作業時，應增加孕產婦之休憩頻率及時間。
	電擊	● 電擊可能造成孕婦及胎兒嚴重不良預後，特別是由手、足間之電流傳導時。	● 孕婦不得從事高電壓作業。 ● 操作或維修電器或電力設備時應保持接觸部位之乾燥及防導電。

勞工機靈點，雇主睜大眼！

危害因子（hazards）		風險因子之不良影響	風險控制策略（risk control/avoidance measures）
類別	危害名稱或狀態		
物理性危害（續）	滑倒、絆倒或跌倒	● 孕婦發生意外可能造成母體及胎兒嚴重不良預後。 ● 有高達 2/3 的此類意外發生於濕滑地面、匆忙或搬運物品時等可預防之原因。	● 應隨時注意工作區域是否有延長線、不平或溢濕之樓板地面等，或孕婦鞋履之安全性（如防滑或防脫落）等可能增加傷害發生之因素。 ● 職場應避免有陡峭的樓梯或有高低差的地板。
化學性危害	毒性化學物質	1. 操作或暴露於符合歐盟危險物質指令（67/548/EEC）之下列定義標注之化學物質。 R40：可能（possible）造成不可逆傷害之危險物。 R45：可誘發癌症之危險物。 R46：可引發遺傳性基因傷害之危險物。 R49：吸入後可引發癌症之危險物。 R61：對未出生胎兒有害之危險物。 R63：對未出生胎兒可能（possible）造成傷害之危險物。 R64：對哺餵母乳之嬰兒有害之危險物。 2. 個別危害物之風險評估應包括該化學物質、作業場所或操作、暴露劑量與時間、暴露時機等特性。	● 作業場所毒性化學物質需應依法規進行管制，並使勞工依照標準作業程序（Standard Operation Procedure, SOP）進行操作、防護（如 PPE）、監測、健康追蹤以預防或控制風險。 ● 對於暴露到此類化學物質之育齡女工（包括受孕前、妊娠中、產後或哺乳中等時期），當無法確認或已確認暴露劑量可造成生殖危害或妊娠不良預後等風險時，應使其暫時停止作業或調離作業場所至合適時間為止。 ● 最佳的控制原則為避免暴露，如果不能完全避免暴露，至少要盡量減少暴露劑量。 ● 如果可能，使用取代（substitution）性化學物質以減少健康危害。 ● 適當地穿戴個人防護具、操作儀器及良好的作業方式可以降低暴露。 ● 有懷孕可能之育齡期女性應於到職前完成操作之化學物質之生殖危害相關教育訓練，並取得完整資訊。
	鉛及其衍生物	● 孕婦暴露到鉛會增加流產的風險。 ● 胎兒或嬰兒的腦血屏障發育不完全，同時母體的鉛可通過胎盤或乳汁，因此母體的鉛可影響其器官或神經智力發育。	● 雇主應盡量降低有生育可能之女工之鉛暴露量。 ● 從事勞工健康保護規則指稱之鉛作業女工，於確定懷孕時，應立即調整至其他作業。 ● 應透過職場衛教活動，使育齡期女性了解鉛進入人體後極難排泄，而能配合鉛暴露危害防範措施。 ● 對於有鉛中毒疑慮之勞工，除了血鉛濃度外，應增加血或尿之鋅紫質原（Zinc protoporphyrin, ZPP）或 δ-胺基酮戊酸脫水腖（Delta-aminolevulinic acid dehydratase, δ-ALAD）等生物標記之檢驗。

危害因子（hazards）		風險因子之不良影響	風險控制策略（risk control/ avoidance measures）
類別	危害名稱或狀態		
化學性危害（續）	汞（mercury）及其化合物	● 有機汞的暴露除造成母體中毒外，也可造成胎兒成長遲緩或神經系統發育異常。 ● 受孕前或妊娠中女性暴露到汞，可使嬰兒因食入受汞汙染之母乳而中毒。	● 同上。
	致癌性化學物質	● 胎兒暴露到致癌性化學物質可能會引發基因突變，增加血液或其他器官癌症發生之風險。 ● 危害發生受到胎兒暴露之不同妊娠時期、暴露劑量或頻率等因素影響。 ● 女工暴露到特定化學物質，可能增加乳癌、子宮頸癌或卵巢癌等癌症的發生風險。	● 最佳的控制原則為避免暴露。 ● 如果無法評估或控制健康風險，雇主應採取適當之應對措施及員工教育。 ● 對於曾暴露到一定劑量致癌物者，應提供或建議其接受適當的健康追蹤（medical surveillance），且持續至離職後一定時間。
	抗細胞分裂（antimitotic）或具細胞毒性（cytotoxic）之藥物	● 接觸此類藥物可能造成精蟲／卵子的基因或染色體異常（genetic/chromosome abnormality），或誘發癌症。 ● 風險評估應包括作業過程（如調劑、護理或實驗等）或廢棄物處置等，及吸收途徑（皮膚、呼吸道等）。	● 同上。 ● 從事抗癌性藥物調劑作業之女工一旦報告懷孕，應立即調整至其他作業。
	可經皮膚吸收之毒性化學物質，包括某些殺蟲劑	● 風險等級依化學物質之特性、操作方法、暴露方式或劑量（如小範圍皮膚吸收或高濃度氣體吸入）。 ● 殺蟲劑或其他環境賀爾蒙的暴露，會增加自發性流產、早產、不孕、延遲受孕或胎兒先天性缺陷之風險。	● 同上。
	一氧化碳或其他窒息性氣體／密閉空間或局限空間	● 孕婦在懷孕過程中會逐漸增加靜止時氧氣消耗量達20-30%，因此於密閉空間或接觸一氧化碳等窒息性氣體時，更容易發生缺氧性傷害。 ● 一氧化碳可通過胎盤，造成胎兒如缺氧性腦病變等之缺氧性傷害。	● 調整製程或儀器以避免缺氧環境的發生。 ● 孕婦應避免各種暴露狀況，包括長期低劑量或偶發之暴露。 ● 應透過職場衛教活動，使育齡期女性了解吸菸也會造成母體之一氧化碳暴露。
	具胎兒神經發育毒性之化學物質	● 受孕前或妊娠中女性暴露到具胎兒神經發育（neurodevelopmental）之毒性化學物質時，可造成胎兒神經或心智發育異常，如自閉症（autism）、注意力缺失症（attention deficit disorder）、心智遲緩（mental retardation）或腦性麻痺（cerebral palsy）等。	● 同上。

危害因子（hazards）		風險因子之不良影響	風險控制策略（risk control/ avoidance measures）
類別	危害名稱或狀態		
化學性危害(續)	麻醉氣體	● 孕婦暴露到麻醉氣體可能增加流產或早產風險。 ● 兒科手術因為較常使用氣體麻醉誘導、較常採高流量麻醉，及廢氣排除在技術上較困難，會增加人員的暴露劑量。 ● 笑氣（nitrous oxide）較常使用於產房、外傷、急診或牙科等手術，暴露可能增加不孕症、流產或低出生體重的發生。	● 裝置有效的廢氣排除裝置（scavenging system）及通風換氣設備。 ● 安排參與成人手術，減少兒科手術的參與。 ● 定期檢點麻醉氣體供應設備及監測環境濃度。
生物性危害	接觸第二至四危險群之微生物（biological agents）	● 孕婦或哺乳產婦受感染時，可能因微生物或其生物活性物質（如內毒素或過敏原等）造成其健康受損，且可能透過胎盤、分娩過程或母乳哺育等造成胎兒受感染，如B可或C型肝炎、HIV、疱疹（herpes）或水痘、梅毒、及傷寒（typhoid）等。 ※ 注：生物製劑風險等級分類：Group 1－與人類健康成人之疾病無關之危險群微生物；Group 2－在人類很少引發嚴重的疾病或散布至社區，且通常有預防及治療方法之危險群微生物；Group 3－在人類可引發嚴重的疾病，可能會散布至社區且可能有預防及治療方法之危險群微生物；Group 4－在人類可引發嚴重的疾病且散布至社區，通常沒有預防及治療方法之危險群微生物。	● 工作場所之風險評估，應包括：(1) 工作場所中可能接觸之感染性微生物；(2) 感染之發生來源，如受感染之寵物或病患等；(3) 感染的暴露途徑如體液、皮膚毛髮或空氣等；(4) 微生物之傳播感染、暴露或健康危害等之特性；(5) 防護設備及防護衣等之有效性；(6) 勞工之疾病史、感染史或免疫接種史；(7) 作業場所危害告知（notification of the hazards）；(8) 生物防護等級（level of containment）；(9) 清潔衛生設備；(10) 監管措施；(11) 人員教育訓練。 ● 若有合適的疫苗，應建議無禁忌症者（如非妊娠初期）預先接種/口服投予。 ● 孕婦不應接觸已知具高度風險（危險群）之感染源。 ● 對於受感染之高危險作業勞工（如醫護、生物實驗室人員）等，應使其於到職前或定期接受血清免疫測試，以確定其感染或免疫抗體生成狀況。無預防免疫力者應使其在流行期間暫時調離或停止該作業。 ● 從事作業時，必須確認防護設備或衣服等是否符合該危險群對應之防護等級（containment level）。

危害因子（hazards）		風險因子之不良影響	風險控制策略（risk control/ avoidance measures）
類別	危害名稱或狀態		
生物性危害（續）	對胎兒有害之第二至四危險群之微生物	● 德國麻疹（rubella）、弓蟲（toxoplasma）、巨細胞病毒（cytomegalovirus）等之感染可造成胎兒之流產、器官或神經系統發育異常等危害。	● 同上。 ● 可能接觸動物或動物製品（生肉），或任何可能接觸微生物之作業時，須實施嚴格的手部清潔及配戴手套。 ● 孕婦應避免從事照顧動物、協助動物生產，或清潔畜牧工作服；管控畜舍避免野生動物或昆蟲之進出，及飼料安全。 ● 孕婦應避免接觸感染狀態不明之貓隻，或定期更換貓砂或貓排泄物之間隔應少於 24 小時。
人因工程性	人工重物處理	● 孕婦以人工舉、放、推、拉、搬移或移動重物，可能有流產或胎兒傷害等妊娠不良預後。 ● 因為懷孕後的賀爾蒙及身材的變化，孕婦之肌肉韌帶受傷之風險隨妊娠週數增加而上升。 ● 新近接受剖腹產或自然產的孕婦，因暫時避免以人工提舉重物或限制重物之重量。 ● 哺乳時可能因乳房大小及敏感性增加作業不適感。	● 雇主應該根據個人風險評估結果、作業內容或方式等，調整女工之職務或重物重量等以降低風險。 ● 雇主應盡量避免使勞工手工處置重物，同時評估無法避免之作業內容之人因傷害的風險；並採取步驟逐步降低風險。
	局限空間	● 孕婦於窄迫空間工作，可能因其腹圍增加限制其活動姿勢，造成肌肉韌帶扭傷或拉傷。	● 調整工作站設計或工作姿勢。
	動作（movement）或姿勢	● 影響妊娠期間或產後此類作業造成之傷病的因子包括：(1) 作業（task）或搬移之內容、期間及頻率；(2) 工作之速度、強度或變異度；(3) 工時或休息時間的安排方式；(4) 人因工程因子與工作環境；(5) 使用工具之適當及適應。 ● 因懷孕後的賀爾蒙及身材的變化，孕婦之肌肉韌帶受傷之風險隨妊娠週數增加而上升，且效應會持續到產後一定時間（產假結束後復工的前 3 個月）。 ● 姿勢造成之健康影響，可發生於妊娠進行時及產後復工時，不良工作姿勢、長時間固定不變的站坐姿或過多的動作等均會增加風險，特別是背痛問題。 ● 懷孕或生產時有特殊狀況（如剖腹產或深靜脈栓塞）之女工在復工時應注意可能伴隨之風險。	● 雇主應確保孕婦、新產婦或哺乳女工不會暴露於： (1) 可能造成傷害發生之人工重物處置作業。 (2) 作業必須使用不良姿勢或動作，特別是在局限的空間中施作時。 (3) 需在一定高度從事之作業。 ● 如果有適當工作設備或起重裝置應該引進作業中使用，也可調整倉管方式，或重新設計工作站及工作內容。 ● 應避免長時間處理重物。 ● 無法經常活動或變化姿勢之站或坐姿。

危害因子（hazards）		風險因子之不良影響	風險控制策略（risk control/ avoidance measures）
類別	危害名稱或狀態		
人因工程性（續）	工作儀器	• 工作儀器在設計時很少考慮到孕產婦之特性。	• 風險評估時應考量隨妊娠週數之進展是否會影響儀器使用之健康風險。 • 當存在風險時，應調整其儀器使用時之作業姿勢、時間或職務。
工作壓力	工作壓力	• 孕婦或新產婦可能因賀爾蒙濃度、經濟狀態、情緒或工作穩定性等原因增加對工作壓力之易感受性。 • 剛遭遇死產、流產、收養或新生兒死亡等生活事件，或是在妊娠期間合併嚴重疾病或外傷之女性，均會增加對壓力之易感受性。	• 風險評估時應全面考量工作及個人心理壓力因子。 • 應增加孕婦之工作空間，並調整其作業姿勢、工具或工作時間。 • 雇主可提供壓力諮詢或管理之內部及外部資源，以讓孕產婦了解企業提供之支援系統，個人之壓力來源及可實施之適當對應策略。
	職場暴力	• 孕婦遭受暴力攻擊時可能導致孕婦及胎兒的嚴重後遺症，如胎盤剝離、早產、胎兒窘迫以及需要緊急剖腹產等。 • 產婦受到攻擊後可能影響其哺乳能力。	• 對於需接觸顧客之所有職務，均應評估孕產婦於職場受到成人、兒童或一般公眾等暴力攻擊之風險。 • 必要時應調整孕產婦之職務，避免獨自作業，減少或避免接觸顧客，或將高風險顧客派給其他同事。 • 若無法調整孕產婦之職務，雇主應該將孕婦或新產婦調至適當的新職務。

孕產婦健康管理指導事項聯絡卡

事　業　主　　　　　　　　　　　　　　年　　月　　日

醫療機構名稱＿＿＿＿＿＿＿＿＿＿＿

醫　師　姓　名＿＿＿＿＿＿＿＿＿＿印

　　　下列人員，基於健康檢查及保健指導的結果，認定必須要實施下列 2 至 4 項之處置。

1. 基本資料

姓　　名		妊娠週數		週	分娩預定日	年　　月　　日

2. 指導事項（適當的指導項目請以○注記於欄位內。）

臨　床　症　狀　等		指導項目	標　準　處　置
孕吐	有明顯症狀時		縮減工作時間
妊娠劇吐（hyperemesis gravidarum）			休假（住院療養）
妊婦貧血	Hb9g/dL 以上 ~11g/dL 以下		限制體力負荷繁重的作業，或縮減工作時間
	Hb9g/dL 以下		休假（自宅療養）
子宮內胎兒生長遲滯	輕症		限制體力負荷繁重的作業，或縮減工作時間
	重症		休假（自宅療養或住院療養）
迫切性流產（妊娠 22 週未滿）			休假（自宅療養或住院療養）
迫切性早產（妊娠 22 週以後）			休假（自宅療養或住院療養）
妊娠水腫	輕症		限制體力負荷繁重的作業、長時間站立作業、局限於同一姿勢之作業，或縮減工作時間
	重症		休假（住院療養）
妊娠蛋白尿	輕症		限制體力負荷繁重的作業、壓力或緊張感較大的作業，或縮減工作時間
	重症		休假（住院療養）
妊娠高血壓症候群（妊娠毒血症）	有高血壓症狀	輕症	限制體力負荷繁重的作業、壓力或緊張感較大的作業，或縮減工作時間
		重症	休假（住院療養）
	高血壓合併蛋白尿	輕症	限制體力負荷繁重的作業、壓力或緊張感較大的作業，或縮減工作時間
		重症	休假（住院療養）
懷孕前已罹患的疾病（又因妊娠造成症狀惡化時）	輕症		限制體力負荷繁重的作業，或縮減工作時間
	重症		休假（自宅療養或住院療養）

臨 床 症 狀 等			指導項目	標 準 處 置
妊娠中好發疾病	靜脈曲張	有明顯症狀時		限制長時間站立作業、局限於同一姿勢之作業，或橫臥休憩
	痔 瘡	有明顯症狀時		
	下背痛	有明顯症狀時		限制長時間站立作業、造成腰部負荷的作業、局限於同一姿勢之作業
	膀胱炎	輕 症		限制體力負荷繁重的作業、長時間無法離開作業場所之作業，或於寒冷場所之作業
		重 症		休假（住院療養）
多胎妊娠（　　　　胎）				如果有必要，限制體力負荷繁重的作業，或縮減工作時間 如果是特殊的多胞胎，或三胞胎以上的情況，有必要特別慎重管理
產後子宮復舊不全		輕 症		限制體力負荷繁重的作業，或縮減工作時間
		重 症		休假（自宅療養）

如果有與標準處置不同的處置等必要的特殊事項請寫下來。

3. 上述第 2 項處置必要的期間

（適當的預估期間以〇注記。）

1 週間（　月　日～　月　日）	
2 週間（　月　日～　月　日）	
4 週間（　月　日～　月　日）	
其他（　　　　　　　　）	

4. 其他指導事項（必要的處置以〇注記。）

懷孕期間通勤彈性調整之處置	
懷孕期間休憩相關之處置	

〔書寫注意事項〕

(1) 「4. 其他指導事項」之「懷孕期間通勤彈性調整之處置」一欄，根據交通狀況擁擠及懷孕狀況，有實施處置的必要時，以〇加以注記。

(2) 「4. 其他指導事項」之「懷孕期間休憩相關之處置」一欄，根據工作狀況作業及懷孕狀況，有實施休憩相關之處置的必要時，以〇加以注記。

符合指導事項之處置申請書

如上所述，根據醫師之指導事項提出處置的申請。

中華民國　　　　年　　　　月　　　　日

單位＿＿＿＿＿＿＿＿＿

姓名＿＿＿＿＿＿＿印

事 業 主

勞工機靈點，雇主睜大眼！

● **附表五**

臨廠健康服務醫師→單位主管

工作調整評估報告書

事 業 主　　　　　　　　　　　　　　　年　　月　　日

下列人員，已經有被判定必須要實施工作調整的報告。此外，在工作調整期間必須要持續遵守以下記載之工作調整事項。

所屬機構	單位	職稱	員工編號	姓名		出生日期	年齡
					男·女	年月日	歲

普通疾病（心·身）	職場復歸	健康檢查後處置	長時間工作	母性健康管理	其他

診斷名稱		醫療機構名稱	
面談參與人員		面談日期	年　月　日
工作內容概要			
健康狀況概要			
醫師面談概要（含與單位主管協議內容）			

指導區分	**醫療或健康指導** ☐ 1. 需要接受治療　　☐ 2. 需要追蹤觀察　　☐ 3. 需要接受飲食及生活習慣等衛教指導 ☐ 4. 不需要接受治療 **工作調整指導** ☐ 1. 可繼續工作（工作調整期間：　　年　　月　　日～　　年　　月　　日） 　　☐ 1). 可繼續從事原來的工作　　☐ 2). 可從事接近日常之工作內容 ☐ 2. 可從事符合下列條件限制之工作（包含超時或假日工作，或禁止出差） 　　☐ 1). 變更工作場所： 　　☐ 2). 變更職務： 　　☐ 3). 縮減職務量： 　　　　☐縮減工作時間： 　　　　☐縮減業務量： 　　☐ 4). 加班工作之限制（每日　　　小時／每天加班：　☐ 禁止　　☐ 可） 　　☐ 5). 週末或假日之工作限制（每月　　　　次） 　　☐ 6). 出差之限制（每月　　　次） 　　☐ 7). 夜班工作之限制（輪班工作者）（每月　　　　次） ☐ 3. 不可繼續工作（休假期間：　　年　　月　　日～　　年　　月　　日） ☐ 4. 其他具體之工作調整建議（包括工作調整或異動、追蹤或職場對應方法等詳細之工作調整內容）

健康服務醫師		印	報告日期	年　月　日

● 附表六

單位主管→人事管理單位

工作調整評估報告書

年　　月　　日

下列人員被判定必須要實施工作調整。此外，在工作調整期間必須要持續遵守以下記載之工作調整事項。

所屬機構	單位	職稱	員工編號	姓名		出生日期	年齡
					男·女	年　月　日	歲
普通疾病（心·身）		職場復歸	健康檢查後處置	長時間工作		母性健康管理	其他
診斷名稱				醫療機構名稱			

指導區分	**醫療或健康指導** □ 1.需要接受治療　　□ 2.需要追蹤觀察　　□ 3.需要接受飲食及生活習慣等衛教指導 □ 4.不需要接受治療 **工作調整指導** □ 1.可繼續工作（工作調整期間：　　年　　月　　日～　　年　　月　　日） 　　□ 1).可繼續從事原來的工作　　□ 2).可從事接近日常之工作內容 □ 2.可從事符合下列條件限制之工作（包含超時或假日工作，或禁止出差） 　　□ 1).變更工作場所： 　　□ 2).變更職務： 　　□ 3).縮減職務量： 　　　□縮減工作時間： 　　　□縮減業務量： 　　□ 4).加班工作之限制（每日　　小時／每天加班：□禁止　　□可） 　　□ 5).週末或假日之工作限制（每月　　　　次） 　　□ 6).出差之限制（每月　　　　次） 　　□ 7).夜班工作之限制（輪班工作者）（每月　　　　次） □ 3.不可繼續工作（休假期間：　　年　　月　　日～　　年　　月　　日）
工作調整之具體內容	（包括工作調整或異動、追蹤或職場對應方法等詳細之工作調整內容）
單位主管	印　　報告日期　　　年　　月　　日

● **附表七**

人事管理單位→職員

工作調整通知書

　　　　　　　　　　　　　　　　　年　　月　　日

單位：＿＿＿＿＿＿＿＿＿＿＿＿＿＿＿＿

姓名：＿＿＿＿＿＿＿＿＿＿＿＿＿＿＿＿

根據○○公司勞工安全衛生管理規則第○條規定判定必需要／不需要實施工作調整，在工作調整期間必須要持續遵守以下記載之工作調整及醫療或健康指導事項。

指導區分	**醫療或健康指導** □ 1. 需要接受治療　　□ 2. 需要追蹤觀察　　□ 3. 需要接受飲食及生活習慣等衛教指導 □ 4. 不需要接受治療 工作調整指導 □ 1. 可繼續工作（工作調整期間：　　年　　月　　日～　　年　　月　　日） 　　□ 1). 可繼續從事原來的工作 　　□ 2). 可從事接近日常之工作內容 □ 2. 可從事符合下列條件限制之工作（包含超時或假日工作，或禁止出差） 　　□ 1). 變更工作場所： 　　□ 2). 變更職務： 　　□ 3). 縮減職務量： 　　　□縮減工作時間： 　　　□縮減業務量： 　　□ 4). 加班工作之限制（每日　　　小時／每天加班：　□ 禁止　　□ 可） 　　□ 5). 週末或假日之工作限制（每月　　　次） 　　□ 6). 出差之限制（每月　　　次） 　　□ 7). 夜班工作之限制（輪班工作者）（每月　　　次） □ 3. 不可繼續工作（休假期間：　　年　　月　　日～　　年　　月　　日）
工作調整之具體內容	（包括工作調整或異動、追蹤或職場對應方法等詳細之工作調整內容）
主　　管	報告日期　　　　年　　月　　日

職場母性健康保護計畫

1. 目的：確保女性勞工之福祉及保護及對妊娠產婦之母性職場保護措施，本公司考量性別差異及妊娠等因素，實施影響必要的母性健康保護活動及相關管理。

2. 範圍：適用本公司全體勞工。

3. 法規規定：台灣職場母性健康保護法規主要為「勞動基準法」、「職業安全衛生法」及「性別工作平等法」；作業限制則主要規範於「童工女工禁止從事危險性或有害性工作認定標準」。

4. 職場母性健康風險評估：

    健康效應影響因子

    (1) 職業或職務選擇、薪資或聘僱條件等，長期存在兩性差異；此外，女性在家事或育兒之負擔程度常高於男性，因此也需要考慮職業婦女是否因此而增加壓力或危害因子易感受性等健康不良因素。

    (2) 孕產期間身材、生理及活動力變化，對工作實務及安全會有連續性及變動性影響，也影響個人對危害因子的感受性。

    (3) 母親吸收之重金屬或戴奧辛等毒性物質可進入胎盤臍帶血或乳汁，而造成母體、胎兒（嬰兒）毒性物質之重分布；因此最佳的母性保護原則為限制毒性物質之吸收。

5. 母性職場健康風險評估流程及管理：

    (1) 健康風險評估：建立事業單位專用之母性健康風險評估檢核表，據以於職場對已懷孕、即將懷孕或可能懷孕、產後（包括正常生產、妊娠24週後死產，或產後6個月內）或哺乳等之育齡期女性，執行安全衛生危險因子評估。

    (2) 危害控制：當評估有已知的危險因子存在時，可參考「母性職場健康風險危害因子、健康影響及控制策略」進行控制，

以減少或移除危險因子。

(3) 風險溝通：當完成上述之危險因子評估後，無論是否有危害，應正式告知勞工及其管理者風險評估結果及管理計畫。勞工應盡早告知雇主懷孕、近期生產或正在哺乳的重要性，及作業變更或健康狀況之變化。

(4) 工作調整：在遵循其他相關的健康與安全法規進行預防或保護措施仍無法避免危害時，或孕產婦報告健康問題並提出工作調整申請時。

(5) 公司依序採取工作調整計畫之原則如下：

行動1：暫時調整工作條件（例如：調整業務量）和工時，如果不可行，

行動2：提供適合且薪資福利等條件相同之替代性工作，如果不可行，

行動3：有給薪的暫停工作（suspension from work）或延長產假，避免對孕婦及其子女之健康與安全造成危害。

6. 在進行工作調整時，需與臨廠健康服務醫護人員、勞工、單位主管等等面談諮商，並將溝通過程及決議建立正式的文件，並正式告知勞工。在進行工作調整時，需與臨廠健康服務醫護人員、勞單位主管等等面談諮商，並將溝通過程及決議建立正式的文件，並正式告知勞工。

7. 流程圖：

（見下頁）

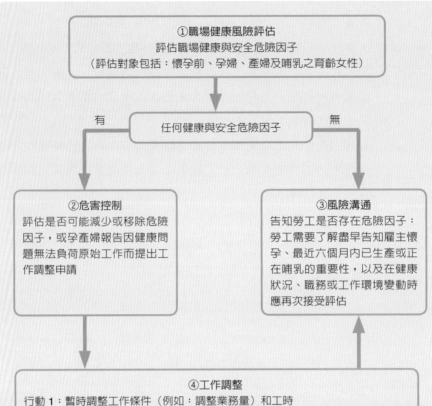

①職場健康風險評估
評估職場健康與安全危險因子
（評估對象包括：懷孕前、孕婦、產婦及哺乳之育齡女性）

有　　任何健康與安全危險因子　　無

②危害控制
評估是否可能減少或移除危險因子，或孕產婦報告因健康問題無法負荷原始工作而提出工作調整申請

③風險溝通
告知勞工是否存在危險因子：勞工需要了解盡早告知雇主懷孕、最近六個月內已生產或正在哺乳的重要性，以及在健康狀況、職務或工作環境變動時應再次接受評估

④工作調整
行動1：暫時調整工作條件（例如：調整業務量）和工時
行動2：提供適合且薪資福利等條件相同之替代性工作
行動3：有給薪的暫停工作或延長產假，避免影響孕產婦及子女健康

8. 孕、產婦之健康管理：

(1)孕產婦健康管理原則：

因為合併就業、育兒及家事的雙重身體及精神負擔，對於妊娠中及產後一定時間內的女性勞工，需要考量以下幾點原則：

①勞工可依請假規定，有充裕時間接受妊娠中及生產後之健康檢查及衛教指導。

②根據醫師建議實施相關的工作調整措施。

③協助妊娠中女性勞工之交通路線、交通工具、交通時間、上下班時間、出差頻率及時差等之通勤緩和處置。

④調整妊娠中女性勞工於工作場所休憩之時間、次數等。

⑤成立哺乳室及給與集乳之時間、次數之協助。

⑥安全觀察勞工於生產後之相關症狀之處置。

⑦利用特約醫院協助「職場母性健康諮詢門診」。

於門診複診追蹤，必要時再度提出「孕產婦健康管理指導事項聯絡卡」或診斷書申請工作調整。

⑵休假：

對於孕產期女性及其配偶休假相關規定，主要依據「工作規則」、「勞動基準法」、「勞工請假規則」與「性別工作平等法」等辦理。

⑶配工及復工：

①對實際職場特性及女性勞工之需求進行評估，同時不得損及勞工之健康。

②在工作調整後之薪資部分，根據勞動基準法第51條規定女工在妊娠期間，如有較為輕易之工作，得申請改調，本公司不得拒絕。

③但若因為公司規模或個人專業等原因，無法改調較輕便工作時，建議可與勞工協調調整或縮短工作時間等方式來因應。

附件：無。

第 **13** 章

預防職場過勞

01 / 隱形的職場殺手
——過勞之定義

　　勞動部因應 105 年 1 月 1 日起，勞動基準法規定法定正常工時縮減為每週 40 小時，基於原職業促發腦血管及心臟疾病（外傷導致者除外）之認定參考指引，比照日本認定基準，並依原勞基法每二週工作時數不得超過 84 小時之規定訂定，修正將評估長期工作過重之加班時數調整與日本認定基準一致。

　　原本發病前一個月因加班產生之工作負荷與發病之相關性極強之加班時數，由 92 小時修正為 100 小時，發病前二至六個月月平均加班時數，由 72 時修正為 80 小時；另發病前一至六個月因加班造成與發病間之關聯性，隨著時數增加而增強之月平均加班時數，則由 37 小時修正為 45 小時。

　　勞動部亦針對過去長期工作過重評估時數下修 8 小時，調整回來與日本一致。修正前指引對於評估長時間勞動之工作時間，係以每二週 84 小時工時以外之時數計算加班時數，並以三十日為一個月、每月 184 小時為基準；修正後則以每週 40 小時工時以外之時數計算加班時數，並以三十日為一個月、每月 176 小時為基準，並自發病日往前推算，分別計算發病前一個月、一至六個月及二至六個月之月平均加班時數，作為評估工作負荷與發病關聯性之參據。

▌構成過勞的要件

　　「過勞」作為職業災害之一類，需要具備「業務執行性」（過勞是因勞工執行職務的過程中所發生）和「業務起因性」（過勞必須和

工作職務具有因果關係）。以過勞定義而論，一般認定需有「工作負荷過重」事實，認定要件包括：異常的事件、短期工作過重和長期工作過重。

　　而有超時工作而生病或死亡，是否可以視爲職業災害，進而向雇主請求賠償呢？除非具體有事證，如打卡或工作記錄，勞工因爲負擔不合理的工作量，方有過勞，而過勞與生病、死亡間亦須具備因果關係，方於職業災害，但是職業災害在訴訟上常面臨困難的問題，往往是「因果關係」的判斷。

　　此部分通常係由醫師加以認定，而以雇主給與勞工的工作量、急迫性、公司管理制度等等方面考量勞工工作時間與質量，綜合一切情狀客觀判斷工作量是否超過一般人所能負荷的程度。相對的，如果是因爲個人的病史、體質或生活習慣所導致的，則不屬於職業災害。通常而論，發生過勞之職業災害，其實非常少見僅因雇主指派工作所致者，通常伴隨勞工個人促發性因素，蓋腦血管及心臟疾病致病原因並不只一種，可能是由幾種病因所引起的。

　　主要危險因子爲原有疾病或疾病宿因，促發因子經醫學研究所認知者包括：外傷、體質、飲食習慣、氣溫、吸菸、飲酒、藥物作用及工作負荷等。醫學上認爲職業並非直接形成腦血管及心臟疾病的要因，腦血管及心臟疾病只是所謂的「個人疾病惡化型」疾病。也就是說，即使在平常的日常生活中，病情惡化的危險性亦非常高，這與一般職業疾病相異。但是，如果職業是造成腦血管及心臟疾病等明顯惡化的原因時，則可認定爲職業病，並作爲職災給付對象，此點至爲重要。

如何認定腦血管及心臟疾病爲過勞造成？

　　勞動部勞工保險局爲便於職業病認定委員會的專家委外醫師作統一認定，因此，訂立職業促發腦血管及心臟疾病（外傷導致者除外）之認定參考指引，本書重點整理摘要如下：

● 「過勞」促發之腦血管與心臟疾病

　　腦血管疾病，包括腦出血、腦梗塞、蜘蛛膜下腔出血及高血壓性腦病變；心臟疾病，包括心肌梗塞、急性心臟衰竭、主動脈剝離、狹心症、嚴重心律不整、心臟停止及心因性猝死。除非醫學上可判定其症狀明顯為其他疾病時，或發病原因證實為非屬職業原因時，否則原則上推定為職業原因所致。如能證實其與工作有關（腦血管與心臟疾病被客觀認定超越自然進行過程而明顯惡化，且工作負荷對惡化促發之貢獻度大於 50%）時，仍應以職業疾病處置。

● 過勞排除因素

　　勞工原有疾病自然過程惡化及促發疾病之潛在危險因子常可認為可全部或部分排除與職業災害有關，如：

　　員工本身身體因素：

　　腦血管及心臟疾病之發病是患者本身原本即有的動脈硬化等造成的血管病變或動脈瘤、心肌病變等。如高血壓症、動脈硬化（冠狀動脈、腦動脈硬化）、糖尿病、高脂血症（高膽固醇血症）、高尿酸血症、腦動脈瘤、梅毒、心臟肥大、心臟瓣膜疾病等。

　　自然過程惡化之危險因子：「自然過程」係指血管病變在老化、飲食生活、飲酒、抽菸習慣等日常生活中逐漸惡化的過程。

(1)　高齡：血管老化。

(2)　肥胖：肥胖是動脈硬化的促進因子，對本疾病的發生有危險的影響。

(3)　飲食習慣：攝取高鹽分的飲食習慣會促進高血壓。歐美的高脂肪飲食習慣會促進動脈硬化，成為心臟疾病的原因。

(4)　吸菸、飲酒：菸槍（每天約 20 支以上）的心肌梗塞發生的危險是沒有吸菸的人的 3 倍。雖有研究發現適量飲酒能夠降低心臟血管疾病的發生，長期酗酒與血壓上升及動脈硬化的關係亦被認定。

(5)　藥物作用：如服用避孕丸可能較易發生心血管系統併發症。

事業單位資方若懷疑是否有勞工是否過勞而發生疾病或死亡，可就該工作者的年齡、性別、家族病史、嗜好（飲酒、吸菸量、用藥等）、個人病歷、發病前的身體狀況、宿因、原有疾病等加以調查。在此說明，勞工若有完整之體檢報告，即可判斷受僱前沒有類似的病史。因此，雇主僱用中高齡勞工或工作負擔較重之勞工，應請勞工出具體檢報告，以避免爭議。

腦血管及心臟疾病易受外在環境因素致超越自然進行過程而明顯惡化；其促發因子包括氣溫、運動及工作過重負荷等。

(1) 氣溫：寒冷、溫度的急遽變化等，亦可能促發本疾病發生。

(2) 運動：運動時耗用更多血氧，原有心臟血管疾病者供應不及，可能促發缺血性心臟疾病，此雖非職業性因素，但有明確證據可以證明雇主明知上開狀況仍指示工作，亦屬於職業性因素。

● **過勞認定標準**

國際勞工組織（ILO）職業病表列表準則如下：

1. 該疾病與特定媒介（agent）、暴露（exposure）或工作程序（work process）具有因果關係者。

2. 該疾病發生於工作相關環境及（或）特定職業者。

3. 該疾病發生於某工作群聚，其平均發病次數高於其他工作群體者。

4. 暴露後有科學證據明確定義疾病類型（pattern of disease）及可信之原因者。因腦血管及心臟疾病亦可由非職業性原因形成或促發，故在本質上與起因於工作場所中之特定媒介，如有害健康之物質所引發的特定職業疾病有所不同。而且，又缺乏如在塵肺症診斷時的放射線攝影或在鉛中毒診斷時的血中鉛濃度等在認定上的明確指標；因此，腦血管及心臟疾病在職業病的認定上有其複雜及困難之處。

要認定及評估此等循環系統疾病所致的職業災害，必須考慮許多複雜的因素，包括最近的工作環境、工作狀況的變化等。對於疾病的

發病要因，要考慮個案的原有疾病，評估工作負荷所引起的風險，及其對原有疾病所加上的負荷，是否構成腦血管及心臟疾病發作的主要原因。

▌認定「職業促發腦血管及心臟疾病」的基本原則

1. 原有腦血管及心臟疾病者，在某工作條件下，促發本疾病之盛行率較高。

2. 原有腦血管及心臟疾病者，在某工作條件下，被認知會超越自然進行過程而明顯惡化本疾病。

綜上，判定「職業促發之腦血管及心臟疾病」時，必須考慮工作的條件與職業病的特異性。如沒有「工作負荷過重」事實作為要件，則無法判斷此疾病由職業原因所促發。

過勞僅指與工作負荷有因素：與工作有關之重度體力消耗或精神緊張（含高度驚愕或恐怖）等異常事件，以及短期、長期的疲勞累積等過重之工作負荷均可能促發本疾病。

工作負荷因子列舉如下：

(1) 不規則的工作。

(2) 工作時間長的工作。

(3) 經常出差的工作。

(4) 輪班工作或夜班工作。

(5) 工作環境（異常溫度環境、噪音、時差）。

(6) 伴隨精神緊張的工作。

此時須由勞方加以舉證，如發病以前的工作種類、內容、工作環境以及工作經歷。

▌工作負荷過重

1. 異常的事件：

   評估發病當時至發病前一天期間，是否持續工作或遭遇到天災或火災等嚴重之異常事件。當遭遇事件時會引起急遽的血壓波動及血管收縮，導致腦血管及心臟疾病在承受負荷後 24 小時內發病，即可證實異常事件、負荷過重之存在。

2. 短期工作過重：

   評估發病前（包含發病日）約一週內，勞工是否從事特別過重的工作，該過重的工作係指與日常工作相比，造成身體上、精神上負荷過重的工作，評估要點如下：

   (1) 評估發病當日至發病前一至六個月內的加班時數（二週 84 小時以外之工時）：

   　　A. 發病日至發病前一個月之加班時數超過 92 小時，或發病日至發病前二至六個月內，月平均超過 72 小時的加班時數，其加班產生之工作負荷與發病之相關性極強。

   　　B. 發病日前一至六個月，加班時數月平均超過 37 小時，應視個案情況進行評估。

   (2) 工作型態之負荷：不規律、時間長、經常出差、輪班、夜班、作業環境異常、伴隨精神緊張之工作。

▌長期工作過重

　　評估發病前約六個月內，是否因長時間勞動造成明顯疲勞的累積，而評估長時間勞動之工作時間，重點為發病當日至發病前一至六個月內的加班時數。

　　因職業疾病之鑑定尚需排除其他非職業原因，所以在評估具「工作負荷過重」之要件後，需再排除其他疾病促發、自然惡化過程、其他與工作無關之外在環境或個人因素等之貢獻度是否有達 50% 以上，

若經確認無上述情形，可認定為「工作負荷過重」。

　　過勞的認定上若病發疾病名稱符合「目標疾病」及具「工作負荷過重」情形，則可認定為職業災害（猝死之個案，雖非列舉之目標疾病，仍可由其他程序來做認定）。

　　正常工時以二週 84 小時為基礎計算，加班時數未達「工作與疾病之促發具強烈相關性」（發病日至發病前一個月之加班時數超過 92 小時，或發病日發病前二個月至六個月內，月平均超過 72 小時之加班時數）者，須另考慮保全員工作時間以外之負荷因子，如工作型態（不規律、夜班、輪班、作業環境……）、精神緊張負荷（如交通引導、運鈔等，影響生命安全且單獨負高度危險工作）。

表 13-1　腦血管疾病類型

腦血管疾病	說　　明
腦出血	腦內血管破裂使得腦實質受到血塊的壓迫、浸潤、破壞。大部分因高血壓所引起，其他原因包括腦動靜脈瘤破裂、血管炎等。
腦梗塞	由於頸部或腦部的動脈阻塞，導致腦部灌流區域缺血、組織壞死。腦動脈的阻塞包括動脈硬化、心臟血栓或動脈剝離等引起。
蜘蛛膜下腔出血	被覆於腦的蜘蛛膜下面的動脈破裂而發生。多因非外傷性的腦動脈瘤破裂而發生，其他原因包括外傷、血管炎等。
高血壓性腦病變	嚴重的高血壓導致腦部功能急性失調的一種症候群，當血壓被及時且適當地降低之後，腦部功能可以恢復的一種腦病變，但如未能及時且處理不當時，可能引起不可逆的腦部病變，甚至造成患者死亡。

表 13-2

心臟血管疾病	說　明
心肌梗塞	由於冠狀動脈的阻塞血流減少，心肌因為嚴重缺氧，而發生壞死的狀態。目前有 ST 波段上升型心肌梗塞及非 ST 波段上升型心肌梗塞兩種，皆屬急性冠心症的表現。
急性心臟衰竭	任何心臟機能的異常，使得經心臟、末梢血管流向全身器官組織之血流得不到充分供應，以應付組織代謝的需要量，仍是大部分心臟的末期症狀。
主動脈剝離	主動脈剝離係指血液滲入主動脈血管壁之內膜與肌肉層中間之現象。當主動脈內膜因粥狀硬化等疾病而變得脆弱時，主動脈內膜剝裂而與原有的動脈肌肉層發生分離之現象，致使血液流入主動脈之肌肉層與內膜層之間隙，無法使身體各處器官獲得正常血流供應而致重大傷害。惟不包括因意外事故之急性創所引起主動脈剝離。
狹心症	心肌突然短暫地缺氧和缺血所引起絞痛的疾病，是一種缺血性心臟病（冠狀動脈心臟病）的主要症狀，或稱心絞痛。較嚴重的表現為不穩定心絞痛，則屬急性冠心症之一。
心臟停止	心臟無法博出血液，而使血液循環停止之狀態。因心臟起因造成的心臟停止，如心肌梗塞、心臟衰竭、心律不整（頻脈或緩脈或停止）、急性心肌炎、心臟破裂等。依國際疾病分類（ICD-10）含心臟停止、心因性猝死或不明原因之心臟停止。
心因性猝死	個案在發病後一小時內死亡（sudden death），若可歸因於心臟相關原因者。
嚴重心律不整	「心律不整導致猝死等」一直被視為職業原因的對象疾病，但是此疾病的心律不整，例如：心室頻脈、心室顫動、病竇症候群、房室結傳導障礙等是造成心臟停止或心臟衰竭症狀等的主要原因，可造成心臟停止，亦可歸因為心因性猝死。

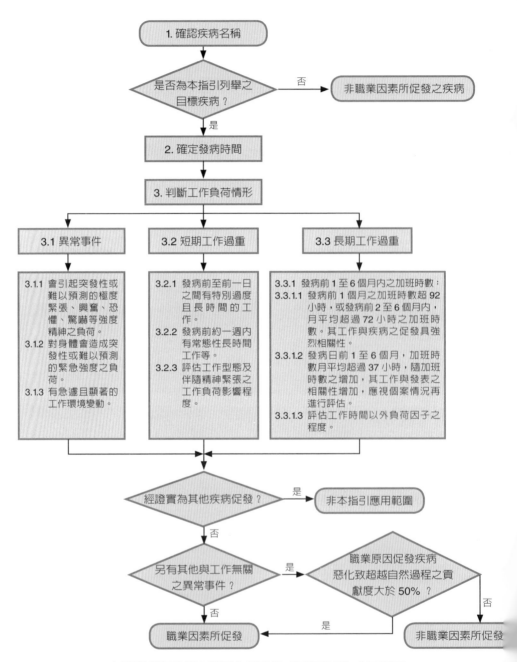

勞工機靈點，雇主睜大眼！

圖 13-1　判斷職業促發腦血管及心臟疾病（目標疾病）之流程圖

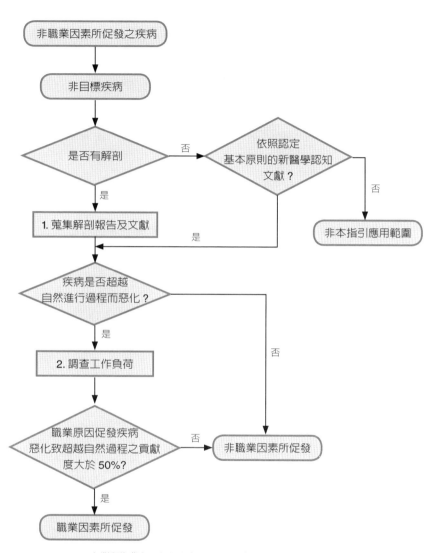

圖 13-2　判斷職業促發腦血管及心臟疾病（非目標疾病）之流程圖

疾病與職業相關性的判斷基礎

　　一般疾病的診斷著重於疾病是否存在的認定，爭議較少，而職業病的診斷涉及疾病與工作相關性的判斷，比較有爭議的空間。政府為了減輕職業病認定之申請者說明發病經過及與職業相關性的困難，以及促進職業病認定程序的迅速化及公正化，日本制定相關認定基準來協助判斷。認定基準是蒐集有關特定疾病的最新醫學知識，將在何種複數條件下會造成發病的情形予以歸納，並制定為定型化的基準。因此符合認定基準要件者，原則上視為職業疾病處置。但是醫學上可判定其症狀明顯為其他疾病時，或發病原因證實為職業以外的原因時，則不在此限。另一方面，即使是不屬於認定基準所列舉的疾病，若能證實其與職業有關時，仍應以職業疾病處置。

過勞案例層出不窮

● 案例一

> 　　汽車客運司機猝死：50 歲男性，從事客運駕駛工作，於行車途中發生心因性休克，送醫不治死亡。經調查其發病前一週總歷經工時約為 55.5 小時，實際勞動工時為 46 小時，發病前第三天和第五天分別有長達 13.83 和 15 小時的歷經工時，發病前六個月平均歷經加班工時為 71.21 小時，平均實際勞動加班工時為 18.84 小時，個案雖有抽菸及輕微高膽固醇之情形，但考量其工作關乎人命，工作有相當壓力，及客運駕駛工作性質雖為間歇性，然過長的歷經工時仍可能干擾個案睡眠休息時間，爰認定為職業促發疾病。

🔵 案例二

　　纖維染整公司作業員猝死： 47 歲男性，擔任布品檢包作業員約 10 年，於工作場所發生心因性休克，送醫不治死亡。經調查發病前 1 個月末加班，發病前 2-6 個月平均加班時數 83.2 小時，發病前 1-6 個月平均時數為 69.3 小時。個案雖有高血壓、心肌梗塞之病史及抽菸與飲酒之習慣，但考量其發病前確實有超時工作之情形，爰認定為職業促發疾病。

🔵 案例三

　　食品工業公司作業員急性心肌梗塞：27 歲男性，從事肉品製造業工作約 5 個月，於工作中促發心肌梗塞。經調查發病日至發病前 1 個月之加班時數為 54.89 小時，發病日前 2 至 6 個月加班時數及發病日前 1 至 6 個月加班時數不可考，惟考量其工作中需時常進出及停留於與室溫溫差達攝氏 30 度以上之冷凍庫，爰認定為職業促發疾病。

02 能者多勞，疲勞的「勞」
——預防過勞之實務做法

近年科技業工程師、客運業駕駛、保全人員及醫療機構醫師等接連發生過勞猝死案件，促使社會對於「過勞死」之重視與關切。「唯有安全健康勞動力，方能確保企業競爭力」，但在全球企業競爭下，壓低人事成本成為許多企業之選項，對於勞工而言，則意味著工作負荷的加重。為了保護工作者安全健康，國際勞工組織與先進國家對長工時、輪班、夜間工作皆有明確規範，部分國家並進一步規定長工時、夜班與輪班工作之健康管理措施。我國屬工時偏高之國家，而部分行業勞工超時幾成為常態，為強化雇主預防勞工過勞之責任，職業安全衛生法（以下簡稱職安法）第 6 條第 2 項增列預防過勞條款，明確規範雇主使勞工從事輪班、夜間工作及長時間工作，應妥為規劃並採取必要之安全措施。事業單位應依其規模、工作性質及資源，規劃相關預防計畫及措施。

以下之內容為參考國內外實務做法、我國相關勞動法令規定及台灣職業安全衛生管理系統（TOSHMS）指引架構，含政策、組織設計、規劃與實施、評估及改善措施，彙整相關建議做法，提供企業實務規劃參考，目的為透過系統化的管理方法，以落實推動輪班、夜間工作、長時間工作等異常工作負荷促發疾病預防。

▌預防管理策略

事業單位應明確宣示承諾確保勞工身心健康之政策，並會同勞工代表將相關預防輪班、夜間、長時間工作等異常工作負荷促發疾病之

預防措施（含勞資雙方之義務）訂定於安全衛生工作守則，且將政策與預防做法，公告周知，以落實勞動法規規範。

相關政策之推動可將之納入年度職業安全衛生管理計畫，對於達一定規模之事業，應依「職業安全衛生管理辦法」規定，設置職業安全衛生委員會，並應每三個月至少開會一次，視需要，邀請從事勞工健康服務醫護人員報告預防輪班、夜間工作、長時間工作等異常工作負荷促發疾病等健康服務事宜，並審議健康管理、職業病預防及健康促進等身心健康保護之事項。

具體的管理政策可包含下列主題：(1) 確保員工之工作時間、休息與休假狀況符合政府勞動規範，並進一步設計能符合工作者需求的工作時間與休假管理制度，以促進員工身心健康與家庭平衡；(2) 落實職場健康管理制度，包括健康評估、健康指導、工作調整、後續追蹤、案例調查等；(3) 積極推廣過勞疾病之預防教育，以多元方式向員工宣導工時規範、職場疲勞相關疾病之預防知識及健康管理策略。

組織設計

雇主應授權指定專責部門（簽署授權同意書），如人資、風險管理或職業安全衛生單位負責統籌規劃職業安全衛生事宜，並指派一名高階主管負責督導管理，及推動組織內全體同仁之參與；推動本預防計畫及措施相關事宜之分工，建議可參照職業安全衛生管理辦法及勞工健康保護規則之規定；對於事業達一定規模，依勞工健康保護規則需配置從事勞工健康服務醫護人員者，可授權賦予該單位醫護人員負責統籌本事宜，並訂定相關作業程序及建置內外部相關資源，惟涉及需其他部門配合者，如職業安全衛生、人資單位或其他相關業務單位之人員應配合協助辦理；針對事業設有總機構者，亦可使各地區事業單位依循事業單位總機構之政策或計畫規劃執行。

為利該等人員具足執行之能力，事業單位應安排相關教育訓練，

使其能勝任該工作；對於未達需設置職業安全衛生人員或勞工健康服務醫護人員者，可指派內部單位，如人資部門，透過外部資源如衛生福利體系之衛生局（所）或勞動部職業安全衛生署委託設置之各區職業傷病防治中心及其網絡或勞工健康服務中心資源提供協助，若有充裕經費，亦可委託外部專業團隊協助規劃執行。

▍ 規劃與實施

依職業安全衛生法施行細則第 10 條規定，職安法所定預防輪班、夜間工作、長時間工作等異常工作負荷促發疾病應妥為規劃之內容包含：高風險群之辨識及評估、醫師面談及健康指導、工作時間調整或縮短及工作內容更換之措施、健康檢查、管理及促進、成效評估並改善及其他有關安全衛生事項等。另依職業安全衛生設施規則第 324 條之 2，對於事業單位依勞工健康保護規則規定配置有醫護人員從事勞工健康服務者，事業單位應依其規模、勞工作業環境特性、工作型態等訂定異常工作負荷促發疾病預防計畫，並據以執行；依規定免配置醫護人員者，得以執行記錄或文件代替。相關執行記錄留存三年。以下相關疾病預防措施，事業單位可依內部組織、勞工作業環境特性及相關資源等參考運用並制定作業標準化流程。

● 辨識及評估高風險群

針對輪班、夜間工作、長時間工作、高度生（心）理負荷工作及處於特殊工作環境者評估。

可透過個人風險因子（以個人問卷調查或疾病史、健康檢查結果，如高血壓、糖尿病、高血脂症、肥胖、腰圍等）及工作型態與作業環境風險因子評估高風險群（詳可參閱職安署訂定之作業具過負荷危害健康服務工作指引之參、過負荷作業風險評估事項）。

1. 個人風險因子：參考韓國職業安全衛生局（KOSHA）的「腦心血管疾病發病風險評估工具」，統計每位勞工的風險數目，風險因子包括年齡、抽菸、總膽固醇數值、家族病史、生活型態、心臟

方面疾病等。

2.　工作型態及環境風險因子：如工時過長、長期夜班、長期輪班、高生理負荷工作、伴隨精神緊張的工作、經常出差及特殊工作環境（如噪音、異常溫度環境）等，依實際工作特性，訂定適當之工作型態及環境暴露風險評分級距及風險分級。

● 安排醫師面談及健康指導

面談及指導的目的，在於防止高危險群或是有危險性的勞工，因過度操勞而促發腦心血管疾病，以及防止心理健康失調，並期望達到早期發現、早期治療的目的。

1.　面談及指導的實施者：面談指導由醫師（從事勞工健康服務之醫師或職業醫學科專科醫師）負責執行；事業單位未達需設置勞工健康服務醫護人員者，可尋求職安署委託設置之各區職業傷病防治中心或勞工健康服務中心資源提供協助。

2.　面談及指導的場所：必須選擇適當且具隱私的場所，如事業單位的保健室（醫務室）、諮詢室等，若無前述的獨立空間，亦可考慮使用小型會議室、休息室等。

3.　面談指導的對象：

(1)　針對前項篩檢出之高風險群。

(2)　除前開對象外，若勞工長時間的勞動（每月平均加班工時超過 37 小時者）造成過度疲勞，且勞工本身對健康感到擔心而主動提出申請的勞工。

4.　面談指導之注意事項及後續處理：

(1)　為使醫師可以確實評估及對勞工提出建議，事業單位應先準備勞工之工作時間、輪班情形、工作性質、健康檢查結果及作業環境等資訊予醫師參考。

(2)　從事面談指導之相關業務人員，須事先向勞工說明，因實施業務得知之勞工健康或隱私等相關事宜，將遵守個人資料保護法等相關規定，不會洩漏個人之相關資料，使勞工可以放

心地接受面談指導。

(3) 可依風險評估之程度安排面談指導之時間，針對高風險者建議每個月面談一次，並規定一定的日期實施，惟此時間仍須視勞工之個別性安排。

(4) 面談後應依勞工之個別性提出面談結果及處理措施報告或記錄，並且保存三年；該面談結果可將之依「診斷」、「指導」及「工作」區分為三類。

● 調整或縮短工作時間及更換工作內容之措施

事業單位應參照醫師根據面談指導結果所提出的必要處置，採取相關措施，並留存記錄。若勞工經醫師專業說明，仍不願意配合工作調整，必要時，建議納入安全衛生工作守則，據以使事業單位勞工遵循。此外，醫師所提出之工作時間調整或變更工作等後續建議措施，必須是勞工與管理者雙方都能了解與接受的內容；另，若此工作之調整涉及勞動契約內容，應依勞動基準法之規定辦理，避免勞資爭議。

1. 調整或縮短工作時間：此建議盡量填寫數字或是具體表述，可以一個月為目標實施縮短工作時間，必要時於一個月後再次進行面談，依個案身心壓力情形，重新判定是否要加以縮短。

(1) 限制加班，如每個月許可加班幾個小時。

(2) 不宜加班，讓勞工依規定工作時間（不超過八小時）工作。

(3) 限制工作時間，如每天幾點到幾點可以工作，只能工作幾小時或不能上夜班等。

(4) 不宜繼續工作，檢查結果出現明顯異常，或治療中的疾病出現急速惡化的情形，必須住院治療。休養期間結束後，需重新面談，確認已經恢復或參考其主治醫師的判定後做出決定。

(5) 其他，如不適合責任制或其他工作時間外之臨時交辦工作，如網路軟體交辦工作，或配合家庭因素，如接送子女等彈性調整工作時間。

2. 變更工作：需與現場負責人交換意見，且為可執行的內容。

(1) 變更工作場所：若勞工與主管之間的人際關係不佳，或是不適應工作場所等，使其強烈感受工作造成嚴重的身心負荷，甚至喪失工作意願，或勞工因作業環境、作業狀態、業務責任感的問題造成其工作負擔，則可考慮變更工作場所，惟對於勞工來說，一旦工作場所變更，就必須適應新的工作環境與新的人際關係，新職務的壓力或許更大，所以需與勞工充分溝通並尊重其意見。

(2) 轉換工作：變更工作內容，轉調部門或轉換工作。為了降低勞工職務負擔而須轉換（減少／變更）作業時，需勞資雙方充分交換意見。若勞工為生產線的工作，可以讓其負責輔佐作業型的補充工作，或是擔任比目前職務負擔更輕的工作，或考慮調整為身體負擔較輕的事務性工作。

(3) 變更工作型態：從事相同的工作內容，但需調整工作之型態。從輪班制的工作（包含夜班）調整為正常班別，或減少夜班次數、換成白班等；尤其是針對正在就醫中的勞工，若醫師指示必須保持規律生活或是嚴格遵守服藥規定，或心理健康失調時，建議應該採取此措施。

(4) 其他，如調整出差頻率及範圍、調整勞動密度、休息時間、作業環境改善等，如空調或噪音等。

表 13-3　臨場醫師進行面談結果及採行措施表

預防輪班、夜間工作、長時間工作等異常工作負荷促發疾病執行記錄表

執行項目	執行	備註（改善情形）
辨識及評估高風險群	具異常工作負荷促發疾病高風險者_____人	
安排醫師面談及健康指導	1. 需醫師面談者_____人 1.1　需觀察或進一步追蹤檢查者_____人 1.2　需進行醫療者_____人 2. 需健康指導者_____人 2.1　已接受健康指導者_____人	
調整或縮短工作時間及更換工作內容	1. 需調整或縮短工作時間者_____人 2. 需變更工作者_____人	
實施健康檢查、管理及促進	1. 應實施健康檢查者_____人 1.1　實際受檢者_____人 1.2　檢查結果異常者_____人 1.3　需複檢者_____人 2. 應定期追蹤管理者_____人 3. 參加健康促進活動者_____人	
執行成效之評估及改善	1. 參與健康檢查率_____% 2. 健康促進達成率_____% 3. 與上一次健康檢查異常結果項目比較，異檢率_____%（上升或下降） 4. 環境改善情形：（環測結果）	
其他事項		

執行者：　　　　　　　　主管：　　　　　　　　年　　　月　　　日

附錄一

異常工作負荷促發疾病預防計畫

1　目的：

　　本公司為防止員工因工作負荷促發疾病即為俗稱的「過勞」，為「長期處在高度心理壓力之下所產生的身心耗弱狀態」，嚴重者甚至會造成工作者猝死，規範健康管理措施，特訂定本計畫管理之。

2　範圍：本公司全體勞工。

3　法規規定：

　3.1　職業安全衛生法第 6 條第 2 項第 2 款明定雇主應針對「採取輪班、夜間工作、長時間工作等異常工作負荷促發疾病之預防措施」，訂定異常工作負荷促發疾病預防計畫，以確保相關工作者之身心健康，職業安全衛生法施行細則第 10 條規定，所定預防輪班、夜間工作、長時間工作等異常工作負荷促發疾病。

　3.2　規劃之內容包含：高風險群之辨識及評估、醫師面談及健康指導、工作時間調整或縮短及工作內容更換之措施、健康檢查、管理及促進、成效評估並改善及其他有關安全衛生事項等。

4　定義：

　4.1　輪班工作：指該工作時間不定時輪替可能影響其睡眠之工作，如工作者輪換不同班別，包括早班、晚班或夜班工作。

　4.2　夜間工作：參考勞動基準法之規定，為工作時間於午後 10 時至翌晨 6 時內，可能影響其睡眠之工作。

　4.3　長時間工作：參考職業安全衛生署「職業促發腦血管及心臟疾病（外傷導致者除外）之認定參考指引」為近六個月期間，每月平均加班工時超過 46 小時者。

　4.4　其他異常工作負荷：不規則的工作、經常出差的工作、工作環

境（異常溫度環境、噪音、時差）及伴隨精神緊張之日常工作負荷與工作相關事件。

5　流程圖：無。

6　危害辨識及評估：

6.1　辨識及評估可能促發疾病之高風險群。

6.1.1　工作者資料蒐集以篩選適法對象。

6.1.1.1　輪班工作：過於頻繁（一週或更短的時間輪一次班）的輪班。

6.1.1.2　夜間工作：午後 10 時至翌晨 6 時之時間內工作者。

6.1.1.3　長時間工作：係指下列情形之一者。

一個月內延長工時時數超過 100 小時。

二至六個月內，月平均延長工時時數超過 80 小時。

一至六個月，月平均延長工時時數超過 46 小時。

6.1.1.4　高生（心）理負荷工作及處於特殊工作環境者：經常出差、下班後仍需待命進行遠端會議之工作者。

6.2　建立預警制度，以啟動評估預防措施。

6.2.1　當工作者之延長工時達下列情形之一時，應填寫工時檢核表。

6.2.1.1　一個月內延長工時時數超過 100 小時。

6.2.1.2　二至六個月內，月平均延長工時時數超過 80 小時。

6.2.1.3　一至六個月，月平均延長工時時數超過 46 小時。

6.2.1.4　若有出差或下班後須待命進行遠端會議者之出差時間及遠端會議時間達上列 1 至 3 情形者。

6.2.1.5　可透過個人風險因子（以個人問卷調查或疾病史、健康檢查結果，如高血壓、糖尿病、高血脂症、肥胖、腰圍等）及工作型態與作業環境風險因子評估高風險群。

7　預防做法及改善追蹤：

7.1 特約醫院面談及健康指導。

7.2 調整或縮短工作時間及更換工作內容之措施。

    7.2.1 選工、配工應以體格（健康）檢查為基準，了解新進員工的基本健康狀況。對於已經存在腦、心臟血管疾病危害因子者，除加強衛生教育、保健指導與醫療外，應加強職場中潛在工作相關風險因子的檢測與管控，追蹤任職後定期健康檢查的各項結果指標。如健檢結果之罹病風險增高者，需列冊考量進行配工之預防策略，同時配合職場健康促進計畫之推行，期改善個人健康狀況、作業環境條件以及推展職場健康促進。

    7.2.2 即使員工之臨床上心臟或血管功能尚可，也可能因為壓力、疲勞、情緒等因素影響到復工的意願，而中風所引起肢體與神經功能之損失，除應該積極復健外，如員工有積極復工意願者，也應依年齡、復原後之身體需求，提供彈性工作內容，以及再訓練、工作機會等。健康服務醫師應參考臨床專科醫師意見及醫療指引所作之工作建議，也應該充分與護理人員及其工作主管做溝通討論。

    7.2.3 評估有已知的危險因子存在時，應進行工作內容調整或更換、工作時間調整，以及作業現場改善措施，以減少或移除危險因子，工作調整，包括變更工作場所、變更工作內容或職務、縮減工作時間或工作量；或由服務醫師依前述評估結果撰寫臨場服務報告書，向總公司及工作者提出正式書面通知其過荷風險、健康指導、工作分派調整或更換建議等保護措施之規劃。總公司接獲服務報告書後，應立即指派相關人員（包含工務所主管、職安人員、人事室及其他相關部門）針對改善建議執行相關保護措施，後續再由醫師或職業衛生護理人員進行改善成效追蹤。

    7.2.4 輪班、夜間工作、長時間工作等具過勞與壓力風險之工作

者，或管理計畫執行中作業變更或健康狀況變化，應盡早告知臨廠服務醫護人員，以利管理計畫之啟動與執行。

7.3 實施健康檢查、管理及促進。

7.3.1 健康檢查管理。

7.3.1.1 配合健康檢查結果及醫師健康評估結果，採取工作管理措施，如變更工作者之作業場所、更換工作或縮短工作時間。

7.3.2 健康促進。

7.3.2.1 公司經常鼓勵利用職場外運動、不定期舉行員工文康活動等。

7.3.3 執行成效之評估及改善。

7.3.3.1 預防計畫之績效評估，在於總公司內所有具過勞與壓力工作者健康管理之整體性評估，包括接受預防計畫風險評估與風險溝通之參與率、職場健康促進計畫之達成率，由總公司指派專人定期至各工地實施過負荷作業防護計畫檢核並記錄以回饋作為定期改善指標。

7.3.4 預防計畫之執行情形與績效，應於職業安全委員會定期檢討。

8 其他有關安全衛生事項：

8.1 為避免雙方對於工時認定之爭議，如因事業經營所需訂定之相關內部規範而使用網路軟體作為工作交辦之工具，應依勞動基準法規定，訂定於工作規則中，並報請主管機關核備並公開揭示，以為勞資雙方遵循之依據。

8.2 過勞預防相關：可透過充足睡眠、健康運動、放鬆舒壓、健康飲食、社會支持等方式來減少壓力因子。

預防輪班、夜間工作、長時間工作等異常工作負荷促發疾病執行記錄表

執行項目	執行	備註（改善情形）
辨識及評估高風險群	具異常工作負荷促發疾病高風險者 _____人	
安排醫師面談及健康指導	1. 需醫師面談者_____人 1.1 需觀察或進一步追蹤檢查者 _____人 1.2 需進行醫療者_____人 2. 需健康指導者_____人 2.1 已接受健康指導者_____人	
調整或縮短工作時間及更換工作內容	1. 需調整或縮短工作時間者____人 2. 需變更工作者_____人	
實施健康檢查、管理及促進	1. 應實施健康檢查者_____人 1.1 實際受檢者_____人 1.2 檢查結果異常者_____人 1.3 需複檢者_____人 2. 應定期追蹤管理者_____人 3. 參加健康促進活動者_____人	
執行成效之評估及改善	1. 參與健康檢查率_____% 2. 健康促進達成率_____% 3. 與上一次健康檢查異常結果項目比較，異檢率_____%（上升或下降） 4. 環境改善情形：（環測結果）	
其他事項		

執行者：　　　　　　　主管：

年　　　月　　　日

異常工作負荷工作者之工時檢核表

部門	員工編號	員工姓名	總工作時間（上班打卡時間～下班打卡時間）						輪班工作	夜間工作	長時間工作		備註*
			4月	5月	6月	7月	8月	9月	一週或更短的時間輪一次班的輪班工作者	午後10時至翌晨6時之時間內工作者	一個月內延長工時工作時數超過100小時	近二至六個月月平均延長工時工作時數超過80小時／近一至六個月，月平均延長工時時數超過46小時	
研發部（範例）	J12345678	王小民	224	224	236	225	247	224					

* 若有出差或下班後須待命進行視訊會議者之出差時間及視訊會議時間達長時間工作情形者，除進行工時檢核外，並請於備註欄註明之

勞工霎點大眼，雇主睜大眼！

● 附件三

過勞量表

一、個人疲勞

1. 您常覺得疲勞嗎？

　　☐(1) 總是　　☐(2) 常常　　☐(3) 有時候　　☐(4) 不常
　　☐(5) 從未或幾乎從未

2. 您常覺得身體上體力透支嗎？

　　☐(1) 總是　　☐(2) 常常　　☐(3) 有時候　　☐(4) 不常
　　☐(5) 從未或幾乎從未

3. 您常覺得情緒上心力交瘁嗎？

　　☐(1) 總是　　☐(2) 常常　　☐(3) 有時候　　☐(4) 不常
　　☐(5) 從未或幾乎從未

4. 您常會覺得「我快要撐不下去了」嗎？

　　☐(1) 總是　　☐(2) 常常　　☐(3) 有時候　　☐(4) 不常
　　☐(5) 從未或幾乎從未

5. 您常覺得精疲力竭嗎？

　　☐(1) 總是　　☐(2) 常常　　☐(3) 有時候　　☐(4) 不常
　　☐(5) 從未或幾乎從未

6. 您常常覺得虛弱，好像快要生病了嗎？

　　☐(1) 總是　　☐(2) 常常　　☐(3) 有時候　　☐(4) 不常
　　☐(5) 從未或幾乎從未

二、工作疲勞

1. 您的工作會令人情緒上心力交瘁嗎？

　　☐(1) 總是　　☐(2) 常常　　☐(3) 有時候　　☐(4) 不常
　　☐(5) 從未或幾乎從未

2. 您的工作會讓您覺得快要累垮了嗎？

　　☐(1) 總是　　☐(2) 常常　　☐(3) 有時候　　☐(4) 不常

☐(5) 從未或幾乎從未

3. 您的工作會讓您覺得挫折嗎？

　　☐(1) 總是　　☐(2) 常常　　☐(3) 有時候　　☐(4) 不常
　　☐(5) 從未或幾乎從未

4. 工作一整天之後，您覺得精疲力竭嗎？

　　☐(1) 總是　　☐(2) 常常　　☐(3) 有時候　　☐(4) 不常
　　☐(5) 從未或幾乎從未

5. 上班之前只要想到又要工作一整天，您就覺得沒力嗎？

　　☐(1) 總是　　☐(2) 常常　　☐(3) 有時候　　☐(4) 不常
　　☐(5) 從未或幾乎從未

6. 上班時您會覺得每一刻都很難熬嗎？

　　☐(1) 總是　　☐(2) 常常　　☐(3) 有時候　　☐(4) 不常
　　☐(5) 從未或幾乎從未

7. 不工作的時候，您有足夠的精力陪朋友或家人嗎？（反向題）

　　☐(1) 總是　　☐(2) 常常　　☐(3) 有時候　　☐(4) 不常
　　☐(5) 從未或幾乎從未

計分：

A. 將各選項分數轉換如下：(1)100 分。　(2)75 分。　(3)50 分。
(4)25 分。　(5)0 分。

B. 個人疲勞分數：將第 1~6 題的得分相加，除以 6，可得個人相關
過負荷分數。

C. 工作疲勞分數：第 1~7 題分數轉換同上，第 7 題為反向題，分數
轉換為：

(1)0 分。　(2)25 分。　(3)50 分。　(4)75 分。　(5)100 分。

將 1~7 題之分數相加，並除以 7。

分數解釋：

疲勞類型	分數	分級	解釋
個人疲勞	50 分以下	輕微	您的過負荷程度輕微，您並不常感到疲勞、體力透支、精疲力竭，或者虛弱好像快生病的樣子。
	50 ～ 70 分	中度	您的個人過負荷程度中等，您有時候感到疲勞、體力透支、精疲力竭，或者虛弱好像快生病的樣子。建議您找出生活的壓力源，進一步地調適自己，增加放鬆與休息的時間。
	70 分以上	嚴重	您的個人過負荷程度嚴重，您時常感到疲勞、體力透支、精疲力竭，或者虛弱好像快生病的樣子。建議您適度地改變生活方式，增加運動與休閒時間之外，您還需要進一步尋找專業人員諮詢。
工作疲勞	45 分以下	輕微	您的工作相關過負荷程度輕微，您的工作並不會讓您感覺很沒力、心力交瘁、很挫折。
	45 ～ 60 分	中度	您的工作相關過負荷程度中等，您有時對工作感覺沒力、沒有興趣、有點挫折。
	60 分以上	嚴重	您的工作相關過負荷程度嚴重，您已經快被工作累垮了，您感覺心力交瘁、感覺挫折，而且上班時都很難熬，此外您可能缺少休閒時間，沒有時間陪伴家人朋友。建議您適度地改變生活方式，增加運動與休閒時間之外，您還需要進一步尋找專業人員諮詢。

心理健康量表

（資料來源：科技部 / 李昱醫師研發之憂鬱症量表）

	沒有或極少 （每週 1 天以下）	有時 （1~2 天 /週）	時常 （3~4 天 /週）	常常 / 總是 （5~7 天 /週）
1. 我常常覺得想哭				
2. 我覺得心情不好				
3. 我覺得比以前容易發脾氣				
4. 我睡不好				
5. 我覺得不想吃東西				
6. 我覺得胸口悶悶的				
7. 我覺得不輕鬆、不舒服				
8. 我覺得身體疲勞虛弱無力				
9. 我覺得很煩				
10. 我覺得記憶力不好				
11. 我覺得做事時無法專心				
12. 我覺得想事情或做事時比平常要緩慢				
13. 我覺得比以前沒信心				
14. 我覺得比較會往壞處想				
15. 我覺得想不開，甚至想死				
16. 我覺得對什麼事都失去興趣				
17. 我覺得身體不舒服				
18. 我覺得自己很沒用				

計分方式：

「沒有或極少表示」　　　　0 分　　　　「有時候表示」　　　　1 分
「時常表示」　　　　　　　2 分　　　　「常常或總是表示」　　3 分

8 分以下：情緒穩定
9~14 分：情緒較不穩定，多注意情緒變化，多給自己關心
15~18 分：壓力負荷已到極點，需要找朋友交談、舒緩情緒
19 分以上：必須找專業醫療單位協助

評估勞工過負荷問卷

填寫日期：_____年_____月_____日

一、基本資料

姓　　名		性　　別	□男　　□女	
出生日期	年　月　日	婚姻狀態	□未婚　□已婚　□離婚　□鰥寡	
公司名稱		年　資	年　　月	
工作部門		職　稱		

二、個人過去病史（經醫師確定診斷，可複選）

□無
□睡眠相關呼吸疾病（如睡眠呼吸中止症）　　　□中樞神經系統疾病（如癲癇、脊椎疾病）
□周邊神經系統疾病（如腕隧道症候群）　　　　□情感或心理疾病
□眼睛疾病（不含可以矯正之近視或遠視）　　　□聽力損失
□心臟循環系統疾病（如高血壓、心律不整）　　□糖尿病
□上肢或下肢疾病（如會導致關節僵硬、無力等症狀之疾病）
□血脂肪異常　　　□氣喘　　　□長期服藥，藥物名稱：_____
□其他_____

三、家族史

□無
□一等親內的家屬（父母、祖父母、子女）男性於 55 歲、女性於 65 歲前發生狹心症或心絞痛
□家族中有中風病史
□其他_____

四、生活習慣史

1. 抽菸 □無　　□有（每天_____包、共_____年）□已戒菸_____年
2. 檳榔 □無　　□有（每天_____顆、共_____年）□已戒_____年
3. 喝酒 □無　　□有（種類：_____、頻率：_____）
4. 用餐時間不正常 □否　　□是；外食頻率 □無　　□一餐　　□兩餐　　□三餐
5. 自覺睡眠不足 □否　　□是（工作日睡眠平均_____小時；假日睡眠平均_____小時）
6. 運動習慣 □無　　□有（每週_____次、每次_____分）
7. 其他_____

五、健康檢查項目

※ 最近一次健康檢查時間：_____年_____月
※ 是否同意檢附健康檢查報告相關數據，以作為心腦血管健康風險評估？
　　□不同意　　□同意（請填寫下列檢查結果，並簽名。同意人簽名：_____）

1. 身體質量數_____（身高_____公分；體重_____公斤）
2. 腰圍_____（M:＜ 90；F:＜ 80）
3. 脈搏_____
4. 血壓_____（SBP:135/DBP:85）
5. 總膽固醇_____（＜ 200mg/dL）
6. 低密度膽固醇_____（＜ 100 mg/dL）
7. 高密度膽固醇_____（≧ 60 mg/dL）
8. 三酸甘油酯_____（＜ 150 mg/dL）
9. 空腹血糖_____（＜ 110 mg/dL）
10. 尿蛋白_____
11. 尿潛血_____

勞工機靈點，雇主睜大眼！

六、工作相關因素

1. 工作時數：平均每天 _____ 小時；平均每週 _____ 小時
2. 工作班別：□白班　　□夜班　　□輪班（輪班方式：_____）
3. 工作環境（可複選）：□無　　□噪音（_____ 分貝）
   □異常溫度（高溫約 _____ 度；低溫約 _____ 度）
   □通風不良　　□人因工程設計不良（如：座椅、振動、搬運等）
4. 日常伴隨緊張之工作負荷（可複選）
   □無
   □經常負責會威脅自己或他人生命、財產的危險性工作
   □有迴避危險責任的工作
   □關乎人命，或可能左右他人一生重大判決的工作
   □處理高危險物質的工作
   □可能造成社會龐大損失責任的工作
   □有過多或過分嚴苛的限時工作
   □需在一定的期間內（如交期等）完成的困難工作
   □負責處理客戶重大衝突或複雜的勞資紛爭
   □無法獲得周遭理解或孤立無援狀況下的困難工作
   □負責複雜困難的開發業務，或公司重建等工作
5. 有無工作相關突發異常事件（如近期發生車禍、車子於行駛中發生重大故障等）？
   □無　　□有（說明：_____）
6. 工作環境中有無組織文化、職場正義問題（如職場人際衝突、部門內部溝通管道不足等）？
   □無　　□有（說明：_____）

七、非工作相關因素

1. 家庭因素問題 □無　　□有（說明：_____）
2. 經濟因素問題 □無　　□有（說明：_____）

● 附件六

預防改善情形追蹤表

高風險族群之異常工作負荷促發疾病預防改善情形追蹤表

部門	員工編號	員工姓名	已通知當事人	工作指導建議日期	已通知主管	醫師指示之工作指導						醫師評估
						建議情形	工作限定	工作限制、禁止	工作調整	工作變更	其他	回復情況良好不需進行追蹤
						建議改善內容						
						通知工地員人改善日期						
						改善內容						
						實際改善執行日期						
						建議改善內容						
						通知工地員人改善日期						
						改善內容						
						實際改善執行日期						
						建議改善內容						
						通知工地員人改善日期						
						改善內容						
						實際改善執行日期						

第 **14** 章

中暑熱衰竭

01 / 把自己許配給公司空調
——熱疾病的危害與預防

近年來由於產業的轉型，大多數的產業均朝向技術密集型發展，但不論產業型態如何轉變，熱作業環境依然與產業型態密不可分，因此熱作業所產生的危害已逐漸受到政府、雇主與勞工的重視。易中暑高危險群，包括：老人、嬰兒及幼童、病患（包括心臟病、高血壓患者及正在使用藥物治療者）、工作過勞者或運動者、體重過重者，需小心避免中暑。因全球暖化效應造成氣候異常變化，夏季國內外氣溫偏高時有所聞，依衛生署及勞動部統計資料顯示，每年七至九月太陽照射強度及溫度較高時，發生熱疾病（如：熱中暑、熱衰竭、熱痙攣及熱暈厥等）的案例也較高，應預防高氣溫勞工熱危害。

全球暖化涉及之層面廣泛，惟有關勞工於戶外高氣溫環境作業之熱危害預防，仍屬勞工安全衛生管理之一環，亦為雇主照顧勞工安全健康義務。本書以淺顯易懂之形式，提供事業單位及作業勞工有關熱作業健康危害及預防之知識，俾使事業單位提高生產之同時亦可保障勞工，將災害發生率降至最低。

▌人體對熱的反應

人體的腦幹中之下視丘為體溫調節中樞，藉著均勻分布於皮膚內之冷覺、熱覺接受器提供正確的體溫資訊，使下視丘正確地傳達指令以保持體溫之恆定。例如：當身體在運動或工作時，體內會因作功而產生代謝熱致使血液溫度升高，此時下視丘會透過中樞神經傳遞訊息使血管擴張及血流加速，將過多的體熱經由皮膚以傳導、對流及輻射

等方式將熱散失至體外。唯若前述方法仍無法降低體內的溫度，則需再藉由出汗而使體溫降低，這就是為什麼人體在劇烈運動後會感到心跳加速、全身出汗的原因。

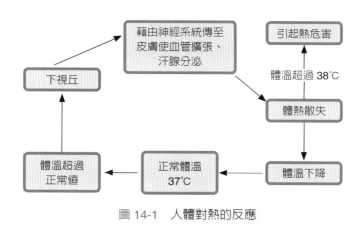

圖 14-1　人體對熱的反應

　　依照「高溫作業勞工作息時間標準」所定之高溫作業規定，在戶外高氣溫下從事營造工程、道路及室外電線桿維修、園藝植栽等作業的勞工，並不算是高溫作業。但雇主對需要在高氣溫作業下工作的勞工，應依據勞工健康保護規則，實施勞工健康管理，選配適當勞工作業及調整作息時間。戶外作業者很多時候是在高氣溫環境下進行，勞工於該環境下作業，應特別留意熱危害對自身的影響。熱危害主要是因為身體經歷熱應力後體溫急遽上升，當身體散熱速度不及體溫增加速度時，便會造成熱力失調的情形，進而影響身體健康，甚至對勞工生命造成嚴重威脅，若能提升事業單位及作業勞工辨別熱危害及預防相關知識，於事業單位提高生產同時亦保障作業勞工安全，將可避免不必要的災害發生。

熱疾病症狀概略說明

1.　熱中暑：

在高溫環境暴露造成體溫超過 41.1℃ 以上，同時有神經功能異常（如昏迷、抽搐），即是熱中暑。常是因為體溫調節能力失常所致，造成排汗功能異常、散熱功能變差，老人、小孩、慢性疾病與酗酒者均是高危險群。輕微中暑的症狀為臉色發紅、口渴、頭暈、噁心、心悸和四肢無力，症狀惡化時加上胸悶、血壓下降。嚴重時即突然昏迷，體溫如果超過 42℃，死亡率會高達 80% 以上。

2. 熱衰竭：

是高溫環境造成排汗過多，同時流失大量水分和鹽分等電解流失，體溫大多是正常或者是稍微上升。病人有頭痛、虛弱、無力、噁心、嘔吐、蒼白，嚴重時會躁動、休克，甚至昏迷。由於患者中心體溫不會超過 40℃，只要盡快打點滴補充水分和電解質，死亡的危險很低。

3. 熱痙攣：

是指在高溫環境大量流汗時，因為鹽分流失造成四肢出現肌肉痙攣的現象。如果情況嚴重卻沒有即時處理，會引起呼吸肌肉的抽筋，導致呼吸困難，少數案例甚至有死亡的風險。

▎熱危害預防方法

1. 勞工健康管理：

雇主對勞工進行體格檢查，凡勞工有高血壓、心臟病、糖尿病、精神病、肝疾病、消化性潰瘍、內分泌失調、無汗症及腎疾病等症狀者，或服用影響體溫調節或造成出汗或脫水的藥物，或肥胖、高年齡、曾經患熱疾病，因其身體循環與調節機能較差，應隨時注意勞工身體健康狀況，避免在高氣溫下工作。

2. 熱適應能力：

雇主對於勞工未曾在高氣溫環境工作，為增加勞工對熱的忍耐能力，規劃其熱適應時間至少六天，第一天作業時間可安排為全部工作時間之 50%，而後逐日增加 10% 之工作量。

3. 補充水分：

    應充分提供適當飲料、以 10-15℃ 飲用水為佳，或提供運動飲料及加少許鹽的冷開水，或可考慮食用具膠質之冷飲，以減緩人體水分流失。

4. 提供陰涼之休息場所：

    工作場所應運用風扇、細水霧或其他技術以降低工作環境氣溫、安排輪替休息時間，並監測環境溫度變化。

5. 個人防護器具：

    建議選擇白色、通風良好的安全帽，使用經冷藏之冷媒衣或冷媒包（放在口袋），輔助身體冷卻。環境溫度中輻射熱溫度超過 50℃ 時，即應穿著熱防護衣或使用熱防護用具。

6. 實施教育訓練：

    對於高溫危害及熱疾病預防教育宣導，強化勞工自我保護知能，如自覺身體不適，盡量不要勉強工作，並在陰涼處稍做休息，減少單獨作業，適時通知工作夥伴請求協助，以避免熱危害之發生。

7. 規劃急救與應變機制：

    勞工如發生熱疾病，先將其移到陰涼的地方，保持呼吸道暢通，脫掉外衣協助降溫，補充水分，必要時送醫處理等機制。

蜂哥小筆記

02 / 皇上，求您把我打進冷宮
——對熱疾病的應對措施

　　高溫作業環境之危害，不似有機溶劑、特化或粉塵等有害物質作業環境明顯，但雇主應依事業的規模、特性，訂定職業安全衛生管理計畫，另依「勞工健康保護規則」規定，實施勞工健康管理，依勞工身體狀況適當選配作業勞工及調整作息時間，並掌握工作環境及勞工身體狀況，指導及提供勞工適當的防護措施；而勞工更要對自己的身體狀況以及環境情形提高警覺，熟悉熱危害症狀、處理方式，以減少熱疾病發生。

　　勞工因高氣溫引發疾病（如：熱中暑、熱衰竭、熱痙攣等）之機率也相對增加，尤其必須於戶外日照下從事勞動之農事、營造、道路及室外電線桿維修等作業，在夏季期間，更應特別留意戶外作業熱危害之風險。

▌美國勞工部的做法

　　美國勞工部職業安全衛生署（Occupational Safety and Health Administration, OSHA）發展技術手冊（OSHA Technical Manual, OTM），其內容是依據現有研究出版物、OSHA（即美國勞工部職業安全衛生署）標準和具有共識的標準撰寫，並提供職業安全和健康主題的技術訊息和指導。手冊的主要目的是協助 OSHA 安全和衛生檢察官員在危害辨識、安全與健康問題及事故預防提供指導。手冊第三部分〈健康危害〉（Health Hazards）第 4 章〈熱壓力〉（Heat Stress）針對工作場所熱調查、採樣、評估與控制提供相關參考建議。有關熱壓

力調查、評估係參考美國政府工業衛生師協會（American Conference of Governmental Industrial Hygienists, ACGIH）基於保護工作者的核心體溫（deep body temperature）不超過 38℃的原則下，1992 年所公布工作負荷（work load）與作息時間方案（work/rest regimen）建議，綜合溫度熱指數（Wet Bulb Globe Temperature Index, WBGT）為建議使用的熱壓力評估指標，運用作為不同作息時間與工作負荷的 WBGT 建議值。

事實上在美國，熱浪（heat wave）為所有天然災害（如洪水、雷電、龍捲風、颶風等等）中的頭號殺手，在每年導致約 1,500 人死亡，1978 年熱指數（Heat Index, HI）由 George Winterling 發展評估熱壓力指標，HI 係透過結合環境溫度（乾球溫度）以及相對濕度，推算在該溫濕度組合時人的熱感覺溫度（「felt air temperature」或「apparent temperature」），1979 年美國海洋暨大氣總署國家氣象局（National Oceans & Atmosphere Administration National Weather Service, NOAA NWS）採用 HI 為戶外天氣熱壓力評估與警示工具。

▋ 日本厚生勞動省的做法

日本生氣象學會所訂定之熱中暑防治指引中，針對暑熱指數之評估方式與代表意涵作詳盡的說明，並提供依據利用空氣溫度與相對濕度進行簡易 WBGT 換算的評估方式。WBGT 數值所對應之健康危害風險可區分為四個等級，第 I 級為「注意」，其 WBGT < 25℃，在此時高代謝率的活動仍具有熱疾病風險。第 II 級為「警戒」，其 WBGT 範圍 25-28℃，在此時活動者應確保水分的補充。第 III 級為「嚴重警戒」，其 WBGT 範圍值 28-31℃，在此狀

圖 14-2　乾熱的大地

況下應停止進行激烈運動。第 IV 級為「危險」，其 WBGT ≥ 31℃，在此時應停止所有活動。

　　日本厚生勞動省於 1996 年 5 月 21 日（以基安發第 329 號）提出職場熱中暑預防指引，2010 年 6 月 19 日（以基安發第 0619001 號）提出職場熱中暑預防對策指引（取代職場熱中暑預防指引），主要內容包括：

1. 作業環境管理：(1) 降低作業場所 WBGT 值；(2) 休息場所的整理與準備。
2. 作業管理：(1) 作業時間縮短；(2) 勞工熱適應；(3) 水（鹽）分攝取；(4) 衣著選擇；(5) 作業中的巡視。
3. 健康管理：(1) 依健康診斷結果安排適當工作；(2) 日常生活健康管理；(3) 作業前健康狀況確認；(4) 作業中或休息時健康狀況確認。
4. 勞動衛生教育。
5. 緊急處置：(1) 緊急醫療聯絡網建置與公告；(2) 熱中暑的急救處理。

圖 14-3　勞動部慎防中暑廣告

依日本消防廳統計西元 2007 年 8 月分因熱中暑送醫人數高達 4 千餘人，較平成 18 年高出 2 倍以上（較平成 16 年高將近 4 倍）。2007 年 12 月 21 日日本召開熱中暑關係省廳聯絡會議，邀請消防廳、文部科學省、厚生勞動省、農林水產省、氣象廳、環境省共同規劃、執行及分享資源，以預防全國熱疾病發生。其主要策略說明如下：

1. 氣象資訊提供，喚起大家注意：由日本氣象廳（Japan Meteorological Agency）與日本環境省（National Institute for Environment）合作提供預警。

2. 熱中暑預防對策、處理與知識宣導：由消防廳負責急救處理，文部科學省、厚生勞動省、農林水產省、環境省等單位針對學校、職場、高齡者、農務作業及節能造成的熱中暑預防對策研擬與知識宣導。

3. 由消防廳、文部科學省、厚生勞動省負責發生熱中暑的資訊蒐集與統計。

4. 熱中暑的調查研究：由厚生勞動省與環境省分別針對熱中暑實況調查和預防及地球暖化影響規劃研究。

5. 熱中暑預防在地方執行成效檢討。

灑水設施及遮陽棚

結構體水霧降溫設備運作情形

勞工休息區加裝水霧設備

環境溫度 38.2°C → 32.4°C，共降 5.8°C

圖 14-4　營造工地可以設置預防人員中暑相關降溫措施

第 **15** 章

職業災害

01 人只有一條命，但災害有很多種
——職業災害的定義與種類

　　一般就職災事故可以依照其嚴重程度可區分為職災死亡、職災失能、職業傷害三種類型。而我國職災事故的發生率，男性勞工約為女性的四到六倍，且以愈年輕、缺乏工作經驗或臨時工，以及 50 歲以上之勞工，發生率較高。

▌一般職業災害分類

1. 生物性災害：生物性因子包括細菌、病毒、黴菌、寄生蟲，可傳播的管道有接觸感染病人或汙染的體液。

2. 設施性災害：包括梯子、施工架及作業架等的墜落、翻倒；建築物或構造物的倒塌、崩塌；坑道的落石、出水等形成的災害。

3. 機械性災害：包括各種動力機械的切刺、割削、擦傷、壓傷、衝撞、脫軌、振動、斷裂、挾捲等所造成的傷害。

4. 物理性災害：包括高低溫、高低壓、噪音、紫外線、紅外線及各種輻射線等所造成的傷害。

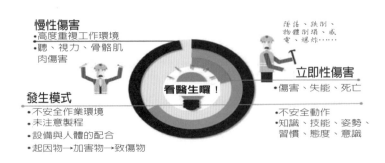

圖 15-1　職業災害與發生原因

5. 化學性災害：包括粉塵、廢氣、燻煙、有毒物質、致癌物質、可燃或易燃性物質所造成的火災或爆炸等所導致的災害。

6. 電氣性災害：指因觸電、電擊或電氣火災所造成的災害。

7. 心理性災害：導致個人產生潛在的壓力、情緒的牽動或人際關係的問題。

▌具體的職業災害防範對策

1. 做好安全衛生環境的規劃與維護工作，包括廚房建築的規劃、採光、通風、照明的設計、工作程序的安排、機具的防護、物料的儲存，及工作場所內務的整理等工作。

2. 接受安全衛生訓練。利用新進勞工講解及工作前指導的機會，確實了解正確的工作方法及安全衛生措施，並安排在職訓練，提高防災智慧。

3. 做好安全衛生檢查工作。有計畫針對自己的工作項目，實施安全衛生檢查，隨時報告不安全的環境與工作狀況，及早加以改進，以避免災害的發生。

4. 做好災害調查分析以發現災害發生的真正原因，避免類似的災害再度發生。

防護
- 口罩、耳塞、護腕、防護衣
- 減少與危害物接觸機會

姿勢
- 搬運重物時，務必蹲下
- 舒活拉筋，尤其是大腿後側及腰背部肌肉群。

防疫
- 工作前後、飲食前洗手
- 醫護人員接受疫苗注射

處理
- 學習傷口處理
- 感染控制
- 發現、診斷、治療

圖 15-2　職業災害防範對策

5. 進行工作安全分析。對於自己所從事的工作將之分解成若干基本步驟，以檢討每一步驟所可能發生的潛在危險，並研究防範的措施。

6. 確實遵守作業場所中，由企業主管階層及作業人員共同制定的安全衛生工作守則。

7. 利用工程和技術，消除機器設備工作程序、物料和工作場所環境等可能產生的危害因素。

8. 使用適當的個人防護裝備，並遵守有關的安全衛生規定，以保護自身的安全。

9. 培養安全的心理觀念，改正不安全的個人工作態度及習慣。

10. 定期健康檢查，以早日發現潛在的職業病害和適時治療。

02 把金鐘罩鐵布衫都穿上！
——安全防護

▋ 個人安全防護

安全防護極為重要、範圍很廣，在台灣，現今使用防護設備除在一些較大具規模的公司外，一些小公司、中小企業幾乎不太重視，因為老闆、員工可能認識並不多，不然就是必須花一些錢或覺得麻煩等種種原因，使得防護措施實行並非很好，以下就用幾點來討論：

● 工作場所布置與整潔

員工若能主動參與、妥善規劃、施行得宜並持之以恆，必將可以

獲得諸多成效如保障工作安全、提高生產效率、確保產品品質等，但要做好布置工作須考慮廠房本身的建築確實安全，地面或樓梯能配合工作性質，承受必要的振動及重量，並有適當的通道及設施，尤其地面及工廠空間、安全門的位置、通道的通暢、樓梯的堅固度、寬廣、耐滑等等。而在整潔方面就是要做到整理、整頓、清掃、清潔等四項活動。

● 安全衛生標示

　　主要以文字、圖形、符號及顏色來顯示，依職業安全衛生設施規則規定下列對象要訂定信號、標示或說明等：

1. 有關安全衛生規定，應揭示於工作場所或其他明顯處所。
2. 有一定順序之機械設備操作，應在適當處所予以標示說明。
3. 具有危險、有害人體之工作處所或具有危險性之機具、輸送化學品管線、危險液體容器應以圖示顏色等標示或警告。
4. 各工作場所及設備危險因素界限，予以明白標示。
5. 機具最大安全負荷並加以明顯標示。
6. 急救用具及材料設備應加以明顯標示。

● 工作場所的安全標示分類

1. 一般說明及提示性質者：有正方形及長方形二種，顏色為綠色，使用之處所如太平門、急救站、消防栓、診所、救護車。
2. 警告標示：圖形為尖端向上之正三角形，顏色為橙色或紫紅色，使用之處所如高壓電、高溫作業區、有毒物品、輻射危險等。對於下列危險場所，除了裝設警告標誌外，並應要求配戴適當防護具或具備專業知識的人員才可進入。
　　⑴有害氣體或物質超過容許濃度的場所；桶槽或高壓電地點。
　　⑵氧氣濃度未滿 18% 或易燃易爆物儲存的場所。
　　⑶具有害光線、超音波或設置大量高熱物體的場所。
3. 禁止標示：圓形，藍色，如禁止攀越、禁止煙火、不准通行等。
4. 注意標示：圓形為尖端向下之正三角形，黃色，如當心地面、注

意頭頂等。

● 物料搬運與儲存

物料搬運，最常見的傷害包括扭傷、挫傷、瘀傷等，而造成這些傷害主要大多為不安全的工作方法所引起，諸如舉重不當、負荷過重、抓握不得要領、未能注意手部與足部預留適當的空間，以及未能穿戴適當的防護具。作業人員在從事人力搬運時，應注意以下事項，以避免自己受傷或傷及他人。

1. 檢查物料是否有尖刺裂片、鋸齒形邊緣、起毛、粗糙或滑手之表面。
2. 緊緊握牢搬運的物件。
3. 放下物件時，手指應避開會夾或會剪的接觸點。
4. 搬運長的物件如木材、管子時，手應離開物件的兩端以免被夾住。
5. 搬運有油脂或濕滑、骯髒的物件之前，應先用抹布擦拭不潔物及水。
6. 手上沾油膩的東西，勿搬運物料。

此外，拿物放件時最常發生背脊扭傷，因此作業勞工也應養成正確提舉姿勢，以避免背脊扭傷。

有規劃的物件儲存不但可以減少人力浪費、原料搬至生產線或出貨地點的次數與增加空間的利用，也可減少作業人員受傷及物料損壞的可能性，而在儲存作業時應注意下列事項：

1. 倉庫內嚴禁煙火，且不得使用電爐等發熱器具。
2. 易燃易爆等危險物料，應儲存於單獨之隔離倉庫。
3. 下班後或倉庫無人看管時，應切斷一切電源。
4. 堆積物料之地基應平實，底層物料不被壓毀，無崩塌之危險。
5. 對於有倒塌之危險應採取綑綁、張設護網、禁止閒人進入。
6. 纖維纜索綑綁貨物時，應檢查是否有斷裂；若有，則立即更換。
7. 物料堆放應不可超過最大負荷量，不能影響照明、堆高機之操作，不得阻礙交通或出入，不得妨礙消防器具之緊急使用，不得倚靠

倉庫牆壁或屋架支柱堆放。

8. 不得從大堆物料抽取物料。

● 個人防護具

一般指由作業勞工直接穿著在身上從事工作以保護身體的某些部分或全部的器具，使其免受到傷害或使傷害降至最小的程度。茲將防護具的種類和使用時機分述如下：

1. 呼吸器防護：防護口罩、防毒面罩、輸氣管面罩等。凡作業必須在有害氣體、蒸氣、粉塵發散的工作環境或在此環境緊急搶救、避難，則應依環境的條件選用適當的呼吸防護具。

2. 眼睛防護：防塵眼鏡與遮光眼鏡。凡工作中有可能讓作業過程產生之塵屑掉入眼睛或焊接產生強光者，須配戴防塵或遮光眼鏡。

3. 耳部防護：耳塞、耳罩等。凡工作人員在噪音超過九十分貝的工作場所均應帶耳塞、耳罩。使用耳塞於開始工作前，應將適當的耳塞，塞入兩耳中，切勿使用紙、棉花、布或其他一時權宜的東西代替耳塞，並且常消毒耳塞。

4. 頂部防護：凡有人員或物體墜落的可能均須配戴安全帽，安全帽可概分一般用、機車用、電氣用或裝卸用等四種。安全帽於使用時，應扣緊戴妥，感覺舒服為適度，頭頂與帽殼間，留有適當的空隙約 38mm，且於配戴前，應檢查帽殼有無破裂，帶子有無損壞，若有，立即予以更換或修理。不得在安全帽上打擊、鑽洞以免損及強度。

5. 身體的防護具包括：

   ⑴安全鞋及工作鞋：安全鞋用於保護腳尖傷害及避免穿底災害。工作鞋乃為便於工作上輕快方便。

   ⑵安全帶：用於防止人員墜落，種類有桿上型、腰圍型、跨骨型及吊型。

   ⑶防護衣：有處理輻射用防護衣、防熱用防護衣、防靜電用防護衣。

6. 手部的防護具（手套）要點為：

(1)耐熱手套：處理灼熱物體的作業使用。

(2)一般作業用手套：有棉質及皮質，適用於一般工作。

(3)焊接用手套：焊接作業使用。

(4)藥品處理用手套：處理酸鹼等化學作業使用。

(5)其他為處理輻射用手套。

(6)電氣用橡膠手套：適用於電氣作業使用。

7. 佩戴個人防護具時，應注意之原則：

(1)應該依照工作性質的需要，選用最適當的防護具。

(2)防護具必須合乎安全規格的要求。

(3)防護具的穿戴應以舒適方便為宜，對工作的干擾愈小愈好，以免在工作時出現不安全的動作。

(4)使用者必須了解防護具的性能、規格與清潔維護方法。

(5)由於目前多數呼吸防護具及安全帽都是進口，在本土資料建立後，應建立本土的規格並須考慮熱帶氣候，以增進防護具使用時之舒適性，提高佩戴意願。

個人與機器防護的法則

有關人體保護裝備有三項要素值得考慮：

1. 必須決定「需要」，不可預料之緊急事件，如火災、油箱破壞或其他可能發生之事件，須常常籌劃預防，並準備保護裝備。

2. 工人穿戴裝備要「適合」，亦即需舒適，外觀大方。

3. 「選擇」，這裡必須考慮需要保護之程度和應用之設備，確實夠嗎？或者暴露是屬於永久性或極度的厲害，而需完整之保護？

機器本身之設計應該容易做到安全防護並可將機器併入機器總體之主要部分。也就是，繪圖者和設計者應把機器和防護視為一件工作。由各種立場來看，理想情形是機器之設計應依安全原理，由製造商製造即送往購買者處。

操作點之防護原則

操作點防護的目的為防止機器對操作者之傷害，如機器於成形（forming）、修刨（shaping）、打坯（blanking）、割削（cutting）、抽製（drawing）、壓擠（squeezing）、剪斷（shearing）或應用其他方法處理材料時，對操作者造成之傷害。

茲將操作點之防護原則列舉如下：

1. 準備機械之進給裝置：當操作者之雙手置於危險區域時，準備遮斷或阻止刀具移動之裝置。

2. 設計和構造刀具不須防護：準備蓋章、圍欄以及阻止物。

3. 準備遙控操作機構：透過自動化機械裝置與既有危險工作區域與人員手動操作予以組合使用。

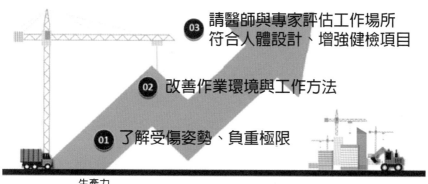

03 請醫師與專家評估工作場所符合人體設計、增強健檢項目

02 改善作業環境與工作方法

01 了解受傷姿勢、負重極限

生產力

健康　工作

家人　金錢

**及早預防、有病要醫
自己的健康自己救**

圖 15-3　預防職業災害的方法

第 **16** 章

健康檢查

01 有時不見得「紅」的喜氣
——健康檢查的定義

　　健康檢查就是在疾病還沒有發生明顯症狀之前，就主動接受檢查以確保各重要器官系統構造與功能的正常，並且篩檢對於健康生活品質或壽命造成重大威脅的常見重要疾病。

　　眾所皆知的疾病有成千上萬種，如果要用有限的醫療資源去檢查所有的疾病，猶如亂槍打鳥，浪費醫療資源且不切實際，因此在接受健康檢查之前，必須先訂下目標，檢查某種器官的功能是否正常或是某種疾病是否存在，才不會浪費時間與金錢。

　　目前除健保給付，包括未滿 4 歲兒童的預防保健、40 歲以上成人的預防保健、婦女子宮頸抹片檢查以及產前檢查外，各醫院、診所也紛紛投入受檢者付費、檢查項目更龐雜的健檢業務，此外，檢查方法的敏感度不佳，找不出真正罹患疾病的人；或正確測出沒病的比率較低（特異度不佳），無法排除真正沒病的人，也讓一些有病的人得不到警告，沒病的人反受折磨。

　　根據世界衛生組織（WHO, 1948），說明了健康不僅為疾病或羸弱之消除，而是體格、精神與社會之完全健康狀態。由此可見，健康是指身體（生理）、精神（心理）及社會（社交）都處於一種完全安寧的狀態，而不僅是沒有疾病或虛弱。

▋ 為什麼要健康檢查？

　　健康檢查的目的，在於「早期發現疾病、早期治療」，並強調「預防勝於治療」的觀念。糖尿病、高血壓、心臟病，這些都是慢性的疾病，

藉由健康檢查的篩檢，這些疾病都可以檢查出來，從而得到適當的治療。癌症，近年來已高居國人十大死因的首位，大家談癌色變，其實癌症並不可怕，如能早期診斷早期治療，其預後也是很好，像子宮頸癌零期、早期胃癌，手術治療以後，其存活率皆相當高。疾病發生時，並不一定有臨床症狀，像早期胃癌，它可能完全沒有症狀，但可由健康檢查胃鏡而篩檢出。晚期胃癌的症狀有如貧血、體重減輕、食慾不振，有這些症狀時，疾病已經到了晚期，其預後就比早期差很多。

B 型肝炎及 C 型肝炎在台灣也相當普遍，其與肝硬化、肝癌有顯著的關係，可經由定期檢查胎兒蛋白及腹部超音波，將早期的肝癌篩檢出，經由手術或栓塞的治療，其預後也比肝癌末期好很多。健康檢查時，醫護人員也會提供保健衛教的常識，平常注重身體的保健，規律的運動、適當的飲食，勝過發病時的檢查治療。

尤其台灣的生活步調加速，競爭壓力愈來愈大，加上美式、速食食品日盛，高血脂症有年輕化的趨勢，對心臟血管疾病的影響不可忽視，健康檢查也愈顯重要。

▌適合做健康檢查的時機

至於什麼時候做健康檢查，有幾個因素要考慮：包括個人身體狀況、家族病史、地域性的流行病學等。個人身體狀況若有肥胖、體重減輕、倦怠乏力等；家族病史若有糖尿病、高血脂、癌症等；地域性的流行病學，例如：台灣的 B 型、C 型肝炎感染狀況；有上述因素者，就要提早作健康檢查。一般來說，20 歲左右可以作一次一般的抽血檢查，項目包括血液常規、血糖、B 和 C 型肝炎、肝功能、膽固醇、三酸甘油酯、腎功能、尿酸，作為個人的健康檔案，若有異常情形，再針對異常情況來追蹤；30 歲左右可以考慮作一次全身檢查，詳細了解個人目前狀況；30 至 40 歲之間，每二至三年作一次健康檢查，來掌握身體狀況；40 歲以上則考慮每年作一次全身健康檢查，以隨時掌握個人的身體情況。

▌常見的健康檢查項目

以下介紹抽血檢查中最基本，卻也是最重要的幾個健檢項目，其數值代表的意義，供參考。

1. 血球檢查：觀察是否有血液疾病、發炎感染

   (1)白血球（WBC）：正常值 3,800 ～ 10,000/mm3。白血球負責抵抗外侮，保護人體。當白血球過少時，很可能是遭到嚴重細菌、病毒等感染（如感冒），也可能是藥物副作用；當白血球過多時，可能是局部性或全身性的急性感染、組織壞死，或是在使用類固醇等。

   (2)紅血球（RBC）：正常值 4.0 ～ 6.0million/100cc。紅血球負責攜帶氧氣到全身各處。紅血球數值較少時，貧血的可能性最大；當紅血球數值增加時，可能是阻塞性肺氣腫等其他疾病所引起的變化。

   (3)血紅素（Hb）：正常值 12 ～ 16GMS。血紅素是貧血的檢測指標，當血紅素升高時，可能是環境氧氣濃度偏低、心肺疾病等導致身體代償所致；若偏低，則表示貧血，需進一步檢查。

   (4)血小板（PLT）：正常值 140,000 ～ 450,000/mm3。血小板主要負責凝血功能，當身體受傷時，血小板負責初步止血。當血小板偏低時，可能是自發性的血小板減少紫斑病、血液病、感染、紅斑性狼瘡、游離輻射和藥物過敏等所造成；如果血小板偏高，很可能是慢性發炎、膠原病等所致。

2. 新陳代謝檢查：檢視糖尿病、痛風徵兆

   (1)糖化血色素（HbA1C）：健康的人在用餐過後，血糖會開始上升，隨後胰島素會開始分泌以控制血糖，如果胰島素分泌不足或是功能異常，血糖數值就會上升。血糖會受到運動、飲食、胰島素等各因素影響。要確診是否為糖尿病，必須看糖化血色素的數值。

   (2)尿酸（Uric Acid）：正常值界於 2.5 ～ 8.0mg/dL。如果數值偏高，

可能是高普林飲食、藥物所致。如果關節中的關節液尿酸濃度過高，形成結晶堆積在關節內，造成關節發炎，就是大家熟知的痛風。如果數值偏低，則可能是低普林飲食或藥物所致。

3. 血脂肪檢查：掌握膽固醇數值，人體中的脂肪，是人類活動的能量來源之一

　　⑴總膽固醇（Total Cholesterol）：正常值要小於 200mg/dl，又可分爲「好膽固醇」與「壞膽固醇」。好膽固醇就是高密度膽固醇（HDL-C），具有除去血管內壞膽固醇的功能，數值愈高，表示可減少心臟冠狀動脈疾病發生的機會；如果太低，表示心肌梗塞、腦血栓的機率增加。低密度膽固醇（LDL-C）是壞膽固醇，如果愈高，表示動脈硬化風險愈高，要盡速就醫。

　　⑵三酸甘油酯（Triglycerides）：正常值 20 ～ 200MG，如果過高，可能是糖尿病、肥胖、甲狀腺異常等。

4. 肝功能檢查：了解無聲的肝是否發炎

　　⑴麩草酸轉胺酵素（SGOT）：一般正常值爲 10 ～ 40IU。

　　⑵麩丙酮酸轉胺酵素（SGPT）：一般正常值爲 6.0 ～ 45IU。

　　當肝臟細胞受損時，會釋出上述兩種酵素到血液中，所以可藉由抽血測量數值，看肝臟是否發炎，如果有，一定要進一步檢查，看是否爲病毒性肝炎（如 A、B、C、D、E 型肝炎病毒），喝酒、脂肪肝或其他原因引起。

　　目前免費成人健檢和勞保的健檢，都只有抽血檢驗肝功能，很多人以爲肝功能檢查正常就可安心。只抽血檢查 SGOT、SGPT，無法偵測出 B 肝或 C 肝，有些病人已嚴重肝硬化或罹患肝癌，只要抽血時肝細胞沒發炎，皆無法被發現。

　　若不知道自己是否有 B、C 肝炎抗原抗體，盡早自費到醫院抽血確認。檢查後會有三種結果：

　　⑴未有 B 型肝炎抗原帶原、也未有 B 型肝炎表面（anti-HBs）及核心抗體（anti-HBc）：建議盡早注射 B 型肝炎疫苗。

(2)為 B、C 肝炎健康帶原者，肝臟沒發炎：每半年至 1 年到醫院抽血、照超音波。

(3)為 B、C 肝炎帶原者，且有慢性肝炎、肝硬化：建議每 3～6 個月進行抽血（檢驗肝功能、血中甲型胎兒蛋白）與超音波檢查，了解目前肝臟的狀況——只是發炎？已經硬化？還是已長出腫瘤？並評估是否適合接受抗病毒藥物治療。

▌ 健康檢查後應有的警覺

1. 紅字的迷思：

首先要了解的是，紅字不等於異常。每項檢驗數據都有參考值，通常是一段間距，超過或少於這個間距，就會被標成紅字。正常人會有 95% 落在這個範圍，換言之，正常人有 5% 會有紅字反應，所以紅字代表的僅是機率，而非疾病。某一系統的單一項紅字通常不具臨床意義，如聽力檢查單耳僅一個頻率的紅字，紅血球諸多參數的一項紅字，或尿液篩檢的比重等。

2. 數據的變異性：

每個人在日常生活中，每分每秒體內都在變化著，主要受環境及體內內分泌影響。有些數據並不是那麼穩定，如血壓、心跳、肝功能、白血球、血糖、三酸甘油酯、尿液等。有些數據的暫時性異常是要考慮的，如感冒或腸胃炎時，會因病毒影響，造成肝功能及白血球異常；女性月經時造成尿液異常；前兩天應酬造成的血糖、三酸甘油酯太高等等。

3. 綜合判斷的必要性：

許多疾病的表現並非單一數據異常，必須參酌整份健檢報告書，才能做成診斷。如腎臟衰竭時，除了腎功能異常外，還會有高尿酸、貧血及高血壓表現；糖尿病除了血糖高外，也會有血脂肪及尿液異常；肝硬化時可能肝指數是正常，但卻有白蛋白低下、血小板低下及黃疸。這些是需要有經驗且專業的健檢專科醫師，經

過綜合判斷才可得。

4. 體檢後複檢的重要性：

報告書上的紅字怎麼辦呢？最好的辦法就是依照專業醫師的建議，回院複檢。筆者個人認為，複檢其實是健檢最有價值的部分。許多疾病的診斷都是來自複檢！例如：血尿若經由複檢，變成陰性，表示泌尿道沒有問題；但若持續血尿，就必須進一步儀器檢查，看是否有結石、腫瘤或免疫性疾病。胸部 X 光上的半公分結節若六週後還是半公分，代表它是良性的，不需處理，但若六週後變成一公分，就必須安排電腦斷層，要排除肺癌的可能性！

5. 與醫師面對面溝通：

若您對報告書結果有任何疑問，請勿自行臆測，與醫師討論還是最好的方式。因為有些紅字可能只是暫時的生理現象，有些疾病在健檢報告書上卻完全顯示不出來。

目前國人的十大死因首位及第二位分別是癌症及心血管疾病，一般公司體檢對心血管疾病危險群的篩檢及追蹤較具優勢，主要是它涵蓋了體重、BMI、血壓、血糖、血脂肪等必要項目。但對於癌症的篩檢則較薄弱，目前健康檢查對癌症的診斷，是用影像（X 光及超音波）或體液（即腫瘤標記或糞便潛血）。

▌ 什麼是健康檢查篩檢？

1. 篩檢的意義

癌症在國人十大死因中位居首位多年，平均七分鐘就會新增一例癌症病患，罹患比率相當高。因此，期望早期發現罹患癌症，盡速治療，是維護個人健康不可或缺的常識。

世界衛生組織對「篩檢」的定義如下：「篩檢是利用可迅速操作的檢查，在症狀未曾發病的人群中，找出疑似病例。篩檢並非診斷，篩檢結果如為陽性，應落實進一步的檢查，以求得正確的診斷與必要的後續追蹤與治療。」這段話點出我們對癌症篩檢應有的認知及其在

癌症預防工作中的重要性。透過不同時期的追蹤，若發現篩檢值有異常升高的現象，則需針對該項目做進一步檢查。但到底該隔多久檢查一次，如何檢查，則需視個人病史、家族癌症史以及篩檢數值高低由醫師進行判定。

2. 篩檢方法

研究發現，癌細胞本身會分泌一些分子，技術上可以從體液中檢驗這些分子含量的變化，在癌症尚未產生明顯症狀前，來推估癌症的存在與否。以抽血方式來篩檢癌症，是目前較方便、迅速且舒適的方法。受檢者可依需要，選擇多種的癌症標誌（tumor marker）在同一次檢查中完成。若能依病患狀況再搭配其他檢查，諸如造影檢查（X 光、超音波、電腦斷層、核磁共振、正子攝影等）、內視鏡檢查、組織病理切片或細胞抹片檢查等，將可大大提高癌症的篩檢比率。

勞工機靈點，雇主睜大眼！

▌ 常見癌症及預防癌症概念

癌症的家族性主要有兩種表現，一是家族中有多個人患不同的癌症；二是家族中存在某種癌症的聚集現象。絕大多數癌症不會遺傳，但也有 10-15% 的癌症是由遺傳造成的，以下四種癌症具有明顯的遺傳性。

1. 大腸癌：

腸癌是有家族聚集性傾向的腫瘤，不僅有家族遺傳，還會因為生活、飲食習慣的高度一致而出現家族性的大腸癌。

⑴有親屬是大腸癌患者的人，其發病率高於正常人群的 3-4 倍。

⑵腸癌遺傳因素的家庭患有腸癌的概率幾乎達到 100%。

⑶腸息肉家族的患癌概率高達 50%。

2. 胃癌：

胃癌，在我國的發病率很高，且有明顯的家族聚集性，若一級親屬患有胃癌，其發病率高於正常人群的 3 倍。

3. 乳腺癌：

流行病學調查發現，5-10％ 的乳腺癌有家族遺傳性。如果直系親屬中有 1 位為乳腺癌患者，其患病機率增加 1.5-3 倍，若有 2 位，患病機率增加 7 倍。且患者的發病年齡愈輕，患乳腺癌的風險愈大。

4. 肺癌：

國外研究機構發現，直系親屬有肺癌患者的人群比正常人群患肺癌的機率高出 2 倍，且女性尤為明顯。日本學者調查證明，在肺鱗狀細胞癌患者中，35.8％ 的患者有家族史；肺泡細胞癌的女性患者中，有家族史的高達 58.3％。

02 勞工也有「生產履歷」

——何謂勞工健檢？

　　勞工健康檢查可分為體格檢查及健康檢查。依職業安全衛生法第 20 條第 1 項：「雇主於僱用勞工時，應施行體格檢查；對在職勞工應施行下列健康檢查：一、一般健康檢查。二、從事特別危害健康作業者之特殊健康檢查。三、經中央主管機關指定為特定對象及特定項目之健康檢查。」

　　另依勞工健康保護規則第 10 條第 1 項：「雇主僱用勞工時，除應依附表八所定之檢查項目實施一般體格檢查外，另應按其作業類別，依附表十所定之檢查項目實施特殊體格檢查。」第 11 條第 1 項：「雇主對在職勞工，應依下列規定，定期實施一般健康檢查：一、年滿 65 歲者，每年檢查一次。二、40 歲以上未滿 65 歲者，每三年檢查一次。三、未滿 40 歲者，每五年檢查一次。」

▌「全民健保之成人健檢」可否抵充為「勞工健檢」呢？

依行政院勞工委員會（現為勞動部）85 年 6 月 1 日台勞安 3 字第 118664 號函釋意旨，勞工參加全民健康保險成人預防保健檢查，如該項檢查之醫療機構為勞工體格（健康）檢查之指定醫療機構，其檢查項目符合「勞工健康保護規則」第 10 條及第 11 條規定，且勞工願將檢查記錄表提供事業單位依規定實施健康管理時，視為已辦理「勞工健康保護規則」規定之勞工一般體格（健康）檢查。

圖 16-1　勞工健檢必須在經認可的醫療院所

▌勞工健檢費用由誰負擔？

依職業安全衛生法第 20 條規定，健康檢查費用應由雇主負擔，不應由職工福利金支應（80 年 12 月 23 日台勞福 1 字第 33912 號函釋）。

惟事業單位僱用勞工時所施行之體格檢查費用，法無明文規定，得由勞資雙方自行協商（81 年 7 月 6 日台勞安 3 字第 19734 號函釋）。

健檢時是否要追求昂貴的檢查項目見仁見智，更要看自己的荷包夠不夠深。相對的，最基本的檢查雖然便宜，但檢查結果還是可以揭

露關鍵的身體狀況，不可以小看。

圖 16-2　勞工健檢

█ 雇主要求員工繳交體檢報告

　　為保護勞工安全與健康，所制定之職業安全衛生法，並據其所訂定之勞工健康保護規則，關於「勞工健康檢查」所為之規定，雇主之角色多屬於「行為義務人」，依法課予雇主對於受僱勞工相關健康檢查之「提供義務」。惟個人資料保護法於民國（下同）99 年 5 月三讀通過後，雖目前尚未經行政院正式公告施行，然而其中對於「醫療」、「基因」與「健康檢查」等資訊列入敏感性個人資料加以保護，且違反者除相關「行政罰鍰責任」與「刑事責任」外，尚需對「資料所屬個人」直接負推定過失之損害賠償責任（非如職業安全衛生法第 20 條第 1、2 項、第 21 條第 1 項、第 22 條之違反僅負行政罰鍰之責任）。因此對於「勞工健康檢查」相關資料，在個人資料保護法正式施行後，究竟「雇主」在「蒐集、處理或利用」勞工健康檢查相關資料時，有

哪些應注意事項？

●「勞工健康檢查資料」是否屬個人資料保護法保護之客體？

　　「勞工健康檢查」依勞工屬性可區分為「新進勞工」之「體格檢查」，及「在職勞工」之「健康檢查」，再依作業性質區分為「一般」與「特殊」（針對特別危害健康作業）檢查、中央主管機關指定之「特定」以及此類特別危害健康作業所需之健康管理分級所為之追蹤檢查（第三級以上）。總計包括一般體格檢查、一般健康檢查、特殊體格檢查、特殊健康檢查、特定健康檢查及健康追蹤檢查等六大類。

　　由相關規定項目觀之，不論是何種勞工健康檢查，其性質皆應屬於個資法之健康檢查資料之一，亦應屬於個人資料保護法保護的客體。

●「雇主」是否屬個人資料保護法之適用主體

　　新「個人資料保護法」將過去針對「非公務機關」以「行業別」為規範立法方式，改為不論是「自然人、法人或其他團體」，只要從事個人資料進行蒐集、處理與利用之行為，均為個人資料保護法適用之規範主體。

　　因此，勞工健康檢查既然屬於個人資料保護法所保護之個人資料之一，雇主只要針對此進行「蒐集、處理與利用」，即屬個人資料保護法之適用主體範圍。

●「蒐集、處理或利用」勞工健康檢查資料應注意事項

　　依個人資料保護法第 5 條之規定併以同法第 6 條第 1 項但書可知，除非有該但書四種規定事項，始得例外蒐集、處理或利用個人資料。又，雇主對於勞工健康檢查相關資料可能符合之但書規定，包括上述第 1 款「法律明文規定」、第 2 款後段「履行法定義務所必要，且有適當安全維護措施」，即可為之。

　　因此，雇主若依職業安全衛生法及保護規則之勞工健康檢查相關規定加以蒐集、處理或利用，即應可取得法律正當性。

　　勞工健康檢查結果資料後續的「利用」，依勞工保護規則第 7 條

及第 13 條第 1 項、第 3 項可知，勞工健康檢查資料被「利用」的可能態樣包括：

1. 個人健康相關：健康管理、健康促進、衛生教育。
2. 工作環境相關：選配勞工、現場評估、危害控制。
3. 資料應用相關：分析、評估、管理、研究報告。

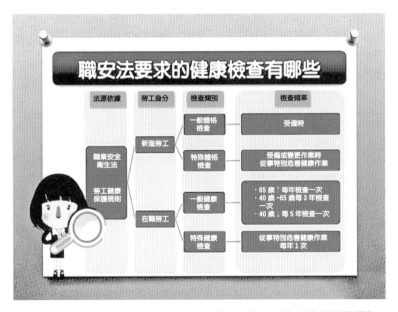

圖 16-3　職安法要求之健康檢查（圖片來源：台北市政府勞動局）

　　惟仍需注意，相關資料利用目的實際執行者，除依勞工保護規則第 13 條第 3 項之規定屬於第二級管理時，由雇主提供勞工個人之「健康指導」外，其餘皆為醫護人員或職業醫學科專科醫師，而雇主則需負促使與協力之責。另從「健康檢查資訊」使用的專業目的性觀之，亦應由實際執行職業健康照護與促進等醫護人員從事「合目的性之應用」，亦較符合勞工健康安全保護之意旨。

　　另，若依勞工保護規則第 3 條，因勞工人數未達標準而不需僱用或特約從事勞工健康服務之醫護人員或職業醫學科專科醫師辦理臨廠

健康服務之事業單位，其雇主仍應依職業安全衛生法及勞工保護規則等關於勞工健康檢查之規定，委由醫療機構之醫師從事勞工健康檢查。所應注意之事項及義務，與依法需僱用或特約醫護人員之事業單位雇主，並無不同。

03 健康要顧好，才能繼續為將來打拚 ——保健知識

生理疾病預防小撇步

「營養」是預防癌症的最關鍵因素，因為食物是身體用來修復及維護細胞、建立免疫力、產生能量和阻擋疾病的「燃料」，如果沒有攝取足夠的「對的食物」，或是狼吞虎嚥太多「錯的食物」，人的身體就會容易發生功能性衰竭。

人體雖看似複雜，但其實就是由許多獨特部分所組成的單一生物體。頭腦並不比手偉大，就像心臟不比肝臟厲害，對於一個應該適當運作的完整生物體來說，身體的每個系統都極為重要，而營養顯然是身體各部分和整體間的橋梁。然而，你的「情緒」和「精神健康」同樣能協助鞏固這座橋梁。

換句話說，你的飲食選擇，只有在你的思考過程和精神狀況允許下，才能保護身體免於疾病。反之亦然，你吃的食物及投入運動的程度，將會幫助（或阻礙）你的心智和心靈發展，因為食物和運動會直接影響大腦功能，而大腦功能對於心靈來說，也是一項關鍵要素。

飲食生活對癌症來說雖是重要的原因之一，但不是改變飲食生活就能遠離癌症。不過，想要維持健康的生活確實必須要有正確的飲食習慣。

● 吃新鮮的食品

現代人餐桌上不可或缺的食物，就是速食或保存食品，為了增加這些食品的保存期限，廠商一定會使用化學處理，不僅如此，為了刺激消費慾望，還會添加人工色素或香料這些百害無一利的添加物。特別是若喜歡吃速食，將無法均衡攝取營養，因缺乏營養提高各種疾病的機率；人工包裝的肉類或含有糖分的飲料等會導致肥胖，也是引起癌症等成人疾病的因子，這些都是已經有科學證明的事實。

● 禁止飲酒過量

酒類中沒有發現直接的致癌因子，但酒卻是導致肝炎或肝硬化的重要原因，年齡也是導致肝炎或肝硬化發展為癌症的依據，這點也需要注意。連續幾天過量飲酒會讓肝臟過度使用，肝功能下降會增加罹患肝炎或肝硬化的風險，也無法對酒以外的任何毒素進行解毒。儘管如此，也不是要各位乾脆不要喝酒，一天一杯左右的飲酒不會對人體造成傷害，重要的是控制自己不要過量。

● 均衡飲食

所有的藥都有毒性和藥性，不只藥類，所有的食物裡也有對身體好的營養素和有害的物質。因此，不能因為對身體好，就只吃一種食物，連續吃下去該食物中的有害物質，說不定會引起反作用。不只如此，只固定集中攝取一種營養素會增加罹患營養缺乏疾病的機率。

有些人因為動物性脂肪的緣故，認為預防癌症應該只吃蔬菜不吃肉類，可是動物性脂肪對人體而言是很重要的營養之一。如果不正常攝取肉類，過多的動物性脂肪會出問題，但和蔬菜水果一起吃則不會有問題。蔬菜水果的纖維質夠多，肉類則有許多人體所需的蛋白質，這樣體內就沒有特別好或特別不好的食物，不管任何食物，都要均衡攝取，才不會破壞體內的營養均衡。

● 透過食物攝取營養

現代人生活忙碌，常會服用一些維生素或消除疲勞的食品，但這些維生素或營養劑反而會破壞營養均衡。維生素雖是體內必須的營養素，過度攝取則對人體有害，尤其是以錠劑型態攝取而不是和其他營養素一起食用時，容易營養不均，過多的營養素會累積在體內造成傷害，因此維生素還是透過穀物、蔬菜、水果等食物攝取比較好。經由食物攝取營養時，不要固定集中於單一食物，最好能均衡攝取，以免破壞營養素的均衡。

● 規律的飲食

俗話說「飯就是補藥」，一天三餐正常的人已經在保養身體，若再吃補藥則會因營養過剩導致肥胖或腹瀉等副作用，經由飯食攝取營養比吃有副作用危險的補藥或營養劑更好。

▌職場工作者中常見的三高問題

隨著台灣地區經濟的快速發展、民眾生活方式日趨靜態以及西化的飲食模式與老化的人口，罹患心血管疾病的機會大幅增加。

且根據衛生福利部統計，國人十大死亡原因中與代謝症候群相關的死亡率高達 35.7%，其中高血壓、高血糖、高血脂則是主要的危險因子。

代謝症候群會增加心臟血管疾病，也增加罹患慢性疾病的機率，且全世界的盛行率正快速逐年成長，根據美國疾病管制局指出，每週運動三次，每次運動三十分鐘，就能幫助增強心肺功能，進而降低血壓、血脂與血糖問題。另外，體重管理也十分重要，每增加一公分的腰圍，罹患高血壓、心臟病、糖尿病等風險，就相對提高了 2%-6%，因此罹患代謝症候群的機率，更是多出了一般人的 4-6 倍。

▌代謝症候群與三高

1. 三高：高血壓、高血糖和高血脂。

三高是引起腦血管和心臟血管疾病的重要原因。

2. 代謝症候群：三高發生前的警訊——代謝症候群。

未來得糖尿病、高血壓、高血脂、心臟病和腦中風的機會分別為 6、4、3、2 倍。

代謝症候群是指腰圍過粗、血壓和血糖偏高、血脂異常的群聚現象，又稱作「一粗，二高，血脂異常」，醫學普遍認知，高血壓患者比非高血壓患者的中風機率高 5 倍，爆發心肌梗塞機率高 2 倍。危險的是高血壓合併代謝症候群，爆發心肌梗塞機率將增加到 3、4 倍。

要件	判斷標準
三酸甘油酯	> 150mg/dL
高密度膽固醇	< 40mg/dL（男性）；< 50mg/dL（女性）
空腹血糖	> 110mg/dL
血壓	> 130mmHg（收縮壓）；> 85mmHg（舒張壓）
腰圍	> 90cm（男性）；> 80cm（女性）

表 16-1　「三高一胖」：高血脂、高血壓、高血糖、肥胖，主要判斷要件有 5 項，只要有 3 項以上，就是代謝症候群。

有鑑於台灣民眾高血壓、糖尿病、高血脂、吸菸及體重過重為心臟疾病之主要危險因子，國民健康署也積極提醒職場員工民眾從小養成健康生活型態，平時注意均衡飲食、少油少鹽多纖維、戒菸、少酒、多運動，並定期接受健康檢查，以減少心臟疾病之發生。

▌ 如何預防三高

1. 體重控制：

計算身體的 BMI 值：體重（kg）／身高（m²），若 BMI > 27 即是肥胖。另一方式為測量腰圍，正常男性腰圍應在 90cm 以下，女

性腰圍應在 80cm 以下。

2. 飲食控制：

要均衡飲食，把握少油、少鹽、少糖、高纖維，三少一高的原則。食物盡量清淡，烹調方式盡量採用燉、烤、滷、燒、水煮、清蒸及涼拌的方式。

3. 適當的運動：

常聽到一個健康促進的口訣：能站就不要坐，要活就要動，運動一分鐘，多活四分鐘。盡量達到每週至少三次以上，維持每次三十分鐘以上的中強度體能運動，如騎腳踏車、快走、走樓梯、爬山、游泳及瑜伽等。

4. 良好的生活型態：

戒菸，戒酒（不吸菸，少喝酒），適當茶飲及咖啡攝取，盡量保持心情愉快。

5. 定期檢查，「早期預防，早期發現，早期治療」：

定期量測血壓、血糖及血脂肪檢驗，定期做成人健康檢查。全民健康保險成人預防保健服務（40-64 歲每三年一次，65 歲以上每年一次），提供的健康檢查，包含有血脂肪的檢查。

6. 正面積極地應對生活壓力：

建議可多培養個人興趣，參與自己有興趣之社團活動，建立良好之人際互動。

第 **17** 章

危害職場健康的
常見因子

別讓身體不開心
——台灣的職業衛生護理

隨著台灣所得分配不均情形愈來愈嚴重，所得較低者是否因相對剝奪感而增加負面健康行為的消費並導致對健康的負面影響，是值得探討之議題。以往醫學文獻在進行實證分析時，通常將相對剝奪感對負面健康行為或對健康狀況的影響，筆者將提出一些常見的危害因子提供勞資雙方於工作職場預防或是進行員工健康促進時，有所依據參考。

▌ 職業衛生的定義

職業衛生係致力於認知、評估和管制發生於工作場所內或來自工作場所的各種環境因素及危害的科學和技術。這種環境因素及危害，會使勞工或社區內的居民致病、損害健康及福祉，甚至發生嚴重不適或致工作效率降低。

一般而言，職業災害的發生並非命中注定或無法避免，根據專家學者研究職業災害的發生可歸納為不安全的動作和行為及不安全的狀況，其中不安全的狀況占 27%，不安全的動作則占了 72%。然而，這些因素都是可以避免的，如果排除這些因素必能防止災害的發生，保護個人工作時的健康與安全，就能共同為社會的進步、繁榮貢獻心力。

職業衛生護理人員不是等狀況發生再去減少傷害、失能的後遺症，而是要積極去思考預防之道，使可能的災害降低甚至不存在；因此，首先就要了解什麼是職業災害。所謂職業災害一般是指勞工因工作場所的設施、機器設備、原料、材料、粉塵、蒸氣、異常溫度與壓力、

有害化學物品等，所導致的失能、死亡或罹患疾病而言。

▌ 台灣職業衛生護理目前面臨的問題

1. 角色與功能界定不清：職業衛生護理現在正在發展階段，人力、
    法規尚未完備、法令未明確定位、職業衛生護理人員對自己的角
    色功能與工作執掌認定不清楚、老闆對職業衛生護理人員的角色
    與職責不清楚、工廠管理者沒有職業衛生的觀念且企業界普遍不
    重視職業衛生護理的功能，而社會大眾也對職業衛生護理人員的
    角色與功能不清楚。

2. 教育方面：基礎教育中對職業衛生護理人員的專業養成不足、學
    校教育改進速度緩慢，而專業教育也面臨師資不足及訓練課程內
    容規劃不清的問題。

3. 實務方面：職業衛生護理人員能力需要加強、工作不能專一須兼
    任其他職務，且與安全衛生團隊的其他成員角色分配協調不清。

    最近這些年來，職業衛生護理人員已經擴大了他們的工作範圍，
包括把重點放在健康促進的活動、工作者的監視和勸告活動、職業衛
生服務的管理和計畫，且已發展其重要性及活動達到高度特殊化。在
我國，職業病防治工作的發展，可以算還處於萌芽階段；但在美國，
其將目標訂在預防工作者有關疾病、受傷和失能，幫助工作者維持及
改善他們所有的健康狀況。

    邁入 21 世紀的今日，職業衛生護理工作應著重在健康促進及工作
場所的初級健康照護，以階段性的措施增進健康之生活方式及減少危
險的發生。

這世界還是有人關心你
——職業衛生護理人員的角色

角色的定義

角色是社會狀況中之位階，是指實際上去執行的功能與行為。角色被定義是各種不同的期望，可應用在個人或某人的特定位置上，而特定位置可與其他人發生關係，即稱之角色傳遞者。角色傳遞者所傳遞角色對象須有一接收者，角色傳遞者站在某一特定位置上，表現出特定行為，以使他所期望的接收者產生某些行為。

如同老師與學生間的關係，老師為角色傳遞者，學生為角色接收者；老師於其位置上，表現特定的行為，使學生達到預期行為。

職業衛生護理人員的角色

根據英國皇家護理學院——職業衛生護理學會將職業衛生護理人員所扮演的角色概略分成三類：專業、管理及教育。專業的角色包括以下職責：保障員工隱私權、預防接種、諮商、災變計畫、治療（如：緊急事件、一般性醫療服務、復健及復工）、記錄、遵守醫療法規。管理的角色之主要職責有職業衛生護理的計價，其他職責包括：工作現場的訪視；政策及計畫、資訊來源與法規。而教育的角色包括以下職責：衛生教育、個人衛生、有關工作之健康與衛生及第一線緊急救護的訓練。

奧斯頓（Alston, 1990）將職業衛生護理人員角色分成兩類：

1.　一般性角色：職責有治療、支援、資訊、記錄、健康篩檢、修正環境活動。

2.　特殊性角色：職責有健康和環境監控、衛生教育、記錄與資料處理、管理及研究。

　　在此研究中並未特別定義出角色，也未提及職業衛生護理人員訓練、諮詢、顧問的角色。

　　羅西（Rossi, 1990）則說明了職業衛生護理人員角色在其發展的不同階段中為漸進性的改變。

1.　第一階段：輔助性的角色包括治療、第一線緊急救護、衛生教育、個人衛生、社會服務。

2.　第二階段：獨立性的角色包括工作現場的訪視、一般疾病的篩檢、生理上的工作能力、預防注射、衛生教育、諮商及單一專業的工作者。

3.　第三階段：協調性的角色包括工作場所的調查、健康檢查、與工作相關的衛生教育、工作現場中的衛生與人體工學及團隊工作。

4.　第四階段：獨特性角色包括綜合性衛生教育與促進、主動性的計畫、心理健康照護、復健、研究、專科化以及多種專業合作的工作者。

職業衛生護理人員的功能

　　根據英國皇家護理學院──職業衛生護理學會訂定的職業衛生護理人員功能如下：

　　工作場所的健康監控、衛生教育、職業安全、環境監控、諮商、工作中意外傷害與疾病的緊急處理、一般醫療服務的提供、復健及復工、職業衛生單位的行政，包括記錄的保存和建立、與外界相關機構合作。這些功能相當廣泛，但未特別提到健康促進、健康監控、健康篩檢、與公司的溝通、勞工第一線的緊急救護訓練及預防接種。

▋ 台灣職業衛生護理領域中，行政、學術及實務界最具有影響力的人對職業衛生護理人員功能的看法

1. 職業衛生護理人員執行預防的工作，要去發現健康問題，具有醫療的功能也是員工傾吐的對象，並且具有溝通健康和工作間問題的功能。

2. 職業衛生護理人員也扮演緊急傷病處理、醫療資訊宣傳及社區醫療網的角色。

3. 職業衛生護理人員主要角色功能包含訂定職業衛生護理計畫、策劃實施健康檢查、健康管理、衛生教育宣傳、健康促進之規劃與執行、醫療照顧及緊急救護。

4. 職業衛生護理人員的功能有溝通、協調、計畫健康方面的工作。例如：健康檢查、負責教育員工知識及健康問題諮詢、管理工作的執行。

5. 職業衛生護理人員要對工作場所潛在的危險執行預防的工作。

6. 職業衛生護理人員在工廠中要處理職業傷害和疾病，並管理員工健康資料，以發現及了解工作與健康的關係。在大環境中要與醫師、工業衛生管理師及員工代表，形成工作小組，擔任溝通協調的工作。

▋ 台灣職業衛生護理領域中，行政、學術及實務界最具有影響力的人對職業衛生護理獨特功能所下的定義

1. 照顧特定群體的健康。

2. 健康照護、健康監測、健康管理、健康促進。

3. 早期發現慢性病，執行健康促進的工作。

4. 更強調一、二級健康照護，重視早期發現早期治療。

5. 職業衛生護理人員需要具有更多的基礎知識和能力，不斷增加職業衛生相關知識，並加以綜合以提升群體健康。

6. 給與員工知識教育，使員工具有保護自己能力，而非消極地執行醫療工作。

7. 由員工疾病型態去發現職業病與職業傷害。

8. 對從業人員安全衛生的維護及護理，現場毒性物質的控制與環境保護。

9. 職業衛生護理人員要有偵測危機及協調勞資雙方的能力，也要與安全衛生人員密切合作。

勞動部自民國 104 年起要求健康服務人員必須經過專業訓練，協助企業之職業病預防、適性配工及健康管理為主，與一般醫院之臨床診療的目的不同。所以，現行應配置醫護人員辦理勞工健康管理、職業病預防及健康促進等勞工健康保護事項者，係依勞工健康保護規則第 3 條及第 5 條規定，為事業單位同一工作場所勞工人數在 300 人以上者或從事特別危害健康作業之勞工人數在 100 人以上者，或事業分散各地區勞工總人數達 3,000 人以上者，僱用或特約從事勞工健康服務醫師或僱用從事勞工健康服務護理人員辦理臨場健康服務。另依該法第 4 條規定，事業單位總人數在 200-299 人者，自 107 年 7 月 1 日特約醫護人員辦理臨場服務；事業單位總人數在 100-199 人者，自 109年 1 月 1 日特約醫護人員辦理臨場服務；事業單位總人數在 50-99 人者，自 111 年 1 月 1 日特約醫護人員辦理臨場服務。換言之，法令規範均已給與彈性。

其中較特別須提出來說明的部分為前述法規規定之事業單位員工人數 300 人以下企業不一定要「僱用」護理人員，即醫護人員都可採「特約」，但不同企業規模訂有不同法定臨場服務頻率。例如：200-299 人企業若屬危害風險最高等級事業單位，臨場健康服務必須醫師一年服務六次、護理人員每月六次。

另因應新興職業病很多屬於骨骼疾病及心理疾病，希望提供職場勞工更多元健康服務，修正案也首次將職能治療師、心理師、物理治療師納入勞工健康服務人員，但為保障現有護理人員工作權，300 人以

上企業僱用之勞工健康服務人員中，護理人員必須至少占 3/4。另 300 人以下企業除特約護理人員外，可由上述人員提供臨場健康服務，惟由護理人員提供服務部分須占一半以上。另外，原條文考量 3,000 人以上事業單位，員工分散於不同地區工作，因此規定設有「總機構」者，才要僱用或特約醫護人員提供勞工臨場服務，致未設總公司的大型企業員工健康權益受損，修正案刪除總機構規定，明定只要事業與所屬各地區事業單位員工總數達 3,000 人，都必須僱用或特約醫護人員提供臨場健康服務。

03 肝若不好，人生是黑白的；肝若好，存摺是空白的——職業病

職業病與職業醫學概念

職業病（occupational disease）意指一切因職業暴露而造成或加重的疾病。世界衛生組織（World Health Organization, WHO）把下列四種疾病來歸納為職業病：（1）僅可由職業引起的疾病；（2）職業是其中一種致病因的疾病；（3）職業是一種相關因素的疾病；及（4）職業可加重已存在的疾病。

因此根據世界衛生組織定義——一切與工作有關的疾病都可稱為職業病，職業可能是致病因、相關因素或是加重疾病因素。

為確定職業暴露與疾病的因果關係，首先需證明勞工確實暴露於工作環境中的有害物質，因不曾暴露就不可能得職業病。確定暴露是

職業病的首要工作，他也是職業病醫師訓練的重點，而疾病的誤診常由於未察覺或未注意而造成的，因此要發現職業病，需時時刻刻提醒自己詢問病人的職業史，包括目前及過去的工作史。詢問病人職業史主要是發覺病人是否可曾暴露於懷疑的有毒物質中，因此首先要知道何種職業毒物可能會造成疾病，但是即使知道某種職業毒物可能造成疾病，病人往往不知道他的工作場所是否使用此種毒物，或是病人告訴你商品名而非化學成分名稱，因此往往無法由病人本身得到暴露資料，此時職業病醫師即要發揮他的專才，親自到病人的工作場所做田野研究（field study）。

所謂認知危害（hazard recognition）即職業病醫師到工作現場參觀，了解工作現場存在的危害。首先了解工廠整個生產流程及其原料半成品及成品，繼而知道工廠使用的物質，了解生產流程和使用物質後，根據病人的工作性質和位置，判斷病人可能的暴露物質和種類及其暴露程度的高低，下一步驟就是要定量，及測量暴露的程度，又稱危害評估（hazard evaluation）。

暴露的測量方法可分為兩種：一是測量工作環境空氣中有害物質的濃度，此稱環境監測；另一種是測量病人生物標本，如血液、尿液、毛髮中有害物質或其代謝濃度，稱為生物監測。環境監測往往只是間接證據，因它代表工作環境中存在有此毒物，但此毒物不一定會被勞工吸收至體內而造成疾病，因此要獲得職業病診斷的直接證據，需採生物監測如血中鉛、尿中汞或脂肪的 PCB 等，因為這些數據表示病人曾暴露於有害物質，且經由呼吸道、腸胃道或皮膚吸收進入體內而產生毒性。但生物監測並無法測量每一種有害物質，例如：代謝迅速的物質或物理性物質，在病人求醫時已不復存在，此時環境監測的成果則有助於診斷，因此遇有疑似職業病的病患，盡可能在求診時留下有用的血液和尿液且存於零下 80℃的冰箱。

職業病的種類

　　廣義的職業病是使在工作環境中，接觸到對個體身體、心理或社會的危險因素，而直接／間接導致疾病，或使疾病轉劇加重；這些危害因素可以是物理的、化學的、生物的或社會的因素。職業病的發生不限於某些職業，故只要是因工作而接觸到危害健康的因子所造成的疾病，便可稱為職業病。

　　職業病的範圍很廣，可就醫學上疾病所侵襲人體之部位或途徑，將職業病分成七大類，以下分別敘述之。

● 工業中毒

　　分為急性與慢性兩種，毒性種類包括有機毒（如四氯化碳、甲酚等有機溶劑和有機農藥）；無機毒（如一氧化碳、砷化合物等）；毒氣（如氨、氯氣等）及重金屬物質（如鉛、汞、鎘、銅等）。而受害者的器官或部位，可分為：

1. 肝毒：如消毒劑及合成樹脂製造工人因接觸到甲酚或塑膠業工人接觸到四氯化碳而罹患中毒性肝炎、肝壞死，及因使用殺蟲劑接觸到砷引起的肝硬化。

2. 腎毒：如電池製造工人、水管工人、焊接工人、滅火器製造工人或防凍劑製造工人因接觸到無機鉛、砷、四氯化碳而毒害到腎臟，造成急性或慢性腎衰竭，及焊接工人和珠寶雕刻工，因接觸到鎘而導致慢性腎絲球腎炎。

3. 神經毒：如電池、熔煉工人接觸鉛而罹患中毒性腦炎；牙醫師、氯檢工人接觸無機汞而罹患中毒性神經病變，及印刷廠的工人接觸到甲苯，而罹患小腦性失調。

4. 血液毒：如皮革工人接觸硫酸銅而罹患溶血性貧血；染料工人接觸硝機化合物而罹患變性血紅素血症；學者因接觸輻射線而罹患再生不良性貧血，及染料或攝影顯像劑的從事人員，因接觸二硝基酚而罹患顆粒性白血球缺乏症。

● 職業性肺病

1. 急性呼吸道症候群：如冷凍工人、肥料工人因吸入氨氣，或造紙、煉油工人因處於二氧化碳的燻煙下，而導致急性支氣管炎、肺炎或肺水腫。

2. 過敏性肺泡炎：如接觸發霉的稻草而引起農夫肺病；接觸生黴的甘蔗屑沉著肺病；此外還有木匠工人、皮貨工人、香菇工人等皆易引起肺病。

3. 職業性氣喘：如麵包師傅接觸麵粉、木匠接觸木屑粉塵、泡沫工人接觸甲醛等過敏，引起支氣管痙攣而造成氣喘。

4. 工業性支氣管炎：工作環境長期為高溫或充滿粉塵、煙燻下，工人容易罹患慢性支氣管炎，而本身吸菸者罹患率更高。

5. 棉屑沉著症：棉業紡紗工人和纖維刷梳房的工人，長期吸入棉屑，會使棉屑積在肺中而罹病。

6. 塵肺症：主要因吸入無機粉塵沉積肺內所引起。如煤礦工人吸入煤屑粉塵而罹患塵肺病；石棉工人罹患石棉肺病；採石、噴砂工人罹患矽肺病皆屬此類。

● 職業性皮膚病

製革工人、油漆顏料工人、殺蟲劑石化工業等工人藉由皮膚的接觸，而引發刺激性皮膚炎或過敏性皮膚炎。其他如氯化碳氫化合物的工業中毒，也會因肝臟受毒性而表現出皮膚炎的症狀。另外，工作場所中與皮膚病變相關因素屬化學物質者，包括：酸的各種有機溶劑、油類石油、煤油、焦油、鉻酸鹽等。

● 職業性傳染病

因工作上接近病體而遭感染。如醫護人員被隔離病人傳染；獸醫、屠宰場工人接觸有病動物；實驗室技術人員接觸到致病原而遭感染。

● 職業性癌症

因接觸致癌物質而引起。如掃煙囪工人接觸煤焦而罹患陰囊癌；鎳礦工人罹患鼻癌；工人接觸苯引起血癌；接觸萘胺引起膀胱癌；石

棉工人吸入石棉引起肺癌；鈾礦工人罹患支氣管癌等皆屬此類。

● 職業性精神官能症

多因無法應付生活中的競爭及工作上的壓力，爲一種自我調適不良的精神障礙。主要症狀爲焦慮反應，有時連帶引發生理上的不適，又稱工業社會焦慮病。

● 其他

環境中的物理因子所引起的職業性疾病，如噪音性耳聾、近視或弱視、高空病或潛水夫病、汗疹或凍瘡等。

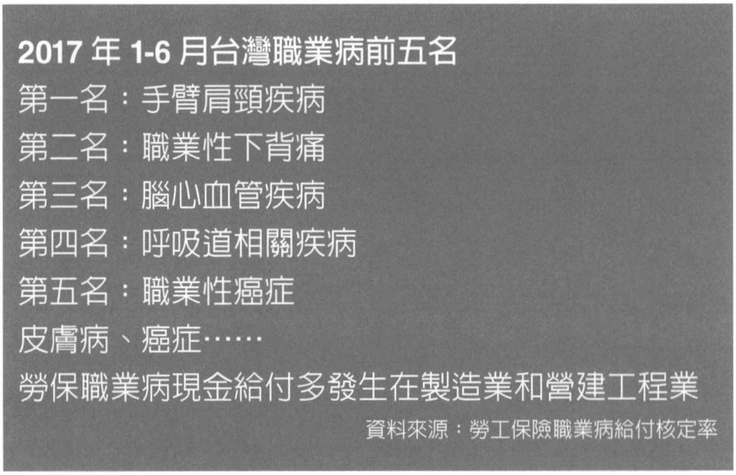

2017 年 1-6 月台灣職業病前五名

第一名：手臂肩頸疾病

第二名：職業性下背痛

第三名：腦心血管疾病

第四名：呼吸道相關疾病

第五名：職業性癌症

皮膚病、癌症……

勞保職業病現金給付多發生在製造業和營建工程業

資料來源：勞工保險職業病給付核定率

圖 17-1　台灣職業病排行榜（圖片來源：台灣醫學生聯合會）

▍職業病的可能致病因

導致職業病的因素可能不只一種，各因素間彼此關係錯綜複雜。這些因素大致上可分爲化學性因素、物理性因素和生物性因素（見表17-1）；其他一些個別性的原因，如長期姿勢不良、衛生習慣不好、長時間工作引起疲勞、疏忽不小心而致意外、不按正常程序或規定工作，亦可能因此導致職業疾病或傷害。

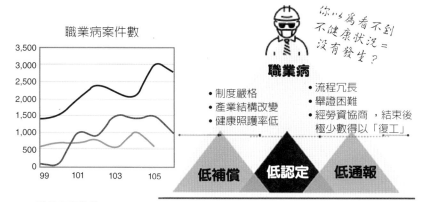

図 17-2　職業病理賠的執行困難

表 17-1　職業方面造成致病因及其危害

種類	有害物或狀況	有害因子	生物效應	相關職業
化學性因素	粉塵、煙燻、煤粒、液霧	礦物性粉塵	塵肺病	礦業、陶瓷、紡織
		化學物質	工業中毒	礦業
	氣體、蒸氣	有毒氣體	工業中毒	礦業、石化業
	缺氧		缺氧病	陰溝、槽內作業
	接觸		接觸性皮膚炎	油漆、石化業
物理性因素	異常溫濕度		汗疹、凍瘡	冷凍、冶煉
	異常壓力		潛水夫病	潛水作業
	音波	可聽域	職業性耳聾	機械工業
		超音波域	耳聾、噁心	使用超音波機械
	振動	全身振動	頭痛、疲勞	挖路工
		局部振動	關節傷害	打字員、琴師

物理性因素	輻射線	微波	白內障	雷達
		紅外線	白內障	烤漆塗裝
		紫外線	角膜炎	特殊光源
		放射線微粒（如 α、β、γ 等）	放射線傷害	檢驗師
生物性因素	微生物	細菌、病毒	感染、傳染病	醫護人員
	寄生蟲		寄生蟲病	礦工、農夫
	昆蟲		囓咬、傳染	伐木業
	花粉		過敏	棉紡業

▌職業病預防

職業病預防的工作，一般可以分為三個步驟：

1. 職業危害的鑑定：認識職業危害的存在和嚴重程度，是預防職業病的第一步。要鑑定生產中的職業危害因素，除了依有關規定做好作業環境的已知危害物質之測定與評估工作，尚可用勞工的臨床觀察、動物實驗等方法來確立作業環境中的危害因素。

2. 採取各種預防方法：預防方法的形式，依據有毒物質的性質及吸入人體的途徑而定。常用的預防方法有：取代、密閉與隔離、局部排氣、整體換氣、呼吸防護器、廚房及機具設備的改善、行政管理及樹立正確的觀念、防患職業病於未然等。

3. 管制措施的維持：作業環境中大部分的危害都可以用上述預防方法來排除，同時各預防措施也應維持下去，此有賴對於工作環境和處在危險工作環境中的作業人，施以常規或特定的監視才能達到目的。

此外作業人員職前的健康檢查及在職定期健康檢查的實施，也有助於職業病的早期發現及早期治療。

▌落實職場員工定期健康檢查、管理與適性分配

　　健康檢查的目的不只在於及早發現疾病，診斷的結果也影射環境管理的成效。工業衛生強調的健康檢查，包括特殊健康檢查與一般健診。

　　特殊健康檢查包括針對特殊危害，尤其是化學物品的暴露，要求定期（三個月、六個月或一年）按照生物效應有關的指定項目，進行醫學檢驗，建立健康管理資料，分級實施管理如下：

1.　第一級管理：特殊健康檢查結果，認定所有檢查項目皆正常者。

2.　第二級管理：特殊健康檢查結果，部分項目異常，但經醫師認定不必實施複查或複查結果不屬於第三級管理者。

3.　第三級管理：健康檢查結果，被認定必須實施治療者。

勞工受僱之前，要實施體格檢查，項目包括：

1.　既往病歷及作業經歷之調查。

2.　自覺症狀及身體各系統之物理檢查。

3.　身高、體重、視力、色盲及聽力檢查。

4.　胸部 X 光檢查。

5.　血壓測定及尿中糖及蛋白檢查。

　　至於在職勞工，按照年齡區分實施健康檢查；年齡 45 歲以後每年檢查一次；年齡滿 30 歲者每三年一次。

蜂哥小筆記

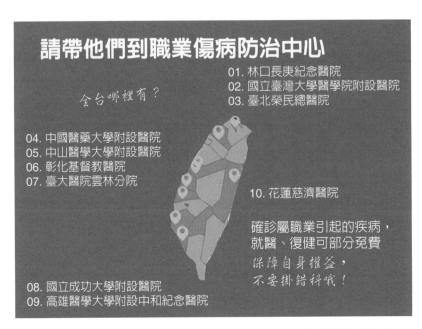

圖 17-3　台灣職業傷病防治中心地圖（圖片來源：台灣醫學生聯合會）

　　適性分配可視為健康管理的延續，按工作者個人的體能、健康狀態及技能，配置合適工作，尤其是童工、女工、中高年的工作者須特別考慮與安排。

勞工機靈點，雇主睜大眼！

第 **18** 章

職業災害保險及
保護法

01 涵蓋職災預防、補償及重建之保障專法

本法已經在 110 年 4 月 23 日經立法院三讀通過，總統 4 月 30 日公布，並經行政院定自 111 年 5 月 1 日施行。

- ✓ 已登記或取得稅籍單位
- ✓ 4 人以下單位
- ✓ 65 歲以上勞工
- ✓ 家事看護工
- ✓ 特別加保對象

擴大納保對象

給付水準提高

- ✓ 受僱強制投保單位者，到職當日即生效力
- ✓ 醫療給付、傷病給付、失能年金、遺屬年金、失蹤給付
- ✓ 年金競合得減額併領

擴大納保對象

擴大納保對象

- ✓ 111 年平均費率為 0.2%
- ✓ 投保薪資上限為 72,800 元
- ✓ 投保薪資下限為基本工資

- ✓ 照護補助、失能補助、死亡補助、醫療補助、失能津貼、死亡津貼、預防職業病健康檢查
- ✓ 整合職災預防及重建，提撥保費 20% 辦理
- ✓ 設立專責法人

▍對於勞工、就業者、職業保護法納保適用對象說明

勞工職業災害保險及保護法訂自今（111）年 5 月 1 日實施，15 歲以上受僱於領有執業證照、依法已辦理登記、設有稅籍或經中央主管機關依法核發聘僱許可等雇主之勞工，均應由雇主申報投保。

勞工職業災害保險擴大強制納保範圍，將受僱於 4 人以下微型企業之員工、領有執業證照及設有稅籍等雇主之員工、65 歲以上或已領取勞保老年給付再受僱之員工及家事移工等，皆納為強制加保對象。

納保對象：強制加保對象。

勞工保險	就業保險	職災保險
1. 15歲以上，65歲以下，受僱於5人以上事業單位之勞工。 2. 不得參加公保之政府機關學校勞工。 3. 受僱從事漁業生產之勞動者。 4. 在政府登記有案職訓機構接受訓練者。 5. 職業工會、漁會甲類會員。	年滿15歲以上，65歲以下之受僱勞工： 1. 具中華民國國籍者。 2. 獲准居留依法在台工作的外籍配偶及大陸、港澳地區配偶。	1. 15歲以上，受僱於領有執業證照、依法已辦理登記、設有稅籍或經中央主管機關依法核發聘僱許可雇主之勞工。（第6條第1項第1款） 2. 不得參加公保之政府機關、行政法人及學校勞工。（第6條第1項第2款） 3. 職業工會、漁會甲類會員。（第7條） 4. 在政府登記有案職訓機構或受政府委託辦理職訓之單位接受訓練者。（第8條）
1. 勞基法規定之技術生、見習生。 2. 建教生權益保障法之建教生。	無	1. 勞動基準法規定之技術生、事業單位之養成工、見習生及其他與技術生性質相類之人。（第6條第3項第1款） 2. 高級中等學校建教合作實施及建教生權益保障法規定之建教生。（第6條第3項第2款） 3. 其他有提供勞務事實並受有報酬，經中央主管機關公告者（第6條第3項第3款）：勞動部111年3月9日公告準用參加職保人員為具公法救助關係者。
1. 受僱於4人以下事業單位之勞工。 2. 受僱於勞保條例第6條規定各業以外之勞工。 3. 實際從事勞動雇主。 4. 參加海員總工會或船長公會之外僱船員。	無	1. 實際從事勞動之雇主。（第9條第1項第2款） 2. 參加海員總工會或船長公會之外僱船員。（第9條第1項第3款） 3. 受僱經公告非屬登記有案事業單位勞工（第9條第1項第1款）：

5. 已請領勞保老年給付或年逾65歲已領其他養老給付再從事工作者得自願參加職保。		勞動部111年3月15日公告「得」準用參加職保人員為本國籍/陸、外配之家庭幫傭、看護、居家式托育服務提供者及研究計畫主持人聘僱之研究助理。
1. 應徵召服兵役者。 2. 派遣出國考察、研習或提供服務者。 3. 因傷病請假致留職停薪，普通傷病未超過1年，職業災害未超過2年者。 4. 在職勞工，年逾65歲繼續工作者。 5. 因案停職或被羈押，未經法院判決確定者。 6. 育嬰留職停薪繼續投保。 7. 職業災害勞工醫療期間退保繼續參加勞保。 8. 因裁減資遣繼續加保。	1. 派遣出國考察、研習或提供服務者。 2. 因傷病請假致留職停薪，普通傷病未超過1年，職業災害未超過2年者。 3. 因案停職或被羈押，未經法院判決確定者。 4. 育嬰留職停薪繼續投保。	職業災害保護法施行細則第13條規定（111年3月11日訂定）被保險人未離職，有下列情形之一，且無法繼續提供勞務者，投保單位得辦理退保： 一、應徵召服兵役。 二、留職停薪。 三、因案停職或被羈押未經法院判決確定前。
無	無	1. 受僱自然人雇主之勞工。（第10條第1項，如受僱工頭之點工） 2. 實際從事勞動之人員。（第10條第1項，如平台外送員） 3. 勞動基準法第45條第4項所定之人。（第10條第2項，如廣告童星）

Q：已參加勞（就）保者，災保法施行當天是否需申報參加職保？

A：不用喔！依照災保法第13條第3項規定，災保法施行前，已參加勞工保險職業災害保險或就業保險之被保險人，其職保保險效力之開始，自災保法施行之日起算。因此，自111年5月1日災保法施行日起，勞工保險、就業保險加保生效中之被保險人即取得勞工職業災害保險之被保險人身分，不需要另行申報參加職保。

勞工機靈點，雇主睜大眼！

Q：**超過 65 歲或已領取老年給付，再受僱工作是否仍應投保？**

A：要！依照災保法第 6 條第 1 項規定，年滿 15 歲以上，受僱於登記有案雇主之勞工，即應由其雇主申報參加職保。

　　另災保法無投保年齡上限及領取老年給付即不得再加保之規定，故超過 65 歲或已領取老年給付之受僱勞工，仍應由雇主加保。

Q：**就（職）保新投保單位可否線上申辦？**

A：可以唷！為因應災保法 111 年 5 月 1 日開辦，勞保局已擴增 e 化服務系統，自是日起，4 人以下單位可持工商憑證及負責人自然人憑證，至本局 e 化服務系統申請成立就（職）投保單位及申報員工加保，申報成功後，需 5 個工作天進行人工審查，審查通過後本局會以掛號寄送承保通知函件。

　　透過線上申報新投保者，自然為本局網路申辦單位喔！

Q：**多合一申報表的投保薪資應如何填報？**

A：請投保單位依勞工的實際月薪資總額填報，勞工的勞（就）保及職保之投保薪資將分別依「勞工保險投保薪資分級表」及「勞工職業災害保險投保薪資分級表」規定自動歸級至正確投保薪資等級。

　　例：部分工時勞工每月薪資為 10,000 元，投保單位於申報其加保時，應按其實際薪資 10,000 元填報，並於加保表之「部分工時請打 V」欄位打勾，則其勞（就）保投保薪資級距將自動歸級為 11,100 元，職保投保薪資將歸級為 25,250 元。

Q：**如果我已經知道何時有工作，可以事先申報嗎？**

A：可以！依災保法第 14 條第 1 項第 2 款規定，向後指定保險日期者，得於該指定日期之前 10 日內，辦理參加本保險。

●某甲預定於 111 年 6 月 10 日到職，其於 111 年 6 月 1 日至 6 月 9 日期間，均可以預辦申報加保。

●某乙於 111 年 6 月 5 日至 ibon 機台或官網操作申報加保，畫面上顯示可以申報之加保日期為 111 年 6 月 5 日至 6 月 14 日共 10 日，如果其預定於前述區間到職，均可以申報。

加保手續、投保薪資及計費規定

為免事業單位因漏未申報勞工加保，致無法取得職災給付之保障，故災保法規定，受僱登記有案雇主之勞工，自到職日即取得保險效力，即使雇主未申報加保，勞工發生職災事故亦可向勞保局申請職災給付。

為提供勞工更適足之職業災害保險保障，未來災保法之投保薪資下限訂為基本工資等級，上限提高至 72,800 元。

雇主申報義務

無論勞保、就保或職保，投保單位皆應於勞工到職、入會、到訓之當日，列表通知保險人辦理投保手續。

另依災保法第 6 條第 3 項第 3 款公告之人員（公法救助者），投保單位應於該公告指定日期為其辦理職保投保手續。（第 12 條第 1 項後半）

開辦初期之主動服務

今（111）年 5 月 1 日起，勞保局將針對僅投保就業保險、65 歲以上或已領勞保老年給付後再受僱，惟僅申報提繳勞工退休金者，自動納入參加職保，投保單位無須另行申報，以達簡政便民。

職業災害保護法保險效力

勞保、就保	職災保險
採申報制，雇主須於勞工到職日辦理加保，保險效力自申報加保之日起算。	受僱於登記有案雇主之勞工：保險效力自到職日生效，即使雇主未投保，勞工發生職災事故仍得請領給付。（第 13 條第 1 項） 投保自願投保單位、工漁會、職訓單位之被保險人：維持申報制，保險效力自單位申報加保之日起算。（第 13 條第 2 項）

申報日之依據：
1. 掛號：郵戳之當日。
2. 送局：勞保局收件章。
3. 網路：線上申報日。

勞工職業災害保險實績費率計算及調整辦法（111 年 3 月 9 日公布）

修改項目	修改前（現行規定）	修改後（111.05.01 以後施行）
名稱	勞工保險職業災害保險實績費率實施辦法	勞工職業災害保險實績費率計算及調整辦法
適用範圍	僱用被保險人數 70 人以上之投保單位	僱用被保險人數 50 人以上之投保單位
加減收比率計算	低於 70% 者，每減少 10%，減收其行業別職災費率 5%。超過 80% 者，每增加 10%，加收其行業別職災費率 5%，並以加收至 40% 為限。	低於 60% 者：每減少 10%，減收其行業別災害費率 5%。超過 80% 者：每增加 10%，加收其行業別災害費率 5%，並以加收至 30% 為限。
新增		最近 3 年職業安全衛生之辦理情形：依投保單位最近 3 年職業災害發生情形及職業安全衛生管理績效，由職安署分級認定。

▌勞（就）保保險費分擔比例怎麼算哩？

勞工保險 就業保險	一般受僱勞工、 職訓人員、實際 從事勞動之雇主	職業工會之會員	漁會之甲類會員	參加海員總工會或 船長工會為會員之 外僱船員
被保險人	20%	60%	20%	80%
投保單位	70%	-	-	-
政府補助	10%	40%	80%	20%

投保單位未依規定負擔被保險人之保險費，而由被保險人負擔者，按應負擔之保險費金額，處 2 倍罰鍰。
投保單位並應退還該保險費予被保險人。

▌職保保費分擔比例

勞工保險 就業保險	一般受僱勞工、 職訓人員、實際 從事勞動之雇主	職業工會之會員	漁會之甲類會員	參加海員總工會或 船長工會為會員之 外僱船員
被保險人	0%	60%	20%	80%
投保單位	100%	-	-	-
	0%	40%	80%	20%

依勞動基準法第 59 條第 1 項但書規定，如同一事故，依勞工保險條例或其他法令規定，已由雇主支付費
用補償者，雇主得予以抵充之。

▌保險費計算？

● 111 年勞保、就保及職保費計算公式如下：

勞保：月投保薪資×10.5%

職保：月投保薪資×適用職保費率（111 年職災平均費率＝0.2%）

就保：月投保薪資×1% 就保費率

實例：

以月投保薪資 25,250 元之勞工為例：

◆ 勞就職保費總額合計應為（25,250 × 10.5%）+（25,250 × 0.2%）
　　+（25,250 × 1%）= 2,955 元

> 此為平均費率，各行業別適用之職災費率不同唷！

◆ 個別保費負擔金額計算如下：

雇主：勞保（25,250 × 10.5% × 70%）+ 職保（25,250 × 0.2%）+
　　　就保（25,250 × 1% × 70%）= 2,084 元

受僱勞工：勞保（25,250 × 10.5% × 20%）+ 就保（25,250 × 1% ×
　　　　　20%）= 581 元

職業工人：勞保（25,250 × 10.5% × 60%）+ 職保（25,250 × 0.2% ×
　　　　　60%）= 1,621 元

如何辦理使用勞保局官網「特別加保申報專區」操作申報

① 登入	② 申報	③ 確認	④ 繳費
鍵入： • 代辦編號 • 統一編號	登載： • 身分資料 • 投保資料	確認： • 申報資料 • 計費明細	• 繳費完成才生保險效力喔！

請協助申請加保者透過下列管道繳費：

• 全國繳費網線上繳費

• 台灣 Pay 行動支付

• 網路銀行轉帳

• 線上或實體 ATM 轉帳

• 持單至 7-11 櫃檯繳納

> 職業工會**不用**代收特別加保保險費！

▍ 擴大納保對象之輔導措施

4 人以下微型企業		
簡化申報	全量催保通知	年度專案
◎開放線上辦理就（職）單位新投保開戶及網路申辦作業。 ◎與健保署合作辦理多合一線上申辦新投保。 ◎與經濟部合作辦理新申辦工商登記一站式作業。	針對已成立健保單位且僱有員工，惟未參加勞（就）保之事業單位寄發催保通知，請該等單位儘速申報員工加保。	◎向財政部及經濟部索取新設立單位資料辦理催保。 ◎向縣市政府索取新設立短期補習班資料辦理催保及查核。 ◎按年度挑選不同行業辦理催保及查核。

勞工機靈點，雇主睜大眼！

▍ 勞工（普通事故）保險費率怎麼計算

◆ 勞保（普通事故）保險費率自 98 年起，定為 7.5%（扣除就保費率 1% 為 6.5%），施行後第 3 年調高 0.5%，其後每年調高 0.5% 至 10%，並自 10% 當年（即 104 年）起，每 2 年調高 0.5% 至上限 13%。

◆ 111 年勞保費率為 10.5%（加上就保費率為 11.5%）。

111 年保險費率

普通：10.5%

就保：1%

總費率：11.5%

104 年保險費率

普通：9%

就保：1%

總費率：10%

98 年保險費率

普通：6.5%

就保：1%

總費率：7.5%

蜂哥小筆記

國家圖書館出版品預行編目資料

勞工機靈點，雇主睜大眼！：搞定勞資關係的
速成心法／程金龍，蘇鵬翰著.--三版.--臺北
市：五南圖書出版股份有限公司，2022.11
面；　公分.

ISBN 978-626-343-447-9（平裝）

1.CST: 勞資關係　2.CST: 勞動法規
3.CST: 論述分析

556.6　　　　　　　　111016312

1FAD

勞工機靈點，雇主睜大眼！
搞定勞資關係的速成心法（第三版）

作　　　者 ― 程金龍、蘇鵬翰

責任編輯 ― 唐　筠

文字校對 ― 許馨尹、黃志誠

封面設計 ― 姚孝慈

發 行 人 ― 楊榮川

總 經 理 ― 楊士清

總 編 輯 ― 楊秀麗

副總編輯 ― 張毓芬

出 版 者 ― 五南圖書出版股份有限公司

地　　　址：106台北市大安區和平東路二段339號4樓

電　　　話：(02)2705-5066　　傳　　真：(02)2706-6100

網　　　址：https://www.wunan.com.tw

電子郵件：wunan@wunan.com.tw

劃撥帳號：01068953

戶　　　名：五南圖書出版股份有限公司

法律顧問　林勝安律師事務所　林勝安律師

出版日期　2018年12月初版一刷
　　　　　2021年 5 月二版一刷
　　　　　2022年11月三版一刷

定　　　價　新臺幣550元

經典永恆・名著常在

五十週年的獻禮 —— 經典名著文庫

五南，五十年了，半個世紀，人生旅程的一大半，走過來了。

思索著，邁向百年的未來歷程，能為知識界、文化學術界作些什麼？

在速食文化的生態下，有什麼值得讓人雋永品味的？

歷代經典・當今名著，經過時間的洗禮，千錘百鍊，流傳至今，光芒耀人；

不僅使我們能領悟前人的智慧，同時也增深加廣我們思考的深度與視野。

我們決心投入巨資，有計畫的系統梳選，成立「經典名著文庫」，

希望收入古今中外思想性的、充滿睿智與獨見的經典、名著。

這是一項理想性的、永續性的巨大出版工程。

不在意讀者的眾寡，只考慮它的學術價值，力求完整展現先哲思想的軌跡；

為知識界開啟一片智慧之窗，營造一座百花綻放的世界文明公園，

任君遨遊、取菁吸蜜、嘉惠學子！